Presença de
Maritain

Testemunhos

CONSELHO EDITORIAL DA COLEÇÃO INSTITUTO MARITAIN

Embaixador Rubens Ricupero (Presidente)
Cândido Mendes de Almeida
Alceu Amoroso Lima Filho
Elisa Pougy Amoroso Lima
Dom Matias Tolentino Braga - OSB
Dom Carlos Eduardo Uchôa Fagundes Jr - OSB
Miguel Reale Júnior
Peter Greiner
José Carlos Brandi Aleixo
Patrus Ananias de Souza
Francisco Catão
Carlos Camargo
Renato Rua de Almeida
Ernesto Lopes Ramos
Walter Bareli
Maria Luiza Marcílio
Ivanaldo Santos
Lafayette Pozzoli

Organizadores
LAFAYETTE POZZOLI
JORGE DA CUNHA LIMA

Presença de
Maritain

Testemunhos

2ª edição ampliada

LTr

EDITORA LTDA.

© Todos os direitos reservados

Rua Jaguaribe, 571
CEP 01224-001
São Paulo, SP — Brasil
Fone (11) 2167-1101
www.ltr.com.br

Produção Gráfica e Editoração Eletrônica: RLUX
Projeto de capa: RAÚL CABRERA BRAVO
Impressão: DIGITAL PAGE

LTr 4723.0
Novembro, 2012

Dados Internacionais de Catalogação na Publicação (CIP)
(Câmara Brasileira do Livro, SP, Brasil)

Presença de Maritain : testemunhos / organizadores Lafayete Pozzoli, Jorge da Cunha Lima. — 2. ed. ampl. — São Paulo : LTr, 2012.

Bibliografia.
ISBN 978-85-361-2318-9

1. Filósofos - França 2. Maritain, Jacques, 1882-1973 I. Pozzoli, Lafayette. II. Lima, Jorge da Cunha.

12-13420 CDD-194

Índice para catálogo sistemático:

1. Filósofos : França : Biografia e obra   194

Sumário

Prolegômenos — Jorge da Cunha Lima 7

Prefácio — Maria Luiz Marcílio 9

PARTE I

Humanismo e Integrismo em Maritain 15
Candido Mendes

Maritain, a sabedoria integral 22
Frei Carlos Josaphat

A filosofia sintética de Maritain 34
Alceu Amoroso Lima Filho e Guilherme Ramalho Netto

Distinguir para unir: a atualidade de Jacques Maritain 48
Francisco Catão

Os direitos humanos na vida e obra de Jacques Maritain 59
José Carlos Brandi Aleixo

Jacques Maritain e a essência da democracia como pluralidade e tolerância 79
Roberto Bueno

O aborto e os direitos humanos no século XXI: reflexões a partir do humanismo de Jacques Maritain 91
Ivanaldo Santos

A presença de Maritain na política brasileira 99
Guilherme José Santini

O humanismo de Maritain no direito 107
Lafayette Pozzoli e Alexandre Gazetta Simões

Da influência do pensamento político de Jacques Maritain na Argentina 123
Gonzalo F. Fernández

Presença de intuições maritainianas na *Caritas in veritate* de Bento XVI 132
Piero Viotto

Maritain e a defesa da autonomia e da liberdade dos grupos sociais em relação ao Estado: A pluralidade como corolário da liberdade sindical 145
Renato Rua de Almeida

PARTE II

Apresentação 153

I — Jacques Maritain por Alceu Amoroso Lima — Tristão de Athayde

1. Encontro com Maritain 159
2. Maritain e o Novo Mundo 176
3. A Influência de Maritain na América Latina 181

II — Conversando sobre Maritain

1. O filósofo profeta 193
   D. Cândido Padin, O.S.B
2. Maquiavelismo, tecnocracia e humanismo político na lição de Maritain 198
   André Franco Montoro
3. Maritain, o Mestre 202
   Edgard Godoi da Mata-Machado
4. Jacques Maritain: filósofo da inteligência 207
   Geraldo Pinheiro Machado
5. Minha entrevista com Maritain 215
   Antonio Carlos Villaça
6. Meu encontro com Jacques Maritain 219
   Antonio de Rezende Silva
7. Jacques Maritain: um depoimento 226
   Francisco Benjamim de Souza Netto
8. Maritain, filósofo dos matizes 231
   Roberto Romano

III — Evocação da Vida e da Obra — Hubert Lepargneur

1. Uma biografia densa 239
2. Uma filosofia tomista: "Os graus do saber" 244
3. "Humanismo Integral" e o pensamento sociopolítico 247
4. A filosofia da história de Maritain 250
5. História da filosofia moral. Arte e mística 258
6. Os últimos anos e a herança 261

Bibliografia 267

Prolegômenos

Jorge da Cunha Lima(*)

O livro *Presença de Maritain:* Testemunhos chega a sua 2ª edição neste ano de 2012 que o Instituto Jacques Maritain do Brasil completa 20 anos. Sua fundação deu-se no Mosteiro de São Bento, com as presenças de Dom Cândido Padin e André Franco Montoro.

A manutenção dos artigos da 1ª edição assegura uma ampla visão do pensador Maritain 10 anos após sua morte e os novos autores com uma visão 40 anos após sua morte, que completará no dia 28 de abril de 2013.

Na 1ª edição, escrevi um texto que vale torná-lo nestes prolegômenos, pois assim poderei também apresentar minha visão e atualidades sobre o pensamento de Maritain. Comecemos com 5 questões.

Quem será, para um jovem, perdido das utopias, este convertido que abalou de forma tão violenta o pensamento conservador da Igreja e irritou tanto, com a substância dos seus argumentos, os adeptos do radicalismo de esquerda?

Qual a importância deste filósofo, que morreu aos 92 anos na Fraternidade dos Irmãozinhos de Foucauld, onde ingressou, não para agir, mas sim para se preparar para a morte?

Quem é este homem, cujas obras completas, constantes de 52 livros, foram editadas em 15 volumes, mais um com os escritos da esposa Raïssa, na Suíça?

Quem é esse pensador, que foi o centro dos grandes debates travados no seio da Igreja nos anos 30, que se insurgiu contra o integrismo e que denunciou as atrocidades de Franco, na Espanha, quando a direita católica o indultava?

Quem é este profeta, tão negligenciado por uma mídia engessada, mas que denunciou, com tanta sabedoria, a impotência e os equívocos dos radicalismos que monopolizaram as utopias no nosso século?

Neste livro, coletânea de alguns autores que lhe devem o aprimoramento, senão do espírito, mas da indagação, sem a qual o espírito se torna impotente,

---

(*) Secretário de Comunicações do IJMB.

vamos constatar a grandeza das reflexões propostas por Maritain. Reflexão voltada para o nosso tempo e toda uma humanidade que, nos veios sedutores dos radicalismos, haveria de produzir, no decorrer do século, tantos infernos, sob a evocação do paraíso.

Jacques Maritain produziu um trabalho filosófico alternativo e inovador, em plena vigência das ondas sucessivamente hegemônicas do idealismo, do positivismo e do marxismo. Teve a humildade de atrelar-se ao pensamento anterior e clássico de Santo Tomás de Aquino, da mesma forma que este já se atrelara a Aristóteles e é certo que o maior entre os primeiros filósofos da Igreja, Santo Agostinho, não esconde as finas raízes de um pensamento platônico.

Mas, como veremos no decurso destes depoimentos sobre Jacques Maritain, o que marca a vida do filósofo convertido não é apenas a clara distinção entre o universo religioso da fé, marcado pela graça e a existência de uma filosofia cristã, marcada pelos deslimites da inteligência, mas o quanto a filosofia e a fé são instrumentos valiosos da nossa peregrinação e de nossos compromissos humanos.

Jacques Maritain libertou a Igreja Católica do integrismo que, prematuramente a atrelava à luta das elites de direita contra o comunismo. Maniqueísmo político que produziria terríveis consequências para a humanidade, até a queda do muro de Berlim.

Foi a maior voz da hierarquia do pensamento católico a condenar o franquismo. Foi voz, talvez clamando no deserto, a mostrar que entre o totalitarismo fascista de direita e o totalitarismo da esquerda marxista havia espaço adequado para um humanismo integral, no qual nenhum fim seria suficientemente eloquente para justificar meios iníquos.

Sua voz se perderia, como tantas outras, na frivolidade da mídia, que atua sempre como um ventríloquo das classes dominantes, quando não das modas dominantes.

Os autores mostram, em depoimentos de tão diverso teor, que a voz, dispersada no deserto das mídias, penetrou fundo na terra fecunda do espírito, com raízes e Raïssas capazes de renascer neste fim de século, com a mesma efervescência com que já fecundou espíritos laicos e religiosos no início dele. Jovens, espalhados pelo mundo da fé e da procura, que não tiveram mais vergonha de professar uma razão católica, tão substancial quanto suas fés.

Enfim, todos os depoentes são pessoas com uma vida intelectual assemelhada na ética e no rigor espiritual, como escritores, professores, filósofos ou teólogos. Seus depoimentos são oportunos e fundamentais para uma compreensão atual do pensamento e da presença intelectual e política de Jacques Maritain. Numa época de perplexidades como a nossa, seus depoimentos nos conduzem às raízes de um pensamento capaz de nos inspirar na árdua tarefa de pensarmos o século e o milênio que se aproximam, com toda a esperança que os novos tempos devem despertar.

Uma boa leitura!

Prefácio

Professora Maria Luiz Marcílio(*)

Em 1942, em plena 2ª Guerra Mundial e refugiando-se na América do Norte, para fugir da ocupação nazista de Paris, o filósofo católico Jacques Maritain editava em Nova York o livro: *Les Droits de l´Homme et la loi naturelle* (Os direitos humanos e a lei natural).

No dia 10 de dezembro de 1948, a Organização das Nações Unidas, recém--criada, após o final da Guerra, em 1945, proclamava seu maior e básico documento: a *Declaração Universal dos Direitos Humanos.*

Em 6 de dezembro, no encerramento do Concílio Ecumênico Vaticano II, o Papa Paulo VI votava o documento *Dignitatis Humanae*, a declaração sobre a liberdade religiosa.

Já no século atual, em 2 de abril de 2004 o Cardeal Martino, Presidente do Pontifício Conselho Justiça e Paz, após longos estudos e pesquisas recomendados pelo Papa João Paulo II, trazia à luz a primeira edição do *Compêndio da Doutrina Social Católica.*

Pode-se perguntar o porquê da abertura deste livro com as referências a estes quatro documentos elaborados em datas, locais, com objetivos e em situações tão diversos. Teriam alguma ligação em comum? Na realidade, esses documentos e seus autores têm forte ligação entre si, foram largamente inter-relacionados, influenciando uns aos outros.

Vejamos essa ligação sinteticamente nos fatos históricos.

Jacques Maritain, exilado no Canadá, e em seguida nos Estados Unidos, durante a 2ª Grande Guerra, pode rever suas posições sobre o modernismo, a democracia e suas ligações com os Direitos Humanos. Coloca-se desde logo contra o Marechal Petain, que entregou facilmente a França aos nazistas invasores e se pôs ao lado do General De Gaulle, em sua luta pela restauração. Foi quando elaborou profeticamente o seu livro sobre os Direitos Humanos, em que ressalvava a dignidade da pessoa humana, a justiça social, a luta pelo Bem Comum. Foi nesse exílio que o

---

(*) Presidente do Instituto Jacques Maritain do Brasil. Professora Titular do Departamento de História da USP.

filosofo francês entrou em contato com uma nova realidade para ele: o mundo do operário, dos sindicatos. Foi então que descobriu as vantagens da democracia (ele que sempre fora reticente sobre este sistema em expansão) e sua afinidade com o cristianismo. A Democracia, declara ele, repousa sobre valores de inspiração evangélica, de igualdade, de liberdade e de fraternidade, sendo esta última a maior de todos eles.

Terminada a Guerra, e voltando para a França, Maritain foi convidado pela UNESCO para integrar uma Comissão de sábios — vindos de todos os horizontes intelectuais, políticos e religiosos — encarregada de formular uma carta de Direitos Humanos, de aceitação geral, e que resultou na importante Declaração Universal de Direitos Humanos, de 1948, assinada por todos os países livres e democratas de então (o Brasil incluído). Maritain praticamente liderou a comissão. Pelo diálogo e não pela imposição de uma verdade, chegou-se ao entendimento sobre as bases concretas e universais do respeito ao "Homem todo e a todos os Homens" — fórmula de Maritain que ficou consagrada desde então. Pode-se dizer sobre a Carta de 1948 que a influência de Maritain foi considerável, decisiva.

O Concílio Ecumênico Vaticano II em seu documento final, e depois de duros debates, o Papa Paulo VI, ainda hesitante sobre o princípio da liberdade religiosa que pudesse ser garantida para todos os estados, para todas as crenças e não somente para a Igreja Católica, decide consultar Jacques Maritain. Este enviou 4 memorandos nos quais procurou convencer o Papa a votar o projeto do documento novo e revolucionário em relação à tradição teológica política dominante na Igreja. Era preciso respeitar o pluralismo dos Estados Modernos e suas formas de religião,o sistema democrático era superior a todos os demais. Com essa consulta, o Papa Paulo VI autorizou o voto do documento *Dignitates Humanae,* nos últimos dias do Concílio. Deve-se a Maritain a demonstração de que os regimes democráticos não devem ser condenados pela Igreja, pois eles são os frutos de inspiração evangélica; que os Direitos Humanos devem ser plenamente honrados pelos crentes pelas mesmas razões e que, enfim, deve-se pensar de maneira nova as relações entre Igreja católica e os Estados pluralistas, secularizados, democráticos (que outrora haviam suscitado tanta desconfiança entre os altos dignitários da Igreja). Maritain colocou as bases de novas relações da Igreja com a sociedade política. "Impossível subestimar tal contribuição", afirma o filósofo Frances Paul Valadier: "a democracia é fruto de uma longa maturação dos espíritos, fruto da evolução lenta de uma civilização. Legado de um lento processo, ela ainda não deu todos seus frutos e pode conhecer novos desenvolvimentos ainda não perceptíveis. É no quadro dessa filosofia da História e de evolução das civilizações que se pode compreender o papel fecundante da inspiração evangélica. Não de um cristianismo como credo religioso, mas como fermento da vida social e política dos povos e como portador da esperança temporal dos homens".[1]

---

(1) VALADIER, Paulo. *Maritain à contre-temps*. Pour une démocratie vivante. Paris: DDB, 2007. p. 115-116.

Por fim, o Conselho Pontifício Justiça e Paz, sob a presidência do Cardeal Renato Raffaele Martino, a pedido de João Paulo II para que se viesse a homologar as decisões do Concílio Vaticano II, publica em 2004 o *Compêndio da Doutrina Social da Igreja*.[2] Logo na abertura, o documento rende homenagem a Jacques Maritain (embora curiosamente não o cite em nenhuma parte do livro) com o título da Apresentação: "Um Humanismo Integral e solidário".[3] Ao longo de todo o texto, repete o pensamento de Maritain da promoção do Bem Comum, da dignidade da pessoa humana, da justiça social nas ações da Igreja e de seus fiéis.

De fato, escreveu Maritain em sua obra *Les Droits de l´Homme et la loi naturelle*, elaborada e publicada em Nova York em 1942: "O fim da sociedade não é o bem individual de cada pessoa que a constitui, o que conduziria a uma 'anarquia dos átomos', a uma concepção anarquista pela qual o respeito da liberdade de cada um levaria a oprimir livremente os fracos ... é sobre os Direitos da pessoa cívica, do indivíduo humano como cidadão que está a raiz de uma verdadeira democracia política".[4]

Achei importante relembrar alguns dos pontos essenciais e atuais formulados por Jacques Maritain e que estão nas novas concepções e princípios proclamados e defendidos pelas Nações Unidas, desde 1948, pela Igreja Católica, a partir principalmente do Concílio Vaticano II (anos de 1960) e pelas sociedades democráticas que, como repete Maritain, as raízes principais são de inspiração evangélica.

Os organizadores desta obra merecem nossos melhores cumprimentos, não apenas pela excelência dos temas aqui desenvolvidos, como pela seleção primorosa de seus autores, como pela atualidade da problemática.

Esta obra vem enriquecer a coleção de trabalhos já editados em nome do Instituto Jacques Maritain do Brasil.

---

(2) Pontifício Conselho "Justiça e Paz". *Compêndio da Doutrina Social da Igreja*. 3. ed. São Paulo: Paulina, 2006.
(3) O "solidário" deve-se a Emanauel Mounier.
(4) MARITAIN, J. *Les Droita de l´Homme e la loi naturelle*. N.York: Edit. De la Maison Française, 1942. p. 623 *et passim*. In: Ouevrages Completes, v. VII, Friburg, Suisse, 1988.

Parte I

Humanismo e Integrismo em Maritain

Candido Mendes(*)

A amplitude do percurso da reflexão de Maritain sobre o compromisso do cristão no seu tempo envolve os seus contrastes sobre a contemporaneidade à luz do Vaticano II, e do avanço dessa interrogação pelo homem, no seio do processo histórico.

(*) Bacharel em Direito (1950) e Filosofia (1951) pela Pontifícia Universidade Católica do Rio de Janeiro (PUC-RJ); Doutor em Direito pela Faculdade Nacional de Direito, Universidade do Brasil. Professor universitário (assistente, titular, chefe de Departamento) desde 1951: Pontifícia Universidade Católica do Rio de Janeiro (PUC-RJ); Escola Brasileira de Administração Pública da Fundação Getúlio Vargas (FGV); Faculdade de Direito Candido Mendes; Faculdade de Ciências Políticas e Econômicas do Rio de Janeiro; Instituto Universitário de Pesquisas do Rio de Janeiro (IUPERJ). Chefe de Assessoria Técnica do Presidente Jânio Quadros, 1961. Fundador e Presidente do Conselho Executivo do Instituto Brasileiro de Estudos Afro--Asiáticos, 1961-1966. Presidente da Sociedade Brasileira de Instrução (SBI) e Diretor das Faculdades de Direito Candido Mendes, das Faculdades de Ciências Políticas e Econômicas do Rio de Janeiro e do Instituto Universitário de Pesquisas do Rio de Janeiro, 1962. Reitor da Universidade Candido Mendes, desde 1997. Extensa atuação como Professor Visitante (Associate Researcher) em Universidades americanas, 1965-1971: Brown University, New York University, New Mexico University, University of California (LA), Princeton University, Stanford University, Lincoln University, Columbia University, Harvard University, Syracuse University, Tufts University, Louisiana State University, University of Texas, Cornell University. Membro do Conselho de Cooperação Educacional com a América Latina, do Education and World Affairs, 1968. Participante como membro da Comissão Pontifícia Justiça e Paz do Secretariado Leigo dedicado ao estudo do tema da Justiça do Sínodo Romano, 1971. Vice-Presidente da Pax Romana, 1971. Membro da Comissão Pontifícia Justiça e Paz e do Comitê de Paz da mesma entidade, 1972-1982. Secretário-Geral da Comissão Justiça e Paz no Brasil, 1972-1997. Delegado da Santa Sé à Conferência da UNCTAD em Santiago, 1972, e em Nairobi, 1976. Membro do Conselho Executivo da FIUC (Federação Internacional de Universidades Católicas), 1973. Vice-Presidente da IPSA (International Political Science Association), 1973-76 e 1976-79. Presidente da IPSA (International Political Science Association) 1979-82. Secretário-Geral do Grupo de Estudos Políticos do CLACSO (Conselho). Membro do Conselho Diretor do International Institute for Educational Planning (IIEP) – 1976-85. Presidente do Comitê de Programas do International Social Science Council (ISSC), 1974 – órgão representativo das organizações não governamentais de Ciências Sociais reconhecidas pela UNESCO. Primeiro Vice-Presidente do ISSC – 1977. Presidente do ISSC – 1981-1992. Presidente da ABM – (Associação Brasileira das Mantenedoras do Ensino Superior Privado) – 1972-1982. Presidente do Sindicato dos Estabelecimentos de Ensino Superior Privado no Rio de Janeiro – 1982. Membro da Academia Brasileira de Letras (Cadeira 35) – 1989. Curador para a América Latina da Fundação Gorbachev, Moscou – 1992. Coordenador das conferências internacionais da *Agenda do Milênio* – UNESCO: "Pluralismo cultural, identidade e globalização" (1996); "Representação e complexidade" (1997); "A ética do futuro" (1998); "Mídia e percepção social" (1999); "A subjetividade na cultura digital – O Eu em rede" (2003). Presidente do Instituto do Pluralismo Cultural – desde 1997. Sócio honorário do Instituto Histórico e Geográfico Brasileiro. Secretário-Geral da Academia da Latinidade – desde 2000. Prêmio Émile Durkheim, do Conselho da Sociedade Internacional de Criminologia. Presidente

Na mensagem decisiva de Maritain sobre o *Humanismo Integral*, chegava-se, ao extremo desta leitura, no concreto, do que fosse, à nossa condição, mas, de logo, remetida à sua integralidade. Ou melhor, à premonição, já, à época, do filósofo, sobre um assento essencialista do nosso devenir. Na sequência, já, às primeiras reações de um laicato confessional irradiava-se um neotomismo, diante da I Guerra, mas, de par com a defesa por Maritain da democracia, já preparada na densidade metodológica do *"Degrés du savoir"*. Este livro-chave traduzia o reconhecimento-limite do histórico-concreto, possível à sua doxa. Se condena os "fusionismos totalitários", não deixa de situar como um modelo de Idade Nova uma ordem, ao mesmo tempo, "corporativa, autoritária e pluralista". O enunciado é paradoxal, tanto indica a perspectiva absolutamente idealista da vida coletiva, virgem da práxis. Maritain pagava o tributo ao imediatismo dos atritos ente o velho mundo liberal e a constante de uma reação, amarrado num organicismo da vida coletiva gerador de todos os fascismos de entre as duas guerras. O *Humanismo Integral* revelava a sua marca restauradora e reducionista, por sobre toda a visão prospectiva. Mas não deixa de se entregar ao profetismo da liberdade, conservado por uma ação política dos cristãos. Sua famosa "Carta sobre a Independência dos Católicos", de 35, entrega-se à reflexão das contemporâneas de esquerda ou de direita, num quadro nitidamente recuperador da missão temporal do cristão.

Já no *Le Paysan de la Garonne* quer-se Maritain numa profunda e crítica interrogação ao espírito de seu tempo, tal como propugnava a *Gaudium et Spes*, no seio do Vaticano II. O último livro de Maritain compôs-se, entretanto, muito mais de cautelas e cuidados do que do rasgo prospectivo, que entremostrava a prospectiva dos padres conciliares, ao reconhecer o campo político como o múnus e o repto do laicato católico. Nesta dimensão deste pensamento, de certezas e prospectivas fechadas da verdade dos católicos, o testamento de Maritain só faria ratificar a perda histórica de pé na polêmica do existencialismo, no interdito imposto, por exemplo, como no *Le Paysan de la Garonne* (Paris, Desclée de Brouwer, 1966), a qualquer trégua com o pensamento-matriz do meio século. A busca da subjetividade heideggeriana — remataria o filósofo francês — não é, senão, um *eros* metafísico, a se abrigar na poesia e nos poderes teogônicos de uma linguagem (Maritain, 1966. p. 160). Ou, na melhor das hipóteses, a só redescobrir a metafísica transôntica de São Tomás de Aquino como uma filosofia do *esse* (*idem*, p. 161). Já Sartre, para Maritain, seria "um testemunho nauseante" que queria, "através do esgoto, entrever a existência real". E não era, senão, "um obsceno, indenominável, monstruoso insulto à razão, o absurdo do contingente puro e absoluto".

---

do Fórum de Reitores do Rio de Janeiro – desde 2003. Membro da Académie des Sciences d'Outremer – desde 2004. Docteur Honoris Causa (Université de Paris III – Sorbonne Nouvelle) – 2005. Membro da Comissão de Alto Nível da Aliança das Civilizações – Nações Unidas – 2005/2006. Membro da Academia Brasileira de Economia – desde 2005. Membro do Conselho de Desenvolvimento Econômico e Social, da Secretaria de Relações Institucionais da Presidência da República — desde 2008. Embaixador da Aliança das Civilizações — ONU — desde 2009. Ordem Nacional do Mérito Cultural, Ministério da Cultura, Brasil, 2010. Diploma de Mérito Cultural, Academia Brasileira de Filologia, Brasil, 2011.

Na verdade, é deste nosso tempo a vocação nova de investigar o suposto do conhecer como uma mentação e a procura e a proposição, em todo esse procedimento, de uma episteme sobre a qual se debruçará todo objeto buscado pelo filósofo. Nossos tempos requestionam, por aí mesmo, o enfoque imutável da realidade, assentado sobre a sua essência, como a de toda construção aristotélico--tomista. Maritain se perfila em radical oposição a Heidegger, justamente por todo esse requestionamento da própria subjetividade do pensar, na esteira da fenomenologia husserliana, que marca a perspectiva existencial. Heidegger se abrirá ao "sendo enquanto sendo", propondo a extensão da metafísica do pensar ao ser mesmo. Mas, para Maritain, a filosofia heideggeriana não precisava existir, se o pensador "se tivesse dado o trabalho de conhecer a metafísica do *esse* antes de se propor à construção de todo um edifício do pensamento" (*idem*, p.161).

Apenas entramos, nesse novo século, no levantamento das metodologias de prevenção ou refugo epistêmico, frente ao qual o *corpus* do pensamento maritainiano, ratificado como filosofia perene, nega-se a todos os caminhos diversos de retomada original de um pensar. E cancela, por aí mesmo, toda a promessa de reflexão contemporânea por um efetivo aprofundamento do *cogito*.

A posição exemplar do maritainismo tardio é a de fechar-se para a leitura dos "sinais dos tempos" e para a expectativa de novas conexões de sentido, insinuável por um avanço do logos, tanto por adensamento da percepção da realidade, quanto por uma possível nova intelecção das etiologias, ou por um repertório analógico e clarificador de uma representação de mundo e de suas verdades. Maritain tem perfeita consciência daqueles referenciais fenomenológicos que implicam o desejo de refletir sobre uma "Igreja do mundo", em que o seu permeio, num tempo concreto, remete às verdades essenciais. Trata-se, para o pensador, sempre de uma leitura da transcendência, com a determinação por um "aqui e agora", por um dado relevo da contingência, ao modo que é o particular desse entendimento do homem. Ou seja, da conotação "subespécie", das notas a mais em que o mundo sempre se decanta sobre a nossa condição, em tempos e relevos da abertura à realidade. O que o Esquema XIII trouxe de novo foi o reconhecimento da dependência, em que o conhecimento do mundo fica frente às verdades eternas, como também frente a uma episteme fundadora. As ditas invariantes do último conhecimento manifestam-se através de um modo dado, ou seja, da incorporação de que o fato bruto da passagem do tempo envolva em termos de evolução dos seus protagonistas, e de percepção, afinal, da variedade do seu recorte, que a constância irrevogável da contingência enseja.

A importância fundamental, para Maritain, do texto da *Gaudium et Spes*, instaurador de uma fenomenologia do concreto na palavra eterna, é de ter, uma vez por todos, liberado a visão cristã de mundo de um entendimento "maniqueísta" do concreto, como negativo ou neutro à conquista dos valores do homem: é por ele que se manifestam à realidade as exigências dos transcendentais. Mas, para

Maritain, não se acumulam essas determinações, criando a dinâmica de períodos históricos. Trata-se de uma luta indefinidamente repetida da carga de erro ou verdade, de mal como de bem, que componha cada aventura humana. Mas, a este empenho, é irrelevante a comunidade na construção de um sentido que defina uma época ou um desenho do logos no tempo, a mais, de uma necessitação pela bondade.

A constituição pastoral *Gaudium et Spes* — continua Maritain — "afirma, sem meias palavras, a bondade radical do mundo e o apelo ao progresso, que, tão confrontado que seja pela ambiguidade da matéria e os ferimentos do pecado, está inscrito na sua essência" (Maritain, 1966. p. 83). Mas o pensador, de qualquer forma, determinando o desempenho sumário pela estrita carga de erro ou de bondade dessa aventura, deixa o progresso e a luta contra a contradição, dependente, sempre, do que faça o homem, numa instância tão exaustiva como intransitiva. Não sensibiliza Maritain o entendimento conciliar da pregnância constante de um novo tempo ao "mais", constitutivo de uma liberdade do homem. Essa necessária mistura do bem e do mal, abarcados pela liberdade, importa, de vez, na condenação de todo um maniqueísmo substantivo na história. Mas o "progressismo" de Maritain, afinal, implica uma visão "maniqueia" do "porvir", em vez de assentá-la numa verdadeira implicação dialética, justamente necessitada do vir-a-ser existencial, que nega pela sua perspectiva do *esse*. Existe, sempre, uma mesma quididade de erro na História, de cuja eliminação, pura e simplesmente, depende o avanço do homem. O próprio deste protagonismo é subtraírem-se ao erro as verdades, "que o erro explorava e desfigurava".

A visão de Maritain sobre um devenir fica, pois, sempre dependente, *in bonum*, desse reducionismo, desta subtração de um menos para um encontro de plenitudes que, afinal, maniqueisticamente se recontabilizem como somatórios estritos de erro e verdade. O progressismo, para o filósofo, depende, pois, de cada passo avante; dessa limpeza do caminho; de um desbaste, não de uma aquisição, em que se vença o reducionismo pelo inesperado, sempre, de uma nova combinatória desse bem e desse mal, pela liberdade dos atores e seu depósito histórico. Não supõe Maritain, sempre, um "mais", intransitivo, de avanço diferente na luta das perdas e ganhos objetivos do bem e da negatividade que se lhe contraponham. A História começa a avançar, ao contrário, para o nosso pensador, numa *mouvance in bonum,* pela configuração deste propósito, pela sua presença, pela dominância do "performativo positivo" do homem, e da intuição primeira da ação como positividade, tal como "toda metafísica nasce da intuição do ato de ser". É toda a perspectiva do *Le Paysan de la Garonne*, em contraste com o *Humanismo Integral*, que leva Alceu ao confronto com o antigo mestre, na defesa, e de saída, pela missão conciliar da completa inserção do católico no seu tempo. Ele transcende aos seus gestos e apela para o constitutivo do porvir na figuração do sujeito ou da plena exploração do "devir". Tristão só confirmava, neste pensamento, uma intuição profunda, enunciada, em 1943, por Dietrich Bonhoeffer, quando, encarcerado pelo nazismo, reclamava por uma efetiva idade adulta dos cristãos (Rusconi, 1995. p. 401-411). Não cabe, apenas, à Encarnação tudo o que é possível, ao advento da liberdade da condição humana. A maturação desta é tarefa do presente de cada pessoa, e por ele se transforma em testemunho desta balança agônica como permanente: do que o homem já alcança, de absoluto; do que, com efeito, fica para a etapa subsequente do advento da liberdade na História. É essa convicção que levou sempre Alceu a entender que era dentro da Hierarquia, e consoante um *sentire cum Ecclesia*, que se verificaria a efetiva e autêntica dialética entre o Verbo e a doxa. Por isso mesmo, o pensador brasileiro sempre repudiou a figura do herege, ligado a uma afoiteza da palavra e sua verdade. O do réprobo que se valha da própria "instituição dentro da instituição", a contrafazer a palavra, e viver da aura de sua legitimação, sonâmbula, como se portada, ainda, por efetivo impulso, admitido e consagrado pelo Verbo, no seio do seu tempo.

Mas, sobretudo, e a bem da dialética aberta dos "sinais dos tempos", Alceu, metamaritainiano, contradisse esta visão *ex machina* do bem operante na História: um instante detém, por si mesmo, uma carga de mais-ser para o homem em que a liberdade cresce, numa *praeter* entrega, a não depender, sempre, do marco zero dos retornismos maritainianos, da recuperação das verdades desfiguradas pelo erro e pela malícia pregressa da humanidade, numa intervenção da Igreja no mundo *ratione peccati*, à qual será obrigada "de uma ou outra forma" (*idem*, p. 83).

Todo fundamentalismo católico vai viver desse clamor pelo usufruto da palavra--instituição, quando esta já se deslocou à frente, justamente portada pela leitura dos "sinais dos tempos" e pelo salto adiante do Verbo sobre a sua doxa perempta. Significativamente, é a partir do compromisso temporal do cristão e, pois, da ação do leigo no seu tempo que se marcaria a distância das vertentes de Maritain e Alceu frente ao Esquema XIII e ao concílio, que contava com a marca e a presença de ambos os pensadores. Alceu representava os leigos brasileiros no Vaticano II, enquanto Maritain era o embaixador da França junto à Santa Sé à mesma época, antes da perda de Raïssa e da entrada para os Irmãozinhos de Foucauld, fazendo de Toulouse, ao lado do Garonne, o último estágio de sua reflexão.

Essa meditação sobre o compromisso temporal do cristão parte ainda da noção fundamental do homem como "ser no mundo, mas não do mundo", aceitando o permeio permanente da transcendência na existência temporal, mas desistindo de fazer dessa temporalidade a raiz de uma metafísica da transcendência. Na verdade, é no pensamento mesmo que se atinge o ser extramental, é aí que é apreendido, pois que a glória de sua materialidade é de não ser algo no espaço exterior a outra realidade externa, mas uma vida superior a toda ordem da espiritualidade que, sem sair de si, se perfaz do que não é ela. (Maritain, 1966. p. 161)

Significativamente, Maritain não vê uma subsistência, como tal, de um "humanismo do século" que não fosse, senão, o reencontro da filosofia perene e o "desbaste dos erros" do existencialismo. Quer disputar-lhes o recado, mas devolve-o à verberação de Heidegger e Sartre, que termina no "reconhecimento do absurdo do contingente puro, sobretudo, na temerária constituição de uma ontologia do fenômeno" (Maritain, 1966. p. 157).

Consequentemente, o autor do *Humanismo Integral*, extremando a sua rejeição ao intento da filosofia do sujeito como do existencialismo, cancela, simplesmente, a significação da própria meditação filosófica dos nossos dias. Não asseguraria uma exploração mais profunda e radical da realidade no que o contexto lhe permitisse, de fato, estrias novas de conhecimento. O Maritain de *Le Paysan de la Garonne* acaba como que sacrificado entre o imperativo de acolher a palavra conciliar da Igreja, em que o tempo acresce a essencial experiência do homem, e, por outro lado, a fixação, como definitiva e intocável, da filosofia perene, trazida como eixo mesmo do pensar ocidental.

É como se, inconscientemente, a rejeição final da mobilidade-limite da existência, no plano da fundação do ser, o levasse a aceitar a "corrosão da incompletude" como essencial ao homem, exemplificando-a na própria solidez da filosofia perene. Desdobra-se o pensador francês em fixar o intento essencialmente praxístico de São Tomás em realizar o esforço gigantesco de "salvar" o conhecimento de um mundo constituído como um *corpus* de certezas, vistas como firmamento de um *cogito*, mas dentro do cânon clássico, incorporável às verdades da fé.

É por uma sabedoria que se dá essa integração, por uma abrangência "experimental", *urbi et orbi*, não pelo esplendor, *a priori*, de um sistema e sua declinação reducionista. E é ela que garante uma atualidade sempre, de novo, posta à prova. E tal por não ter uma imunidade contra novos filósofos, mas por ter, empiricamente e já, respondido ao exercício histórico-limite de um *corpus* do pensamento para compreender a realidade. Esquecemo-nos, via de regra, da aventura agônica datada no tempo, mas resultante num cânone irrepetível que representou a conciliação do Estagirita com o Doutor Angélico.

Noutras palavras, é essa "imensa tradição, aberta a todo futuro incomensurável no seu peso, que dita a sua abrangência a qualquer filosofar" (Maritain, 1966. p. 200), e é nesse sentido, para o Maritain pós-conciliar, que se deve entender a abertura aos níveis dos tempos, acima de tudo, "como o exercício da aptidão da grande árvore a integrar toda reflexão dita da modernidade". Mas será sempre a práxis, não a exegese, nesse *corpus* das crenças chegadas à doutrina, que trabalhará as sínteses, inclusive proporcionalmente até mais refratárias, como a da integração da visão de Santo Agostinho — marcada mais "por uma meditação amorosa das coisas de Deus, do que pela busca de uma elucidação estritamente apoiada na razão" — ao pensamento do Aquinata (Maritain, 1966. p. 196).

A rejeição às incorporações do conhecimento do século XX nasceria, para Maritain, da sua desnecessidade objetiva, ao lado de seu contraste com o que, exatamente, se definiria como os achados dessa reta razão, trazida ao impulso e ao inventário do *corpus* conquistado até os nossos dias. Não era, pois, o filósofo intérprete da doxa, mas sancionador de uma sabedoria praxística, quem invectivaria contra o aporte visto como essencialmente inovador, desde a constituição husserliana do formalismo da filosofia do sujeito até o seu etos, proposto pelo existencialismo. Até o concílio, foi também essa a posição de Alceu, nesse construto de defesa da fertilidade básica da filosofia perene em nosso tempo. Para ambos, o ímpeto dos novos pensares não nascia de um acicate do *cogito*, mas da vaidade e da arrogância de "refazer-se o conhecido ou torná-lo diferente pelo erro". Alceu vai, nos anos 50, elogiar essa humildade básica de Maritain, que abriu mão de toda construção *ex novo* na meditação filosófica e que, dentro da mesma regra, invalidaria as pretensões análogas de seus contemporâneos. Maritain, proclamava definitivamente Alceu, não quis recomeçar por vaidade ou propor um novo marco--zero, um trabalho do pensamento. Quis ser o exegeta e o comentarista daquele corpo de gnose e conhecimento da solidez portentosa — como o da maior confluência histórica de um logos — entre o pensamento grego clássico e o cânone clássico da teologia medieval.

Nesse requisitório pós-conciliar, Maritain vinca ainda mais o direito à recusa da modernidade por meio de um isolamento confesso em que a dimensão da despedida e dos valores do eterno não se ajusta apenas à distância para a partida. Indica o confronto, em tantas outras construções, de um pensamento da transcendência, na sua época, debruçado sobre a promessa das virtualidades do concreto e a semelhança, na sua busca, ao que convidava a *Gaudium et Spes*. O isolamento no fortim neotomista já marcara Maritain antes do concílio, confrontando ou informando pensadores e veios do espiritualismo moderno, e sua ressonância cristã, como os de Louis Lavelle, Maurice Blondel e, especialmente, Jean Nabert, precedendo a meditação fundadora de Paul Ricœur. Todos sofriam de uma suspeita intuitiva do filósofo, ao se afastarem dos caminhos seguros para a meditação da transcendência traçada pelo meticuloso cuidado dos *Degrés du Savoir*.

Na defesa do *Humanismo Integral*, Maritain seria ainda, a larga chamada, contra a tentação do franquismo e das restaurações de uma sociedade católica e hierárquica, em proveito, inclusive, da defesa da democracia como a mais compatível com uma sociedade pluralista, ao sopro da inspiração cristã, tão penetrante ao melhor ideal de Alceu. Já no concílio, *Le Paysan de la Garonne* surgia como o testamento de um recuo da lição do tempo para o engajamento cristão. Era a recusa da própria modernidade, vista já no olhar planetário da grande velhice, a fixar finalmente uma visão muito mais cautelosa do que prospectiva, na tarefa do católico de anunciar o seu tempo.

Maritain, a Sabedoria Integral

Frei Carlos Josaphat, OP(*)

Maritain introduz "integral" na história, qualificando "humanismo", no momento da grande crise do Ocidente, ameaçado por um processo já global de desumanização por ação e por omissão danosamente conjugadas. O Filósofo hasteava então a grande bandeira da sabedoria racional e espiritual, bem acima do ortodoxismo da velha cristandade, que se fazia relegar com desdém pelo surto de emancipação remontando à Renascença. Mas igualmente a universalidade coerente desse ideal, desse projeto histórico de humanismo, autêntico e abrangente, rejeitava as fragmentações das modernas liberdades individualistas, e, mais ainda os falsos consensos impostos pelas ditaduras da direita e da esquerda. A mais grave incompreensão e a mais forte ameaça vinham dos regimes opressores que se impunham sob o rótulo do progresso e da religião.

Hoje, nas esferas mais altas e menos sujeitas a oscilações ideológicas, parece que se reconhece o sentido amplo e profundo do manifesto filosófico de Maritain. Assim, é bem significativo que, em nossos dias, ao sintetizar a Doutrina Social da Igreja, o Pontifício Conselho Justiça e Paz, no limiar de seu *Compêndio*, tenha caracterizado o essencial dessa mensagem em termos de "Humanismo integral e solidário". Esse título, sem dúvida, tomado gentilmente a Maritain e a Mounier, era o reconhecimento implícito de que esses grandes pensadores leigos tinham seguido, prolongado e mesmo antecipado o Magistério social da Igreja.

À compreensão integral do humanismo, despedaçado desde a Renascença, coroava em boa hora um processo de amadurecimento progressivo tendendo a introduzir no pensamento cristão e mesmo no conjunto da cultura a perfeita harmonia intelectual e espiritual, que constitui a alma da verdadeira democracia. Desfazendo-se das correntes ideológicas, que dominavam o ensino acadêmico e certas tendências eclesiásticas, inaugurando uma leitura profunda da história das doutrinas e dos valores, Maritain contribuía para retificar a visão do ser humano, sujeito da história, e para reencontrar o próprio sentido da história, reconhecida

---

(*) Nasceu em Abaeté-MG, em 1921. Doutorou-se em Teologia Moral, com especialização em Comunicação Social (Paris, 1965). A partir de 1966, tornou-se professor da Université de Fribourg, onde lecionou durante 27 anos. Entre as publicações recentes destacam-se: *Ética e Mídia: liberdade, responsabilidade e sistema* (2006); *Ética Mundial, esperança da humanidade globalizada* (2010); *Paradigma teológico de Tomás de Aquino* (2012).

em sua consistência factual e em sua transcendência ascensional. O Filósofo francês avança, passando do humanismo integral a uma filosofia integral.

Com a sobriedade requerida neste volume, buscaremos esboçar um vasto quadro sintético, mostrando que, para além do humanismo, o qualificativo integral caracteriza todo o projeto filosófico de Maritain. Esse projeto se afirma e se estende como a Sabedoria, coroando e animando todas as modalidades do conhecer e do ser. Procura entender e articular as formas do saber, destacando o contemplar, as formas do amar, realçando a gratuidade do dar-se. Daí a análise profunda e a mais completa do próprio conhecer, empenhando-se na consideração da inteligência, em sua simbiose de objetividade e subjetividade. Esse projeto que visa retificar o que é mais central, a inspiração, a motivação radical da cultura, exige o diagnóstico e a denúncia da fragmentação generalizada do pensar introduzida pela modernidade cartesiana.

Em agosto de 1934, em curso universitário em Santander, na Espanha, intitulado os *Problemas espirituais e temporais de uma nova cristandade,* Maritain anunciava o esboço do *Humanismo Integral.* Sem dúvida, à primeira vista, expunha-se um projeto audacioso de revisão histórica. Fora o Papa Inocêncio III que, nos inícios do século XIII, lançara o termo cristandade como expressão do cristianismo que se teria universalizado, formando uma nova humanidade. Mas desde então essa humanidade, marcada pelo domínio absoluto do duplo poder religioso e político comportava um feixe de ambiguidades que só faria crescer com o passar dos séculos e com a soma de "problemas espirituais e temporais" mal resolvidos. Quando as crises se tornam a ameaça de um verdadeiro "suicídio para o Ocidente" (expressão do Padre Lebret), — surge o projeto do Filósofo Maritain de enfrentar os "problemas" adiados ou mal equacionados, e propor uma nova cristandade, que assuma todos os valores humanos, sob a inspiração do Evangelho.

A opção radical e total pela Verdade

O qualificativo integral traduz o empenho de dar ao projeto filosófico uma abrangência total envolvendo toda a realidade da pessoa, do mundo, da humanidade e da civilização, tendo em conta a condição criada pela presença e influência do cristianismo, transformando grandemente a história e sendo marcado pelas modalidades de sua inculturação. Essas modalidades correspondem à cristandade ou às cristandades sucessivas, mais ou menos fiéis à inspiração renovadora ou retificadora do Evangelho. Semelhante amplidão universal e audaciosa do projeto filosófico irá se estender e intensificar em toda a vida de Maritain. Mas ela já se prenuncia, como que explode, com certa violência e muita beleza, na aspiração primeira de dois jovens universitários.

Na realidade, a história do pensador e o desenrolar de suas doutrinas de início surge como a novela de um jovem casal, ternamente enamorado um pelo outro, mas, sobretudo, apaixonado pela verdade literalmente até a morte. No capítulo terceiro das *Grandes Amizades,* intitulado "No Jardim das Plantas", Raïssa evoca a angústia total que se apoderou deles, transtornou o passeio e comprometeu o resto da vida de Jacques e Raïssa, dois universitários da Sorbonne, na verdade, eles sintetizam e antecipam as aspirações e os primeiros sinais de desesperos que marcam os começos do século XX, que vai pressentindo as crises dos sistemas políticos e econômicos desajustados, as calamidades de duas guerras mundiais e o atropelo de meia dúzia de ditaduras.

Os jovens namorados não se deixam prender pelos divertimentos, pelas grandes exposições e pelas manipulações da *belle époque*. Apostam tudo na inteligência, na busca da verdade seja qual for o seu rosto e esteja onde estiver. Só aceitam viver se derem com a verdade da inteligência e da vida. Raïssa conclui essa terrível e magnífica aposta de sua juventude: "Se essa experiência (de busca da verdade) der em nada, então a solução seria o suicídio. O suicídio sim, antes que os anos não tenham acumulado sua poeira, antes que nossas jovens forças não se tenham desgastado. Nós queríamos morrer por uma livre recusa, se fosse impossível viver à luz da verdade". Felizmente para o jovem casal de namorados e de tanta gente no mundo, a Verdade lhes veio ao encontro e inundou toda a vida deles. A Verdade já estava dentre deles, suscitando este amor apaixonado e este vazio das coisas e das ambições que só o Amor infinito pode despertar e preencher.

À semelhança do que se poderá admirar na marcha de Alceu Amoroso Lima para a fé, no casal Maritain, uma imensa angústia vinha de mistura com a maior das aspirações. Jacques chega a declarar: mesmo que a Verdade esteja escondida em um monturo de lixo, é lá que nós havemos de ir procurá-la. Ele se referia ao escândalo do Evangelho, escarnecido pelos aristocratas grã-finos, como desprovido de filosofia e de raízes culturais. Léon Bloy retomava a mensagem do Apóstolo Paulo. Olhem para essa sabedoria desses intelectuais e desses donos do mundo. Ela está arruinando a humanidade. O escândalo da cruz é a sabedoria de Deus para quem se desfaz do lodo da vaidade. Nesse mesmo tempo, Henri Bergson desmontava a pretensiosa filosofia ocidental, propondo novos caminhos. Mas ele parece desacreditar a inteligência, que era a grande luz, com que contavam os jovens Maritain para devassar os erros, descobrir e mostrar os suspirados caminhos da Verdade.

Ora, o anseio deles pela verdade só faz é crescer, se ampliar e aprofundar. Querem resposta para todas as interrogações, a razão de ser das coisas, do mundo, o sentido da vida, da história. Andam intrigados com o absurdo ou o mistério do mal, que escurece a mensagem e as comunidades daqueles que se dão como testemunhas da Verdade, — o que lhes parece o caso típico da Igreja. Os dois vivem um catecumenato mais do que ardoroso, assistidos e ajudados por guias da cultura e da religião.

Ao receberem o batismo no dia 11 de junho de 1906, na força dos vinte e cinco anos, Jacques e Raissa, agora Gertrudes Raïssa, choram de felicidade, experimentando e professando a certeza máxima e fundadora: Nós cremos no Amor criador, salvador, santificador da humanidade. Entram no Reino da Verdade integral e resolvem consagrar-se totalmente à Sabedoria integral. Como obedecendo a uma lei vital, optam por dar-se de corpo e alma a ver todo o finito na plenitude e na luz do Infinito. Concretamente, o lar deles vira uma espécie de universidade, acolhendo mestres do saber, da espiritualidade e das artes. Todos ensinam e aprendem, seguindo um projeto ilimitado, abrangendo a antropologia, toda a metafísica, servindo-se do rigor da lógica e das informações da experiência, das ciências, da história.

Raíssa, primeiro, e logo em seguida Jacques ficam entusiasmados com a leitura da *Suma de Teologia* de Tomás de Aquino. A quem o lê ativado pela sede da verdade, esse Mestre se mostra o grande verificador que convida e ajuda a verificar. Os Maritain não serão tomistas. Mas afirmam-se discípulos de Tomás, seguindo seu paradigma e seu modo de abraçar a verdade da inteligência e da vida, empenhando-se em encarar com objetividade todos os problemas pessoais e as interrogações da humanidade contemporânea.

Enfrentando e superando os riscos dos extremos

Em um primeiro momento, os convertidos, sobretudo Jacques, vivem um delírio, o amor apaixonado pela verdade triunfou e tomou conta deles. Partem para a ruptura total com tudo aquilo e com todos aqueles que se opõem ao Evangelho e à plena e total ortodoxia da cristandade. Sim, no começo, era a velha cristandade, de cuja mensagem autêntica Tomás de Aquino teria sido e permaneceria o Mestre perene.

Maritain viveu por uns tempos o risco dos extremos, que impregnavam toda a ala dominante do clero e dos teólogos. A maioria dos primeiros escritos de Maritain segue o teor e o tom do primeiro, chamado *Antimoderno*. O mais típico vem a ser *Os Três Reformadores*, uma diatribe feroz, reduzindo a zero e ao ridículo total os três iniciadores dos erros e dos desmandos da modernidade ou das suas modernidades: Lutero, Descartes e Rousseau. Sua primeira exposição filosófica *A Filosofia Bergsoniana* (1906) é uma crítica sem piedade do Filósofo que despertara em Maritain a sua própria reflexão racional. Mais tarde, publicando uma obra antológica de seus escritos sobre o assunto, sob o título *De Bergson a Tomás de Aquino*, Maritain aceita distinguir o "bergsonismo de intenção" e o "bergsonismo de fato". Bergson teria iniciado o trabalho de abrir caminho para se esquivar do racionalismo moderno, mas não o levaria adiante de modo conveniente, isto é, pelas forças da própria inteligência.

Mas, a grandeza de Maritain está na inteireza radical de sua conversão. Ele superou os riscos dos extremos, que o impeliam a recair na intolerância de um medievalismo rançoso. O amor à verdade fez com que se irmanasse com Tomás de Aquino para professar: "a verdade, proferida por quem quer que seja — mesmo pelo demônio — vem do Espírito Santo" (ST I-II, 109, 1). Essa opção corajosa e irrevogável lhe valeu muita perseguição até da parte de veneráveis tomistas. Maritain, delicada e fortemente ajudado por Raïssa, mostra sua capacidade positiva e mesmo inovadora. Começa a abordar filosoficamente um tema muito moderno, que não recebera uma atenção explícita da tradição teológica: a estética. Junto com o primeiro livro de crítica a Bergson, ele publica um estudo filosófico sobre *Arte e Escolástica*.

Abrindo caminhos em busca de um paradigma integral

Nos imensos quinze volumes das *Obras Completas*[1] do Casal Maritain se encontra uma meia dúzia de escritos que traduzem o labor de iniciação a que Jacques se entregou para repensar e aprofundar pessoalmente essas bases filosóficas que reconhece como preciosa herança de Tomás de Aquino. Destacamos como exemplos: — *Elementos de Filosofia, Reflexões sobre a inteligência*, que vão sendo completados de maneira mais pessoal em: *Ciência e Sabedoria, — Sete lições sobre o ser, — Nove lições sobre a filosofia moral, — Sobre a Filosofia Moral*.

Nota-se uma marcha progressiva, marcada por uma prioridade epistemológica, pelo empenho de aprofundar a reflexão sobre o conhecimento, sobre a natureza, as propriedades e as condições da inteligência teórica e prática, bem como sobre a articulação desse duplo aspecto distinto do conhecer. Esse estudo infatigável sobre o conhecer, sobre os processos e exigências do verificar, tem o sentido profundo de uma revisão e de uma retificação do que Maritain detectou como o desvio fundamental da modernidade: a identificação que ela faz da filosofia com a subjetividade do pensamento racional, considerado desprovido de objetividade em dicotomia com o conhecimento sensível.

Mesmo, e sobretudo, abordando temas que não mereceram a atenção de Santo Tomás, seu discípulo se mostra fiel, imitando com inteligência a criatividade do Mestre. Com ele, Maritain faz uma opção da maior clareza, por um realismo do conhecimento, procura entender por dentro as doutrinas adversas e as razões de seus adversários, empenhando-se em explicitar por que e em que lhes dá ou lhes nega razão.

Essa opção epistemológica primordial comporta uma tríplice originalidade conexa, a partir da primeira que é o realismo do conhecimento afirmado com toda nitidez e praticado com toda a firmeza. A criatura intelectual é reconhecida como um ser no mundo, imanente em plena comunhão com o universo, primeiro das coisas materiais. Sem dualismo nem monismo.

---

(1) Utilizamos as Obras Completas (em francês), 16 volumes, Jacques et Raïssa MARITAIN, *OEUVRES COMPLÈTES*, Univ. Fribourg Suisse e Ed. Saint-Paul Paris. 1986-1999.

Daí, a insistência maritainiana: no seguimento de Tomás: professa transparência das imagens sensíveis e dos conceitos. O conhecimento visa primeira e diretamente os objetos em si, tornando-os, no entanto, presentes ao sujeito por uma rede de mediações (intencionais). Estas são sinais das coisas e delas derivam exercendo uma ação sobre as faculdades cognitivas. Mas, com Tomás e como Tomás, Maritain insiste sobre a experiência de todo conhecimento humano em todo sujeito humano. O sujeito não é o primeiro conhecido. Ele chegará a ser reconhecido em uma atividade segunda e reflexa da inteligência, que toma consciência de seu ato de conhecer de que as coisas e as pessoas exteriores são o primeiro objeto.

Ser humano é assim compreendido enquanto ser de comunhão com a realidade e com o outro, se identificando intencionalmente com ele, e a partir daí percebe a intimidade, a subjetividade que o caracteriza, indo de intimidade a intimidade, com um privilégio inicial da saída de si.

Sem dúvida, o sujeito pode passar a prevalecer sobre a objetividade e projetar sua construção imaginária ou mental para predominar sobre a realidade do objeto em si. Mas já se trata de uma operação segunda e mesmo de um desvio da vocação do ser humano à verdade, vocação inscrita na própria natureza do conhecimento.

Outra insistência e outra originalidade merecem relevo para a compreensão da radicalidade de Maritain. Em oposição constante ao dualismo cartesiano, afirma-se a unidade da alma como forma substancial do corpo, em si assumindo e garantindo, no entanto, de maneira virtual as qualidades das formas inferiores da vida vegetativa e animal. Assim, se explicam a plena unidade e a real complexidade do ser humano. O que constitui a base de compreensão de uma antropologia teórica, filosófica, em relação com a compreensão bíblica da criatura humana corporal e espiritual. Mas, igualmente, assim se funda a visão de uma harmonia racional e livre a ser participada pelos elementos sensíveis e por uma certa docilidade interiorizada no próprio corpo, graças à participação da racionalidade pelo universo das paixões. O ser humano se afirma como um sujeito ético todo ele plenamente educável.

Essa antropologia estará sempre e cada vez mais presente no pensamento e nas obras de Maritain.

A verdadeira obra-prima é uma suma harmoniosa da inteligência sobre a Inteligência: *Distinguir para unir. Os graus do saber.* Este denso volume, preparado e prolongado por uma série de análises e sínteses bem ordenadas é a realização exemplar do que o Mestre praticará no conjunto de suas grandes obras. Ele tem diante de si a síntese genial de Tomás de Aquino e a realidade do mundo atual, considerado atentamente em sua caminhada histórica, que suscita diferentes correntes de ideias que tentam explicar o sentido da história, para apontar os rumos a seguir.

Bem se vê, Maritain está sempre longe de qualquer intento de escrever mais um capítulo do tomismo. Seu empenho seria antes de apagar ou de relegar tudo aquilo que essa corrente tem de conservador e repetitivo. Não se apega a comentadores, seguidos pelas escolas, como Capreolus ou Cajetano. Eles explicam amplamente as doutrinas de Tomás, mas em contexto de controvérsia com o nominalismo ou o ockamismo, por exemplo. Maritain aprecia a fidelidade estrita de João de Santo Tomás em sua compreensão correta e atualizada da teoria do conhecimento. Nele Maritain vê um modelo razoável da fidelidade criativa a que sempre se apega.

Vamos tentar ilustrar essa opção de base do Filósofo em torno de dois polos de sua obra imensa, comportando muita variedade de temas, mas mantendo uma coerência na profundidade de sua inspiração e de seus princípios fundadores. O primeiro polo é o *Humanismo Integral,* que é uma espécie de Suma filosófica da inteligência prática, visando a uma ética universal, fundada na razão e na história. O outro polo, centrado na inteligência teórica e se desdobrando em uma série bem densa de grandes textos metafísicos, traduz o empenho de uma releitura exata da metafísica de Tomás de Aquino, mas se afirmando na originalidade de uma síntese que enfrenta criticamente a filosofia moderna, especialmente a fenomenologia e o existencialismo.

Humanismo integral no centro de uma ética universal

A primeira síntese maritainiana é inspirada e motivada pela urgência de fazer face aos grandes desafios que barravam o caminho do pensamento autêntico e da vida cristã, a que ele aderiu e em que ele via a contribuição imprescindível para o futuro digno da humanidade. Ele vê a comunidade dos cristãos às voltas com os limites, os atrasos, e — por que não — com as falhas da velha cristandade.

Em agosto de 1934, quase vinte anos após seu batismo em 1905, em plena maturidade crítica em meio às incertezas e interrogações do cristianismo ocidental, diante das ditaduras que parecem prosperar mais e mais, Maritain tem a plena visão do sentido e da necessidade de uma "nova cristandade". Surge como a síntese de todo seu pensamento e o fruto de seu amor à Igreja, comunhão e mestre de solidariedade para o mundo de hoje, desviado por humanismos até de feitio heroico, mas inspirados por ambições de um utilitarismo individual e corporativo.

Nada de volta ao passado. Sua insistência está na novidade que deve assumir a cristandade, se é que se quer guardar esse rótulo venerável. O equívoco nesta leitura da obra de Maritain e a incompreensão da nova de seu projeto contribuiu para estorvar sua plena aceitação. Assim, mestres de teologia, de ética, de militância na América Latina não perceberam o sentido criativo da nova cristandade de Maritain, atribuindo-lhe o empenho de uma volta ao passado. A nova cristandade que ele propõe é a antítese e a correção da antiga.

Maritain vê o Evangelho qual fundamento da comunidade eclesial, mas igualmente fonte que inspira, valoriza um mundo leigo, confirmando a consistência das realidades terrestres e os valores profanos. Na mensagem do Evangelho, ele funda a distinção e a articulação da criação e da salvação, brotando da fé no Amor universal, Criador, redentor e glorificador do ser humano.

Em torno ou a partir do Humanismo Integral, Maritain propõe e desenvolve uma ética pessoal e social, essencialmente humana, mas inspirada e reforçada pela mensagem pela graça do Evangelho. Esse vínculo da natureza e da graça, da razão e da fé se expõe com muita limpidez e oportunidade em *Cristianismo e democracia*. Maritain chega a inspirar e ativar movimentos de democracia cristã que tiveram seu momento de grande fecundidade, sendo, no entanto, submergidos pelas vagas de ditaduras de direita e de esquerda, ou pelo alinhamento aos sistemas liberais. Aprofundando sempre o tema de uma ética integral, o Filósofo produziu toda a série de volumes sobre: *Direitos humanos e lei natural, a justiça política, Princípios de uma política humana, A Pessoa e o Bem Comum, O Homem e o Estado*. Nessa dúzia de anos de 1936-1947, Maritain se firma como o grande pensador que oferece a proposta intelectual de uma ética universal, de que a humanidade carece e a que procurará prover elaborando a custo a *Declaração Universal dos Direitos Humanos* em 1948. A UNESCO tinha razão em confiar à sabedoria de Maritain a difícil tarefa de mostrar a viabilidade de um acordo da humanidade sobre um código de normatividade ética, jurídica e política, apesar dos evidentes e dolorosos desentendimentos nos planos ideológicos, e mesmo culturais e religiosos. Em um artigo de 1047, pode-se aprecia a posição rigorosa e matizada de Maritain, em sintonia com suas opções fundadoras expostas no Humanismo integral e aqui bem elaboradas a partir da doutrina tomista da distinção e da articulação da inteligência teórica e da inteligência prática.

Mais uma vez, o Filósofo dava provas do valor real digamos operacional, de suas posições antropológica e ética, e da pertinência de seu paradigma epistemológico expresso simplesmente no jogo de "distinguir para unir". A humanidade pode entender-se e empenha-se em um trabalho conjunto pela defesa e promoção dos valores e direitos humanos fundamentais, à luz das intuições e mediante dados e comportamentos concretos do intelecto prático, sem que esteja em condições de chegar a um acordo doutrinal no campo da inteligência ou da razão teórica. O princípio parece simples. No entanto, é um dos pontos mais altos e dificilmente acessíveis e aceitáveis no decorrer da história e no momento crucial do Ocidente das guerras mundiais e das guerras de conquistas. Maritain, o Filosofo intransigente, que não aceita qualquer concordismo no plano das ideias, das doutrinas, sobretudo religiosas, indica e demonstra a existência de um cerne de unidade humana, e elucida e proclama a vocação de todas as pessoas e de todas as sociedades a se entender em um núcleo consistente do bem comum, o que viabiliza o viver, o conviver em uma primeira harmonia, ainda provisória, mas promissora e suscetível de culminar em uma marcha tranquila e sempre progressiva rumo à plena solidariedade e a uma paz estável e universal.

A humanidade podia assim reconhecer em Maritain o Filósofo integral, pois seu humanismo não prolongava apenas aspectos do humanismo fragmentado da Renascença, mas apontava para a verdade do ser humano em harmonia com a Verdade total do Ser e dos seres, dos seres finitos participantes do Infinito e para ele imantados no íntimo de si mesmos, pela presença e a prática dos valores de liberdade, de responsabilidade, de justiça e solidariedade, reflexos humanos dos atributos do Deus Amor.

Metafísica do Ser em sintonia com a sabedoria humana e evangélica

A conversão e o batismo de Jacques e de sua graciosa companheira Raïssa realizavam, portanto, uma convergência nas alturas. Esses jovens andavam desgostosos de doutrinas filosóficas vazias, bem como de atitudes, práticas e obrigações religiosas desprovidas de sentido, descoladas da vida e da cultura. E encontram a sabedoria que se dá e se mostra aceitável como harmonia fecunda da razão e da fé, do sentido da história e rumo da existência. Era a felicidade de pensar e de crer, o reencontro do universo de seres e do Ser, reconciliado pela aceitação do rigor e pela superação da razão. Renovando a proeza de Tomás de Aquino, Jacques se põe a escrever filosofia bem crítica e bem tecida, em que a inteligência demonstra a verdade e a aponta para a felicidade. Manda textos a Léon Bloy, o cristão angustiado que era seu padrinho. E Bloy responde: jamais aguentei ler filosofia com suas sobrecargas de abstrações. Mas, a sua filosofia, Jacques, me faz vibrar o coração.

A anedota ilustra o que era o hilemorfismo, a matéria e a forma, a potência e o ato, a participação e analogia mostrando os seres finitos em relação com o Infinito, toda essa metafísica, que lhe vinha de uma profunda leitura de Tomás de Aquino, mas que nos escritos de Maritain pegava fogo e lançava chamas sobre os problemas reais de ontem e de hoje.

Já havia sintetizado com entusiasmo no *Doutor Angélico,* essa metafísica é aprofundada, voltando à elaboração bem compreendida de Tomás, para além das "abstrações" dos tomistas do passado e das escolas atuais. Tomás se mostra mais ele mesmo, dando a devida prioridade ao ser, ao ato de ser, ao existir que é o ato em que se realiza a essência. Sendo ele mesmo, o Mestre que surgira como inovador na Idade Média, agora se aproximava do pensamento e da inquietação da filosofia moderna, enfrentando o imenso desafio de superar as antigas fragmentações das filosofias acadêmicas. Esse contexto contemporâneo estimula Maritain, que redige os textos mais calorosos de sua carreira, tais como *Curto Tratado da Existência e do Existente (*1947*). Abordagem de Deus* (1952), *Deus e a permissão do mal* (1961). Em diálogo com o ateísmo sofisticado, o que mais caracteriza Maritain é a criatividade a partir da fidelidade aos mestres do passado, especialmente a Tomás de Aquino.

Tentando fraternizar com o personalismo, mas superando todo individualismo egocêntrico, o Filósofo propõe e explica com profundidade e fineza uma sexta "via" de acesso racional a Deus. É um modelo de feitio fenomenológico, que, com um pouco de espírito, se poderia condensar assim: "Penso, logo Deus existe". Da intuição e da análise da contingência do seu pensar, o Filósofo induz que ele só pode existir em virtude da causalidade do Pensamento Infinito, de Deus. Seria interessante estabelecer a comparação da sexta via de Maritain com a argumentação estritamente fenomenológica de Emmanuel Levinas em *De Deus que vem à ideia*.[2] Levinas, que recusa toda objetividade transcendente no "cogitatum", na ideia pensada, reconhece a transcendência no "cogitantem", na ideia "pensante", na intencionalidade que aponta para Deus sem o representar.

Originalidade estética e mística

A originalidade de Maritain é geralmente apreciada em razão da contribuição inovadora e mesmo culturalmente revolucionária de seu humanismo e de todos os estudos que mudaram o feitio da ética pessoal e política, sobretudo no campo do pensamento cristão. Convém destacar o que chega a resplandecer como dupla singularidade: a elaboração de uma filosofia da estética e de uma sabedoria mística, produções que encontram menos interesse em um público mais vasto.

Em um e outro domínio, é necessário reconhecer a iniciativa e a contribuição predominante de Raïssa. Sua vida e seus escritos, que Jacques quis reunidos nos dois últimos volumes de suas Obras Completas, testemunham a beleza de uma existência consagrada à poesia, às artes e aos artistas, bem como ao silêncio, à oração, aos místicos.

É muito significativo que, desde o primeiro momento, a vocação do casal Maritain se realizou na forte e calorosa afinidade dos dois, especialmente de Raïssa, com Santo Tomás e São João da Cruz. Nos *Degraus do saber* se tece uma visão elaborada da antropologia, da interação do conhecer e do amar, bem como da contemplação bíblica, em sua profundeza teologal, pois se enraíza no dom do Espírito de verdade e amor. Mas os escritos espirituais de Jacques e mais ainda de Raïssa, que neste ponto, aliás, supera e influencia o esposo, constituem uma biblioteca singular no pensamento cristão. Estudam, como experiências singulares e distintas, a estética e a mística, e realizam sua simbiose, mostrando a dupla função transcendente da beleza: ela é a força interior, o resplendor do bem que eleva o ser humano em um maravilhoso processo educativo; ela refulge também e mais ainda como o mais suave atributo de Deus e o caminho mais atraente para o divino amor contemplativo. O casal Maritain ocupa um lugar singular ao cultivar e realizar essa junção harmoniosa de uma sabedoria racional, mística e estética.

---

(2) Conf. Obra citada. Petrópolis: Vozes, 2002. p. 94 e ss.

Vejo um encontro e uma afinidade nas opções e na obra monumental de teologia estética ou de estética teológica de Hans Urs von Balthasar. Com muita vantagem, Maritain nos dá o exemplo de muitos encontros, bem como o convite e a viabilidade de diálogo com o que há de melhor na cultura, na filosofia e na teologia de ontem e de hoje.

Sabedoria filosófica e teológica, desdobrando-se em uma ética pessoal e social, política, estética e mística

Sintetizamos nessas propriedades mestras e abrangentes a trajetória de Maritain que merece na verdade o qualificativo prestigioso de integral para todo o seu pensamento, para toda sua obra e seu paradigma de pensar, de agir e de comunicar.

Ele não nos legou um sistema intelectualista, mas defendendo as prerrogativas supremas do espírito, sempre se bateu por afirmar e valorizar todas as dimensões da inteligência, do amor e da liberdade. É a atitude do sábio, que acolhe e tenta ordenar todos os domínios do universo e da humanidade. *Sapientis est ordinare.* Gostava de apelar para a sentença de Tomás de Aquino. Esta espécie de programa de sabedoria integral, integradora e ordenadora do pensamento e da realidade valeu malquerenças para o Filósofo, do começo ao fim de sua existência. Pois, a lei costumeira da facilidade inclina à parcialidade e à fragmentação em todos os campos do saber e do comunicar.

Com a atenção voltada especialmente para os jovens, parece-me oportuno insistir sobre esta originalidade deveras singular de Maritain, sintetizada em seu famoso "distinguir para unir". Ele aplicou essa máxima de maneira exemplar, seja em seu paradigma e sua atitude epistemológica, seja na delimitação e articulação dos campos do saber, seja nas atitudes e qualidades do agir pessoal ou social.

Convém dar certo relevo ao que há de mais típico nas opções e doutrinas de Maritain, pois, por causa precisamente de sua originalidade, está exposto a passar despercebido ou ficar relegado. Não se confunda rigor intelectual com conceptualismo sistemático. Para este autêntico Filósofo, tanto se há de afirmar a distinção como a confluência e a interação das faculdades, da inteligência e da vontade, e mesmo da razão e das paixões. Daí o relevo que ele dá ao "conhecimento com naturalidade", por inclinação afetiva, o que caracteriza o dinamismo do bem e do mal na orientação intelectual, artística ou espiritual do ser humano. Sua compreensão teórica na vida do espírito está na fonte da originalidade de suas doutrinas e atitudes no campo da estética, da mística, bem como na sua profunda convivência com os místicos, com os artistas e todos protagonistas da cultura e da civilização.

Maritain merece gratidão por haver lançado em boa hora o Humanismo Integral e ajudado o Ocidente a desfazer os equívocos da velha cristandade que se impunha como a expressão permanente mesmo definitiva da inculturação evangélica. Mas, não lhe seríamos ainda mais devedores por ter proposto e elaborado uma sabedoria integral para o bem da sociedade, da cultura, dos fiéis cristãos, de todos os homens de fé e de compromisso com os valores e direitos humanos fundamentais?

O futuro da humanidade depende de sua opção pelos mestres da sabedoria, pelos gênios, pelos místicos, por aqueles que souberam relativizar toda espécie de utilitarismo, apostaram na dignidade e na transcendência do ser humano. Não se exagera professando que Maritain acertou ao reconhecer que sua vocação era consagrar-se à Verdade e se empenhar em ajudar a humanidade a encontrar e trilhar esse caminho da sabedoria.

A Filosofia Sintética de Maritain

(artigo escrito por Alceu Amoroso Lima, na Revista *A Ordem*,
n. XXVI, maio/junho de 1944, p. 348-359)

Alceu Amoroso Lima Filho(*)
Guilherme Ramalho Netto(**)

Lemos com atenção o trabalho do Dr. Alceu Amoroso Lima e descobrimos que o essencial de Maritain desconhecíamos. Talvez, poucas pessoas conheçam este aspecto essencial de Maritain. Por isso, entendemos que este artigo deveria ser incluído no livro, pois deveria ser verdadeiro Preâmbulo do Estatuto do Instituto Jacques Maritain do Brasil. Isto, porque o Dr. Alceu Amoroso Lima trás às claras o que significa a expressão integral em Maritain, sinônimo de síntese unitária do pensamento humano, a ponto de integrar um humanismo teológico. Sendo publicado neste livro, poderá começar a fazer conhecido o verdadeiro Maritain, especialmente para nossos associados do Instituto. Essa tarefa é um dever para a Direção do Instituto. Temos tido poucas oportunidades de ler algo tão importante, atual e necessário.

Na sequência elaboramos alguns pontos em forma de ficha para uma compreensão do texto, que leve em consideração a vivência de duas décadas no Instituto Jacques Maritain do Brasil.

1. Descobrimos o precioso artigo do Dr. Alceu Amoroso Lima, talvez pioneiro, sobre o essencial do filósofo Jacques Maritain. Trata-se de verdadeira iniciação à importantíssima contribuição de Maritain, para a cultura filosófica atual. Em Alceu encontramos o importante significado das expressões, *"integral"* e *"síntese"*, próprias de Maritain. Síntese como integração, capaz de superar a dialética que exclui os contrários. Daí *"A filosofia sintética de Maritain"*, oportuno título do artigo de Alceu, em que apresenta o *Humanismo Teológico* do filósofo.

2. O artigo mostra o alerta de Maritain, sobre dois graves vícios modernos, decorrentes de uma dialética excludente, quer a liberal, quer a autoritária que,

---

(*) Empresário, foi Presidente do Instituto Jacques Maritain do Brasil por indicação do saudoso Professor André Franco Montoro, organizador do livro *Ética no Novo Milênio — Busca do sentido da vida*. 3. ed. LTr, 2004.
(**) Advogado, Secretário Adjunto Jurídico do Instituto Jacques Maritain do Brasil, presidente da Associação de ex-alunos do Mackenzie.

pela exclusão de contrários, comprometem a *verdade sintética*. Ambas excluem da ação da inteligência, aplicada à investigação do universo, o sentimento, a vontade, a contemplação e a ação, a cultura, o dom e a técnica. A "Síntese" de Maritain é capaz, até, de integrar um humanismo teológico.

3. Portanto, o organizador da obra, o eminente Professor Dr. Lafayette Pozzoli, foi muito feliz com a oportuna iniciativa de incluir o artigo do Dr. Alceu pois, com ele, se começa a conhecer o verdadeiro trabalho integrado do pensamento de Maritain, especialmente para todos que se interessam pelo festejado autor de "Degraus do Saber" e "Primauté du Spirituel"[1]. A compreensão do essencial de Maritain, a partir da contribuição do Dr. Alceu, se coloca como uma tarefa e uma obrigação, especialmente, para os associados do Instituto Jacques Maritain do Brasil e o Internacional. Temos tido poucas oportunidades de ler algo tão importante, atual e necessário, para se evitar posições e ações "a latere" do melhor do injustiçado, Maritain.

4. É indispensável a lição de Alceu, segundo a qual, "A filosofia sintética de Maritain é a grande correção moderna a essa dialetização universal do pensamento contemporâneo". Contudo é indispensável o conhecimento do artigo de Alceu Amoroso Lima, como guia do pensamento de Jacques Maritain, tratando-se de dois gigantes do pensamento moderno, indispensáveis para nosso tempo.

5. Oportuna a observação do artigo em que o Dr. Alceu registra no início, como problema, uma espécie de culto da dialética, sinônimo de separação, exclusão, seja ela a liberal (no sentido iluminista), sugestiva, relativista, ou a autoritária, materialista, marxista, "otimista" pelo evolucionismo da técnica, erros que comprometem a verdade sobre o ser humano todo. Ou seja, a verdade não vem da eliminação dos contrários. Pode ser conhecida, não só da inteligência, mas mediante o ser humano integral, como aplicação da inteligência, do sentimento, da vontade, da contemplação e ação, cultura, dom, e técnica, o ser humano todo enfim, aplicada à investigação do universo.

6. Ainda segundo destaques do artigo sobre Maritain, do festejado autor brasileiro Dr. Alceu, a síntese deve superar a dialética, como integração e não exclusão dos contrários. "É ela, a operação conclusiva e final, em que elementos variados se combinam para alcançar um resultado certo e estável (fls. 28). Síntese é composição, conclusão. É antidialética."

7. A síntese também não significa uma média dos contrários extremos, sem eliminá-los, com respeito à própria natureza das coisas, em nós mesmos e nos outros. Se interessa pelo pensamento alheio, pois o filósofo não exclui nada, não tem preconceitos, não destrói o que possa representar a mais vaga partícula de verdade. Ao contrário, vai às coisas e aos seres humanos de todo coração, com

---

(1) *Primado do Espírito*, livro publicado por Maritain em 1927.

toda inteligência, com vontade de recolher o mais possível da contribuição alheia para com ela fazer o seu mel próprio e levá-lo à colmeia comum, que é a síntese da própria meditação humana sobre o universo.

8. Não podemos deixar de transcrever afirmação do Dr. Alceu quando, sintetizando Maritain, registra: "síntese, da natureza e do sobrenatural que se totaliza na conciliação última entre a razão e a fé, a ciência e a religião". Diz mais, que para Maritain o pensamento é colocado a serviço do ser humano e como instrumento da totalidade humana. Diz ainda mais: *Humanismo teocêntrico,* repete sempre, como expressão sintética de sua posição. Deus e os seres humanos se acham sempre em diálogo ao longo de sua obra. Diálogo que se opõe a um monologismo das filosofias dialéticas do nosso tempo, que partem todas de um monismo original — pois Hegel está na fonte do pensamento moderno. Com isto tais dialéticas, depois de suas trajetórias infecundas, chegam a novos monismos, estatais, coletivistas e ditatoriais.

9. Para concluir, Dr. Alceu registra que "A filosofia sintética de Maritain é a grande correção moderna a essa dialetização universal do pensamento contemporâneo". Síntese do natural e do sobrenatural, síntese do sentimento e da inteligência, síntese do passado, do presente e do futuro, síntese dos sistemas filosóficos unilaterais, síntese da autoridade e da liberdade, síntese da pessoa e da comunidade, síntese do pluralismo e da integridade, síntese das distinções parciais para as unidades superiores, até mesmo síntese do gosto moderno e clássico na sua estética. Segundo Alceu a síntese de Maritain é o mais corajoso desafio à rotina de um catolicismo reacionário, que se prende a uma cristandade decorativa, apoiada na espada dos ditadores neofascistas, em vez de acompanhar, como desasombradamente fez o filósofo, a marcha incessante da humanidade para Deus.

10. A verdade é por natureza *total e sintética*, exigindo, portanto, dos seus servidores uma atitude também *total e sintética.* Alceu nos ensina que foi Maritain que, no plano natural e intelectual, nos salvou da tirania das modas dialéticas. Abriu-nos, com seu sintetismo, novos horizontes, abrigando na unidade de uma filosofia e de uma teologia a mais amplamente compreensiva, tudo o que de bom e verdadeiro, de útil e de belo pensaram todos os pensadores, sentiram todos os poetas, fizeram todos os seres humanos de ação, e a final se resume na Luz que veio ao Mundo para ser a expressão viva do caminho, da verdade e da própria vida.

11. Para terminar, Alceu Maritain aponta que "A filosofia sintética de Maritain é a grande correção moderna a essa dialetização universal do pensamento contemporâneo".

12. Enfim, o indispensável artigo do Dr. Alceu, conclui: "Eis, para mim, a grandiosa significação que a posição de Maritain possui para os homens do nosso tempo, dilacerados pelas tentações da dialética e reconciliados pela síntese a que

ele nos reconduz, não como arrogância habitual dos gênios, mas com a simplicidade dos santos". Como pérola cita este enorme significado de Maritain com registro de obra festejadíssima "Les Grandes Amitiés", de sua mulher Raïssa Maritain: quem se der a tomar conhecimento, sentirá um desejo imenso de beijar as mãos de ambos, da esposa e do esposo, pela sua vida exemplarmente cristã.

13. Este é uma pálida ideia desses dois grandes pensadores, um brasileiro e outro francês, para aqueles que querem se iniciar ou aprofundar no pensamento humanista, integral, de Maritain. Melhor é ler o artigo.

A FILOSOFIA SINTÉTICA DE MARITAIN[2]

Alceu Amoroso Lima

Vivemos sob o signo da dialética, isto é, da separação e da superação. Materialismo dialético e espiritualismo dialético são as duas grandes filosofias do momento. Na fonte de ambas uma só figura — Hegel. Na origem imediata duas: Marx e Heidegger. O monismo materialista e o monismo espiritualista. O objetivismo integral e o subjetivismo integral. Duas grandes famílias do espírito, que agrupam alguns dos valores mais representativos de nossa época. Dois focos de luz que atraem os novos e seduzem para a eterna renovação dos espíritos. Em ambas uma tendência invencível a aproximar o espírito da vida, o pensamento do mundo, a mediação da ação. Em ambas a preocupação política. Uma, porém, toda inclinada à polarização científica. Outra seduzida pela inclinação poética. Uma afirmando a primazia do social. E neste, do econômico. Outra, a do metafísico. E neste do ético. Uma exaltando a autoridade, pela ditadura do proletariado. Outro, desembocando, com Kierkegaard na liberdade ilimitada, com Heidegger na revolução racista e totalitária. Se o comunismo e o fascismo, do tipo Lênin-Hitler, já hoje estão antiquados, poderíamos falar na antinomia: neo-comunismo e post-fascismo, no plano da terminologia jornalística. Ou, para subir de novo ao plano filosófico, a dialética determinista e a dialética existencialista.

A dialética, realmente, é que se encontra na base desse duplo movimento de ideias e de partidos do século XX, no começo deste agitado após-guerra.[3]

---

(2) Artigo publicado na *Revista A Ordem*, n. XXVI, maio/junho de 1944, p. 348-359.
(3) Poderia ilustrar esse primado do espírito dialético com muitas citações. Limito-me a uma só, de um filósofo moderno que pode ser apresentado como bem representativo desse pensamento médio de nossos dias e que vê, na tríade dialética, não só a essência do seu próprio "relativismo racional", mas ainda a base comum da filosofia moderna. Eis, portanto, uma citação que, embora longa, nos poupa muitas outras: "Antes de tudo, voltemos ao conceito de forma original (Urform). Ela se apresenta logo a nós como uma forma original de criação (Ubeziehungs form). Dessa deduzimos três formas especiais: a unicidade

A dialética otimista do materialismo histórico encara a marcha da separação, e da superação como um progresso contínuo. Separação do natural e do sobrenatural, no século XVI. Separação do novo e do velho regime político no século XVII. Separação do proletariado e da burguesia, no século XX. Essa tríplice separação representa para o otimismo dialético uma passagem contínua do inferior ao superior. E daí a superação evolucionista como eliminação necessária dos empecilhos à felicidade social perfeita: a religião, a família, a propriedade e os direitos imprescritíveis da pessoa humana.

A dialética pessimista do existencialismo, que vem de Kierkeggard ou Unamuno no plano cristão; Heidegger no plano neopagão e neste momento, com Jean Paul Sartre e Albert Camus conquistou o ambiente francês do após-guerra, considera, ao contrário, essa separação e essa superação como uma negação sombria de toda esperança, como uma marcha ao desespero, como o aniquilamento de toda ilusão de felicidade, e a entronização do absurdo como único sentido da vida humana no universo. Apenas em vez de concluir logicamente pelo suicídio, pela evasão ou pelo "dolorismo", cristaliza-se numa espécie de neoestoicismo, proclamando kantianamente o primado da categoria do dever pelo dever, isto é, sem esperança, sem fé e sem amor.

---

do objeto dado, a bifurcação antitética, o condicionamento recíproco. Essa tríade assumiu, na história da filosofia e sob modos variados, importância para a análise da consciência. Encontramo-la, por exemplo, como forma fundamental inicial sob a designação "tese-antítese-síntese" na qual a tese é compreendida como unidade do objeto dado, a antítese como bifurcação antitética e a síntese como condicionamento recíproco, como recíproca interdependência (Fichte). Ou então a tese é compreendida como um lado, a antítese como lado oposto e a síntese como uma unificação superior de ambos (Hegel). É a mesma tríade, correspondente, apenas em uma expressão mais estrita, que encontramos nos três axiomas fundamentais de todo o nosso pensamento: à sentença da IDENTIDADE (idêntica unidade do objeto dado A = A', correspondendo a tese; à sentença de Contradição (exclusão recíproca de duas contradições. Não – A, não = A), correspondendo a antítese; e à sentença do Fundamento a alcançar (Zureichenden Grunde), do condicionamento recíproco correspondendo a síntese... Esse é o sentido e o valor do Relativismo, que eu desenvolvo desde 1886... Embora eu já tivesse exposto os pensamentos fundamentais há vários decênios, outros pensadores, caminhando independentes de mim por outros caminhos, chegaram à mesma fiada do relativismo, sem entretanto reconhecer os seus fundamentos específicos. Jaspers, por exemplo, ensina "psychologie der Weltanschauungen" (1919) um relativismo psicológico vitalista ou irracional. Müller — Freienfels caminha por veredas análogas em seu escrito "Persönlichkeit und Weltanschaung" (1919). Groos publica um volume sobre a "Aufbau der systeme" (1924), que tem, ao menos como pressuposto, uma harmonia racional de todos os sistemas possíveis. Groos acentua, de modo particular, a importância da Antítese para a compreensão dessas harmonias. Cohn ("Theorie der Dialektik", 1923), traz uma contribuição importante para o relativismo. Um grande passo para a fundamentação racional do relativismo é dado por Hofman em "Die antithetische Struktur des Bewusstseins" (1921). Sua análise estrutural se mantém, aliás, em limites muito estreitos. Rehmke aproxima--se do relativismo, na verdade vindo de outro rumo, mas também por caminhos analíticos. E . L. Fisher, embora em forma incompleta, assumiu o pensamento relativista em sua "Über-Philosophie" (1907). Agora é só uma questão de tempo, para que o pensamento seja reconhecido e aceito em todas as consequências" (*sic*).
Ludwig Fisher. Die Natürliche Ordnung unseres Denkens und der Zusammenhang der Weltanschauungen. Verl. Felix Meiner. Leipzig, 1927, pgs. 123 a 145.
O relativismo dialético que L. Fisher vê, no pensamento alemão moderno, é o que se encontra em outros países, como expressão da mesma inclinação dialética, de que a **tríade** de Fichte, Hegel, Marx é o elo condutor.

Esta negação das virtudes teologais, como última conclusão de pessimismo dialético dos existencialistas e aquela divinização da técnica como consequência lógica do otimismo dialético dos marxistas — nos mostram os extremos (que tantas vezes se tocam) entre os quais se vem inserir a filosofia sintética de Jaques Maritain, na qual muitos de nós encontramos a única solução possível para as ditaduras filosóficas do nosso século.

Chamo de sintética à filosofia de Maritain, por nela ver principalmente uma reação essencial contra o dialetismo dominante em nossos tempos.

A primeira característica da filosofia de Maritain, ao contrário dos dois conjuntos acima apreciados, é não ser uma filosofia do nosso tempo. Embora seja, e no mais alto grau, uma filosofia para o nosso tempo.

A partir de Descartes o que preocupou os filósofos foi contruírem sistemas novos de acordo com o pensamento moderno, do seu tempo. E essa é uma nota essencialmente dialética. Descartes se insurgiu contra a Escolástica. Kant contra Descartes. Hegel contra Kant. Comte contra Hegel. Bergson contra Comte. Carnap contra Bergson. E assim por diante. É o reino da dialética. O caminho da separação e da superação. A constante preocupação de inovar, de criar outro sistema, de esquecer o passado, de negar e de excluir, para estar de acordo apenas com os novos, com o tempo presente, com a última palavra da nova geração, da nova ciência, da nova arte, dos novos regimes políticos e econômicos.

Como disse Windham Lewis, o tempo foi o *deus-ex-machina* do século XIX. E continua a ser o do século XX.[4]

---

(4) Um grande filósofo católico contemporâneo, Peter Wust, procurou conciliar o pensamento dialético com a metafísica teocêntrica, mas para isso repudiou expressamente a noção clássica do dialetismo hegeliano.

Para Peter Wust: "o problema da dialética do espírito humano é propriamente o problema central de toda filosofia, porque na essência do homem se refletem, nessas condições, todos os princípios de sistematização (Ordnungsprinzipien) do universo (p. 19)...

Entretanto, desde o grande metafísico da história Hegel, que quase sozinho dominou o século XIX, foi o conceito da dialética do espírito tão sobrecarregado e preconcebido no sentido panteístico que parece necessário aqui descrevermos como dialética do espírito sobre o fundamento de uma metafísica rigorosamente teísta" (**Peter Wust**. Die Dialetik des Geistes. Benno Filserveri, Augsbusg, 1928, p. 380). O que Peter Wust entende por dialética do espírito, em última análise, é o conceito da **inquietação**, ao qual atribui uma importância semelhante ao da **angústia** no existencialismo cristão de Kierkegaard, tão diferente por sua vez do existencialismo ateu de Jean Paul Sartre. Os conceitos e as denominações se apresentam modernamente de um modo tão equívoco que nunca foi mais necessário do que hoje o espírito de distinção como preliminar de todas as atividades metafísicas.

Peter Wust atribui a Hegel o mérito de ter trazido o fenômeno dialético da inquietação (Unruhephanomen), do plano transcendental e agnóstico de Kant para o plano concreto e histórico. Mas o condena por ter feito da dialética uma categoria do ser. "Foi um erro irremediável de Hegel ter elevado o fenômeno, incontestavelmente central do esquema dinâmico dialético à categoria de **universal**, condicionando o ente até às suas raízes metafísicas". (*op. cit.*, p. 381).

A filosofia sintética de Maritain, em sua base **essencialista** e não apenas **existencialista,** parece ser uma solução mais adequada à incorporação dos fenômenos incontestáveis do dinamismo humano, sob

A tal ponto que Aldous Huxley da a um livro seu título expressivo de: Time must have a stop" (1945) e nele adverte com razão: Time can never be worshipped with impunity" (p. 297).

Ora, a primeira preocupação de Maritain foi, precisamente, superar o tempo. E procurar o eterno, o permanente, o fixo, no meio da eterna evanescência das coisas. O "Anti-moderne" (1923) foi um dos primeiros de seus livros. Em sua vida, essa nova posição vinha de 1906, da data de sua conversão. À obcessão do moderno vinha ele opor a preocupação do eterno. À divinização do efêmero, empreendida pelo evolucionismo e prosseguida pelos seus sucessores, vinha opor a primazia do perene.

Daí parecer, a princípio, que Maritain ia ser apenas um reacionário em filosofia, como Maurras, ao qual começaram por ligar a sua estranha marcha-atrás, ia ser um reacionário positivista em política. Eis a razão porque os reacionários se desiludiram com Maritain...

Este, porém, vinha apenas retomar, a dois séculos de distância, a tentativa de Leibniz, quando este procurou reagir contra os novos ídolos trazidos pelo Renascimento, recolocando a filosofia na sua própria natureza, que é e não pode deixar de ser a da ciência das coisas eternas, do ser que fica, das essências e não das aparências. Foi aliás o que, pela mesma época, no início do nosso século, levado pela mesma insatisfação contra a ditadura dialética da verdade considerada apenas como uma eterna sucessão de verdades e portanto como uma história no tempo e como uma opinião no espírito — foi o que, pela mesma época fez outro filósofo genial, apenas do outro lado do Reno — Husserl. A fenomenologia husserliana nasceu da mesma reação antidialética de Maritain. Apenas, enquanto Husserl se limitava a uma especialização filosófica, na linha do isolacionismo metafísico de Kant (que criou no espírito compartimentos estanques quase incomunicáveis, separando a filosofia — da religião, da moral, da estética e das próprias ciências, preparando assim o caminho ao cepticismo e ao diletantismo) — Maritain enveredava resolutamente pelo caminho da síntese, do novo hilemorfismo, para o qual o teriam animado porventura, depois da ação vital e profética de Léon Bloy, dois predecessores geniais, um na linha aristotélica, outro na linha platônica — Mercier e Newman.

A síntese é a oposição à dialética. Se esta se baseia na separação e na superação, aquela se constrói sobre a união e a agregação. Se esta parte da negação do passado, aquela se preocupa com a ligação do que é, com o que foi e com o que será. Se a filosofia dialética faz da síntese apenas uma etapa efêmera da eterna luta maniqueísta entre o sim e o não, entre a tese e a antítese colocando a verdade

---

a forma de **angústia** ou de **inquietação,** (isto é da **dialética relativa** do espírito humano em face da imutabilidade natural das coisas) às conclusões estabilizadoras de uma filosofia perene de caráter teocêntrico.

num dinamismo giratório que exclui precisamente os valores cuja investigação constitui o objeto natural da meditação filosófica — a filosofia sintética faz da síntese uma conclusão silogística, uma solução estável entre o dinamismo dos extremos, uma construção adequada entre o espírito e o universo. E com isso, opera uma verdadeira ressurreição do conceito de verdade, completamente destroçado pela catastrófica série de sistemas dialéticos.

O mais grave dos atentados dialéticos contra a filosofia é precisamente matar aquilo de que vive, insurgir-se contra a essência da atividade de que se proclama defensora. A dialética reduz a verdade a uma eterna decomposição, a uma contínua separação entre elementos presentes e superação de valores passados. Ora, essa preocupação constante de olhar para o contrário, não para incorporá-lo mas para eliminá-lo (pois a consequência, tanto metafísica como sociológica, da dialética, é a eliminação dos contrários, o que torna a vida mental e a social campos de batalha ou pior "campos de concentração", em que os contrários se chocam e o mais forte elimina inexoravelmente o mais fraco ...) — essa preocupação essencialmente belicosa e polêmica acaba destruindo o conceito de verdade.

Deixando de ser um esforço de adequar a inteligência ao ser e este àquela, para ser a luta entre tese e antítese de igual valor, para serem ambas eliminadas por sínteses cronológicas, que por sua vez se transformam em hipóteses para recomeçarem o ciclo eterno e dramático de seu dinamismo sem começo nem fim, - a verdade se dilui completamente e se funde no tempo, com a história e no espírito com a opinião. Daí a substituição do estudo e da pesquisa pessoal, tanto intelectual com espiritual, da contribuição inefável da liberdade e do gênio, como fonte de todo o progresso filosófico, na linha de uma tradição ininterrupta, e de uma incorporação gradativa de verdades parciais em uma síntese final e orgânica — pela imposição, por parte da dialética materialista, de um sistema fechado, de uma verdade oficial, de uma ciência sem liberdade, que virá recompor disciplinarmente, pelo Estado ou pela Coletividade contra a Pessoa individual, a desordem trazida pelo cepticismo, pelo diletantismo, pela descrença na verdade que a dialética espiritualista, por seu lado, trás consigo e que a burguesia foi buscar por antecipação nesse novo espírito que desde o Renascimento, ou melhor desde o nominalismo medieval, vem destruindo as fibras mais íntimas da atividade metafísica.

Ao mesmo tempo em que se insurgia contra o modernismo revoltava-se Maritain contra o cepticismo, males ambos da infiltração dialética generalizada. A filosofia nada tinha a ver, em essência, com o tempo atual. E, ao contrário, tudo tinha a ver com a verdade permanente. Sua atividade só podia ser inspirada por uma procura contínua das coisas que ficam (independentes de sua modernidade) e por uma colocação da verdade como elemento essencial de toda operação metafísica (independente de nossa opinião sobre ela).

Perenidade contra modernidade e certeza contra impressão foram as duas reações iniciais do jovem discípulo de Bergson contra o ambiente dominante. A terceira ia ser a despreocupação de fundar um sistema individual. E, ao contrário, a procura de uma linha de tradição e de continuidade, que ligasse o presente ao passado, e ambos ao futuro, de modo a fazer da filosofia uma meditação da própria humanidade sobre o universo e não de cada época, de cada país, ou de cada cabeça, sobre problemas parciais e especializados ou sobre problemas gerais, mas vistos sob um ângulo individualista, parcial, ocasional. "La science ne grandit que par l'effort commun des générations humaines et elle ne será jamais achevée" ("Eléments de philosophie", p. 58). A linha tradicional ia ser o caminho de Aristóteles, Santo Tomás e Leibniz (este em parte apenas, pois não aceita naturalmente o seu extremismo intelectualista), um pagão, um católico, um protestante, para chegar modernamente à imensa contribuição das ciências naturais contemporâneas. E até ao velho pensamento metafísico oriental. Não se tratava de criar um novo sistema filosófico. Tratava-se de incorporar as verdades reveladas pela ciência contemporânea a uma corrente imemorial, que nem mesmo em Aristóteles para, pois vai ter às fontes mais remotas e primitivas da razão humana, apelidando-se de "philosophie du sens commun", como reação contrária às filosofias do senso próprio, características do estado de espírito dialético.

Nessas três disposições preliminares de Maritain se vê logo o caráter que sua filosofia ia assumir. Em vez de ser, como as demais, em nosso tempo, pelo menos as dominantes e preferidas pelo homem do século XX, uma filosofia da separação e da superação, uma filosofia isolacionista e polêmica, vinha ser um pensamento preocupado pelo oposto, pelo espírito de união e de agregação. "Distinguir para unir". E são estas, como vimos, as próprias características do espírito de síntese. A síntese, veja-se bem, entendida em sentido próprio e não equívoco, como ocorre na concepção dialética da Síntese.

A dialética também fala em síntese, mas fala de modo equívoco e propriamente avesso á sua natureza. Síntese é operação conclusiva e final, em que elementos variados se combinam para alcançar um resultado certo e estável. Não é apenas uma etapa da verdade, um elo de cadeia, uma combinação variável, que vai logo em seguida entrar, como hipótese, em novas e eternas variações.

A atividade filosófica, por natureza, deve procurar o que é, o que fica, o que não muda, a essência. O ser enfim. É precisamente isso o que significa, em última análise, o termo síntese. E é, antes de tudo, nesse sentido, que podemos chamar à filosofia maritaineana (ou antes à contribuição de Maritain à filosofia perene) de filosofia sintética.

Síntese é, ao mesmo tempo, conclusão e composição da variedade. Ela parte de uma atitude antidialética. Daí a sua originalidade em uma época que precisamente se caracteriza pela primazia do espírito dialético, do dinamismo incessante da separação e da superação.

Mas não parte apenas. Constrói sinteticamente. Procura ser o mais objetiva que possível seja. Não tem medo da verdade onde quer que ela se encontre. Não julga o valor de um sistema pela sua idade ou pelo seu autor. Não crê que a vizinhança do joio possa eliminar o que se encontra de trigo em qualquer meditação honesta sobre os fenômenos do universo. Percorram-se, por exemplo, as duas obras filosóficas mais sistemáticas de Maritain — os "Eléments de philosophie", obra de caráter didático e os "Degrés Du Savoir", obra de alta metafísica. Em ambas o que encontramos a cada passo é precisamente o espírito sintético. Não posso neste rápido estudo, nem de longe, acompanhar, com abundantes citações, o que aqui fica afirmado sobre o caráter sintético da filosofia de Maritain. Este caráter antidialético é flagrante em toda ela e me limito aqui a lembrar o seu método de chegar a conclusões, e portanto a sínteses, no verdadeiro sentido do termo e não a simples apreciações, como na dialética pessimista, individualista, existencialista ou a imposições, como na dialética otimista, coletivista, materialista.

Maritain conclui, não aprecia nem impõe. Mas conclui com segurança e certeza. Sua primeira conclusão preliminar sintética, é a de que a filosofia constitui um conhecimento científico. Não poético e, portanto, relativista, como entende a dialética subjetivista. Nem técnico e, portanto, absolutista, como entende a dialética materialista, para a qual só há um absoluto, a evolução da técnica e a subordinação dos epifenômenos, inclusive a filosofia, à subestrutura econômica que determina necessariamente a Cultura.

Citemos um texto apenas, mas fundamental como expressão dessa síntese inicial, da certeza científica (nem relativista nem absolutista, pois a ciência por mais certa que seja, está sempre sujeita à precariedade substancial da natureza humana e de sua razão discursiva), como essência da filosofia.

> Dissemos acima que a filosofia é uma ciência e que conhece com certeza. Falando assim, não pretendemos que a filosofia resolva com certeza todas as questões, que podem apresentar-se em seu domínio. Em muitos pontos, tem o filósofo de contentar-se com soluções prováveis, quer ultrapasse a questão o alcance atual de sua ciência, como em muitas partes da filosofia natural e da psicologia, quer não comporte por si mesma outra solução (como no que diz respeito à aplicação das regras morais aos casos particulares). Mas esse elemento simplesmente provável é acidental (sic) na ciência (filosófica) como tal. E a filosofia comporta mais certezas e certezas (metafísicas) mais perfeitas que outra qualquer ciência puramente humana ("Eléments de philosophie", p. 71).

Tenha-se presente, outrossim, o processo de exposição das conclusões, utilizado por Maritain, e no qual aparece sempre o pensamento aristotélico-tomista como uma síntese entre os extremos, representados sempre pelo parcialismo exagerado das soluções individuais. A síntese é a média superior (não no mesmo nível) entre os extremos. O característico da filosofia de Maritain deriva desde logo da sua inserção na corrente multissecular, de que o primeiro grande elo pessoal, que por sua vez se prende à própria razão do homem — comum, foi de Aristóteles.

A filosofia de Aristóteles foi a primeira que fez do termo médio o fundamento da certeza. Tanto a verdade como a virtude, para Aristóteles, estão entre os extremos. O extremo é sempre o exagero da verdade. A verdade está entre dois exageros. O bem, igualmente. E assim por diante.

Desde que não confundamos termo médio com mediocridade, sincretismo ou ecletismo — a experiência da vida e a observação dos fenômenos estão diariamente a nos ensinar a veracidade desse luminosa conclusão de Aristóteles, ponto de partida das mais ricas possibilidades da nossa atividade intelectual. Maritain parte da mesma base e desenvolve sempre o seu pensamento, tendo esse princípio como âncora, digamos assim. Como âncora e como vela, segundo o símbolo da Fé. Pois a síntese, assim entendida, é, ao mesmo tempo, a maior das seguranças e o maior dos estímulos.

O espírito sintético nos leva à verdade não pelo extremismo, nem pela eliminação dos contrários, nem pelo sibaritismo intelectual. Leva-nos pelo respeito à própria natureza das coisas, em nós mesmos e nos outros. Síntese das tendências próprias de modo que o filósofo não é o homem que aplica apenas a sua inteligência à investigação dos fenômenos naturais ou sobrenaturais, mas que se aplica todo — inteligência, sentimento, vontade, contemplação e ação, cultura, dom e técnica, o homem todo enfim — à investigação do universo.

Síntese, também, do pensamento alheio, pois o filósofo não exclui nada, não tem preconceitos, não destrói o que possa representar a mais vaga partícula de verdade, mas ao contrário vai às coisas e aos homens de todo o coração, com toda inteligência, com vontade de recolher o mais possível da contribuição alheia para com ela fazer o seu mel próprio e levá-lo à colmeia comum, que é a síntese da própria meditação humana sobre o universo.

Síntese, enfim, da natureza e do sobrenatural, que se totaliza na conciliação última entre Razão e Fé, ciência e religião.

A filosofia de Maritain assumiu desde logo um caráter eminentemente universal, compreensivo, total, sintético enfim, procurando resumir todo homem e todos os homens em suas conclusões que visam sempre à universalidade e à supratemporalidade.

A própria complexidade da obra de Maritain é um testemunho do seu sintetismo substancial. Longe de ser um puro filósofo no sentido clássico do termo (embora nunca perca vasa de se chamar "un philosophe" e nada mais) é realmente um humanista, não no sentido renascentista do termo, mas no sentido de colocar o seu pensamento a serviço do homem e como instrumento da totalidade humana. Humanismo teocêntrico, repete sempre, como expressão sintética de sua posição. Deus e o homem se acham sempre em diálogo ao longo de sua obra. Diálogo que se opõe ao monologismo das filosofias dialéticas do nosso tempo, que partem todas de um monismo original — pois Hegel está na fonte do pensamento moderno, mesmo quando provoca a reação de Kierkegaard, hegeliano "malgré-lui", pelo abuso do subjetivismo, que acaba imanentizando a própria essência divina — para chegarem, depois das trajetórias infecundas da dialética, a novos monismos, estatais coletivistas e ditatoriais...

A filosofia sintética de Maritain é a grande criação moderna a essa dialetisação universal do pensamento contemporâneo. Síntese do natural e do sobrenatural, síntese do sentimento e da inteligência, síntese do passado, do presente e do futuro, síntese dos sistemas filosóficos unilaterais, síntese da autoridade e da liberdade, síntese da pessoa e da comunidade, síntese do pluralismo e da integridade, síntese das distinções parciais para as unidades superiores, até mesmo síntese do gosto moderno e clássico na sua estética, assim como síntese da sua mais estrita fidelidade a Aristóteles e a Santo Tomás, com o mais corajoso desafio à rotina de uma catolicismo reacionário, que se prende a uma cristandade decorativa, apoiada na espada dos ditadores neofascistas, em vez de acompanhar, como desassombradamente o fez o filósofo, a marcha incessante da humanidade para Deus.

Toda obra do autor de "Primauté Du Spirituel" está impregnada por esse espírito sintético, que abre clareiras para o futuro e salva o pensamento humano das mais perigosas dissociações e até das opressões mais ilegítimas da dialética materialista ou mesmo espiritualista do nosso século.

Houve quem estranhasse em Maritain o abandono da pura contemplação metafísica para vir ao terreno das questões sociais, econômicas e políticas, até acabar aceitando o posto de Embaixador da França junto à Santa Sé. Foi no momento em que o armistício entre as duas grandes guerras começou a tornar-se precário e a revelar sinais inequívocos de que iria em breve interromper-se para que a tragédia recomeçasse, foi quando a guerra civil espanhola mostrou ser o prelúdio da grande luta totalitário-democrática, em que iria entrar a humanidade, que o grande filósofo — cuja conversão hoje comemoramos com esta modestíssima homenagem brasileira ao maior filósofo católico de nossos dias — abandonou a tranquilidade de sua meditação puramente metafísica, para descer à arena.

Muitos estranharam. Muitos lamentaram. E, no entanto, era apenas uma consequência da fidelidade ao seu pensamento, substancialmente sintético e coerente, que não lhe permitia fechar-se apenas num compartimento de atividade, quando doutrinariamente demonstrara que a verdade é por natureza total e sintética, exigindo portanto dos seus servidores, uma atitude também total e sintética.

Data de então o martírio de Maritain e a sua consagração como alguma coisa mais do que um filósofo.

Respeitado até então por todos, bastou que tomasse atitude na arena política, para que imediatamente se desencadeasse, no mundo inteiro, sobre sua cabeça precocemente encanecida pela meditação dos segredos da mais alta sabedoria, a mais inqualificável das conspirações. Não quero aqui recordar, senão de passagem, essa sinistra conjuração, para mostrá-la como um índice a mais da infiltração dialética em muitos espíritos que não deviam sê-lo e, ao contrário, uma prova do sintetismo maritaineano que o torna realmente católico, no sentido total do termo. Pois que é o catolicismo senão uma síntese de toda a verdade esparsa no universo, senão uma síntese de tudo o que é verdadeiro, de bom e de belo se encontra em todos os tempos, antes e depois de Cristo, para um dia se revelar, aos olhos dos mortos e dos vivos, quando os céus se abrirem e as trombetas do eterno anunciarem a cessação do tempo?

O significado intemporal e superespacial da filosofia de Maritain, — que não é sua pois é de todos nós, homens comuns que encontram nele o alimento de sua razão e do seu bom senso normal — está substancialmente ligado ao significado supremo do próprio catolicismo. Sua conversão, há quarenta anos, representou por isso mesmo uma data que não pode passar despercebida.

Foi ele que, no plano natural e intelectual, nos salvou da tirania das modas dialéticas. Foi ele, com o seu sintetismo que nos abriu novos horizontes, abrigando na unidade de uma filosofia e de uma teologia a mais amplamente compreensiva – pois o espírito sintético implica o respeito e a paz, ao passo que o espírito dialético supõe o desprezo e a destruição — tudo o que de bom e de verdadeiro, de útil e de belo, pensaram todos os pensadores, sentiram todos os poetas, fizeram todos os homens de ação, e afinal se resume na Luz que veio ao mundo para ser a expressão viva do caminho, da verdade e da própria vida.

Eis, para mim, a grandiosa significação que a posição de Maritain possui para os homens do nosso tempo, dilacerados pelas tentações da dialética e reconciliados pela síntese a que ele nos reconduz, não com a arrogância habitual dos gênios, mas com a simplicidade dos santos.

Essa última observação nos leva ao coroamento de todas as sínteses parciais na organicidade total da obra maritaineana. É a síntese entre o homem e a obra, é a sedução pessoal do homem, a simplicidade, a bondade, a naturalidade, a humanidade, dessa figura humana que excede ainda à grandeza de sua obra, pela beleza de sua alma. E como testemunho dessa afirmação, peço vênia para transcrever, no fecho dessa humílima homenagem, o trecho de uma carta recente de Perilo Gomes ao signatário destas linhas, que dá, melhor do que eu poderia fazê-lo, uma imagem fiel da figura de Maritain, cuja expressão mais alta é a beleza cristalina e sobrenatural de sua vida, impregnando toda a sua obra e marcando a fundo nosso tempo:

Funchal, 24 de outubro de 1945. Meu querido Alceu. Concluindo agora a leitura de "Les grandes Amitiés" de Raïssa Maritain, sinto necessidade de escrever-lhe porque preciso dizer a alguém que conheça como v. os Maritain, que de hoje em deante terei por um e outro, marido e mulher, não somente a admiração que por eles pode ter um modestíssimo trabalhador intelectual como eu; porém ainda a veneração que se deve a um santo. Não seria capaz de lhe dar uma ideia, siquer aproximada, do bem que me fez ao espírito essa leitura; do interesse e da emoção com que li, quase de um fôlego, esses dois volumes inigualáveis na literatura do nosso tempo. Não acredito que, mesmo os inimigos de Maritain, possam ler sem lágrimas nos olhos essas páginas estuantes de sinceridade, quentes de afeto, vibrantes de heroísmo e santidade. Digo-lhe mais: não acredito mesmo que, ao fim dessa leitura, se conservarem um pouco de sensibilidade em seu coração, deixem de sentir um desejo imenso de reconciliação, de beijar as mãos de ambos — da esposa e do esposo, pelo fervor de sua fé, a pureza e o heroísmo de sua vida exemplarmente cristã. Agora compreendo melhor, querido Alceu, sua paixão pelo Maritain.

Abril de 1946.

Distinguir para Unir:
a Atualidade de Jacques Maritain

Francisco Catão[*]

Pedem-me um "depoimento sobre Jacques Maritain", nesse ano de 2012, que reúne, como nenhum outro, uma série de comemorações convergentes, como já foi notado até mesmo oficialmente.

Experimento-o com intensidade, pois a compreensão do Vaticano II, cujo cinquentenário da abertura se comemora, a preparação para a celebração da XIII Assembleia do Sínodo, sobre a Nova Evangelização, e a inauguração de um novo Ano da Fé, que tem me interessado de modo especial, podem ser entendidas em profundidade, quando vistas à luz do que aprendi na juventude, com Jacques Maritain: a percepção clara da distinção entre a Verdade e suas expressões, e a consequente elaboração de uma visão cristã do mundo em que vivemos.

Neste mesmo ano de 2012, comemoramos os 130 anos do nascimento de Jacque Maritain (novembro de 1882), os 40 de sua morte (abril de 1973), os 80 anos da publicação de sua principal obra filosófica, *Distinguir para unir ou os degraus do saber*[1], e os 75 de sua obra-prima como filósofo e pensador social

---

(*) Francisco Catão, professor, teólogo, nasceu no Rio de Janeiro em 8.5.27, diplomou-se em Ciências Sociais nas então Faculdades Católicas, em Filosofia no Mosteiro de São Bento do Rio de Janeiro e em Teologia na École Dominicaine de Theologie de Saint Maximin (Var), França. Doutor em Teologia pela Universidade de Strasbourg. Ensinou teologia na Escola Dominicana de Teologia (São Paulo). Atualmente é professor de Teologia (Mistério de Deus) no Instituto Pio XI, Faculdade de Teologia do Centro Universitário Salesiano (UNISAL). Além das diversas palestras e conferências nas diversas áreas da teologia e da educação,tem publicado diversos ensaios,dentre os quais: O que é Teologia da Libertação (Brasiliense) Pedagogia Ética (Vozes), Em busca do Sentido da Vida (Paulinas), O Fenômeno Religioso (Letras & Letras), A educação num mundo pluralista (Paulinas), Crer. O Catecismo da Igreja Católica e a Catequese no Brasil (Paulinas), Falar de Deus (Paulinas), A Trindade, uma aventura teológica (Paulinas) O Monopólio Sagrado em parceria com Magno José Vilela (Ed. Best-seller, uma coleção didática de 1ª a 8ª série, Convivência e Liberdade, sendo as quatro primeiras séries em parceria com a Profª Silvia Cipolla (Paulinas), publicou ultimamente, nas Paulinas, Espiritualidade cristã, na coleção Livros básicos de Teologia, v. 14, e, nas edições Salesianas, Crer no Espírito Santo.

(1) Jacques Maritain, *Distinguer pour unir ou Les degrés du savoir*. Paris: Desclée De Brouwer, 1932, que citamos como foi retomada em Jaques et Raïssa Maritain, *Oevres Completes*. Fribourg (Suisse)-Paris: Éditions Universitaires-Éditions Saint Paul, 1983, v. IV, p. 259-1110.

cristão, *Humanismo Integral*[2], marca maior de sua influência, inclusive no Brasil, na esfera da ética social e da política, de que é testemunha o *Instituto Jacques Maritain do Brasil*.

Pensamos então responder ao convite que nos foi feito analisando o pensamento de Jacques Maritain em relação ao Vaticano II, cujo alcance nem ele mesmo parece ter percebido em toda sua amplitude, sobretudo se levarmos em conta as perspectivas que hoje se desenham oficialmente a respeito, passados cinquenta anos de sua abertura.

O Concílio, cada dia melhor interpretado pela Igreja, aparece como promotor de uma nova evangelização, ou seja, de uma mudança radical de paradigma na relação da Igreja com o mundo. Quando Maritain, no *Humanismo Integral*, elaborou a noção original de "ideal histórico concreto"[3] tinha em mente um mundo secular compenetrado pelo Espírito do Evangelho, que chamou de "nova cristandade". Essa concepção corresponde, no fundo, à necessidade manifestada por João Paulo II de uma Nova Evangelização, proposta agora por Bento XVI como tarefa do próximo sínodo: a busca de um caminho novo na transmissão da fé cristã, função precípua dos cristãos como Igreja.

Um velho leigo inveterado

Maritain completara oitenta anos, no início do Concílio. É preciso ter vivido esses anos para avaliar o choque que causou nos grupos tomistas a explosão das novidades que despontaram no horizonte do pensamento teológico oficial, com o anúncio de um novo Concílio. Mais ainda, quando João XXIII proclamou que o vigésimo primeiro Concílio Ecumênico, herdeiro dos grandes concílios dos primeiros séculos, de Trento (1545-1563) e de Vaticano I (1870), que pretenderam firmar definitivamente a autoridade divina da Igreja, em torno do Papa, em lugar de visar à consolidação da fé, teria caráter pastoral. Bispos e teólogos católicos, das mais variadas tendências, eram convocados para redefinir a Igreja e abrir caminho para o diálogo com as aspirações religiosas do mundo atual, com as outras igrejas cristãs e com a cultura secularizada, sem rezar necessariamente pela mesma cartilha[4].

Foram três anos, como se disse, de uma verdadeira batalha, travada de 11 de outubro de 1962, até 8 de dezembro de 1965, na própria basílica do Vaticano, coração da Igreja, mobilizando toda a cristandade, responsáveis por outras igrejas cristãs, outras religiões, e até pensadores e líderes das mais diferentes correntes.

---

(2) MARITAIN, Jacques. *Humanisme integral*. Paris: Aubier, 1936.
(3) *Humanisme Integral*, p. 139 em diante.
(4) Haja vista a Encíclica *Ecclesiam sua*, de Paulo VI, publicada em 6 de agosto de 1964, em pleno meio do Concílio.

Em 1966, terminado o Concílio, sob o impacto das grandes mudanças que começavam a se implantar, Maritain, inserido no meio tomista conservador, foi instado a publicar, com o peso de sua autoridade, um balanço do Concílio, reflexo do meio em que vivia. Depois da morte de Raïssa (1960), sua esposa e íntima colaboradora, fixara-se em Toulouse, na França. Coloca-se, então, decididamente no seu lugar de leigo, distante da clericatura e de Roma. Intitula a obra: *Das margens do Garonne: um velho leigo se interroga a respeito do tempo presente*[5]. "Velho leigo", explica logo de início, nos dois sentidos do termo *velho*: leigo octogenário e inveterado, arraigado no modo de pensar cristão dos velhos tempos e na esfera laicizada da cultura. Escreve com ironia. Ao fim das quatrocentas páginas, percebe-se que se diverte com a leviandade dos clérigos que pensam renovar a Igreja perdendo contato com a Verdade, a Palavra que nos alimenta a vida.

Leigo inveterado. Começa, no entanto, por um significativo olhar positivo sobre o que o alegrou no Concílio. Sua atitude é de "ação de graças" pelo reconhecimento dos dons que o Espírito ofereceu à Igreja por meio do Concílio, como se lê nos parágrafos iniciais. Em primeiro lugar, a valorização da liberdade, no sentido mais profundo do termo, que implica o reconhecimento da liberdade religiosa em face dos poderes constituídos, valorização também da igualdade e da fraternidade, lembrando que todos os humanos somos irmãos. Exulta com o fato de que a Igreja reconhece e declara, como nunca o havia feito antes, "o valor, a beleza e a dignidade próprios desse mundo", antigamente considerado império do mal. A Igreja abençoa agora a missão temporal do cristão, colocando em evidência o estatuto de seus membros leigos, vinculados ao Corpo de Cristo e vivendo num estado em que são chamados à santidade, como os religiosos e os clérigos. Alegra-se, enfim, ao constatar que o Papa não mais insiste em seu poder temporal, mas reivindica unicamente o poder espiritual que lhe cabe, como *primus inter pares*.

Todos que conhecemos a biografia de Jacques Maritain, desde sua conversão graças à amizade com Léon Bloy (1846-1917) e seu percurso político, em meio ao confronto entre a *Action Française* (1908-1944) de Charles Maurras (1868-1952) e o Sillon, de Marc Sangnier (1873-1950), percebemos que sua ação de graças pelo que o Concílio trouxe de positivo corresponde ao seu pensamento profundo.

Pode-se, portanto, afirmar que Maritain recebeu positivamente o Vaticano II, sobretudo como paradigma de uma nova relação a ser estabelecida entre a Igreja e o mundo de hoje, mundo de liberdade, em que os cristãos leigos somos chamados, como todo fiel batizado, a ser protagonistas na missão da Igreja. O que Maritain critica é a tendência inovadora das práticas cristãs, a qual nem sempre parece ser fiel ao Espírito do Evangelho. A discussão que levanta refere-se ao abandono de

---

(5) *Le paysan de la Garonne: um vieux laïc s'interroge à propôs du temps présent*. Paris: Desclée de Brouwer, 1966.

práticas tradicionais, sem o cuidado de renová-las no Espírito que sempre deve estar presente na Igreja, quaisquer que sejam as suas práticas.

A valorização da liberdade não quer dizer, lembra Maritain, que se deva mudar a Igreja. O Concílio, na sua verdade profunda, deve ser interpretado como reafirmação do que há de mais precioso na Igreja: a santidade. Maritain se empenha então em mostrar qual a verdadeira novidade a que se deve visar, "o verdadeiro fogo novo", nas relações ecumênicas, na libertação da inteligência, no cultivo de um verdadeiro saber, em todos os níveis e, sobretudo, no que é de fato o Reino de Deus. Numa palavra, reclama que se renove tendo presente a verdadeira face de Deus, como o fazem os santos.

A posição de Maritain, só se entende à luz do mesmo princípio sobre o qual insistira João XXIII na abertura do Concílio: a distinção entre o transcendente e sua expressão humana, sempre limitada. No caso do papa, entre o depósito da fé e suas expressões, no de Maritain, entre a transcendência da Verdade e a pluralidade de suas manifestações[6]. Maritain fustiga a defesa da diversidade quando não acompanhada pelo "fogo novo" do Espírito, pela busca da unidade na Verdade. Reage às mudanças das práticas religiosas que não sejam fruto da conversão, e da transparência ao Espírito.

Não é difícil entendê-lo. Ficara viúvo há seis anos. Recolhera-se na comunidade tolosana dos Irmãozinhos de Jesus. Retirado do mundo, teve dificuldade em acolher a totalidade das novidades que presenciava. Sua obra sobre o Concílio foi muito mal compreendida. Os grupos mais conservadores, que se empenhavam na resistência às mudanças, interpretaram-na como de oposição ao Concílio, sem compreender as razões de fundo que a animavam.

Além de focalizar o núcleo do pensamento de Jacques Maritain, queremos ressaltar sua atualidade, tendo em vista o estágio atual da recepção do Concílio. No cinquentenário de sua abertura, a doutrina de Jacques Maritain tem sido invocada para reformular o posicionamento da Igreja em face do mundo da cultura, o que o próprio Maritain tentou fazer há mais de sessenta anos[7].

Com esse objetivo, limitado por certo, mas importante para os que procuram entender Maritain, basta considerar as duas obras que, nessa perspectiva, são fundamentais: *Distinguir para unir ou os graus do saber*, que data de 1932 e

---

(6) Essa distinção foi feita por João XXIII precisamente no dia 11 de outubro de 1962, em seu célebre discurso de abertura, *Gaudet Mater Ecclesia*, cuja importância decisiva na interpretação do Vaticano II é hoje consenso entre todos os autores. O texto em português pode ser encontrado em *Vaticano II. Mensagens. Discursos. Documentos*. São Paulo: Paulinas, 20072, ns. 26-69.
(7) Refiro-me à Conferência de Quaresma no primeiro domingo da quaresma desse ano, pronunciada pelo Cardeal Ângelo Scola em Paris, no dia 26.02.2012. Cf. SCOLA, Angelo. *A suposta laicidade da política*, em: <http://www.ihu.unisinos.br/noticias/506964-a-suposta-laicidade-da-politica-artigo-de-angelo-scola->. Acesso em: 10.3.2012.

fornece a chave para a compreensão das muitas formas do saber humano na sua distinção e na sua unidade e *Humanismo Integral*. É a obra de Maritain mais conhecida, gênese de uma cultura cristã cujos princípios filosóficos o Instituto Jacques Maritain do Brasil tem por finalidade estudar, aprofundar e difundir[8] e que repousam sobre as distinções desenvolvidas no *Distinguir para unir*.

A Verdade e as verdades

Dentre os princípios filosóficos que inspiram o humanismo integral de Maritain, destaca-se a distinção entre "a Verdade e as verdades", em que se manifestam as formas como nossos modos de entender e de dizer exprimem o Absoluto. Acreditamos que a expressão maritainiana, *distinguir para unir*, que, a nosso ver, caracteriza seu pensamento, é uma expressão filosófica feliz do mesmo princípio[9].

Assim, *Distinguir para unir* é o livro mais pessoal de Maritain. Universitários, envolvidos pelo ceticismo do racionalismo positivista ou idealista, os jovens Jacques e Raïssa — o casal é inseparável na sua aventura intelectual e cristã — são despertados para a possibilidade de alcançar a verdade, com que tanto sonhavam, graças à revolução bergsoniana. Mas o caminho é ainda incerto. Só se torna mais claro, quando um estranho personagem, poeta e místico, Leon Bloy, lhes abre a porta da conversão ao cristianismo. Aproximam-se então de Tomás de Aquino, orientados por um dominicano amigo, o Père Clérissac, e descobrem as inauditas paisagens do realismo, que lhes permitem, enfim, abraçar a Verdade nas verdades a que temos acesso.

A possibilidade de unir a inteligência à razão, superando o intuicionismo de Henry Bergson, está na base de um primeiro grande ensaio filosófico, *Reflexões sobre a inteligência*[10], publicado em 1924. É a expressão da lenta adesão de Maritain ao realismo crítico tomasiano e define sua posição filosófica: distinguir a inteligência da razão, sem separá-las, mas, pelo contrário, em vista de sua união, traçar o caminho de nossas verdades para a Verdade, a via de nossas diversidades para a paz, como não demorará a lhe ficar mais claro.

---

(8) Os estatutos do IJMB rezam: Art. 2º — A associação tem por finalidade o estudo, aprofundamento e difusão da cultura inspirada nos princípios de um humanismo integral.
(9) Folgo em citar uma passagem da obra coletiva que meus mestres de *Saint Maximin* consagraram a Jacques Maritain. Depois de assinalar sua originalidade na esfera da filosofia, tanto especulativa como prática, elaborando sua noção de filosofia cristã, escrevem: "*Jacques Maritain n'explicitera que plus tard en sa précision, la notion propre de cette philosophie et sa position sur ce point de la philosophie morale. Dès le début il applique sa grande règle:* Distinguer pour unir. *Mais derrière cette élaboration il y a l'expérience de toute sa vie [...] À ce titre il tient une place très caractéristique dans le monde de la pensée thomiste, surtout habitée par des théologiens*". Présentation, em *Jacques Maritain, son ouvre philosophique*. Paris: Desclée de Brouwer, (1948), p. VIII e IX.
(10) *Réflexions sur l'intelligence*.

Com 50 anos, em 1932, Maritain se propõe então a discorrer sobre as diversidades dos caminhos para a Verdade, analisando, numa só obra de conjunto, os muitos aspectos do conhecimento humano, a que denomina os degraus do saber, por se tratar de uma pluralidade ordenada. Intitula o volume, *Distinguir para unir ou os degraus do saber*.

Distinguir para unir é, para Maritain, um verdadeiro axioma. Inspira-se diretamente em Tomás de Aquino, num texto célebre, que, para Maritain deveria figurar no frontispício de todo templo do conhecimento em letras de ouro[11]. Trata-se de uma passagem do célebre comentário de Tomás, ao famoso escrito de Boécio (480-524) sobre a Trindade[12]. Nessa passagem, Tomás sustenta que, apesar de todo conhecimento humano começar nos sentidos, o que explica a grande diversidade das ciências, leva finalmente, no seu termo, a uma tríplice maneira de encarar a realidade. Todas essas formas de conhecer são importantes para a integralidade do saber humano. Deve-se, por isso, respeitar sua distinção, mas é preciso uni-las umas às outras, para alcançar a plenitude do humano saber.

Distinguir para unir ou os degraus do saber começa pela análise da pluralidade dos conhecimentos científicos, tentando colocar em ordem a esfera da ciência, sem sacrificar sua quase infinita diversidade, mas sublinhando a importância do conhecimento científico como um todo. Passa em seguida à esfera do conhecimento filosófico, que corresponde à busca profunda, inerente ao ser humano, pela Verdade, além de todos os limites do conhecimento científico, mas a que temos, de certo modo, acesso. É o que chama de grandeza e miséria da metafísica. Solicitado pela sede de experienciar a Verdade, dá ainda um passo à frente, recorrendo à arte e à poesia, como via original de alcançar, a seu modo, a Verdade transcendente. A esta forma sublime de saber, Maritain assimila a experiência mística, concluindo a obra com um texto de extraordinário alcance, ditado pela análise do ensinamento teórico-prático de São João da Cruz, poeta e místico: *Todo y nada*, que constitui, na opinião de abalizados críticos, um ápice da literatura filosófica e mística mundial[13].

A missão temporal dos cristãos

O "leigo inveterado" reconhece sua identidade laical como cristão no meio do mundo, mas, por isso mesmo, no seio da Igreja, unido a Cristo no Espírito,

---

(11) Cf. *La philosophie de la nature*, Paris: Téqui et fils, 1935. p. 23-24.
(12) Cf. Tomás de Aquino, *In librum Boethii de Trinitate*, q. 6, a. 2 c.
(13) Em confirmação vale a pena relembrar o artigo de Alceu de Amoroso Lima acima referido (nota n. 5) no número especial sobre Maritain, da revista *A Ordem*, do Centro Dom Vital do Rio de Janeiro, em 1946, em que o "distinguir para unir" é apontado como principal princípio do pensamento de Maritain, sob a designação de "filosofia sintética". Diante da diversidade de posições que o pensamento dialético opõe, uma ou outra, Maritain, com seu pensamento sintético, procura uni-las numa síntese superior, em que ambas se completem, uma e outra. É o que explica, na perspectiva da crítica literária, Alceu de Amoroso Lima, em A filosofia sintética de Jacques Maritain, em *A Ordem* XXVI (1946) p. 348-359.

chamado à santidade como todo cristão, testemunha da verdade. Dada essa condição laical bem compreendida e plenamente assumida, passou mais da metade de sua vida preocupado com a "missão temporal dos cristãos"[14].

Maritain é um filósofo cristão no sentido pleno do termo. É essa sua militância cristã. Combate por Cristo com as armas da filosofia. Mais do que um simples batizado, profissional da filosofia, é um filósofo, como tal unido a Cristo e que empenha seu pensamento na tarefa missionária ou apostólica, de construir o Reino de Deus, no âmbito da cultura e da política. Assim, empenha-se em determinar da melhor maneira possível em que consiste a missão temporal do cristão.

Não é possível analisar aqui a trajetória do militante cristão Jacques Maritain. Em virtude de seu compromisso irrestrito com a Verdade e das exigências da consciência da multiplicidade e da complexidade dos elementos que entram em jogo nas decisões humanas, sobretudo quando envolvem a sociedade, Maritain se verá quase sempre isolado. Pela esquerda, que não compreende sua fidelidade ao Espírito do Evangelho, pela direita que, apegada às formas clericais do cristianismo, estranha e rejeita seu não alinhamento às posições conservadoras, mantidas, em geral, pela Igreja.

Limitamo-nos a chamar atenção sobre a obra *Humanismo Integral*, concebida em 1934, num curso de verão da Universidade de Santander, e publicada, com pequenos acréscimos, em 1936. Seu objetivo é defender uma concepção de sociedade que represente, na ordem temporal, tal como a vivemos hoje de fato, o reconhecimento, a partir do Evangelho, de que a humanidade, no seu conjunto, só pode ser vivida numa perspectiva de abertura à transcendência, que caracteriza tudo que é verdadeiramente humano.

O *Humanismo Integral* tem suas raízes, sem sombra de dúvida, no Evangelho, mas se constrói como uma filosofia prática, isto é, sobre a aceitação de certas exigências, decorrentes da natureza humana e fruto da percepção progressiva que delas adquiriram as pessoas e as sociedades no decorrer da história.

O *Humanismo Integral*, pois, mais ainda do que uma determinante da vida social e política é uma proposta cristã de como edificar uma sociedade mais humana, em cooperação com todo e qualquer movimento transformador e qualquer filosofia política-social, é um caminho para a paz, respeitadas as condições concretas e a diversidade das culturas e das pessoas.

A obra de Maritain, no campo da filosofia prática, é da maior relevância e pode-se até mesmo pretender que nela reside o que há de mais original em nosso filósofo. Grande intérprete de Maritain nessa área, o dominicano Michel

---

(14) Maritain exprime nesses termos o objetivo que visa em *Humanismo Integral,* cf. c. 3º, sobre *o cristão e o mundo*, depois de acenar para a distinção entre espiritual e temporal e para a natureza do Reino de Deus.

Labourdette, diretor da Revue Thomiste, regente dos estudos e docente de ética pessoal e social, na Escola Dominicana de Saint-Maximin (Var-França), apesar de sua costumeira modéstia, não hesita em afirmar que "um dos domínios em que o pensamento de Maritain foi mais profundamente renovador foi, precisamente, o do conhecimento prático"[15]. Além disso, é consenso unânime entre nós, no Brasil, da importância que desempenhou o *Humanismo Integral* no reconhecimento de Maritain como filósofo cristão. Não resisto à aproximação que Alceu de Amoroso Lima faz, em 1948, entre a obra filosófica e a política de nosso autor, referindo-se a Maritain, escreve:

> Aquele mesmo que nos revelara a profunda compatibilidade entre a inteligência humana e a verdade, revela-nos agora a adequação natural entre a liberdade e o bem comum. Confundíamos *liberdade* e *liberalismo*, *autoridade* e *ditadura*. Maritain, à luz dos mais puros princípios do direito natural e da filosofia tradicional, acaba de nos demonstrar como é preciso *distinguir para unir*[16].

Na verdade, os princípios que comandam *Humanismo Integral* são os mesmos que geraram *Distinguir para unir*: a integração sintética de todos os aspectos que, realmente, interferem tanto no saber como no agir humanos.

Não nos é possível desenvolver aqui as múltiplas reflexões que, na obra de Maritain, repercutem na ordem prática. Abrangem não apenas os aspectos culturais e políticos, mas, igualmente, sua visão da história,[17] estão na base de sua proposta sobre o entendimento entre todas as tradições, filosofias e visões do Estado, que permitiu o acordo de que nasceu a Declaração Universal dos Direitos Humanos da UNESCO[18], em 1948. São esses mesmos princípios, aliás, como o próprio Maritain o dirá, que comandam a atuação dos cristãos na esfera temporal, na origem da teologia da Igreja no mundo, que se oficializará no Vaticano II, na Constituição *Gaudium et spes*[19].

---

(15) Michel Labourdette, Connissance pratique et savor moral, em *Jacques Maritain, son oeuvre philosophique*. Paris: Desclée de Brouwer, (1948) (Bibliothèque de la Revue Thomiste), p. 143.
(16) Tristan d'Athaïde (Alceu de Amoroso Lima), Maritain et l'Amérique Latine, em *Jacques Maritain, son oeuvre philosophique*. Paris: Desclée de Brouwer, (1948) p. 15.
(17) Sob esse aspecto é bastante ilustrativo o estudo de Charles Journet, D'une *philosophie chrétienne de l'histoire et de la culture*, no volume acima citado, p. 33-61.
(18) Desse ponto de vista é indispensável nos referirmos ao importante discurso *La voie de la paix*, proferido na 2ª sessão inaugural da UNESCO na Cidade do México, dia 6 de novembro de 1947, a que voltaremos abaixo.
(19) Sob esse aspecto seria preciso ler a entusiástica apreciação de Jacques Maritain sobre a Constituição Pastoral, que ele ainda denomina *Esquema XIII*, seu título primitivo. *Cf.* Le schéma XIII, em *Le paysan de la Garronel*. Paris: Desclée de Brouwer, 1966. p. 80-84. Maritain considera os princípios sobre os quais se assenta o texto conciliar — a dignidade da pessoa, o caráter comunitário decorrente do próprio ser humano — mais importantes do que suas múltiplas aplicações concretas. Ele sabe que não competiria aos bispos explicitá-lo, mas acrescenta, como leigo, que a dignidade humana é a base sobre a qual se

Graças ao axioma *distinguir para unir,* Maritain abre o caminho para o que foi definido no Concílio: a distinção entre a natureza profunda da Igreja, Povo de Deus, e seus serviços; a autonomia das atividades culturais e políticas dos cristãos que vivem no mundo; a especificidade da ação missionária dos leigos e a liberdade religiosa, como condição *sine qua non* de uma efetiva presença cristã nas esferas da cultura e da política.

A atualidade de Jacques Maritain

A atualidade de Maritain para a compreensão da Doutrina Social da Igreja é oficialmente reconhecida. No dia 26 de fevereiro último, abrindo a série tradicional das conferências da quaresma, na Catedral de Paris, Dom Ângelo Scola, Cardeal Arcebispo de Milão, discorrendo sobre o tema da solidariedade, sublinhou a importância do pensamento político de Maritain, para definir a posição dos cristãos no mundo pluralista e secularizado de nossos dias.

Para nós, cristãos, o grande desafio atual é a ausência de Deus em nossa vida cotidiana, cultural, social e política. O papa Bento XVI o constata ao proclamar um Ano da Fé, a começar de 11 de outubro de 2012, cinquentenário do Concílio[20]. Maritain há mais de sessenta anos apontava para a falta de referência à Verdade, e ao mesmo tempo em que propunha um humanismo que a integrasse, buscava um caminho para construir a paz, apesar dessa grave carência nas relações entre os homens. É o que afirma claramente em seu discurso a que nos referimos na 2ª Assembleia da UNESCO, em 1947, no México[21].

Nesse famoso discurso, como sublinhou Ângelo Scola na Catedral de Paris no primeiro domingo da quaresma, Maritain distingue o acordo teórico, quanto aos princípios, do acordo prático, quanto ao agir. Se o primeiro é impossível nas atuais condições culturais, dadas as filosofias implícitas nas diferentes culturas e tradições, pode-se constatar uma convicção comum sobre o que deve ser exigido do agir em sociedade. No estágio atual da civilização todos consideram valores a liberdade, a igualdade e a fraternidade, apesar das diferentes maneiras de justificá--las. A distinção entre a justificativa teórica dos comportamentos e a convicção prática do que é exigência do convívio social, permite unir, numa mesma declaração de direitos, por exemplo, homens e mulheres das mais diferentes tradições religiosas e culturais. Distinguem-se teoricamente os princípios, respeitando a filosofia e a religião de cada um, mas se unem as pessoas, os partidos, as religiões

---

apoia o testemunho cristão e que isso precisa ser levado em conta nas formas de comunicação do Evangelho, pensadas muitas vezes, nos dias de hoje, como se o Evangelho fosse uma religião, uma cultura ou um modo de pensar a divulgar.
(20) Cf. Carta Apostólica *Porta Fidei*, 2. São Paulo: Paulus, 2012.
(21) Cf. Jacques Maritain, La voie de la paix, em *Oeuvres*, v. 9, p. 157-160.

e as diferentes filosofias políticas, numa prática social e histórica, alimentando o convívio virtuoso e abrindo caminhos para a paz.

Dessa forma o axioma *distinguir para unir* permite compreender a união das culturas e tradições as mais diversas, numa declaração conjunta dos direitos humanos, a serem respeitados por todos os governos, quaisquer que sejam seus pressupostos políticos e filosóficos. Esses mesmos princípios guiaram o Vaticano II na sua definição da universalidade da salvação, que alcança todos os povos, de todas as épocas e culturas, independentemente do caráter salvador desta ou daquela prática religiosa.[22]

Esse mesmo princípio inspira a orientação pastoral do pontificado de Bento XVI, quando propõe, como primeiro desafio pastoral da Igreja, "reabrir a todos os humanos o acesso a Deus"[23] e mostra a importância de centrar a vida humana, pessoal e social, no primado da Palavra de Deus e na fé, no que denomina uma nova evangelização na transmissão da fé[24].

A análise dos documentos emanados da Santa Sé nessas três últimas décadas, sobretudo durante o último pontificado, nos permitiria avaliar a atualidade de Jacques Maritain em todos os campos de ação da Igreja, a começar pelo que toca diretamente a vida e a ação dos cristãos no mundo.

Cinquenta anos depois, o *paysan de la Garonne* merece o reconhecimento público que lhe dedicamos em comunhão com toda a Igreja.

São Paulo, 19 de março de 2012.

Bibliografia

JOURNET, Charles. D'une philosophie chrétienne de l'histoire et de la culture, em *Jacques Maritain, son oeuvre philosophique*. Paris: Desclée de Brouwer, (1948) (Bibliothèque de la Revue Thomiste), p. 33-61.

LABOURDETTE, Michel. Connaissance pratique et savoir moral, em *Jacques Maritain, son oeuvre philosophique*. Paris: Desclée de Brouwer, (1948) (Bibliothèque de la Revue Thomiste), p. 142-179.

LEROY, Marie-Vincent. Le savoir spéculatif, em *Jacques Maritain, son oeuvre philosophique*. Paris: Desclée de Brouwer, (1948) (Bibliothèque de la Revue Thomiste), p. 236-339.

---

(22) Sabemos que a doutrina da salvação universal, presente no Vaticano II a partir do capítulo 2 da *Lumen Gentium*, sobre o Povo de Deus, é a chave de abertura da Igreja ao mundo, começando pelo ecumenismo e diálogo inter-religioso, até o diálogo universal com todas as culturas. Cf. Francisco Catão, *A igreja sem fronteiras*. São Paulo: Duas Cidades, 1966.
(23) Cf. p. ex. a Constituição Apostólica *Verbum Domini*, 2. São Paulo: Paulinas, 2010.
(24) A centralidade da Palavra foi o tema da Assembleia Geral do Sínodo de 2008: *A Palavra de Deus na vida e na missão da Igreja*. O tema da próxima Assembleia, convocada para outubro desse ano, 2012: *A nova evangelização na transmissão da fé cristã*. Essa temática caracteriza a orientação maior do pontificado de Bento XVI.

LIMA, Alceu de Amoroso. A filosofia sintética de Jacques Maritain, em *A Ordem* XXVI (1946 — maio-junho) p. 348-359.

_____ (Tristan d'Athaïde). Maritain et l'Amérique Latine, em *Jacques Maritain, son oeuvre philosophique*. Paris: Desclée de Brouwer, (1948) (Bibliothèque de la Revue Thomiste), p. 12-17.

MARITAIN, Jacques. *Distinguer pour unir ou les degrés du savoir*. Paris: Desclée de Brouwer, 1935² (© 1932).

_____. *Les droits de l'homme et la loi naturelle*. Paris: Paul Hartmann, 1947.

_____. *Humanisme integral*. Paris: Aubier, 1939. (© 1936), trad. Brasileira de Afrânio Coutinho: *Humanismo integral*. São Paulo: Companhia Editora Nacional, 1945.

_____. *La personne et le bien commun*. Paris: Desclée de Brouwer, 1947. Em português: *A pessoa e o bem comum*. Trad. de Vasco Miranda. Lisboa: Liv. Morais, 1962.

_____. *La voie de la paix*. 1947, em *Oeuvres de Jacques Maritain*. Fribourg-Paris: Éd. Universitaires — Éd. Saint-Paul, v. IX, p. 143-164.

_____. *Le paysan de la Garonne. Un vieux laïc s'interroge à propôs du temps présent*. Paris: Desclée de Brouwer, 1966

_____. *Principes d'une politique humaniste*. New York: Maison Française, 1939.

RIZZI, Marco. *Quando Maritain descobriu a América*. Em: <http://www.ihu.unisinos.br/noticias/506922-quando-jacques-maritain-descobriu-a-america>. Acesso em: 10.3.2012.

SCOLA, Angelo. *A suposta laidade da política*, em: <http://www.ihu.unisinos.br/noticias/506964-a-suposta-laicidade-da-politica-artigo-de-angelo-scola->. Acesso em: 10.3.2012.

VILLAÇA, Antônio Carlos. Por que ler Maritain, hoje, em *O Estado de São Paulo, Suplemento*, 14 de setembro de 1980, p. 5-7.

Os Direitos Humanos na Vida e Obra de Jacques Maritain(*)

José Carlos Brandi Aleixo(**), PhD

"Grande pensador de nosso tempo, um mestre na arte de pensar, de viver e de orar"

Paulo VI

INTRODUÇÃO

No dia 14 de março de 2001 a Corte Interamericana de Direitos Humanos proferiu histórica sentença sobre o caso Barrios Altos (Chumbipuma Aguirrre e Outros *versus* Peru). Estava ela integrada pelos seguintes juízes: Antonio A. Cançado Trindade, Presidente; Máximo Pacheco Gómez, Vice-Presidente; Hernán Salgado Pesantes; Alirio Abreu Burelli; Sérgio Garcia Ramirez; e Carlos Vicente de Roux Rengifo.

Na decisão, tomada por unanimidade, a Corte declarou "que as leis de anistia n. 26.479 e n. 26.492 são incompatíveis com a Convenção Americana sobre Direitos Humanos e, em consequência, carecem de efeitos jurídicos".[1]

Na fundamentação de seu ilustrado voto concordante, o Juiz Cançado Trindade citou o notável filósofo Jacques Maritain[2], comprovando a sua importância e permanente atualidade.

Na monumental produção literária do eminente autor francês, o tema dos direitos humanos ocupa lugar de relevo. A publicação, em XV volumes, de sua

---

(*) Artigo publicado originalmente na *Rivista Internazionale di Filosofia del Diritto* — Roma: Giuffrè editore, anno LXXIX, n. 4, p. 746-771, ott./dic. 2003. ISSN 0035-6727.
(**) Professor Emérito da Universidade de Brasília (UnB).
(1) Organización de los Estados Americanos. Corte Interamericana de Derechos Humanos. Serie C: Resoluciones y Sentencias. N. 75. Caso Barrios Altos. São José, Costa Rica. Secretaria da Corte, 2002, p. 31. O texto da Convenção encontra-se em GARCIA-AMADOR, F.V. (Compilación anotada). Sistema Interamericano a través de tratados, convenciones y otros documentos. V. I: asuntos jurídico-políticos, Washington, OEA, 1981. p. 564-598.
(2) MARITAIN, Jacques. *Los derechos del hombre y la ley natural*. Buenos Aires: Leviatán, 1982 (reimpr.). p. 12, 18, 38, 43, 50, 81, 82, 94, 96, 105, 108.

"opera omnia", em 1986-1995, com a inclusão, no início do volume I, de sua cronologia, do nascimento ao óbito (1882-1973) facilita extraordinariamente pesquisas a respeito.[3]

A partir de 1906, ano de sua conversão, Maritain ampliou e aprofundou, progressivamente, seus conhecimentos do grande legado dos autores cristãos e em particular de S. Tomás de Aquino.

Em 1927, Maritain publicou seu primeiro grande trabalho de natureza política, ou seja, *Primauté du spirituel*, sério estudo crítico das doutrinas de Charles Maurras e sua "L'Action Française", impregnadas de agnosticismo e nacionalismo exacerbado. Escreveu a propósito Maritain: "There began for me then a period of reflection devoted to moral and political philosophy in which I tried to work out the character of authentically Christian politics and to establish, in the light of a philosophy of history and of culture, the true significance of democratic inspiration and the nature of the new humanism for which we are waiting".[4]

Atendendo à nova solicitação de Pio XI, alarmado com a expansão da ideologia totalitária fascista e nazista e com o crescimento do número de seus adeptos, sem renunciar à filosofia pura, passou a dedicar mais tempo e mais espaço em seus escritos à filosofia prática. Na bibliografia, ao final deste texto, estão elencados, em ordem cronológica, trabalhos particularmente importantes de Maritain para o estudo desta matéria.

FILOSOFIA PRÁTICA OU POLÍTICA

Duas citações de Maritain explicam, magistralmente, o seu conceito de Filosofia Prática e preparam o entendimento de sua doutrina sobre os Direitos Humanos.

Em "Avant-propos", de 6 de janeiro de 1968, à nova edição de *Humanisme Intégral* Jacques Maritain explicou o sentido e alcance de Filosofia Prática: "Concernem as questões aqui tratadas a esta parte da filosofia que Aristóteles e S. Tomás chamam 'Filosofia Prática', porque envolve de uma maneira geral toda a filosofia do agir humano: parte da filosofia, cuja natureza própria é desconhecida ordinariamente em nossos dias, seja porque a aniquilam pretendendo absorvê-la em um conhecimento todo especulativo, seja porque a hipertrofiam pretendendo

---

(3) MARITAIN, Jacques et Raïssa. *Oeuvres complètes*. Éditions Universitaires, Friboug, Suisse – Éditions Saint Paul, Paris – 1986-1995 – XV Volumes. A edição contou com a colaboração do "Cercle d' Études Jacques et Raïssa Maritain"; da "Association Internationale Jacques et Raïssa Maritain"; e do "Institut International Jacques Maritain". Como Horácio, Maritain poderia ter dito "Exegi monumentum aere perennius"(Odes, Livro III, 30-1).
(4) EVANS, Joseph W.; WARD, Leo. *The social and political philosophy of Jacques Maritain*. Selected Readings. Garden City, New York: Image Books, 1965. p. 9.

absorver o saber inteiro em um conhecimento ordenado essencialmente e de si mesmo à transformação do mundo e da vida.

A filosofia prática é filosofia, é um conhecimento de modo especulativo; à diferença, porém, da metafísica e da filosofia da natureza, é ordenada desde o princípio a um objeto que é a ação, e tão grande seja nela a parte da comprovação, qualquer atenção que deva dar aos condicionamentos e às fatalidades históricas, é ela antes de tudo uma ciência da liberdade."[5]

No Prefácio à publicação, em inglês, de uma seleção de textos seus, sob o título de *The Social and Political Philosophy of Jacques Maritain*, escreve o mesmo autor: "Political philosophy does not claim to supersede and replace either sociology or political science. But, while being more abstract, and less bound to 'the detail of phenomena', it raises the material scrutinized by sociology and political science both to a higher degree of intelligibility and to a higher degree of practicality, because it sees this material in the light and perspective of a more profound and more comprehensive, a 'sapiential' Knowledge of Man, which is Ethics and deals with the very ends and norms of human conduct.

I just alluded to the practical character of political philosophy. Does not this seem to be rather paradoxical indeed, since political philosophy — though it is and must be deeply and constantly concerned with experience and reality, with the facts of life, with 'what exists' — winds up nevertheless, as more generally moral philosophy does, in considering not only 'things as they are' but also things as they should be? Hegel refused to admit the distinction between 'should be' and 'to be', and in so doing he sanctioned all the crimes of history. But on the other hand is not this very distinction (or rather, in actual fact, this terrible gap) between 'devoir être' and 'être', 'should be' and 'to be', a sign of the inefficacy, not of the practical character of political philosophy? This objection comes from a quite superficial view of human matters. It disregards the fact that man is an intellectual agent, and, weak as flesh may be, has spirit in him. Man betrays his ideals but is prompted by them and cannot act, cannot do without them. And how could it be possible to betray a 'should be' if this 'should be' were not an incentive to make something 'be', an incentive to action? Not only is political philosophy 'practical' in the sense that it deals, with human actions, and with their ends, norms and existential conditioning: but it is, despite the jokes of so-called practical men, efficacious and eminently efficacious; for hope has to do with things as they should be, not with things as they are, and man cannot live or act without hope. Political philosophy is efficacious and eminently efficacious, because it deals with the terrestrial hopes of human community".[6]

---

(5) MARITAIN, Jacques, Humanisme Intégral. *Aubier*. Éditions Montaigne. 1968 p. 5-6. Ver também MARITAIN, Jacques. *Humanismo integral*. Uma visão nova da ordem cristã. 4. ed. São Paulo: Dominus, 1962. p. XIII e XIV. Tradução de Afrânio Coutinho.
(6) EVANS, Joseph; WARD, Leo R. *The social and political philosophy of Jacques Maritain* — selected readings..., cit., p. 11.

LEI NATURAL

Jacques Maritain considera de suma importância, para a fundamentação dos Direitos Humanos, o correto entendimento da Lei Natural. Ela já aparece em numerosos autores antes do nascimento de Cristo. É a lei não escrita, ("non scripta sed nata lex"). Escreve ele a propósito:

> A ideia de direito natural é uma herança do pensamento cristão e do pensamento clássico. Ela não decorre da filosofia do século XVIII que mais ou menos a deformou; procede antes de Grotius, e, antes dele, de Suarez e Francisco de Vitória; e mais longe de S. Tomás de Aquino, de S. Agostinho e dos Padres da Igreja, e de S. Paulo; e, mais longe ainda, de Cícero, dos Estóicos, dos grandes moralistas da Antiguidade e de seus grandes poetas, de Sófocles, em particular. Antígona é a heroína eterna do direito natural, a que os Antigos chamavam a 'lei não escrita', nome, aliás, que melhor lhe convém.[7]

Tomás de Aquino, de quem Maritain tornou-se grande conhecedor e discípulo, define lei como "ordenação da razão, para o bem comum, promulgada por quem está a cargo da comunidade".[8]

A lei física é uma ordem imposta à matéria enquanto a lei moral é uma ordem dirigida à liberdade. Esta é uma regra no sentido de medida, de forma diretriz, de norma piloto com relação à qual o homem chega a ser o que é. Abrange deveres e direitos.[9]

A Lei Natural tem de comum com as Leis da natureza uma certa imanência e intimidade (por isso se chama 'natural') mas distingue-se delas porque, mediante o conhecimento (consciência moral) é, 'proposta' à livre opção do homem e não imposta a um agir não livre.[10]

---

(7) MARITAIN, Jacques. *Os direitos do homem e a lei natural*. 3. ed. Rio de Janeiro: José Olympio, 1967. p. 58. Antígona, desobedecendo às ordens injustas de Creonte, rei de Tebas, mesmo sob ameaça de morte, preferiu esta, a deixar de prestar as honras funerárias a seu irmão Polinice. Além de Sófocles trataram desta tragédia Jean Rotrou (1638), Vittorio Alfieri (1776). Jean Cocteau (1922), Bertold Brecht (1948). As palavras de Antígona estão reproduzidas em: MARINHO, Inezil Penna. *O direito natural na Grécia antiga*. Brasília: Instituto de Direito Natural, 1978. p. 18.
(8) "Ordinatio rationis, ad bonum commune, ab eo qui curam communitatis habet, promulgata". Summa Theologica I, 2, 90-4. A lei eterna é a vontade divina prescrevendo a observância da ordem da natureza e proscrevendo sua conturbação. A lei natural é a própria lei eterna promulgada pelo lume da razão. Ela está impressa no coração do homem (São Paulo – Epístola aos Romanos, II, 15). O Direito implica uma relação interpessoal, ao passo que a lei não exige necessariamente esta relação (as obrigações que temos conosco mesmos, em rigor, não são direitos). Ver: MENDES, João. "Natural" (Direito e Lei). In: Verbo. Enciclopédia Luso Brasileira de Cultura. Lisboa: Verbo, v. 13, p. 730.
(9) BARS, Henri. *La política según Maritain*. 3. ed. Barcelona: Nova Terra, 1976. p. 71; *La politique selon Jacques Maritain*. Paris: Les Éditions Ouvrières, 1961. Prefácio de J. Maritain.
(10) TELES, M. Galvão. Lei. In: *Verbo*. Enciclopédia Luso-Brasileira de Cultura. Lisboa — Verbo. V. 11, s.d., p. 1666.

No seu livro *La philosophie morale. Examen historique et critique des grands systèmes*,[11] no tópico intitulado "La loi naturelle", Maritain cita algumas passagens de Sófocles (*Antígona* II, 452-60), Sêneca (*Epístulae Morales ad Lucilium*, XCV, 33) Marco Aurélio (*Pensamentos*, VI, 44) e Cícero. Deste último vale transcrever alguns parágrafos.

Para Marco Túlio Cícero a Lei Natural é imperecível. O homem honesto nunca é surdo a seus mandamentos. Não é lícito ab-rogá-la nem na totalidade nem em parte. Nem o Senado, nem o Povo podem dispensar-nos da obediência a ela. Não há necessidade de buscar um *Sextus Aelius* para explicá-la ou interpretá-la. Não é uma em Atenas, outra em Roma, uma hoje, outra amanhã. É uma só e mesma lei que rege todas as nações em todo tempo. Um único Deus a ensina e prescreve a todos. Quem não obedece a esta lei sofrerá grande castigo mesmo que escape a outros suplícios.[12]

Para Cícero, de todas as ideias de que se ocupam os sábios a mais importante é a que nos faz conhecer claramente que somos nascidos para a justiça e que o direito tem seu fundamento não em uma convenção [*opinione*] mas na natureza.[13]

Às citações anteriores de Cícero, encontradas em Maritain, vale acrescentar uma, extraída de seu discurso "Pro Milone", pronunciado em 52 a.C. O réu era responsabilizado pela morte de Clodius:

> "Em suma, juízes, esta não é uma lei escrita, mas natural, lei essa que não aprendemos, nem adquirimos, nem lemos, mas que arrancamos, haurimos, extraímos da própria natureza, lei não ensinada, mas ingênita..."[14]

Vale também recordar que os romanos consideravam como princípios básicos do Direito os seguintes: "Viver honestamente, não ofender a ninguém, e dar a cada um o que é seu" ("Honeste Vivere, alterum non laedere, suum cuique tribuere" — Institutas de Justiniano, I, 1, 3).

---

(11) Paris: Gallimard, 1960. p. 81-88.
(12) Respublica, III, 22. O texto em latim, com tradução ao francês, de Ch. Appuhn, encontra-se em *Cicéron — de la Republique, des lois*. Paris: Garnier, s.d. p. 162. O texto está também em MARITAIN, Jacques. *La philosophie morale ...*, cit., p. 86.
(13) O texto em latim, com tradução ao francês, encontra-se em: *Cicéron — de la Republique, des lois*. Paris: Garnier, s.d., p. 244. Diz também: "Se as opiniões e os votos dos insensatos dispõem de uma tal força que possam mudar a natureza das coisas, por que não decidiriam eles que isto que é mau e pernicioso será, a partir de agora, tido como bom e salutar?...É porque, para distinguir uma lei boa de uma má, nós não temos outra regra que a natureza... Crer que estas distinções são pura convenção e não fundamentadas na natureza, é a loucura". (De Legibus i, 16) *Cicéron. De la Republique, des lois. ...*, cit., p. 368 e CICERO, M. T. *Das leis*. São Paulo: Cultrix, s.d., p. 40.
(14) CICERO, Marco Túlio. *As Catilinárias*; defesa de Murena, defesa de Árquias, defesa de Milão. Lisboa: Verbo, 1974. p. 208-209. Heinrich A. Rommen, comenta esta passagem em sua obra: *The Natural Law*, St. Louis, Mo., Herder, 1959. p. 23. O original em latim, com comentários, encontra-se em *Pro Milone* de Cicéron, Paris: Hachete, s.d., p. 13, com apresentação de A. M. Guillemin.

Maritain pressupõe que existe uma natureza humana e que esta natureza humana é a mesma em todos os homens. Dotados de razão compreendem o que fazem, com o poder de determinar por si mesmos os fins que pretendem. Analogicamente, os pianos, qualquer que seja o seu tipo particular e em qualquer lugar que estejam, têm por fim produzir sons exatos. Se não emitem sons exatos, são maus e devem ser refinados; assim o homem, dotado de inteligência, deve ficar de acordo com os fins necessariamente exigidos por sua natureza. Há, em virtude mesmo da natureza humana, uma ordem que a natureza humana pode descobrir, e segundo a qual deve agir a fim de se pôr de acordo com os fins necessários do ser humano. A lei não escrita ou o direito natural é isto.[15]

A lei e o conhecimento da lei são duas coisas diferentes. Saber que há uma lei não é necessariamente conhecer o que é esta lei. O preâmbulo e o princípio da lei natural é que é necessário fazer o bem e evitar o mal. A lei natural é o conjunto das coisas que se devem e que não se devem fazer, dele decorrentes de uma maneira necessária e pelo fato somente de que o homem é homem, abstraindo de qualquer outra consideração. Que todos os erros e todas as aberrações sejam possíveis na determinação dessas coisas, isso prova somente que nossa visão é fraca... Do mesmo modo que um erro de soma nada prova contra a aritmética.[16]

No seu trabalho *Sur la philosophie des droits de l'homme*, Maritain cita o seguinte parágrafo de Max M. Laserson:

> "The doctrines of natural law must not be confused with natural law itself. The doctrines of natural law, like any other political and legal doctrines, may propound various arguments or theories in order to substantiate or justify natural law, but the overthrow of these theories cannot signify the overthrow of natural law itself, just as the overthrow of some theory of philosophy of law doest not lead to the overthrow of law itself".[17]

Para Maritain é grave erro pensar que o homem não é sujeito a nenhuma lei, a não ser à da sua vontade e liberdade. Nada se fundamenta sobre a ilusão. Com base nesta falsa premissa muitos imaginaram ser seus direitos, divinos e infinitos, sem qualquer medida objetiva, sem quaisquer limitações. Quando surgiram choques com outros, que, com base na mesma falsa premissa, exigiam obediência aos seus pretensos direitos veio um ceticismo e a crença na falência dos direitos da pessoa humana.

---

(15) MARITAIN, Jacques. *Os direitos do homem e a lei natural...*, cit., p. 59.
(16) *Idem. Ibidem*, p. 60-1.
(17) Positive and natural law and their correlation. In: *Interpretations of modern legal philosophies: essays in honor of roscoe pound*. Nova Iorque: Oxford University Press, 1947. *Apud* MARITAIN, Jacques. *Oeuvres Complètes*, v. IX, p. 1086. Ver também: SIMON, Yves R. *La tradición de la ley naturale*. Madri: Razón y Fé, 1968.

Maritain discorda assim da maneira como, no século XVIII, muitos fundamentaram os direitos do homem:

> "Si chacun de ces droits est de soi absolument inconditioné, et exclusif de toute limitation, à la manière d'un attribut divin il est clair que tout conflit entre eux est irrémédiable. Mais qui ne sait en réalité que ces droits, étant humains, sont sujets à conditionnement et à limitation comme toute chose humaine? Même pour les droits 'inaliénables', il faut distinguer entre possessión et exercise — lequel est soumis aux conditions et limitations dictées en chaque cas pour la justice. Si un criminel peut être justement condamné à perdre la vie, c'est que par son crime il s'est privé lui-même, ne disons pas de son droit à l'existence, disons de la possibilité de revendiquer justement ce droit: il s'est retrancher moralement de l'appartenance à la communauté humaine, en ce qui concerne précisément l'usage de ce droit fondamentale et 'inalienable' que la peine infligée l'empêche d'exercer."[18]

A LEI NATURAL E OS DIREITOS HUMANOS

> "A pessoa humana tem direitos, por isto mesmo que é uma pessoa, um todo senhor de si próprio e de seus atos, e que por consequência não é somente um meio, mas um fim, um fim que deve ser tratado como tal...
>
> A noção de direito e a de obrigação moral são correlatas, repousam ambas sobre a liberdade própria aos agentes espirituais: se o homem é moralmente obrigado às coisas necessárias à realização de seu destino, é que ele tem o direito de realizar o seu destino; e se tem esse direito, tem direito às coisas que são para isto necessárias".[19]

A lei natural pede que aquilo que ela deixa indeterminado seja ulteriormente determinado. Um dinamismo histórico "impele a lei não escrita a desabrochar e expandir-se na lei humana e a torná-la progressivamente mais perfeita e mais justa no próprio campo de suas determinações contingentes. Segundo este dinamismo é que os direitos da pessoa humana assumem forma política e social na comunidade."[20]

---

(18) MARITAIN, Jacques. *Oeuvres Complétes,* v. IX p. 1211. O autor apresenta também o exemplo do direito inalienável a receber instrução e educação. Seu exercício "hic et nunc" está sujeito às possibilidades concretas da sociedade em questão. A reivindicação é legítima e deve ser expressada para que se satisfaça com a rapidez possível. Cabe ressaltar que em alguns casos, nem mesmo a Justiça pode resolver satisfatória e plenamente uma disputa. Se dois náufragos chegam ao mesmo tempo a uma tábua que pode manter na superfície só a um deles, mas não a ambos ao mesmo tempo, qual deles tem o direito a ela? A caridade permite que um deles renuncie à vida em benefício do outro. Cabe recordar que Voltaire escreveu eloquente defesa da lei natural em *Poème sur la loi naturelle* (1752).
(19) MARITAIN, Jacques. *A lei natural e os direitos humanos...,* cit., p. 62-3.
(20) *Ibidem,* p. 67.

Com base nos conceitos de lei natural e dos direitos humanos é fácil compreender a doutrina de Jacques Maritain sobre totalitarismo e personalismo:

> "O todo como tal vale mais do que as partes, princípio este que era grato a Aristóteles acentuar, e que toda filosofia política mais ou menos anarquista se empenha em ignorar. Mas a pessoa humana não é somente parte em relação à sociedade, eis outro princípio que o cristianismo focalizou e que toda filosofia política absolutista e totalitária rejeita para a sombra".[21]

> "A pessoa como tal é um todo... Se a sociedade humana fosse uma sociedade de puras pessoas, o bem da sociedade e o bem de cada pessoa seriam um e o mesmo bem... O homem, porém, está muito longe de ser uma pura pessoa;... pertence a um pobre indivíduo material... é uma pessoa indigente e necessitada... se torna parte de um todo maior e melhor [a sociedade humana] do que suas partes — todo este que supera a pessoa como a uma das suas partes — e cujo bem comum é diferente do bem de cada um, e da soma destes bens.

> Por outro lado, em razão de suas relações com o absoluto, por isso que ela é chamada a uma vida e um destino superior ao tempo, por outros termos, em vistas das exigências mais elevadas da personalidade como tal, a pessoa humana supera todas as sociedades temporais e lhes é superior; e a este ponto de vista, por outras palavras, em relação a coisas que dizem respeito ao absoluto no homem, é à realização perfeita da pessoa e de suas aspirações supratemporais que a sociedade ela própria, e seu bem comum, são indiretamente subordinados, como a um fim de outra ordem, que os transcende... Em face ao valor eterno e à dignidade absoluta da alma, a sociedade existe para cada pessoa e lhe é subordinada...

> Há uma enorme diferença entre esta asserção: 'O homem, segundo certas coisas que existem nele, pertence por inteiro à sociedade política, como uma parte dela' e estoutra: 'o homem é uma parte da sociedade política segundo o seu próprio ser por inteiro e segundo tudo o que existe nele'. A primeira é verdadeira, falsa a segunda...

> O individualismo anárquico nega que o homem, em virtude de certas coisas que existem nele, pertença por inteiro à sociedade política e afirma o totalitarismo, por outro lado, que o homem pertence à sociedade política segundo o seu ser inteiro e segundo tudo o que existe nela ('tudo no Estado, nada contra o Estado, nada fora do Estado')".[22]

---

(21) *A lei natural e os direitos humanos*. ..., cit., p. 22-3. Maritain no livro *A pessoa e o bem comum*. Lisboa: Livraria Morais, 1962 desenvolve os temas: As posições de S. Tomás referentes à ordenação da Pessoa para o seu fim último; Individualidade e Personalidade; Pessoa e Sociedade; e Problemas Contemporâneos.
(22) MARITAIN, Jacques. *Os direitos do homem e a lei natural.* ..., cit., p. 22-5. O autor cita S. Tomás de Aquino. Summa Theologica, I, 11, 21.4 ad 3.

O dinamismo histórico de que fala Maritain pode ser ilustrado com numerosos exemplos extraídos do estudo da vida dos mais diversos povos da humanidade. Frequentemente surgem personalidades e grupos populares capazes de identificar injustiças existentes e propugnar abolição de leis antigas e introdução de novas, conforme aos ditames da reta razão. Este processo de transformações é frequentemente doloroso e tormentoso.

Bartolomeu de Las Casas no século XVI defendeu a liberdade dos Índios da América e influiu na aprovação das novas Leis (1542).

Francisco de Vitória em suas conferências sobre os índios advogou a igualdade dos povos e estabeleceu bases do Direito Internacional Público. Para ele os espanhóis não tinham mais direitos sobre os índios do que aqueles que os índios teriam sobre os espanhóis se os houvessem descoberto na Europa. ("Non plus quam si illi invenissent nos").[23]

Anteriormente à Revolução Russa, de outubro de 1917, a Constituição Política dos Estados Unidos Mexicanos de 5 de fevereiro do mesmo ano, no art. 123 "Del trabajo y de la previsión social" assegurou aos cidadãos vários direitos sociais, relacionados com as condições de trabalho, e outros temas.

Nos Estados Unidos a campanha contra a escravidão e a segregação racial foi árdua e longa. A escravidão foi abolida pela Emenda Constitucional XIII de 1º de fevereiro de 1865, ratificada no seguinte 18 de dezembro.[24] Em 1896 no caso conhecido como "Plessy *versus* Ferguson" a segregação racial em transporte público foi mantida, havendo apenas um único voto contrário, vencido, do juiz John M. Harlan que declarou: "The statute of Louisiana is inconsistent with the personal liberty, of citizens, white and black, in the state, and hostile to both the spirit and letter of the Constitution of the United States."[25]

No exame dos casos "Brown *versus* Board of Education", em 1954, a Corte revogou a decisão anterior de "Plessy *versus* Ferguson", de 1896, rejeitando a assim chamada doutrina do "separate but equal." Declarou então o "Chief Justice" Earl Warren: "The opinions of that date [17.5.1954], declaring the fundamental principle that racial discrimination in public education is unconstitutional, are incorporated herein by reference. All provisions of federal state, or local law requiring or permitting such discrimination must yield to this principle...".[26]

---

(23) VITORIA, Francisco de. *De Indis et de Jure Belli relectiones*. Washington, Carnegie Endowment for International Peace, 1917. Texto em latim e em inglês, n. 360; Relecciones sobre los índios y el Derecho de guerra. Madri, Espasa-Calpe, 1975. O busto de Francisco de Vitoria foi colocado, em 1962, no edifício da União Pan-americana, em Washington, e nele sua sentença: "Pacta uno libremente, pero obliga el pacto" que lembra o axioma romano: "Pacta sunt servanda".
(24) O "best seller" de Harriet Beecher Stowe, *Uncle Tom's Cabin*, de 1852, entusiasmou os abolicionistas. Em 1º de janeiro de 1863 o Presidente Lincoln emancipou os escravos. (SCOTT, John A. *Living documents in American History*. Nova Iorque: Washington Square Press, 1964. p. 644-5.
(25) TRESOLINI, ROCCO. *American constitutional law*. Nova Iorque: Macmillan, 196. p. 600.
(26) *Idem. Ibidem*, p. 607.

Muito elucidativa das marchas e contramarchas das teorias e instituições políticas é a história da origem do poder. Francisco Suarez (1548-1617), John Locke (1632-1704) e muitos outros filósofos defenderam que a origem do poder está no povo ("Omnis potestas a Deo, per populum"). No entanto ainda no século XIX numerosos governantes atribuíam seu poder a uma vontade divina com a exclusão da mediação do povo. Por outro lado mesmo os que atribuíam seu poder à vontade do povo negavam o direito de sufrágio a importantes setores dele, tais como as mulheres, certas minorias (étnicas, religiosas, linguísticas etc.), os analfabetos etc. Foi significativo que a Declaração de Direitos do Homem, aprovada pela ONU, em 10 de dezembro de 1948, incluísse no artigo XXI: "A vontade do povo será a base da autoridade do governo: esta vontade será expressa em eleições periódicas e legítimas, por sufrágio universal, por voto secreto ou processo equivalente que assegure a liberdade do voto." Em 1948 muitos países signatários, e mesmo depois deste ano, ainda restringiam o direito de sufrágio.

Cabe ressaltar que a história registra também retrocessos em relação à consciência dos direitos humanos e à legislação a respeito. Um exemplo pode ser encontrado no referente à não extensão de penalidades além da pessoa considerada culpada. O profeta Jeremias (627-587, AC) anunciou:" naquele tempo já não se dirá: os pais comeram uvas verdes e os dentes dos filhos ficaram embotados. Mas cada um morrerá por sua própria falta" (XXXI, 29-30). A mesma ideia, da responsabilidade pessoal, volta em Ezequiel, capítulo XVIII: "Todas as vidas me pertencem, tanto a vida do pai, como a do filho. Pois bem, aquele que pecar, esse morrerá" (Vers. 4).

Apesar deste princípio, preconizado já no Antigo Testamento, e depois consagrado em numerosas declarações e leis nacionais, muitos governos através dos séculos estenderam as penas aplicadas a condenados, a seus descendentes e cônjuges.[27]

A Declaração Universal dos Direitos do Homem, da ONU, incluía vetusto princípio jurídico segundo o qual "ninguém poderá ser culpado por qualquer ação ou omissão que no momento da prática não constituía delito perante o direito nacional ou internacional" (XI-2). As leis punitivas não têm valor retroativo. Apesar disso, mesmo depois de 1948 esta regra foi, muitas vezes, violada.[28]

---

(27) Em 1792 a Rainha de Portugal declarou infames as memórias de Joaquim José da Silva Xavier (Tiradentes), Cláudio Manuel da Costa e outros assim como as de seus filhos e netos. Eram eles membros importantes da Conjuração Mineira, conhecida também como Inconfidência Mineira. (TORRES, João Camilo de Oliveira. *História de Minas Gerais*. V. III, 2. ed. Belo Horizonte: Pan-americana, s.d., p. 586; JOSÉ, Oiliam. Tiradentes. *Belo Horizonte, Itatiaia e São Paulo*. São Paulo: Universidade de São Paulo, 1985. p. 163-68; VIEIRA, José Crux Rodrigues. *Tiradentes*: a Inconfidência diante da história. Belo Horizonte: 2º Clichê Comunicação & Design, 1993. p. 259; JARDIM, Marcio. *A inconfidência mineira*. Uma síntese factual. Rio de Janeiro: BIBLIEX, 1989. p. 394.). Ainda em 29 de abril de 1970, a Lei Complementar n. 5 do Presidente da República do Brasil estendeu inelegibilidades "quando casado o punido ao respectivo cônjuge" (art. 1º, I, b).

(28) Em 5 de setembro de 1969 o Ato Complementar n. 64 do governo do Brasil criou a pena de banimento, e aplicou-a retroativamente a 15 presos políticos brasileiros (art. 1º). Um dos banidos foi José Dirceu, hoje Ministro de Estado – Chefe da Casa Civil da Presidência da República.

Mas o mais dramático exemplo de profundo retrocesso foi o do sistema totalitário nazista baseado em leis iníquas como as de Nuremberg e em práticas como as dos campos de extermínio e concentração.

A DECLARAÇÃO UNIVERSAL DOS DIREITOS DO HOMEM APROVADA PELA ASSEMBLEIA GERAL DA ONU (10.12.1948)

Durante a Segunda Guerra Mundial cresceu a consciência da dignidade da pessoa humana e a repulsa a filosofias e práticas que violaram os seus direitos.

Quando ainda era possível o triunfo do totalitarismo nazista, Jacques Maritain que já se tornara um dos maiores filósofos da história e escrevera obras como o *Humanismo Integral* em defesa do valor transcendental da pessoa humana, lançou, em 1942, seu magistral e compendioso livro *Os Direitos do Homem e a Lei Natural*.

Com a derrota militar do Eixo, por iniciativa dos vencedores, surgiu, em 1945, a Organização das Nações Unidas. A Carta de São Francisco, assinada em 26 de junho e em vigor, a partir do seguinte 24 de outubro, no seu preâmbulo reafirmou "a fé dos signatários nos direitos fundamentais do homem, na dignidade e no valor do ser humano, na igualdade de direito dos homens e das mulheres, assim como das nações grandes e pequenas". Pelo artigo 55 as nações comprometem-se a favorecer "o respeito universal e efetivo dos direitos humanos e das liberdades fundamentais para todos, sem distinção de raça, sexo, língua ou religião".

O art. 62 estabelece que o Conselho Econômico e Social poderá fazer recomendações à Assembleia Geral, aos Membros das Nações Unidas e às entidades especializadas interessadas, "destinadas a promover o respeito e a observância dos direitos humanos e das liberdades fundamentais para todos."

Neste contexto a UNESCO quis contribuir para a preparação de uma Declaração Universal dos Direitos Humanos, a ser submetida à Assembleia Geral da ONU. Para a elaboração do projeto ela solicitou, em 1947, a personalidades de grande renome, trabalhos pertinentes. Entre elas incluiu-se, naturalmente, Jacques Maritain. Coube a ele também a difícil tarefa de escrever uma introdução à coletânea das respostas que a UNESCO recebeu, inclusive a sua própria. Estes dois textos, primorosos, de Maritain, permitem entender ainda mais o seu vigoroso pensamento a respeito dos direitos humanos.[29]

---

(29) Sur la philosophie des droits de l'homme. Réponse de Jacques Maritain à l'enquête de l'UNESCO – 1947. *Apud* MARITAIN, Jacques. *Oeuvres Complètes*, v. IX – 1947-1951 – Paris: Saint Paul, 1990. p. 108-89. Introduction aux texts réunis par l'UNESCO – 1948. Autour de la nouvelle Déclaration Universelle des Droits de l'Homme. *Apud* MARITAIN, Jacques. *Op. cit.*, v. IX, p. 1204-15.
Entre os convidados: Mahatma Gandhi, Harold Laski, Salvador de Madariaga, Edward H. Carr, Benedetto Croce, Teilhard de Chardin, Boris Tchechko, Chung-Shu Lo e Aldous Huxley.

Vale selecionar alguns dos tópicos analisados por ele.

Maritain ressaltou um certo paradoxo. Por um lado reconhece-se que há necessidade de justificações para a afirmação dos direitos humanos. Por outro, registra-se que não se consegue um acordo sobre a maneira de apresentá-las e prová-las.

Pessoas de ideologias violentamente adversas lograram acordo sobre a formulação de uma lista de Direitos mas advertiram que não se perguntasse o porquê de cada afirmação. As razões seriam objeto de graves disputas entre elas. Os autores pertenciam a culturas e civilizações diferentes e até mesmo a famílias espirituais e escolas antagônicas de pensamento. Uma entidade de finalidade prática como a UNESCO não requer identidade de visão filosófica do mundo mas concordância sobre conjunto de convicções sobre a ação.[30]

Impõe-se distinguir, convenientemente as justificações racionais comprometidas no dinamismo espiritual de uma doutrina filosófica ou de uma fé religiosa e as conclusões práticas que, diversamente justificadas por cada um, são para uns e outros princípios de ação analogicamente comuns.

Maritain manifesta que sua maneira de justificar a crença nos direitos do homem e o ideal de liberdade, de igualdade, de fraternidade é a única solidamente fundamentada na verdade. Isto não impede, diz ele, que esteja de acordo sobre convicções práticas com aqueles para as quais sua maneira de justificar suas afirmações é a única fundada na verdade.[31]

> "Rien n'empêche de parvenir ainsi à l'élaboration d'une Declaration nouvelle et élargie des Droits de l'homme qui marquerait une étape notable dans le procès d'unification du monde... Il n'est pas raisonablement possible d'espérer plus que cette convergence pratique sur une énumération d'articles formulés en commun".[32]

Maritain manifesta-se também sobre o grave problema colocado por aqueles que usam e abusam das liberdades democráticas para depois destruí-las. Estava muito presente a trágica experiência do fascismo e do nazismo.

> "En particulier, il importerait de metre en lumière les obligations qui s'imposent en conscience aux membres d'une societé d'hommes libres, et le droit que celle-ci possède de défendre par les dispositions appropriées — impliquant toujours les garanties institutionnelles de la justice et du droit — la liberté contre ceux qui veulent user d'elle pour la détruire".[33]

---

(30) MARITAIN, Jacques. *Oeuvres Complètes*. Op. cit., v. IX, p. 1204.
(31) MARITAIN, Jacques. *Oeuvres Complètes*. V. IX. p. 1206.
(32) *Oeuvres Complètes*, v. IX. p. 1207.
(33) *Idem, ibidem*, v. IX, p. 1088.

Para Maritain, em relação ao problema dos direitos humanos, os pensadores dividem-se em dois grupos opostos: os que aceitam, mais ou menos explicitamente, e os que refusam, mais ou menos explicitamente a "lei natural" como fundamento destes direitos.

Para os primeiros, é em razão das exigências de sua essência que o homem possui certos direitos fundamentais e inalienáveis anteriores (em natureza) e superiores à sociedade, e que a vida social, ela mesma, com os deveres e os direitos que ela implica, nasce e desenvolve-se. Para os segundos, é em razão do desenvolvimento histórico da sociedade que o homem se vê dotado de direitos, eles mesmos constantemente variáveis e submissos ao fluxo do devir, que resultam da sociedade mesma, à medida que ela progride com o movimento da história.

Tal contraste ideológico é irredutível e sem conciliação no plano teórico. Mas pode ser atenuado de duas formas: os partidários da lei natural admitem que se certos direitos fundamentais respondem a uma exigência primordial desta lei e outros direitos a uma exigência secundária, e até mesmo a um desejo dela, contudo nosso conhecimento de uns e outros está sujeito, em todo caso, a um crescimento lento e acidentado, de forma que eles não emergem como regras de conduta reconhecidas a não ser à medida do progresso da consciência moral e do desenvolvimento histórico das sociedades; os adversários da lei natural sublinham que embora direitos apareçam como função da evolução da sociedade, em compensação outros direitos mais primitivos aparecem como função da mesma existência da sociedade.[34]

Maritain em seu trabalho solicitado pela ONU sobre Direitos Humanos salientou também:

> — Sendo a sociedade familiar anterior à sociedade civil e ao Estado, uma Declaração de Direitos Humanos deve ressaltar de maneira precisa seus direitos e liberdades.

> — Sendo a lei natural, fundamento dos direitos humanos, fonte de direitos e deveres — duas noções correlativas — uma declaração dos direitos deveria normalmente completar-se com outra declaração das obrigações e responsabilidades do homem face às comunidades de que é parte notadamente a família, a sociedade civil e a comunidade internacional.[35]

O projeto de Declaração Universal dos Direitos do Homem foi, ampla e até acremente, debatido pela Terceira Sessão da Terceira Assembleia Geral da

---

(34) *Oeuvres Complètes*, v. IX. 1947-1951. *Op. cit.*, p. 1209 e 1210.
(35) MARITAIN, Jacques. *Oeuvres Complètes*. V. IX, p. 1088. Cabe ressaltar que na IX Conferência Internacional Americana, em 1948, Bogotá, foi aprovada uma "Declaração Americana dos Direitos e Deveres do Homem." GARCIA-AMADOR. *Op. cit.*, p. 519-529. Esta declaração serviu de subsídio para a Declaração Universal dos Direitos do Homem, de 10.12.1948, da ONU.

Organização das Nações Unidas, no período de 21 de setembro a 8 de dezembro de 1948, em Paris.[36] A leitura das intervenções demonstra numerosas divergências não só quanto às justificações teóricas apresentadas mas também em relação à narração dos fatos ocorridos na história e até à enumeração dos direitos e à redação de seus artigos.

A título de ilustração vale mencionar algumas discussões em torno do que veio a ser o primeiro artigo.

O anteprojeto elaborado em Genebra, e levado à consideração do colegiado, afirma, no seu art. 1º, que "os seres humanos são dotados pela natureza, de razão e consciência".

O representante do Brasil, Austregésilo de Athayde discordou da inclusão dos termos "pela natureza". Para ele esta expressão significava, ou poderia significar, uma profissão de materialismo, incompatível com as convicções teístas da imensa maioria dos povos representados na ONU. Disse ele:

> Afin de défendre les droits que proclame la déclaration, il importe que celle-ci ne soit pas conçue en termes trop géneraux. Il devrait étre fait mention, dans son préambule, de Dieu, origine absolut des droits de l'homme, comme de tous les droits. Ce serait reconnaître l'importance des grands courants spirituels pour le maintien et le développement de la coopération internationale entre les peuples... Le travail de la Commission serait beaucoup plus profondément lié à la volonté et aux espoirs des masses populaires si, au lieu de n'être que l'expression d'une sèche philosophie agnostique, il reflétait aussi la foi religieuse de la plus grande partie de l'humanité.

> La délégation du Brésil, suggère donc que la seconde partie de l'article premier de la déclaration soit rédigée de la manière suivante (A/C. 3/215):

> "Crées à l'image et à la ressemblance de Dieu, ils sont doués de raison et de conscience et doivent agir les uns envers les autres dans un esprit de fraternité".

> San vouloir entamer une discussion de caractère philosophique ou religieuse, la délégation du Brésil pense que cette inititive correspond aux idéaux représentés au sein de la Commission.[37]

---

(36) UNITED NATIONS. *Official Records of Third Session of the General Assembly*. Part I. Social, Humanitarian and Cultural Questions. Third Committee — Summary records of meetings. 21 September — 8 December. Lake Success, New York, 1948. Ver também: CHAPELLE, Philippe de la. *La Déclaration Universelle des Droits de l´homme et le catholicisme*. Paris: Librairie Général de Droit et de Jurisprudence. R. Pichon et R. Durant-Auzias, 1967.
(37) UNITED NATIONS. *Op. cit.*, p. 55.

Apesar do desejo de Athayde de não entabular uma discussão de caráter filosófico ou religioso, ela ocorreu e ocupou grande espaço de tempo. Vários delegados apoiaram a emenda brasileira. Vários outros, por diferentes razões, opuseram-se a ela. Depois que muitos delegados manifestaram-se pela supressão dos termos "pela natureza", o representante brasileiro Athayde[38], retirou sua proposta de emenda ao art. 1º que finalmente recebeu a conhecida redação:

> "Todos os homens nascem livres e iguais em dignidade e direitos. São dotados de razão e consciência e devem agir em relação uns aos outros com espírito de fraternidade".

CONSIDERAÇÕES FINAIS

O estudo da vida e da obra de Jacques Maritain demonstra, sobejamente, que ele se coloca entre os filósofos que mais contribuíram para o entendimento, fundamentação, conscientização e divulgação de sólida teoria dos direitos humanos assim como para o surgimento e crescimento de vocações políticas comprometidas com esta nobre causa. Firme em suas convicções filosóficas e religiosas, ele estabeleceu bases para que pessoas de diferentes crenças e correntes de pensamentos, mas com uma mesma concepção prática do homem e da vida, pudessem unir forças em prol de uma ação concreta voltada para a obtenção de resultados benéficos para toda a sociedade.[39]

Jacques Maritain, mesmo enfrentando incompreensões e hostilidades por parte de muitos contemporâneos, não se omitiu frente a tormentosos problemas de sua época.

---

(38) UNITED NATIONS. *Op. cit.*, p. 117. A propósito, é muito oportuna a leitura do capítulo 21. "Os Direitos Humanos (1948)" p. 459-479, do livro *Austregésilo de Athayde* — O século de um liberal, de Cícero Sandroni e Laura Constância A. de A. Sandroni, publicado no Rio de Janeiro: Agir, 1998.
É pertinente recordar que a Primeira Reunião de Consulta entre os Ministros de Relações Exteriores das Repúblicas Americanas, ocorrida no Panamá, aprovou, no dia 3 de outubro de 1939, 18 declarações e resoluções. A X intitulou-se "Mantenimiento de las actividades internacionales dentro de la moral cristiana". Nela os Governos presentes declaram: 1 — "Que reafirman su fé en los princípios de la civilización cristiana y confian en que el Derecho de gentes ha de extender, a la luz de ellos, su imperio en la vida de los pueblos; 2 — Que condenan las tentativas de sustraer la actividad internacional y la conducción de la guerra al dominio de la moral; 3 — Que rechazan todo medio de solución de los conflictos entre las naciones que se funde en la violencia, en la infracción de los tratados o en su abolición por voluntad de una sola de las Partes; 4 — Que consideran injustificable la violación de la neutralidad y la invasión de los pueblos débiles como expediente para prosecución y el triunfo de las guerras; y 5 — Que se comprometen a reclamar y protestar contra cualquier acto bélico que se aparte de la ley internacional y de las exigencias de la justicia". Ver: Conferencias Internacionales Americanas Primer Suplemento 1938-1942. Recopilación de tratados y otros documentos. México. Secretaria de Relaciones Exteriores. 1. ed. 1956. 2ª reimpresión, 1990. p. 121-122. A "Declaração dos Direitos do Homem e do Cidadão" da Assembleia Nacional Francesa, de 26 de agosto de 1789 diz: Por conseguinte, a Assembleia Nacional reconhece e declara, em presença e sob os auspícios do Ser Supremo, os seguintes direitos do homem e do cidadão.
(39) MARITAIN, Jacques. *Oeuvres Complètes*, v. IX, p. 1215.

Em 1934 Maritain e outros franceses protestaram junto ao Chanceler da Áustria, Engelbert Dollfuss, por medidas, tomadas por este, restritivas das liberdades dos socialistas no país.

No ano seguinte ele com seu grupo, criticou Mussolini por invadir a Etiópia.

Em 1934, na Espanha, pronunciou seis conferências, na Universidade de Verão de Santander, sobre "Problemas espirituais e temporais de uma nova cristandade", que publicou, em Paris, com alguns acréscimos, em 1937, sob o título de "Humanisme Intégral". No ano anterior começou, na Espanha, grave conflito armado que se estendeu até 1939. Maritain negou-se a vê-lo como uma Guerra Santa, uma nova cruzada e empenhou-se a favor da busca da paz e do atendimento às vítimas da conflagração.[40]

Assim, em fevereiro de 1937, ele assinou o manifesto "un cri d'alarme des catholiques français en faveur de l'Espagne martyre". Em maio seguinte fundou, com outros católicos, o "Comitê français pour la paix civile et religieuse en Espagne", do qual se tornou presidente. Ainda no mesmo ano ele redigiu o manifesto "Pour le peuple basque" contra o bombardeio de Guernica e prefaciou o livro de Alfredo Mendizabal, "Aux origines d'une tragédie".

Para Alceu Amoroso Lima, considerado o maior representante do "Maritainismo" no Brasil, grande mérito do filósofo francês foi, pioneiramente, ter tido "a coragem de fazer de novo a apologia dos direitos do homem e de

---

(40) Sua posição coincidiu com a do Cardeal de Tarragona, Vidal Ý Barraquer, que não assinou a Carta Coletiva dos bispos espanhóis, divulgada em agosto de 1937, de pleno apoio ao movimento comandado pelo general Francisco Franco. Sobre o confronto escreveu o Cardeal: "La guerra no se hace nunca santa, antes bien lleva consigo el peligro de hacer blasfemar de aquello que es santo. Los medios abominables que emplea la llevan ineludiblemente a este resultado. Supone también el riesgo de abocar el odio antirreligioso a un paroxismo sin remedio... Que invoquen, pues, si la creen justa, la justicia de la guerra, pero que nadie se atreva a invocar su santidad... "Maritain enviou ao cardeal seu testemunho de adesão por esta atitude evangélica, e, com afetuosa dedicatória, um exemplar do livro *Humanismo Integral*. Vidal ao agradecer escreveu a Maritain: " Es cosa muy natural que un filósofo, un escritor conocido, sea combatido por diversos lados, sobre todo si es de gran valia. Me atrevo a rogarle, como fiel discípulo de Jesucristo que perdone... "Maritain respondeu ao Cardeal: "Eminencia: con gozo harto sensible he recibido su carta, que le agradezco de todo corazón. Estoy muy reconocido por lo que há tenido a bien escribir acerca de L'humanisme intégral... Pero lo que más me llega al corazón es la afectuosa simpatia que me demuestra en las circunstancias tragicas en que se encuentra España, esta España de la que, a pesar de ser ciudadano de otro pais, siento tan dolorosamente las heridas y a la que tanto quiero... Por esto, yo me permito expresar a vuestra eminencia la gratitud inmensa con que, con todas las fibras de mi corazón de cristiano, he aprobado y apruebo — Ý y cuántos otros en el mundo entero se hallan en el mismo caso! — el hecho de que vuestro nombre no figure al pie de una cierta carta coletiva...". Estes textos, com maiores referências, encontram-se no livro de Ramón MUNTANYOLA. Vidal Ý Barraquer. *El Cardenal de la Paz*. Barcelona: Estela, 1971. p. 331-33. (Recebi um exemplar desta valiosa biografia, por gentileza de Ramon Sugranyes de Franch, amigo pessoal do Cardeal e Presidente de Honra do Instituto Internacional Jacques Maritain).

mostrar, não só sua plena compatibilidade com os princípios mais autênticos da revelação evangélica, mas ainda com os dados mais imediatos da própria inteligência humana".[41]

Em calorosa homenagem a Maritain, por ocasião de seu passamento, Edgard de Godoi da Mata-Machado, um de seus mais ilustres seguidores, escreveu: "para a minha geração, Maritain foi não apenas um mestre da doutrina mas um exemplo humano. Ele deu testemunho de autenticidade de sua fé e de seu amor, em cada um dos menores e dos maiores movimentos de nossa época. Testemunho de afirmação, pelas suas obras. Testemunho de ação, pelas atitudes que assumiu...

É esse Maritain autenticamente renovador, nuclearmente revolucionário, que esperamos sobreviva nos que saibam descobrir, aprofundar e desvelar o tesouro do seu pensamento, assim como manter-se fiéis à linha de conduta que emerge das posições por ele assumidas."[42]

Referindo-se à comemoração dos 70 anos de Maritain, Eduardo Frei Montalva, futuro Presidente do Chile e Ismael Bustos, comentaram "Al cumplir Maritain los 70 años, tiene un vasto auditório... Cuantos son, seria imposible decirlo; pero están repartidos y los une secreta afinidad. Del maestro han recibido un inestimable concurso: les ha definido y aclarado ideas sin las cuales su acción habria carecido de contenido, para transformarse en activismo inquieto y les ha abierto horizontes que les da a su faena sentido universal y humano. Debe ser para este filósofo cristiano, en este atardecer, grato recibir el saludo de estos amigos que están en todos los continentes y que hoy agradecen su ayuda...

Pero su obra no sólo son los libros, sino también la acción de aquellos a quienes ha permitido conocer mejor la doctrina y trazar mejor la imagen de una nueva comunidad libre, pluralista, justa, donde el cristiano tiene un ancho margen de responsabilidad personal y por lo mismo una gran independencia".[43]

Ao ensejo da comemoração dos 25 anos do "Instituto Internacional Jacques Maritain" seu Presidente Enrique Pérez Olivares, com um olhar retrospectivo, escreveu:

---

(41) Prefácio à obra: MARITAIN, Jacques. *Os direitos do homem e a lei natural.* ..., cit., p. 9. Em 1936, Jacques Maritain, sua esposa Raïssa e sua cunhada Vera visitaram Argentina e Brasil. Pronunciou então 39 aulas ou conferências. Sendo diretor da revista A Ordem, Alceu Amoroso Lima dedicou a Jacques Maritain todo o número de maio-junho, de 1946, com 22 artigos. No livro *Memórias Improvisadas* (Rio de Janeiro: Vozes, 2000. p. 225-31), Amoroso Lima fala da presença e influência do grande filósofo francês em sua vida e obra. Seu filho, com o mesmo nome, é o Diretor do Instituto Jacques Maritain do Brasil.
(42) MATA-MACHADO, Edgar de Godoi da. Maritain, o Mestre. 3-v-1973. In: *Memorial de Ideias Políticas*. Belo Horizonte: Vega, 1975. p. 510-1.
(43) FREI, Eduardo; BUSTOS, Ismael. *Maritain entre nosotros*. Santiago de Chile: Instituto de Educación Política, 1964. p. 43-4. Cabe recordar que em abril de 1947, Eduardo Frei, Rafael Caldeira, Alceu de Amoroso Lima, Franco Montoro e outros reuniram-se em Montevidéu para fundar um movimento supranacional de democratas cristãos. Maritain era uma inspiração permanente.

> Questo sguardo ci consente di percipire meglio quello che Maritain è stato; ormai è un grande capitolo della storia delle idee filosofiche, religiose, sociali e politiche del nostro secolo. Quello che puo diventare e continuare ad assere è legato alla creatività, all'attenzione e alla capacità di lettura del nostro tempo da parte di chi richiama alla sua ispirazione. E noi troviamo che si tratta di una ispirazione che non ha cessato di essere vitale, di lunga durate e di prosppetiva; che offre chiavi per 'aprire, non formule per chiudere'; e che solo in questa ricezione 'vivente' il pensiero umanistico-integrale ha futuro. Tra le due guerre, e nella ripresa delle democrazie, Maritain há rappresentato un punto di riferimento non solo per l'intelligenza credente, ma per quanti credevano e credono nel 'dirito di essere uomo'. La *summa* della sua opera è una grande testimonianza della sua fedeletà all'uomo personale: al suo essere, alla sua speranza e al suo potenziale di infinito che lo destina ad esplorare sempre nuovi cammini verso la giustizia e la libertà'.[44]

Ao relatar as numerosas atividades (publicações, seminários, pesquisas etc.) do Instituto Jacques Maritain, por ocasião de suas Bodas de Prata, o seu Secretário Geral Roberto Papini atribui seu êxito particularmente à própria figura de Maritain e comenta:

> Maritain aveva seminato bene, aveva diffuso attorno a sé un potennziale di stima, di rispetto e di originalità nel mondo che ne ha fato un grande riferimento intellectuale in questo secolo che egli ha attraversato, come lui stesso há scritto, con l'orecchio incollato alla terra per decifrarele germinazioni di futuro che si annunciavano. Grande filosofo, é stato grande cristiano e grande attore di passione civile del nostro tempo. Non c'è stata grande Battaglia del '900 che l'abbia visto estraneo. Non sempre ne siamo consapevoli, ma tante delle conquiste di questo nostro secolo debbono a Maritain un impulso, un contributo e, spesso, delle messe a fuoco di appasionata lucidità..[45]

É de suma importância, pois, estudar os grandes mestres, a fim de encontrar em seus ensinamentos as luzes para equacionar e solucionar desafios e interrogações que já deixando de ser deles, continuam nossos. E na constelação dos maiores sábios fulgura como estrela de primeira grandeza o nome de Jacques Maritain.

---

(44) PÈREZ OLIVARES, Enrique. *Ý 25 anni dell'Istituto Internazionale Jacques Maritain*. Triestre: Istituto Internazionale Jacques Maritain, 1998. p. 1.

(45) PAPINI, Roberto. 25º aniversario della fondazione dell'Istituto Internazionale Jacques Maritain, "In: POZZOLI, Lafayette; SOUZA, Carlos Aurelio Mota de (organizadores). *Ensaios em homenagem a Franco Montoro*. Humanismo e Política. São Paulo: Loyola — Adenauer — Instituto Jacques Maritain do Brasil, 2001. p. 213.

REFERÊNCIAS BIBLIOGRÁFICAS

I — Obras de Jacques Maritain

Oeuvres Complètes. XV volumes. Friburgo, Éditions Universitaires, e, Paris, Éditions Saint Paul. 1986-1995.

São as seguintes, entre outras, em ordem cronológica, as obras de Maritain particularmente relevantes para o tema dos Direitos Humanos.

1933 — *Du régime temporel et de la liberté* — Paris: Desclée De Brouwer. Há uma segunda edição, revista e corrigida, de 1937.

1937 — *Humanisme intégral. Problèmes temporales et spirituels d'une nouvelle chrétienté*, Paris, Aubier. Nova edição em 1968. O livro baseia-se em 6 conferências do autor, pronunciadas, em agosto de 1934, na Espanha, em Santander, na Universidade de Verão. Houve numerosas re-edições, em francês, como as de 1946 e 1968; *Humanismo Integral*: uma visão nova da ordem cristã. Rio de Janeiro: Companhia Editora Nacional, 1941, 1945, 1965. Em 1962 saiu outra edição em português, com tradução de Afrânio Coutinho. São Paulo: Dominus; *Integral humanism. Temporal and spiritual problems of a new christendom*. Notre Dame: Notre Dame University Press, 1973. Em 1935 saiu, em Madri, El Signo, a versão espanhola sob o título: Problemas espirituales y temporales de uma nueva cristandad. Em 1936 o livro saiu por Fides, em Buenos Aires.

1940 — *De la justice politique. Notes sur la presente guerre*. Paris: Plon.

1940 — outubro: *Scholasticism and politics*. Nova Iorque: Macmillan.

1942 — *Les droits de l'homme et la loi naturelle*. Nova Iorque: Maison Française; *Os direitos do homem e a lei natural*. Rio de Janeiro: José Olympio, várias edições: 1947 (2ª, tradução de Afrânio Coutinho), 1967 (3ª, com prefácio de Alceu Amoroso Lima).

1943 — abril: *Christianisme et démocratie*. Nova Iorque: Maison Française; *Cristianismo e Democracia*. Rio de Janeiro: Agir, Várias edições: 4ª em 1957, 5ª em 1964.

1944 — *Príncipes d'une politique humaniste*. Nova Iorque: Editions de la Maison Française. Reedição, em Paris, por Hartmann, em 1945; *Princípios de uma política humanista*. Rio de Janeiro: Agir, 1946.

1947 — *De la personne et le bien commun*. Paris: Desclée de Brouwer et Cie., *A pessoa e o bem comum*. Lisboa: Livraria Morais Editora, 1962. (Tradução de Vasco Miranda); Persona y el bien comun. Quito: Fund. Ecuad. de Estudios Sociales, 1988; *Person and the common good*. Notre Dame: Notre Dame Univ. Press. 1972.

1947 — *Sur la philosophie des droits de l'homme*. Resposta, ao levantamento da UNESCO, de opiniões sobre os problemas teóricos suscitados pela redação de uma Declaração Universal dos Direitos do Homem. Solicitação endereçada a diversas personalidades de países-membros. Trabalho publicado em 1950, com alguns acréscimos, na forma de artigo. Texto reproduzido no v. IX das *Oeuvres Complètes*, p. 1080-89.

1948 — *Introduction aux textes réunis par l' UNESCO. Autour de la nouvelle Déclaration Universelle des Droits de L'Homme*. Prefácio elaborado, em Nova Iorque, em julho-agosto de 1948. Com alguns acréscimos publicado em 1950 e republicado em Oeuvres Complètes, v. IX, p. 1204-1215.

1951 — *Man and state*. Chicago: Universidade de Chicago; *O homem e o Estado*. Rio de Janeiro: Agir, 1952 (2. ed.), 1959, (3. ed.), 1966 (4. ed.), tradução de Alceu Amoroso Lima; *L'Homme et L'état*. Paris: Presses Universitaires de France, 1953.

1960 — *La philosophie morale. Examen historique et critique des grands systèmes*. Paris: Gallimard, 1960; *Filosofia moral. Exame histórico crítico dos grandes sistemas*. Rio de Janeiro: Agir, 1964.

II — Sobre Jacques Maritain

O n. 49/50, de maio-dezembro de 1997, da *Revista Notes et Documents* ("Institut Internacional Jacques Maritain", Via Flavia, 104, 00187, Roma, Itália) apresenta excelente "Bibliographie sur Jacques et Raïssa Maritain". Há edição latino-americana da mesma revista, intitulada *Notas y Documentos* (Apartado 68-753, Caracas, 1062, Venezuela).

Jacques Maritain e a Essência da Democracia como Pluralidade e Tolerância

Roberto Bueno[(*)]

INTRODUÇÃO

Recebi com satisfação o convite para escrever um dos textos deste livro. Um dos motivos é de que todos, mas estes em particular, são tempos em que o cuidado com as coisas humanas continua a requerer apurada atenção, posto que os avanços do mundo tecnológico em suas várias dimensões tende a ir descosendo desde dentro, e lenta quando não sorrateiramente, a esfera de nossa intimidade, de espiritualidade e de sentimento de pertença às comunidades humanas, solapando a dimensão pública da vivência e dos acordos que as mantêm coesas, tai como o conjunto de valores calcados na dignidade, tanto do indivíduo quanto do coletivo.

A valia de atuais empresas que proponham-se a reflexão sobre o homem independem precisamente da ótica que lhe seja emprestada. Neste caso, encontramo-nos com um dos ícones do pensamento humanista e democrático. Este é um dos pontos sobre os quais este breve texto não poderá deixar de intervir no que respeita à atualidade do pensamento maritaniano, na medida em que também a democracia é realização política que requer constante cuidado e reconstrução.

1. A DEMOCRACIA E SEUS VALORES

Nascido no seio de família protestante, Jacques Maritain (1882-1973) adentra com maior peso no cenário intelectual no raiar do século XX, momento de afirmação

---

(*) Professor Doutor Adjunto I da Faculdade de Direito da Universidade Federal de Uberlândia das disciplinas do Curso de Graduação (Teoria do Estado e Democracia; Filosofia do Direito, Filosofia Política) e do Programa de Pós-Graduação. Doutor em Filosofia do Direito pela Universidade Federal do Paraná (UFPR) (2011). Mestre em Filosofia do Direito e Teoria do Estado pela Fundação de Ensino Eurípides Soares da Rocha (2006). Especialista em Ciência Política e Direito Constitucional pelo *Centro de Estudios Constitucionales* de Madrid (1994). Graduado em Direito pela Universidade Federal de Pelotas (1992). Mestrando em Filosofia Política pelo Programa de Pós-Graduação em Filosofia da Universidade Federal de Uberlândia. Mestrando em Teoria Literária pelo Programa de Pós-Graduação em Letras da Universidade Federal de Uberlândia. Currículo Lattes: <http://lattes.cnpq.br/3962302367059090>. E-mail: <rbueno_@hotmail.com>.

de um conjunto de valores da cultura moderna, marcada pelo apogeu da *Belle Époque*. Maritain logo ocuparia uma posição de destaque naqueles dias, impulsionando, por exemplo, o diálogo entre teologia e política.

Maritain propõe o diálogo entre teologia e política como uma via para a constituição de uma nova versão da democracia. Contudo, isto não sugere uma identificação entre o temporal e o transcendental, pois, como bem adverte Pozzoli, "[...] o filósofo distingue Igreja e Estado como duas instituições de finalidades distintas, autônomas e inconfundíveis, ambas cooperando para a realização e aperfeiçoamento da sociedade humana" (POZZOLI, 2001. p. 62). Um dos momentos em que o propõe é quando defende a aproximação entre a argumentação moral e política (*cf.* MARITAIN, 1991c. p. 44). Esta era, seguramente, uma reação à tradição realista maquiaveliana, a qual desloca o político da moral e de suas derivações religiosas. Contrariamente, Maritain aposta na colonização da política por uma argumentação fundada no próprio direito natural (*cf.* MARITAIN, 1991c. p. 44).

A ideia básica de democracia realizada por Maritain é de que se trata de uma forma de governo que haverá de manter-se inspirada no catolicismo, em que haverá de buscar a harmonização das pulsões básicas dos homens, instintos que reconhece ser destrutivos, egoísticos e capazes de dilacerar o convívio humano. Neste sentido, de certa forma, Maritain retoma a preocupação contratualista fundadora de Hobbes.

Maritain preocupa-se com que a força que possa ser operada pelo Estado seja aplicada segundo precisos limites necessários para a prevenção contra o "[...] possibili ritorni dell´istinto di dominio, di sfruttamento o di egoismo anarchico [...]" (MARITAIN, 1991b. p. 53), e capaz de projetar a sua verdadeira função em suas ações no mundo empírico, a saber, de realizar a sua razão de ser em prestar auxílio ao homem para a "[...] conquista di quei Beni e di una vita veramente umana". (MARITAIN, 1991c. p. 39).

Em Maritain é latente a ideia de que o homem carrega um pesado fardo de grotesca brutalidade animal, ou seja, de um "[...] egoismo e di barbarie latente che gli uomini portano in loro [...]" (MARITAIN, 1991b. p. 52). O empenho de Maritain é de que a força estatal, para ser justa e chegar a desempenhar o papel legal para o qual foi ideada há de ser a meramente suficiente para sujeitar a erupção social das pulsões humanas de destruição. O seu controle não é tarefa simples, e se não há mesmo meios para recuperar a própria natureza, ao menos é possível controlá-la mediante oposição de força pública idêntica em sentido contrário.

Este é o ponto de partida de viés antropológico desde o qual Maritain pensa a necessidade de intervenção do Estado e da força a ele outorgada. Uma das dimensões da reflexão sobre o político em Maritain está perpassada pela afirmação da necessidade de um governo que não posponha em grau e importância o asseguramento dos direitos dos homens, de seus valores mais caros, tais como a sua própria vida e a inerente dignidade de cada qual, reafirmadora do que Amoroso Lima denominou de "[...] importância substancial do ser humano". (In: MARITAIN, 1967. p. 10).

Para Maritain está claro que o regime democrático não poderá deixar de apresentar-se marcado pela liberdade e pela preocupação básica com o desenvolvimento do ser humano (*cf.* MARITAIN, 1991b. p. 61). Pensar a democracia e seus valores é ater-se a esta lição fundamental de que o homem não é subsumível ao conjunto de valores materiais que o cercam, e que o desenvolvimento não encontra sua síntese no reducionismo materialista, à esquerda ou à direita, senão, mais exata e precisamente, no sopesamento desta com a dimensão subjetiva, englobadora das dimensões morais e espirituais da vida humana.[1] É desta forma que poderia cumprir-se o fim do humanismo maritaniano de que "[...] o homem desenvolva as virtualidades nele contidas, suas forças criadoras e a vida da razão, e trabalhe por fazer das forças do mundo físico instrumento de sua liberdade". (MARITAIN, 1945. p. 2).

Paralelamente, Maritain atenta para a questão organizacional dos regimes políticos, compostos pelo Poder Legislativo assim como por um Poder Executivo, pensado enquanto mero executor de delegação política popular (*cf.* MARITAIN, 1991b. p. 61) antes do que titular de uma posição concentradora de poderes soberanos. Esta organização supõe que todos os homens adultos tenham assegurados os seus direitos, políticos e sociais, independentemente das diferenças de qualquer tipo (racial, de riqueza ou qualquer outra) que entre eles medeie (*cf.* MARITAIN, 1991b. p. 60).

Nos caminhos do Estado há perigosos rumos quanto ao fenômeno político. O Estado pode erigir-se em onipotente, e este, sugere com acerto Maritain, é o verdadeiro caminho para o totalitarismo[2] e os humanismos seculares radicais dos quais desconfiava em seu modelo socialista.[3] A pavimentação deste caminho dá-se pela concentração de poderes e pela crença que a vontade de um só possa enfeixar e representar a vontade de todo o corpo social (*cf.* MARITAIN, 1991b. p. 62). Em outro de seus textos, por exemplo, Maritain reforça esta mesma orientação.

Maritain sustenta que aquele que detém e exerce o poder e a autoridade o faz por força e na qualidade "[...] di vicari o di rappresentanti della moltitudine che i detentori dell´autorità dirigono la moltitudine [...]" (MARITAIN, 1991c. p. 43).

---

(1) Em nota semelhante a esta aproximação sustenta Pozzoli que Maritain e seu humanismo integral consagram a perspectiva da "[...] pessoa humana com um ser espiritual e material, um ser que tem uma relação com Deus; assim, toda a moralidade e as instituições políticas e sociais devem refletir isso". (POZZOLI, 2001. p. 62).
(2) A preocupação histórica de Maritain com a ascensão do totalitarismo na Europa ficou também consignada em sua obra *Os Direitos do Homem* (ver MARITAIN, 1967).
(3) A este respeito, por exemplo, comenta Pozzoli que Maritain "[...] rejeita não somente o fascismo e o comunismo, mas todos os humanismos seculares. Um humanismo teocêntrico tem seu fundamento filosófico no reconhecimento da natureza da pessoa humana [...]". (POZZOLI, 2001. p. 62).

Esta figura é, sobretudo, ocupante de um posto cuja atribuição é especialmente clara em suas limitações. Maritain procede à defesa das virtudes democráticas quando apresenta a razão do caráter antinatural de "[...] che gli uomini siano semplici strumenti del potere politico — strumenti di un dittatore [...]" (MARITAIN, 1991c. p. 43). É inadmissível tal infravaloração da essência humana às estruturas de puro domínio e poder.

Maritain também não desconhece as críticas merecidas pelo liberalismo, por suas investidas, em suas versões mais radicais, de destituir o Estado de poder e de autoridade (MARITAIN, 1991b. p. 62). Este é caminho certo para a exclusão da autonomia individual, traçado pelo qual percorrem as sociedades em vias de desconstituir o homem de sua inerente relação com a responsabilidade. Em Maritain está bastante clara a conexão entre a ideia de livre agir e conduzir-se no mundo, pois o homem "[...] nasce con il diritto di dirigere da se stesso la propria vita [...]" (MARITAIN, 1991c. p. 43) mas, é certo, há uma contrapartida, pois "[...] responsabile dei propri atti davanti a Dio e davanti alla legge dello Stato [...]". (MARITAIN, 1991c. p. 43).

Maritain não desconhece os favores que a ideia de emancipação e da consciência individual assim como da vida humana em fraternidade podem causar (*cf.* MARITAIN, 1991b. p. 59), e a sua ideia de democracia estará embalada em boa parte pela articulação deste conjunto de valores.

2. COMUNIDADE E POLÍTICA: UM DIÁLOGO SOBRE A RESPONSABILIDADE

Uma das agudas observações de Maritain sobre a democracia é a interpretação de que ela está enlaçada pela continuidade das reivindicações humanas, e que esta é toda uma marca da dinamicidade das sociedades. Isto não lhe distancia a atenção das críticas ao exercício do conjunto de liberdades individuais (ver MARITAIN, 1991b. p. 59). Há nisto um elemento comunitarista que se conjuga com a ideia de humanismo integral cunhado por Maritain.

Em um texto intitulado *Maritain, filósofo dos matizes*, Roberto Romano aponta que "[...] a redução drástica do múltiplo ao uno, presente no comunitarismo, é solidária com a dissolução da responsabilidade e da autonomia individual" (ROMANO, 1994. p. 94). O sentido crítico para o qual Romano direciona a sua interpretação do comunitarismo enquanto dissolução do plural no uno sugere uma implícita contraposição à ideia comunitário-democrática de Maritain. Este, embora comprometido com a democracia, o faz desde a reivindicação crítica à consciência individual. Esta tomada de consciência do indivíduo sobre as suas próprias ações permite sentir-se titular delas e, para a perspectiva de Romano, pode compreender-se que seja nada menos do que o pressuposto e passo lógico subsequente para a responsabilização individual.

Este é um ponto de partida relevante para pensarmos as relações do político com a teologia e a impactação do político e como a referência conservadora nesta matéria pode optar pela centralização do poder a expensas do controle do poder político. Esta não pode ser entendida como uma regra inexorável do pensamento político conservador de matiz teológico mas, é certo, lhe permeia em muitas de suas possíveis variantes, a qual, por certo, não pertence Maritain, dado o tom com que alçou-se sua voz contra os totalitarismos ainda em tempos difíceis.

A opção teológico-política da resolução do múltiplo no uno retifica as possibilidades da responsabilização individual na medida em que destrona o indivíduo de sua posição no mundo, concentrando as atenções na figura de um só. A concepção do mal no mundo encontra nesta figura o seu paradigma determinante, capaz de revelar qual seja o conteúdo do bem e do mal, de separar a virtude do vício. Isto sim, bem mais problemático para uma tal concepção é estabelecer o critério para a escolha destes sumos artífices, bem como as armas que lhes serão úteis (e legítimas), à sociedade para vencer a quem abuse destas prerrogativas sobre-humanas. Maritain não confia em um roteiro político desta magnitude senão que apenas como mero pavimentador para a edificação das lúgubres hierarquias do totalitarismo.

Maritain não aprofunda o argumento opositor entre o conservadorismo e as raízes do que se conhece por progressismo. Para Maritain a própria ideia de progresso deve ser compreendida no sentido de que é incapaz de recuperar o paraíso por meio da revolução mas, isto sim, que "[...] tende a trasformare in meglio le strutture della coscienza e della vita umana" (*cf*. MARITAIN, 1991c. p. 39). Embora em outro contexto, mas em conexão com esta observação, reconhece Romano que

> [...] para Maritain, as duas perspectivas que exigem adesão e sacrifício do entendimento, o conservadorismo e o progressismo, respondem-se como num movimento pendular. Uma perpassa a outra de forma imperceptível, mas violenta. "O que se chama integrismo é uma miséria do espírito, nefasta a duplo título; primeiramente, em si mesmo; em segundo lugar, pelas consequências". (ROMANO, 1994. p. 96).

O conservadorismo é percebido como corrente que apropria-se das "fórmulas verdadeiras" (ROMANO, 1994. p. 96) e, em suma, está comprometido com uma visão do bom, do belo e do justo inacessível a transigência com outras visões de mundo e nesta medida a sua tradição não pode ser fundadora da tolerância. É com esta visão que Maritain não pode compartilhar o sentido de suas linhas sobre a democracia, pois a comunidade que pensa precisa incluir, e não excluir o *outro*. Para Maritain a comunidade pode ser pensada como *koinonía* (comunhão), que remete ao intrínseco sentido de fraternidade e solidariedade entre aqueles que convivem.

Esta não era a ideia de comunhão prevalecente entre outros círculos ligados ao conservadorismo, por exemplo, na Espanha de Franco. Ali o signo era o da intransigência, marcante nos círculos católicos próximos ao franquismo, como bem assinala Pozzoli (cf. POZZOLI, 2001. p. 64). A este respeito Maritain não hesitou e condenou o regime franquista por seus abusos, dentre os quais o clero basco. De qualquer sorte, Maritain não aponta para posturas irreconciliáveis e, conforme destaca Romano, há em Maritain um movimento pendular que serviria como um atenuador das possíveis radicalizações conservadoras, apostando, ao contrário, na possibilidade da aproximação entre espíritos cujas *Weltanschauung* constituam-se e desenvolvam-se em franca oposição.

Contudo, claro está como Maritain mantém um compromisso de fundo bastante diverso da radicalidade do discurso conservador que lhe mantém em campo adverso ao catolicismo franquista tanto quanto aos totalitarismos em sentido amplo. Ao contrário, o filósofo reconhece que "A estupidez e a intolerância conservam sempre a história humana [...]" (*apud* ROMANO, 1994. p. 97). Fazendo-se presente, é um imperativo para a humanidade enfrentá-las e fazê-lo é prestar um bom serviço à causa democrática. Para Maritain está claro que o seu emprego da palavra intolerância apregoa nada mais do que o reconhecimento do valor inverso. A verdade intransigente que setores do conservadorismo possam aplicar às instâncias do político retomam um discurso fácil para enfrentar a grave complexidade da existência.

A simplificação e os reducionismos não permitem a abordagem da concretude da vida mas, antes, tornam ainda mais complexa a tarefa de fundo. O possível reducionismo desfoca o objeto ao colocar a perder a essência de sua riqueza, a saber, a pluralidade humana, que aporta ao conhecimento público diversas formações pessoais irrepetíveis. Reconhecê-lo por meio da tolerância, como propõe Maritain, é uma grande indicação para que o campo do religioso possa receber pacificação em alguma de suas versões radicais e aqui, por certo, talvez uma razão suficiente para tornar o filósofo francês vítima tanto dos reacionários de direita quanto de esquerda.

Em apoio à interpretação da tolerância realizada por Maritain, a mesma não pode ser considerada como uma articulação favorável a qualquer ideia próxima ao niilismo filosófico, ao qual seriamente opõe-se (cf. MARITAIN, 1991b. p. 63). A propósito, a afirmação de Romano em sua interpretação, que confirma o acerto do título de seu artigo, e que reconhece que o pensamento de Maritain é tão atual quanto pertinente, o que entendemos ser possível extrair de sua ponderação de que "Matizar não é contingente: é início de sabedoria" (ROMANO, 1994. p. 97). Maritain está comprometido com valores, mas sabe tanto matizá-los quanto não perder a essencialidade de seus compromissos de fundo.

Sugerimos que esta é uma ideia importante que está dentre as percepções de fundo de Maritain. Merece destaque quanto à atualidade a concepção de que matizar é um dos adjetivos que precisam habitar o núcleo duro do pensar democrático descomprometido com os dogmatismos de qualquer ordem, com a intolerância e com o exercício do desenvolvimento e expressão das consciências individuais, todos eles, como vimos, valores caros a Maritain.

3. A ATUALIDADE DA PERSPECTIVA DEMOCRÁTICA EM MARITAIN

A atualidade das reflexões maritanianas sobre a democracia não opõe-se, senão que implicam, à ideia da inclusão e, neste sentido, da tolerância, composta pelos conceitos de solidariedade e fraternidade que abertamente aparecem em seus textos. A atualidade maritaniana também pode ser observada por meio de um trecho de seu artigo intitulado *La tragedia delle democrazie* no qual afirma que

> [...] i nemici dell´ideale democratico non hanno mai deposto le armi; i loro risentimenti, il loro odio per il popolo e per la libertà non hanno mai cessato di crescere a mano a mano che le debolezze e gli errori delle democrazie moderne offrivano loro pretesti più frequenti. (MARITAIN, 1991a. p. 19).

O sentido do texto maritaniano permanece desfrutando de relevância para pensarmos o conjunto de múltiplos esforços empreendidos por meio de discursos antidemocráticos e das concretas ameaças que deles advêm. Contudo, há também elementos que Maritain assinalara e que permanecem como dívidas do discurso democrático todavia vigente em nossos dias. Todavia vigente está a dívida democrática ancorada em uma organização sociopolítica cujo viés econômico reside na maximização da produção de bens (*cf*. MARITAIN, 1991a. p. 20), ou seja, na aposta por um materialismo tão seco quanto, em seu tempo, foram os regimes baseados na radicalização da experiência socialista que, por isto, não pode realizar a sua promessa humanista.

A democracia apresenta requisitos para que possa fazer triunfar a sua face libertária, valor no qual ancora a sua mais genuína genética. A tolerância é uma derivação deste valor libertário, e no texto de Maritain é possível reconhecer tal movimento enquanto confirma a essencial diferenciação entre as experiências de vida de cada ser humano e a necessidade de incluí-los em seu projeto político. A tolerância em Maritain encontra-se englobada em sua mais ampla construção conceitual dos direitos humanos e pelo respeito à dignidade de cada um dos seres humanos.

Na esfera da política este respeito encontra-se no enfrentamento aberto de Maritain aos totalitarismos de qualquer espécie, posto que limitadores do livre exercício da política e dos direitos de todos os homens a existir enquanto atores políticos. Destituídas deste pleno exercício do político encontra-se uma sociedade que justifica intervenções que agridem a essencial dignidade humana. É neste sentido que Maritain afirma que "Il popolo non è Dio, il popolo non possiede una ragione infallibile e virtù senza difetto, la volontà del popolo e lo spirito del popolo non è la misura del giusto e dell´ingiusto". (MARITAIN, 1991c. p. 40-41).

O exercício da plena razão política, contudo, está calcado na liberdade de consciência e, neste aspecto, pode ser encontrada certa aporia em nosso autor. No roteiro de Maritain, portanto, para que a sua compreensão da democracia convirja com a liberdade de consciência, esta última não pode ser compreendida em sentido absoluto. Ela deverá encontrar-se limitada, conhecendo intersecções bastante distantes daquela em que Maritain breca a ação política do povo que, se é mesmo certo que é entendido como ator político, isto sim, já não poderá sê-lo em termos absolutos. Esta limitação é uma das chaves para compreender a implícita defesa da intolerância com qualquer das vertentes da intolerância ou do abuso político que pode estar apoiado até mesmo no soberano popular.

Mas se a tolerância é uma chave para a compreensão da democracia, por outro lado, é clara a interpretação de Romano sobre Maritain quando afirma que "Mentir para ajudar a Deus; a Igreja; algum partido e ideologia dominante: isto é algo absolutamente contrário à filosofia política de Maritain" (ROMANO, 1994. p. 95). A localização de razões para o mal é bem capaz de fazer com que o homem paute as suas ações de modo indigno pois, como diz Maritain, a natureza do homem estava mesmo marcada pela "[...] debolezza e la perversità dell´uomo e la realtà del male nel mondo" (MARITAIN, 1991b. p. 58) e para tal combate, como víamos ao início deste texto, é que o Estado deve ser mantido.

A leitura de Romano permite-nos pautar a crítica às razões teleológicas, cuja aplicação ao político pode ser de nefastas consequências. Mas, conforme destacado ao início deste texto, Pozzoli bem assinala que para Maritain a Igreja e o Estado andam por vias paralelas e, logo, este não é um temor que a sua obra impinja. Neste sentido, portanto, é bem compreensível, a referência de Maritain de que "La politica riguarda le cose e gli interessi del mondo e dipende dalle passioni naturali dell´uomo e dalla sua ragione" (MARITAIN, 1991b. p. 54), e que esta deva ser entendida, portanto, como uma esfera de temas atinentes aos assuntos públicos, e de Estado, mas que não encontrar-se-ão iluminados pela inspiração do realismo político, senão pelos valores que o catolicismo possa informar aos atores que intervêm neste cenário.

Sobre este aspecto ressaltaríamos que o modelo do político em Maritain não supervaloriza o papel da razão e nem a sua projeção sobre o político. A rigor, ele o concebe, aliado ao direito (natural), como uma autêntica trava ao exercício empírico dos direitos humanos, trava suficiente contra a debilidade humana. Maritain chama a atenção para que

> [...] senza l´istinto evangelico e il potenziale spirituale di un cristianesimo operante, il giudizio politico e la esperienza politica mal si difendono dalle ilusioni dell´egoismo e della paura. (MARITAIN, 1991b. p. 55).

É por isto, então, que, malgrado o reconhecimento da desvinculação entre Estado e Igreja, por outro lado, os atores políticos tenham de encontrar-se pautados pelos valores cristãos, pois estes são eficazes para distanciar o homem dos vícios privados e públicos (políticos). Assim, em um mundo democrático que, por definição, é habitado por tensões, o sistema logo demanda a coragem para ousar na busca da realização de valores compartilhados. Superar os temores da vida em conflito em democracia requer coragem de investir na solidariedade que congrega, laço forte o suficiente para manter coeso o grupo social em torno à ideia do compartilhamento de princípios mínimos aptos a determiná-lo enquanto grupo social.

Sugerimos encontrar uma das dimensões da atualidade da reflexão democrática de Maritain em que a ruptura de laços existente em sociedades multiculturais pode reclamar o realce da afirmação de convênios mínimos ou, se preferirmos, de laços mínimos. Tais laços podem ser pensados como derivados de ordem diversa e, relendo o autor para Estados laicos, não necessariamente eles encontrem-se em valores teológicos mas, isto sim, provavelmente em muitos de ordem moral de fundo religioso, do qual a solidariedade é exemplo para o qual Maritain aponta.

De qualquer sorte, permanece igualmente atual a leitura de Maritain quando aponta para o papel social de manter firme o esforço contra o triunfo dos instintos humanos mais primitivos ou, em síntese, manter o compromisso com a correção de aspectos nefastos da natureza humana. Em suma, trata-se de um esforço voltado "[...] allo sviluppo della ragione e della giustizia e che deve compiersi nella storia sotto l´influsso del fermento cristiano" (MARITAIN, 1991b. p. 57), e este é um papel cuja atualidade é alvo de recordação cotidiana pelas manchetes dos informativos das diferentes mídias.

CONSIDERAÇÕES FINAIS

Maritain reclama uma nova ideia de democracia para dias turbulentos como aqueles da primeira quadra do século XX em que a contraposição às contradições sociais eram imperantes e, todavia mais relevante, que este fosse um reerguimento condicionado pela inspiração católica. De certa forma, às palavras de Maritain podem ser pensadas desde as linhas de Romano como inviáveis para os grupos de "[...] bem pensantes da esquerda ou da direita [*que*] não poderiam mesmo suportar sua fala rude [...]" (ROMANO, 1994. p. 95). Com isto pensamos que Maritain não encontraria trânsito entre os intolerantes e, historicamente, o exemplo disto foram os movimentos críticos a Maritain desde as fileiras de católicos ligados ao franquismo.

Os valores inspiradores da nova democracia não poderiam distanciar-se do compromisso com a população, em suma, um compromisso moral com a mais genuína solidariedade humana (*cf*. MARITAIN, 1991b. p. 64), mas que ultrapasse a dimensão meramente material com que as sociedades opulentas não terminam de procurar legitimar as suas ações e políticas públicas. Esta solidariedade de que fala Maritain possui uma dimensão que transcende o material, mas não está preocupada, por certo, com a instauração de um igualitarismo nivelador. A sua orientação é, isto sim, de reavivar o real sentido de igualdade (*cf*. MARITAIN, 1991b. p. 52), que bem pode ser entendida no sentido de fraternidade e acolhimento do *outro* enquanto pessoa idêntica ao *eu*.

Esta percepção da igualdade em Maritain está ligada à instauração e respeito pela dignidade da pessoa humana, pelo asseguramento do triunfo dos direitos humanos e da justiça, em suma, dos valores comprometidos com a espiritualidade (*cf*. MARITAIN, 1991b. p. 51). Esta é uma visão comprometida com uma filosofia democrática marcada pela inalienabilidade dos direitos das pessoas, pelo valor da igualdade assim como pelos direitos políticos do povo (*cf*. MARITAIN, 1991b. p. 59) que não podem ser violados por governos absolutos. Este não é um compromisso que o transcorrer dos dias possa apagar nem um pensamento que a força dos tempos tenha o poder de fazer perder a atualidade. O enfrentamento à violência e à destruição do outro mantém-se como dever do direito mas, sobretudo, de todos quantos atuam no cenário político. Estar ciente disto e, sobretudo, agir, como fez Maritain, ainda que em tempos difíceis, faz toda a diferença. Este texto teve o propósito de chamar a atenção para a questão.

REFERÊNCIAS BIBLIOGRÁFICAS

BARCELLOS, Marcos Cotrim de. *O primeiro ano de permanência: tradição ou conservadorismo católico?* Disponível em: <http://www.catolicadeanapolis.com.br/portal/uploads/files/ef90c09301fd319406df274cfbd0ffd2.pdf>. Acessado em: 28 de março de 2012.

BÍBLIA SAGRADA. Tradução dos originais gregos, hebraico e aramaico mediante a versão dos Monges. 192. ed. São Paulo: Ave Maria, 2010.

BORGHESI, Massimo. Entrevista concedida a Gianni Valente. La modernidad no es el "enemigo". Disponível em: http://www.30giorni.it/articoli_id_77856_l2.htm Acessado em: 20 de abril de 2012.

COSTA, Alexandre José Gonçalves. *Teologia e política:* a ordem e a atualização do discurso político-social católico no Brasil, 1931-1958. Instituto de Filosofia e Ciências Humanas — IFCH.

DONOSO CORTÉS, Juan. *Ensayo sobre el catolicismo, el liberalismo y el socialismo*. Buenos Aires: Editorial Americalee, 1943.

LIMA, Alceu Amoroso. Prefácio. In: MARITAIN, Jacques. *Os direitos do homem*. Rio de Janeiro: José Olympio, 1967.

MARITAIN, Jacques. La tragedia delle democrazie. In: MARITAIN, J. *Cristianesimo e democrazia*. Milano: Vita e Pensiero, 1991a.

_____. La vera essenza della democrazia. In: MARITAIN, J. *Cristianesimo e democrazia*. Milano: Vita e Pensiero, 1991b.

_____. L´ispirazione evangelica e la coscienza profana. In: MARITAIN, J. *Cristianesimo e democrazia*. Milano: Vita e Pensiero, 1991c.

_____. *Os direitos do homem*. Rio de Janeiro: José Olympio Editora, 1967.

_____. *Humanismo integral*. Rio de Janeiro: Cia. Editora Nacional, 1945.

MEIRA, Élmes Xisto; JÚNIOR, Alfredo Moreira da Silva. Conservadorismo e progressismo católicos: algumas notas. Anais do XI Encontro Regional da Associação Nacional de História — ANPUH/PR. "Patrimônio Histórico no Século XXI". Disponível em: http://cj.uenp.edu.br/ch/anpuh/textos/083.pdf Acessado em: 13 de maio de 2011.

MONTEIRO, Lorena Madruga; DRUMOND, André. O conceito de democracia em Jacques Maritain e sua recepção pelo movimento católico brasileiro. 7º Encontro da ABPC. Recife, 4 a 7 de agosto de 2010. Disponível em: http://cienciapolitica.servicos.ws/abcp2010/arquivos/12_7_2010_23_11_13.pdf Acessado em: 12 de abril de 2012.

PAVANI, Roney Marcos. *Repensando o conservadorismo católico: política, religião e história em Juan Donoso Cortés*. Dissertação de Mestrado em História Social das Relações Políticas. Dissertação apresentada no Centro de Ciências Humanas e Naturais do Programa de Pós--Graduação em História da Universidade Federal do Espírito Santo. 2010. 174p. Disponível em: <http://www.ufes.br/ppghis/Documentos/2008/Roney%20Marcos%20Pavani-%20Turma%202008%20DEFESA.pdf>. Acesso em: 15.mar.2011.

_____. Positivismo e Catolicismo no pensamento latino-americano dos fins do século XIX. *Anais Eletrônicos do VIII Encontro Internacional da ANPHLAC*. Vitória. 2008. Disponível em: <http://anphlac.org/upload/anais/encontro8/roney_marcos_pavani.pdf>. Acessado em: 15.Dez.2011

POZOLLI, Lafayette. *Maritain e o direito*. São Paulo: Loyola, 2001.

RATZINGER, Joseph. *Verdad y libertad*. Disponível em: <http://humanitas.cl/html/biblioteca/articulos/d0056.html>. Acessado em: 12 de março de 2012.

RODRIGUES, Cândido Moreira. Alceu Amoroso Lima: raízes do conservadorismo católico a partir de Joseph De Maistre e Jackson de Figueiredo. *Anais do XXVI Simpósio Nacional de História — ANPUH*. São Paulo, julho de 2011. Disponível em: <http://www.snh2011.anpuh.org/resources/anais/14/1300804713_ARQUIVO_TextoCompleto.CandidoMoreiraRodrigues.ANPUHSP2011.docVersao2.pdf>. Acessado em: 15.dez.2011.

_____. Catolicismo e democracia cristã na América do Sul: a influência do filósofo Jacques Maritain. *Saber Acadêmico*. Revista Multidisciplinar da UNIESP. N. 6, Dez., 2008. p. 183-1189.

_____. *A Ordem*. Uma revista de intelectuais católicos (1934-1945). Belo Horizonte: Autêntica / FAPESP, 2005b.

_____. Fontes para pensar a trajetória do intelectual Alceu Amoroso Lima. *Patrimônio e Memória*. UNESP. FCLas — CEDAP, v. 1, n. 2, 2005c.

_____. *Tradição, autoridade, democracia:* "A Ordem": Uma revista de intelectuais católicos (1934-1945). Orientador: COSTA, Milton Carlos. Universidade Estadual Paulista Júlio de Mesquita Filho / Assis. História. Dissertação de mestrado. 1º de fevereiro de 2002. 1v.

ROMANO, Roberto. *Maritain, filósofo dos matizes*. s/c: s/e, janeiro de 1994.

ROSA, Lilian Rodrigues de Oliveira. Doutrina Social da Igreja Católica e a pequena propriedade. Anais do II Encontro Nacional do GT História das Religiões e das Religiosidades. *Revista Brasileira de História das Religiões* — ANPUH. Maringá (PR) v. 1, n. 3, 2009. ISSN 1983-2859. Disponível em: <http://www.dhi.uem.br/gtreligiao/pub.html>. Acessado em: 15.dez.2011.

O aborto e os direitos humanos no século XXI: reflexões a partir do humanismo de Jacques Maritain

Ivanaldo Santos[*]

Em 2012 completam-se 76 anos da publicação, em Paris, França, de um dos mais importantes livros do século XX. Trata-se de *Humanismo Integral* do filósofo Jacques Maritain[1] (1882-1973), uma obra que, ao ser lançada em 1936, "causou intensa repercussão na comunidade filosófica mundial"[2].

Com esse livro Maritain contribuiu para inaugurar o humanismo moderno, o qual é diferente do humanismo renascentista também conhecido, a partir do século XIX, como humanismo burguês. O humanismo que nasce na Renascença é essencialmente racional e guia o homem para viver sob o domínio da razão. Um grande exemplo desse modelo de humanismo é a obra *Elogio da loucura*, de Erasmo de Roterdã[3], na qual se critica a corrupção eclesial, o analfabetismo reinante no século XVI, coisas que devem ser realmente criticadas, e aponta como solução para esses problemas o uso e o primado da razão. O problema do humanismo renascentista é que o seu centro é a razão e, por conseguinte, esquece ou nega outras dimensões da vida humana, tais como: a arte, a poesia e a vida religiosa. Em grande medida, trata-se de um humanismo incompleto e inacabado.

Já o humanismo integral, proposto por Maritain, é um novo modelo de humanismo que se abre para as diversas dimensões da vida humana, que respeita e promove a dignidade da pessoa humana. É um humanismo que se "caracteriza por buscar a *integridade* da pessoa humana, criticando a incapacidade do

---

(*) Pós-doutor pela USP, doutor pela UFRN, professor do Departamento de Filosofia e do Programa de Pós-Graduação em Letras da Universidade do Estado do Rio Grande do Norte. Publicou dezenas de artigos em revistas científicas e vários livros. Entre os quais se destacam: Aborto: discursos filosóficos (Editora Ideia, 2008), Método de pesquisa: perspectivas filosóficas (Edições UERN, 2010), Linguagem e epistemologia em Tomás de Aquino (Editora Ideia, 2011) e De memória e de identidade: estudos interdisciplinares (EDUEPB, 2010). E-mail: <ivanaldosantos@yahoo.com.br>.
(1) MARITAIN, J. *Humanismo integral*. São Paulo: Dominus, 1962.
(2) SOUZA, C. A. M. Fundamentos humanistas do bem comum: família, sociedade e Estado. In: SOUZA, C. A. M.; CAVALCANTE, T. N. (Orgs.). *Princípios humanistas constitucionais*: reflexões sobre o humanismo do século XXI. São Paulo: Letras Jurídicas, 2010. p. 111.
(3) ROTERDÃ, E. *Elogio da loucura*. São Paulo: Brasileira, 1982.

pensamento moderno de ver o ser humano para além dos limites de uma racionalidade cada vez mais instrumental e cientificista"[4]. É por causa disso que Antônio Carlos Villaça afirma que, na década de 1930, período histórico do lançamento do livro, Jacques Maritain "significava ousadia, vanguardismo, o que tínhamos de mais avançado no mundo"[5].

Maritain conceitua o novo modelo de humanismo da seguinte forma:

> Este novo humanismo, sem medida comum com o humanismo burguês, e tanto mais humano quanto menos adora o homem, mas respeita, realmente e efetivamente a dignidade humana e dá direito às exigências integrais da pessoa, nós o concebemos como que orientado para uma realização social-temporal desta atenção evangélica ao humano, a qual não deve existir somente na ordem espiritual, mas encarnar-se, e também para o ideal de uma comunidade fraterna[6].

O humanismo integral de Maritain respeita e valoriza a ordem espiritual, mas não se resume somente a ela. Por causa disso, esse modelo de humanismo, busca realizar as exigências integrais da pessoa humana e, por conseguinte, criar uma comunidade fraterna que extrapole os simples limites do Estado ou da nação. É por causa desse princípio que o próprio Maritain incorpora, ao longo de sua obra filosófica, diversas facetas ou dimensões da atividade humana, como, por exemplo, a política[7], a educação[8], a vida mística[9] e a religião[10], a arte e a poesia[11], a reflexão sobre o ateísmo contemporâneo[12] e a vida operária[13] e uma crítica ao mito do progresso[14].

A proposta do humanismo integral, apresentada por Maritain, luta para garantir os direitos do cidadão[15] e, ao mesmo tempo, estabelece os limites e os deveres da relação entre o indivíduo e o Estado[16].

Por tudo isso, trata-se da mais ampla e ambiciosa proposta voltada para o humanismo, a qual engloba, em seu interior, praticamente todos os níveis da vida

---

(4) RIBEIRO NETO, F. Humanismo, natureza e experiência. In: SOUZA, C. A. M.; CAVALCANTE, T. N. (Orgs.). *Princípios humanistas constitucionais*: reflexões sobre o humanismo do século XXI. São Paulo: Letras Jurídicas, 2010. p. 156.
(5) VILLAÇA, A. C. *O pensamento católico no Brasil*. Rio de Janeiro: Zahar, 1975. p. 16.
(6) MARITAIN, J. *Humanismo integral*..., cit., p. 8.
(7) MARITAIN, J. *Princípios de uma política humanista*. Rio de Janeiro: Agir, 1960.
(8) MARITAIN, J. *Rumos da educação*. Rio de Janeiro: Agir, 1968.
(9) MARITAIN, J. *Caminhos para Deus*. Belo Horizonte: Itatiaia, 1962.
(10) MARITAIN, J. *Religion y cultura*. Madri: Santa Catalina, 1940.
(11) MARITAIN, J. *Arte e poesia*. Rio de Janeiro: Agir, 1947.
(12) MARITAIN, J. *Significado del ateísmo contemporâneo*. Madri: Eclesia, 1950.
(13) MARITAIN, J. *A razão operária*. Belo Horizonte: PUC, 2001.
(14) MARITAIN, J. *Progresso e progressismo*. Rio de Janeiro: Agir, 1970.
(15) MARITAIN, J. *Os direitos do homem*. Rio de Janeiro: José Olympio, 1967.
(16) MARITAIN, J. *O homem e o Estado*. Rio de Janeiro: Livraria Agir, 1952.

e da cultura humana. Tudo isso, como salientam Lino Rodriguez e Arias Bustamante[17], voltado para criar uma sociedade solidária e fraterna.

Essa proposta influenciou profundamente o século XX. Sua influência abrangeu diversos intelectuais e níveis da vida cultural ocidental. O humanismo de Maritain influenciou grande parte da vida da Igreja no século XX, desde o Papa João XXIII até João Paulo II[18], chegando até o pontificado do Papa Bento XVI[19], contribuiu para o direito passar a ser visto como função primordial da pessoa humana[20] e até mesmo permitiu uma reflexão e uma crítica às relações entre o indivíduo e a burocracia do Estado, nas quais, historicamente, há um profundo "desrespeito aos princípios humanistas por parte do Estado, através de sua burocracia"[21].

No Brasil também a influência de Maritain se fez sentir. Ele contribuiu para que uma geração de intelectuais, ao longo do século XX, liderados, em grande medida, por Alceu Amoroso Lima, realizasse uma reflexão sobre a pessoa humana e suas implicações místicas, culturais e sociais. Inspirado pelo pensamento maritaniano, o próprio Alceu Amoroso Lima realizou uma importante reflexão filosófica sobre a pessoa humana e suas inter-relações com o trabalho[22].

Na década de 1930 Jacques Maritain, ao desenvolver a proposta do humanismo integral, possibilitou uma reflexão que veio dar uma resposta e um sentido a uma grande crise que se abatia no Ocidente. De um lado, como demonstra Francisco Ribeiro Neto[23], nos séculos XIX e XX, a experiência histórica e a reflexão crítica levaram à necessidade da refundação do humanismo. Uma refundação que busca o resgate do elemento humano, perdido no meio de tantos conflitos e ideologias, com toda a sua riqueza e complexidade. Essa refundação encontra em Maritain um dos seus eixos centrais. Do outro lado, Maritain alerta, em plena década de 1930, para os horrores que o século XX iria presenciar. Horrores como, por exemplo, o totalitarismo político, os campos de concentração, a bomba atômica e a negação da liberdade individual.

O humanismo integral maritainiano contribuiu para, em 1948, após os horrores da Segunda Guerra Mundial (1939-1945), ser aprovada e promulgada a Declaração

---

(17) RODRIGUEZ, L.; BUSTAMANTE, A. *Jacques Maritain y la sociedad comunitária*. Madri: Monte Avila, 1980.
(18) SOUZA, C. A. M. *Fundamentos humanistas do bem comum*: família, sociedade e Estado..., cit., p. 112.
(19) MADUREIRA, D. M. S. X. *A cidade cristã na modernidade:* o humanismo integral de Maritain e Bento XVI contra o relativismo. Dissertação de Mestrado. Universidade Católica Portuguesa, 2011.
(20) POZZOLI, L. Direito como função promocional da pessoa humana: uma nova ética na hermenêutica. In: SOUZA, C. A. M.; CAVALCANTE, T. N. (Orgs.). *Princípios humanistas constitucionais*: reflexões sobre o humanismo do século XXI. São Paulo: Letras Jurídicas, 2010.
(21) MOREIRA, E. F. G. *O humanismo de Maritain e a burocracia*. São Paulo: Loyola, 2001. p. 17.
(22) LIMA, A. A. *O problema do trabalho*. Rio de Janeiro: Agir, 1956.
(23) RIBEIRO NETO, F. *Humanismo, natureza e experiência...*, cit., p. 153.

Universal dos Direitos Humanos. Sem contar que, ao longo de todo o século XX, a proposta de Maritain contribuiu decisivamente para a luta em prol da implantação, difusão e garantia dos direitos humanos[24]. Não é exagero afirmar que sem Maritain os direitos humanos dificilmente teriam avançado no século XX. Maritain é, pois, um dos eixos, um dos fundamentos dos direitos humanos.

Influenciado pelo humanismo integral de Maritain houve uma luta e, por conseguinte, a conquista do respeito e a garantia dos direitos civis de vários grupos sociais, entre os quais é possível citar: minorias étnicas, grupos religiosos, mulheres, índios, pobres e analfabetos.

Entretanto, presencia-se, no início do século XXI, uma onda de desrespeito aos direitos humanos, como, por exemplo, as ameaças de controle sobre a mídia, a liberdade de expressão e as crenças religiosas, a crise da democracia, propostas políticas autoritárias que, em grande medida, são um retorno ao totalitarismo do século XX, entre essas propostas é possível citar o neosocialismo ou o socialismo do século XXI, e o "homicídio uterino"[25] conhecido pelo nome de *aborto*.

Essa onda de desrespeito aos direitos humanos é uma das causas da origem do grave problema da morte da dignidade humana e, por conseguinte, dos direitos humanos passarem a ser apenas palavras vazias, sem qualquer vínculo com a realidade e a vida dos indivíduos. Esse grave problema é descrito por pesquisadores especializados no assunto, como, por exemplo, Bernhard H. F. Taureck[26] e Jean Ziegbr[27], os quais demonstram como, em nossa época, os direitos humanos correm um grave perigo de serem apenas discursos vazios, sem vínculo com o mundo e a vida das pessoas.

É praticamente impossível, dentro dos estreitos limites de um estudo acadêmico, analisar todos os perigos e violações aos direitos humanos. Por isso, optou-se em se fazer um estreitamento temático e discutir apenas a problemática do aborto no início do século XXI. Essa discussão será fundamentada pelo humanismo integral de Jacques Maritain.

O aborto é uma prática que remonta à Antiguidade. Vale salientar que ela exige o sacrifício do mais indefeso dos indivíduos, ou seja, a morte do feto, do

---

(24) BRANDI ALEIXO, J. C. Os direitos humanos na vida e na obra de Jacques Maritain. In: *Rivista Internazionale di Filosofia del Diritto*, 2003, v. 80, n. 4, p. 747-771. SOUZA, I. A. J. Os direitos humanos sob a ótica do direito natural clássico-católico: análise e proposição de outro viés jusnaturalista. In: *Acta Científica*, 1º Semestre, 2006. p. 19-23.
(25) MARTINS, I. G. da S. As contradições do homem. In: SOUZA, C. A. M.; CAVALCANTE, T. N. (Orgs.). *Princípios humanistas constitucionais*: reflexões sobre o humanismo do século XXI. São Paulo: Letras Jurídicas, 2010. p. 32.
(26) TAURECK, B. H. F. *A dignidade humana na era da sua supressão*: um escrito polêmico. São Leopoldo: Nova Harmonia, 2007. p. 16; 19; 27.
(27) ZIEGBR, J. Direitos humanos. Cinismo, arrogância e linguagem dupla. In: *Ódio ao ocidente*. São Paulo: Cortez, 2011. p. 117-135.

nascituro, do bebê ainda no ventre da mãe. Por esse motivo sempre houve, ao longo da história humana, leis e princípios morais que limitaram sua realização. O aborto é um ato profundamente antiético, desumano e contrário aos direitos humanos.

Apesar disso sua prática vem crescendo na sociedade ocidental. Não há registros oficiais sobre quantos abortos foram realizados no Ocidente no século XX, no entanto, apenas para se ter uma dimensão do volume de abortos que foram e são realizados no mundo, nos EUA, desde que o aborto foi legalizado, em 1973, foram realizados 54 milhões de abortos[28]. Trata-se de um número espantoso. Muitos países do mundo, como, por exemplo, Portugal e Argentina, não possuem uma população de 54 milhões de cidadãos, mas nos EUA já foi morta essa gigantesca quantidade de indivíduos.

Na contramão dos direitos humanos, o crescimento da prática abortiva é incentivado por governos ao redor do mundo, especialmente os governos das grandes potências econômicas e militares ocidentais, por fundações privadas multimilionárias, que gastam grande parte dos seus vultuosos recursos financeiros para incentivar e patrocinar a prática abortiva, por Organizações Não Governamentais (ONGs), por grupos de feministas, pela grande mídia, por astros do cinema e da TV e até mesmo por setores, que se autointitulam de progressistas e modernos, ligados à Igreja.

No Brasil, por exemplo, existe ampla difusão do aborto. Neste país o aborto é apresentado como um ato de liberdade, de esclarecimento, de rebeldia e até mesmo como um direito das mulheres. Só para se ter uma pequena dimensão de como o aborto é incentivado no Brasil a atual presidente da república, a Sra. Dilma Rousseff[29], antes de tomar posse no cargo, comparou o feto a um dente e, com isso, tentou justificar a prática do aborto. Já a líder feminista e pró-aborto, Eleonora Menicucci[30], que atualmente é a titular da Secretaria de Políticas para as Mulheres,

---

(28) 54 MILHÕES DE ABORTOS NOS EUA. In: *Lançar as Redes*. Disponível em: <http://lancarasredes.blogspot.com/2012/02/54-milhoes-de-abortos-nos-eua.html>. Acessado em: 3.3.2012. DOM GOMÉS PRESIDE MISSA POR 54 MILHÕES DE BEBÊS MORTOS PELO ABORTO NOS EUA. In: *ACI Digital*. Disponível em: <http://www.acidigital.com/noticia.php?id=23079>. Acessado em: 3.3.2010.
(29) Nas palavras de Dilma Rousseff: "Não é uma questão se eu sou contra ou a favor, é o que eu acho que tem que ser feito. Não acredito que mulher alguma queira abortar. **Não acho que ninguém quer arrancar um dente, e ninguém tampouco quer tirar a vida de dentro de si"**. REINALDO, A. Dilma "a católica", compara o aborto a arrancar um dente. In: *Blog do Reinaldo Azevedo*, 14.5.2010. Disponível em: <http://veja.abril.com.br/blog/reinaldo/geral/dilma-a-catolica-compara-o-aborto-a-arrancar-um-dente/>. Acessado em: 2.3.2012.
(30) Nas palavras de Eleonora Menicucci: "[O aborto] Não é uma questão ideológica, é uma questão de saúde pública, como o crack e outras drogas, a dengue, o HIV e todas as doenças infectocontagiosas". ELEONORA MENICUCCI DIZ QUE ABORTO É QUESTÃO DE SAÚDE PÚBLICA. In: *DCI digital*. Disponível em: <http://www.dci.com.br/Eleonora-Menicucci-diz-que-aborto-e-questao-de-saude-publica-5-409642.html>. Acessado em: 2.3.2012.

mais conhecida como *ministério das mulheres*, chegou a comparar a gravidez a uma doença infectocontagiosa e, com isso, também justificar o aborto.

A consequência de tanto incentivo ao aborto, tanto a nível internacional como nacional, é que essa prática é uma das maiores causas da morte de fetos, de redução da natalidade e do surgimento do chamado *deserto urbano*, ou seja, a drástica redução da população nos centros urbanos do Ocidente. Afinal se a população está sendo reduzida, entre outros fatores, por causa do aborto, a tendência são as cidades ficarem, cada vez mais, vazias, desertas.

A existência, o incentivo e o patrocínio financeiro ao aborto tornam-se uma grande contradição dentro da chamada *era dos direitos*. Vale salientar que, de acordo com o filósofo Norberto Bobbio[31], atualmente o Ocidente vive a multiplicação dos direitos, especialmente dos direitos sociais. Por isso, novos direitos vão sendo incorporados à lista dos direitos já existentes. O problema da era dos direitos é que existe um grupo que não está sendo contemplado com qualquer direito. Trata-se do nascituro, do bebê ainda no ventre da mãe. O nascituro é o grande excluído da era dos direitos. Em grande medida, o que está sendo oferecido ao nascituro é o aborto, ou seja, a morte.

Muitos são os fatores que podem ser indicados para que o nascituro esteja sendo excluído da era dos direitos. Entretanto, esse estudo não é uma abordagem sistemática sobre essa questão, mas aponta-se um grande problema para a existência, promoção e prática do aborto. Esse problema é a razão produzida pelo Iluminismo. O Iluminismo produziu um tipo de racionalidade muito específica. Uma racionalidade que divide o ser humano em regiões antagônicas, como, por exemplo, o fé X a razão, a cultura X a tecnologia, a sociedade X o indivíduo. Por causa dessa divisão é criado e promovido o consumo, a manipulação das informações e é orientada a forma como os indivíduos deverão agir e pensar. Na prática a racionalidade oriunda do Iluminismo é limitada, excludente e asfixiante. É um modelo de razão que exclui grande parte da dimensão da vida humana (fé, literatura etc.) e valoriza apenas o que é técnico e científico. É um tipo de racionalidade que, em certo sentido, é o oposto do humanismo proposto por Maritain. Um humanismo que integra e incorpora as diversas dimensões da vida humana.

De acordo com Bernhard H. F. Taureck um dos dilemas vividos pelo início do século XXI é justamente o "resíduo do Iluminismo"[32] que continua dividindo o ser humano em regiões antagônicas, conflituosas, e, com isso, impedindo que a dignidade da pessoa humana seja percebida em sua multiplicidade, amplitude e totalidade. Um desses graves impedimentos é a existência do aborto. O motivo é que essa prática divide o ser humano em dois grupos conflituosos. De um lado,

---

(31) BOBBIO, N. *A era dos direitos*. Rio de Janeiro: Campus, 1992.
(32) TAURECK, B. H. F. *A dignidade humana na era da sua supressão*: um escrito polêmico. *Op. cit.*, p. 19-21.

existem as pessoas que nasceram e, por causa disso, são portadoras de direitos e deveres. Do outro lado, há os não nascidos, os nascituros, que por não terem passado pela experiência do nascimento são vistos como não pessoas, não cidadãos. Trata-se, portanto, de uma redução muito simplista da dimensão da vida humana. Essa redução encontra fundamento justamente na razão produzida pelo Iluminismo.

É preciso superar a razão Iluminista e todas as reduções culturais e sociais produzidas por ela. É por causa dessa necessidade que Bernhard H. F. Taureck[33] questiona se a dignidade da pessoa humana se aplica apenas para o indivíduo que possui um passaporte, uma certidão de nascimento, uma carteira de trabalho ou outro tipo de documento? Será, por exemplo, que um analfabeto ou um membro de uma tribo que vive isolada e distante de toda a burocracia e dos confortos da vida moderna, não é pessoa humana?

O próprio Bernhard H. F. Taureck responde essas perguntas, que são muito inquietantes, afirmando que o indivíduo, independente de qualquer norma ou matriz social e cultural, tem que ter sua dignidade reconhecida e respeitada. É por isso que ele constrói um dos princípios mais importantes dos direitos humanos no início do século XXI, o qual afirma que a "dignidade de nenhum homem poderá ser violada"[34].

Esse princípio é profundamente universalizador. Nele não há espaço para exclusões de grupos ou indivíduos, nem mesmo há espaço para se tentar justificar a exclusão do nascituro, do bebê no ventre da mãe, por meio do aborto. Esse princípio, juntamente com o humanismo integral de Maritain, dá sustentação à garantia de que todos, incluindo os não nascidos, terão sua dignidade respeitada. Ele impede que alguns grupos, como as pessoas que já nasceram, possam ter direitos e privilégios que outros não possuem. Por exemplo, enquanto os nascituros não possuem o direito de nascer, outros grupos desfrutam desse benefício. Como salienta Francisco Ribeiro Neto[35], dependendo da situação, dar direitos a uns pode significar tirar direitos de outros. Por exemplo, permitir o aborto, na prática, representa negar a dignidade humana aos bebês no ventre da mãe, sendo que os bebês são seres humanos portadores de dignidade.

Nesse contexto o humanismo integral de Maritain é de suma importância. Isso acontece porque, dentro desse modelo de humanismo, existe espaço para todas as dimensões, grupos e categorias humanas. O humanismo de Maritain não é excludente como a racionalidade do Iluminismo. Trata-se de um humanismo

---

(33) TAURECK, B. H. F. *A dignidade humana na era da sua supressão*: um escrito polêmico..., cit., p. 56.
(34) TAURECK, B. H. F. *A dignidade humana na era da sua supressão*: um escrito polêmico. ..., cit., p. 57.
(35) RIBEIRO NETO, F. *Humanismo, natureza e experiência*. ..., cit., p. 165.

que integra e engloba todos os grupos, desde os cidadãos mais sofisticados das grandes cidades, passando pelos grupos que vivem isolados nas selvas e desertos, até chegarmos ao nascituro.

Dentro do humanismo integral, de base maritaniana, o feto não é visto apenas como um objeto a ser descartado, abortado, como um ente sem vida, sem valor e sem dignidade. Pelo contrário, o feto é percebido como o que realmente ele é, ou seja, como uma pessoa humana portadora de direitos e, por isso, precisa ter sua dignidade respeitada e valorizada. O humanismo de Maritain é uma ótima possibilidade de integrar o nascituro à vida familiar e social.

Na sociedade atual o nascituro corre sério perigo, pois, como visto anteriormente, há um grande incentivo ao aborto, sem contar outros males sociais, como, por exemplo, a ameaça de extinção da família[36]. No entanto, de forma otimista, na contramarcha do pessimismo social e do perigo do fracasso dos direitos humanos, perigo trazido, em grande medida, pela prática do aborto, o humanismo integral pode ser visto como uma "busca de princípios adequados para o contexto atual"[37]. Um contexto ainda marcado pela presença da racionalidade do Iluminismo e, por causa disso, termina incentivando a prática de atos contrários aos direitos humanos, como é o caso do aborto. No entanto, no século XXI precisa haver um repensar sobre o aborto e, a partir daí, ver o nascituro, o bebê ainda no ventre da mãe, como uma pessoa humana portadora de dignidade, que deve, juntamente com todos os demais grupos sociais, fazer parte da grande humanidade. A humanidade total e integral.

---

(36) SCALA, J. *Ideologia de gênero*: o neototalitarismo e a morte da família. São Paulo: Artpress, 2011.
(37) RIBEIRO NETO, F. *Humanismo, natureza e experiência*. ..., cit., p. 169.

A Presença de Maritain na Política Brasileira

Guilherme José Santini(*)

Diante da revolução de 30, temia-se no meio católico que a crise política insinuante pudesse se acentuar por uma crise da autoridade[1]. Na Ação Católica, entre o liberalismo revolucionário e a contrarrevolução tradicionalista, Tristão de Athayde pedia prudência: a Igreja era "extrarrevolucionária".

No Brasil, de modo geral, pouco após a Constituição de 34 veio o golpe de Vargas, que fechou o Congresso, trouxe uma nova Constituição sem consulta popular, extinguiu os partidos, e prendeu políticos e intelectuais, tanto comunistas quanto integralistas. O que havia de supostamente democrático na revolução de 30 foi definitivamente sepultado pelo próprio líder.

Na Europa, em 1939, conflagram-se as ideologias totalitárias que assaltaram os Estados; no arrasto, a dignidade humana. A "guerra total", na expressão de Georges Bernanos — àquele tempo exilado entre nós —, era "a manifestação total do instinto de destruição": reduzira a pessoa às fileiras de ferro disciplinadas para o caos. A guerra na Europa e a ditadura no Brasil encontrariam seu termo somente

---

(*) Licenciado em Filosofia pela Faculdade de São Bento de São Paulo; Professor de Filosofia da Rede Pública do Estado de S. Paulo; Membro do Círculo de Estudos Políticos do Centro de Estudos Universitários do Sumaré.

(1) Malgrado as diferenças entre os grupos, uma preocupação os unia: a noção de *autoridade*. Temia-se que a dissolução da ordem política com a revolução depreciasse por efeito a noção de autoridade entre a população, culminando na depreciação da Igreja e da família, num ateísmo de Estado como já se via na Alemanha nazista e na Rússia comunista. Para um mesmo problema, os católicos engajados na política, nessa altura, reunidos, em geral, em torno à Ação Integralista Brasileira e ao Centro Dom Vital, propunham respectivamente duas alternativas: a contrarrevolução, que traz sempre o risco de pensar que a política é o objeto da ação apostólica cristã (as atitudes da Action Française, condenadas em 1926 por Pio XI, serviam então para advertir os católicos desse risco), e a posição por um apostolado eminentemente cultural e espiritual, apontando para a política diretrizes de jaez sobretudo moral, guardando sempre a liberdade dos fiéis nessas questões (foi a atitude do laicato católico na Liga Eleitoral Católica, fundada em 1933 por Dom Sebastião Leme e Dr. Alceu, a qual apenas apontou um programa mínimo de princípios e propostas para os constituintes de 34, tendo caráter apartidário).Posteriormente, com a difusão da filosofia política de Maritain, a alternativa por uma ação política efetiva de base doutrinária tomista passou a ser contemplada. Para um aprofundamento na noção de autoridade, cf. MARITAIN, Jacques. *Oeuvres Complètes*, t. VIII. Fribourg: Éditions Universitaires, p. 211, 217-230; sobre os problemas práticos concernentes ao exercício da autoridade nos diferentes modelos de democracia, cf. MARITAIN, Jacques. *Oeuvres Complètes*, t. IX. Fribourg: Éditions Universitaires, p. 628-643.

em 1945. Nesse ano, os fatos da Segunda Guerra eram apresentados mundialmente como uma evidência irreprochável da crise de valores e sentido humanos em escala universal. O movimento de democratização em todo o mundo a partir de então concorreria para o surgimento de novas vocações públicas no anseio dos povos por uma nova ordem jurídica e política. Fundou-se a Organização das Nações Unidas; novas constituições entraram em vigência em vários países do mundo[2]. Já em 45 saía na Europa, não por acaso, 'Principes d'une Politique Humaniste'. Se os povos europeus ansiavam o resgate da democracia, para Maritain ansiavam por isso mesmo o resgate dos valores cristãos, da justa noção de 'pessoa humana', da lei natural. No entanto, ainda pareciam divididos entre o otimismo dos livre- -pensadores do racionalismo iluminado e o pseudorrealismo dos engenheiros do materialismo histórico, esses dois promontórios de ideias malsãs que corromperam o ideal da democracia arrastando consigo a dignidade e o sentido da pessoa humana[3]. No Brasil, encerrado o Estado Novo, entre o otimismo falso do populismo de Vargas patrocinado com investimentos americanos, e a foice e o martelo levantados pelo dinheiro e propaganda de Stálin, uma nova geração de políticos buscará a realização do ideal democrático. Nessa empreita, muitos encontram na Filosofia de Maritain respostas para a crise axiológica do homem contemporâneo e uma alternativa às ideologias do momento. Formar-se-á, entre velhos e novos políticos, fiados na Doutrina Social e nas mais inequívocas tradições democráticas brasileiras, uma nova geração de políticos e juristas. Em São Paulo, Minas Gerais, no Rio de Janeiro, novas vocações públicas, inspiradas pelos ideais da democracia cristã, pelo próprio exemplo realçariam a noção da autoridade pela justiça e da representação popular efetiva, noções tão desprezadas conquanto tão caras à verdadeira democracia.

Rio de Janeiro: a formação de uma nova geração de intelectuais e políticos

Embora a participação política tenha se restabelecido no Brasil somente em 45, o fervor político, a vontade de agir pelo bem comum da sociedade, em muitos se deu como o amadurecimento de uma consciência que começara a se formar entre os jovens cariocas na década de 20, quando é nomeado para arcebispo do Rio de Janeiro Dom Sebastião Leme. O Cardeal Leme fundou, entre outras iniciativas,

---

(2) Francisco de Assis Alves cita mais de 12 textos constitucionais vigentes nos anos imediatamente seguintes a 1945, em países americanos, europeus e asiáticos, exemplificando o que ele chama "o período de florescência de novas constituições" após a Segunda Guerra Mundial. Cf. ALVES, Francisco de Assis. *Constituições do Brasil*. Brasília:Instituto dos Advogados de São Paulo, 1985. p. 51.
(3) Ambos, na visão de Maritain, consequências do maquiavelismo como linha de ação política, que separou a ética da política, para em seguida eliminar a moral das relações pessoais em sociedade, reduzindo a pessoa a um destino histórico imanente, aprisionada à existência material, como se a política fosse o fim último da pessoa humana, ignorando, portanto, sua autonomia pessoal e sua aspiração transnatural. Cf. MARITAIN, Jacques. *Oeuvres Complètes*, t. VIII. Fribourg: Éditions Universitaires, p. 316-327.

nas décadas de 20 e 30, o Centro Dom Vital, a Ação Católica, e a Liga Eleitoral Católica. Essas iniciativas tinham por objetivo comum, conforme as intenções de Pio XI, a formação dos leigos, para fazer irradiar na sociedade, por meio da educação, de obras assistenciais e da política, os valores que a Igreja zela e deve fazer chegar aos homens, sejam ou não católicos.

Uma geração inteira no Rio de Janeiro, ao longo de 20 anos, formou-se assim no pensamento tomista, principalmente por meio das atividades do Centro Dom Vital e de seu presidente, Alceu Amoroso Lima. Gilberto Amado, Senador na República Velha, testemunhou a influência crescente do pensamento tomista no Rio de Janeiro num artigo intitulado 'O Brasil e a Renascença Católica, da década de 30[4]: "A Metafísica nunca estivera tão viva como agora. Ruíam, sob o aríete do pensador católico, as instituições liberais, o romantismo político, o materialismo dialético. (...) Por toda parte, a revivescência católica se acentua." E é claro, Jacques Maritain: a incorporação do tomismo nos problemas seculares. Vivendo uma situação política e jurídica inconstante desde a revolução de 30, com golpes políticos, revoltas regionais, constituições sucessivas, interessaram sobremaneira os aspectos políticos da obra de Maritain, divulgados pelo Dr. Alceu. Quando Maritain visita a então Capital Federal em 1936, ano a partir do qual sua obra de Filosofia Política se avoluma, seu nome já estava bem divulgado no Rio de Janeiro, tanto assim que foi convidado a palestrar na Academia Brasileira de Letras, integrando-a no ano seguinte como sócio-correspondente. A divulgação da obra filosófica política de Maritain encontrou no Rio um ambiente favorável, e uma nova geração à qual os problemas políticos e jurídicos tocavam de perto.

Difícil dizer objetivamente até onde a influência de Maritain alcançou políticos cariocas. Convém reconhecer, não obstante, que sua filosofia política assentou em suas consciências valores e princípios políticos pertinentes à nossa cultura; critérios para o estudo de problemas da ordem político-jurídica brasileira, senão ignorados, olvidados pelas gerações anteriores da República.

Em suas Memórias[5], Afonso Arinos de Melo Franco depõe o panorama dessa geração carioca dos anos 30, e cita dois elementos que pontuaram a formação de suas consciências: a afirmação do catolicismo, e o interesse pela política como teoria. A política veio compor motivos literários, enquanto a fé católica passou a ser apreciada esteticamente. "Alceu Amoroso Lima, que já se revelara o crítico da geração, era o líder da nova atitude literária católica, ao lado de Schmidt, Sobral Pinto, Hamílton Nogueira e alguns mais. Corção ainda não tinha aparecido". Entre esses 'outros', vieram depois, como Arinos relata em seguida, Jorge Amado e San Tiago Dantas. Dos citados, todos participarão ativamente da política brasileira após o Estado Novo. Alceu Amoroso Lima já fundara nessa altura a Liga Eleitoral Católica; depois, ajudaria a fundar o PDC, Partido Democrático Cristão (que também teve

---

(4) Cf. VILLAÇA, Antonio Carlos. *O pensamento católico no Brasil*. Rio de Janeiro: Zahar, 1975. p. 121.
(5) Cf. MELO FRANCO, Afonso Arinos de. *A alma do tempo*. Rio de Janeiro: José Olympio, 1979. p. 212.

em seus quadros Afonso Arinos de Melo Franco Filho — e por pouco não teve a adesão do pai[6]). O segundo, Augusto Frederico Schmidt, seria o grande conselheiro de Juscelino Kubitschek, autor de seus 'slogans' e discursos presidenciais. Sobral Pinto, cujo nome já se sobressaía entre os vultos de escol da política e do direito, tornar-se-ia até a morte, em 1991, um símbolo da defesa dos direitos humanos. Hamílton Nogueira seria eleito em pouco Senador pela UDN. Gustavo Corção, ao lado de Carlos Lacerda na Tribuna da Imprensa, tornar-se-ia uma referência para o movimento conservador. Enfim, Jorge Amado faria sua adesão ao comunismo, e San Tiago Dantas passaria como político e jurista nacionalmente reconhecido pela militância democrática ao lado de Afonso Arinos.

O que salta aos olhos nesses fatos, ainda que tomados de um universo restrito, é o percurso de uma geração de moços, entre os quais a influência de Alceu Amoroso Lima se fazia ver — logo, a de Maritain -, que perfaz um itinerário comum, das meditações políticas e apreciações estéticas aos problemas concretos da sociedade brasileira. Esse percurso, que se desenvolve como uma tendência geral daquela geração de jovens intelectuais no Rio de Janeiro pouco afeitos a princípio à ação política, curiosamente acompanha aquele do próprio Maritain, em que se nota, após 1935, com a publicação de 'Lettre sur l'Indépendance', uma apreciação cada vez maior dos problemas concretos da sociedade e da política da época até a elaboração de uma diretriz de ação política geral em 44, com 'Principes d'une Politique Humaniste', quando enunciará os princípios da democracia cristã como resposta ao problema da corrupção da pessoa humana levada a cabo pela própria política. A Segunda Guerra e o Estado Novo tiraram provisoriamente muitos jovens dos estudos estéticos, na Europa e também no Brasil, para ocupá-los com problemas concretos de ordem sociopolítica. Com Maritain, passou-se o mesmo; e sua resposta, sem ignorar as dimensões metafísica e estética do homem, considera-as, ao elaborar seu humanismo integral, para chegar até aqueles jovens amadurecidos pela tirania como uma sentinela inspiradora. Se não determinou a orientação política daqueles jovens, inspirou-lhes inequivocamente a ideia de serviço pelo bem comum, um ideal político sadio.

A Faculdade de São Bento de São Paulo: a missão de Louvain, Dom Cândido Padin, Franco Montoro

Enquanto isso, em São Paulo, a divulgação da obra de Jacques Maritain veio como consequência do ensino da Filosofia Tomista e Neotomista, orientação

---

[6] Cf. *Op. cit.*, p. 471. Arinos diz que em maio de 63, por causa do clima exaltado que se apoderara de muitos membros da UDN, ele cogitou sair do partido e ingressar no PDC, ao que teria a adesão de 25 a 30 deputados, "mais dois ou três senadores, além dos governadores de Minas, Paraíba, Rio Grande do Norte e Sergipe. O Partido Democrata Cristão, no qual ingressaríamos se tal se desse, ficaria logo transformado em uma força ponderável no cenário político".

curricular do curso de Filosofia oferecido pela Faculdade de São Bento de São Paulo. A Faculdade, fundada em 1908, logo aderiu à proposta curricular do Instituto Superior de Filosofia da Universidade de Louvain, escolhida outrora por Leão XIII para ser o eixo divulgador da filosofia tomista, sob os cuidados do Cardeal Mercier. Em 1921, chega ao Mosteiro Leonard Van Acker, ex-aluno de Mercier em Louvain, para reabrir o curso de Filosofia[7]. Van Acker estava engajado na proposta de Louvain: formar leigos na unidade do pensamento tomista e levá-lo para "fora da Igreja", isto é, servir-se da tradição tomista-escolástica para dialogar com as tendências modernas e responder aos problemas próprios da mentalidade secular. Era o neotomismo. Ora, Maritain, desde essa época, procedia nessa mesma proposta: responder, com base no tomismo, aos desafios que uma maneira de pensar fragmentária e positivista provocara, também na Moral e na Política, abrindo uma crise nas consciências, que conduziu à Primeira Guerra. Assim, embora Van Acker não fosse tão afeito à filosofia de Maritain, a linha de ensino da Faculdade de São Bento de São Paulo, ao formá-los na proposta de Louvain, despertou espontaneamente em muitos o interesse por problemas temporais e brasileiros; ao que se seguiu, como efeito, o interesse por Maritain, por ser um autor destacado dessa proposta filosófica planejada por Leão XIII e estimulada então por Pio XI.

Por consequência dessa proposta de formação, a Faculdade de São Bento atraiu e estimulou inúmeras vocações entre seus jovens alunos, para o serviço público e para o serviço da Igreja, formadas na filosofia neotomista conquanto levados à ação e ao serviço social. A formação dava seus frutos. O ambiente da Faculdade na década de 30 é contado carinhosamente por Dona Lucy Montoro no prefácio aos 'Ensaios em Homenagem a Franco Montoro'[8]. Tornaram-se amigos nessa época Franco Montoro e Rubens Padin — nomeado Cândido ao fazer seus votos monásticos. Montoro se tornaria um dos expoentes primazes da Democracia Cristã no Brasil, ajudando a fundar o PDC. Deputado, Senador, Governador de São Paulo, a sua atuação pública conduzida segundo os princípios da democracia cristã transbordaram a esfera política, avançando no terreno jurídico e cultural. Dom Cândido, por sua vez, seria nomeado bispo de Lorena e de Bauru. Na época em que se conheceram na Faculdade de São Bento, os dois fundaram, no próprio Mosteiro, a Juventude Universitária Católica, centro de formação e articulação política para a juventude paulista. A formação filosófica que tiveram, herdada de Louvain e Maritain, à qual se somou o fermento cristão, inspiração da democracia, fez-se incorporar na formação de suas sólidas personalidades, e daí em diante, nas suas obras de ação, serviço, e renovação da sociedade paulista, mais pelo exemplo que deixaram que pelos cargos ocupados na Igreja e no Estado.

---

(7) A Faculdade do Mosteiro de São Bento de São Paulo foi fundada em 1908 como uma agregada da Universidade de Louvain, tendo na direção Charles Sentroul, belga como Van Acker, também ex-aluno de Mercier em Louvain. Quando Sentroul volta para a Bélgica em 1917, o curso é interrompido, para ser reaberto em 21, sob a direção de Van Acker.
(8) Cf. Ensaios em Homenagem a Franco Montoro. São Paulo, Fundação Konrad Adenauer/ Edições Loyola, 2001 (orgs. POZZOLI, Lafayette; SOUZA, Carlos Aurélio Mota de), p. 15-16.

Entre as iniciativas propriamente políticas que a influência de Maritain inspirou em São Paulo pode-se citar em primeiro lugar a fundação do PDC local, partido que ganhou expressão nacional por intermédio da candidatura de Juarez Távora à Presidência da República em 54, somando forças políticas de diversos matizes, ao se constatar a urgência de uma articulação da sociedade civil contra a ameaça golpista dos dois lados da política. O PDC pretendia ser, nas palavras de Távora, um "amortecedor" no Congresso, entre a esquerda populista e a direita reacionária, que defendesse uma base de princípios democráticos a fim de fortalecer a expressão da sociedade civil e o sentido do bem-comum entre a classe política e os estudantes. O partido, contudo, teria breve duração. Mas como sói ocorrer nesses casos, onde o espírito democrático e a virtude sobressaem-se ao arrazoado do jogo político pela autoridade do exemplo pessoal, embora o PDC tenha sido extinto ao se instituir o bipartidarismo, a defesa dos princípios da democracia cristã de Maritain, o alicerce moral imprescindível ao exercício da representação popular efetiva, permaneceu impenitente malgrado a ditadura militar. Com a redemocratização, a energia do fermento democrático de Montoro e Dom Cândido, como entre tantos outros, muitos dos quais seus condiscípulos em Maritain, imprimiu na nova Constituição de 88 a marca da cidadania, e o valor, confirmado pela lei, da dignidade inalienável da pessoa humana, convidada a reapresentar-se à atividade política. O legado de Maritain na política paulista continua, na medida em que o exemplo de Franco Montoro e Dom Cândido Padin se reatualizam na formação de novas vocações públicas, na Religião, na Política, no Direito, na Universidade, orientadas pelos mesmos princípios que animaram suas vocações pela promoção da pessoa humana no serviço à sociedade.

Dom Cabral e a Ação Católica em Belo Horizonte

A Ação Católica, que começou no Rio pela iniciativa de Dom Sebastião Leme, em Minas Gerais teve sua liderança na pessoa de Dom Antonio Cabral. "Homem ativo, de grande visão pastoral, D. Cabral deu forma atual ao seu governo eclesiástico, implantando grande vitalidade religiosa na Capital Mineira."[9] Dom Cabral fundou, além da Ação Católica, o jornal O Diário, e a Universidade Católica em 1948; incentivou a participação dos leigos; favoreceu iniciativas de formação intelectual, moral e espiritual. A essa formação não demorou muito a inclinação dos jovens para a política diante da delicada situação presente, inclinação secundada pela leitura do filósofo que mais tinha a dizer dentro do pensamento cristão. Além de criticar, Maritain propunha uma diretriz de ação política em nada separada da fé cristã, mas, ao contrário, consorte desta, donde o atrativo irreprimível à nova geração de mineiros, povo acostumado à tradição democrática e por igual à cultura cristã, e que provavam desde 1937 a traição por aquele que eles mesmos conduziram

---

(9) Cf. MOURA, Dom Odilão. *Ideias católicas no Brasil*. São Paulo: Convívio, 1978. p.177.

à liderança da revolução. Essas obras pastorais de Dom Cabral, somadas à revolta do povo mineiro com o Estado Novo, formaram um ambiente altamente receptivo à Filosofia de Maritain. Na política, sua presença se fez ver claramente.

Não estava entre os reprimidos de 37 e, depois, entre os de 43, o Dr. Pedro Aleixo, Presidente da Câmara dos Deputados na ocasião do golpe que fechou o Congresso, e subscritor do Manifesto dos Mineiros seis anos depois? Pedro Aleixo, que idealizou vinte anos depois o Partido Democrático Brasileiro, como alternativa à ARENA e ao MDB, cujos princípios reproduziam aqueles da democracia cristã; ele que cooperou, com seu exemplo pessoal, na recuperação, ainda que momentânea, da noção de autoridade e amizade cívica na política brasileira. Acaso não estava também entre os demais subscritores do Manifesto dos Mineiros o futuro Governador Magalhães Pinto, em quem Alceu Amoroso Lima depositava grandes esperanças pela preservação da legalidade na crise sucedida à renúncia de Jânio Quadros, e que mereceu numerosos elogios de Afonso Arinos pelas suas virtudes pessoais de homem público; e não estava o também futuro Governador Milton Campos, adepto da democracia cristã, tendo por chefe-de-gabinete Edgar Godói da Mata-Machado, mais tarde Secretário Estadual e Deputado Federal, líder público de notória influência maritainista? A influência da democracia cristã na política mineira se vê entre os políticos de grande relevo, e não um ou dois, mas vários. São sinais da influência do humanismo cristão em Minas; são resultados de uma obra de formação planejada por Dom Cabral, a qual orientou novas vocações entre essa juventude, como Mata-Machado, João Camilo de Oliveira Torres, Hargreaves, entre outros[10]. O levante moral da juventude mineira conduziu-os para o gosto do serviço público à promoção da pessoa, para a conquista e o exercício das virtudes pessoais que contemplam a justiça e o crescimento material e espiritual da nação.

A vocação para a política como elemento da vocação cristã

Numa coletânea de textos sobre Maritain publicados no fim dos anos 40 pela Agir, há um artigo do já mencionado Edgar Godói da Mata-Machado. Suas observações nesse artigo, 'Nosso Mestre Maritain' — republicado em seu 'Memorial de Ideias Políticas' —, atestam o que se disse acima sobre a presença de Maritain na formação de uma geração de moços nos principais centros brasileiros na década de 30, amadurecidos em 45, e complementa o testemunho de Afonso Arinos. Como Afonso Arinos, Mata-Machado acusa a diferença entre a geração de "rapazes católicos, adolescentes em 30, homens feitos ou quase, em 35", com a geração precedente, a geração de 22, que "apesar de todos os seus intentos de revolução

---

(10) Convém, para mais informações sobre o reavivamento do laicato católico nas décadas de 30 e 40, ver o opúsculo de João Camilo de Oliveira Torres, A Igreja de Deus em Belo Horizonte.

social, foi uma geração de deseducados políticos." E nota a seguir: "Aí também o motivo por que a nova geração ostenta um definitivo tédio literário: — é uma geração política. Sente que nada é possível realizar, no terreno estético, sem a reconquista da liberdade." Segundo Mata-Machado, a sua geração, que é a geração que descobriu a necessidade da militância pela democracia sob a ditadura de Vargas e o policiamento ideológico do DIP, "é política para livrar-se da política". É um movimento, como já dito, que acompanha o itinerário intelectual de Maritain, das questões metafísicas e estéticas nas décadas de 10 e 20, às questões políticas e jurídicas nas décadas de 30 e 40. As causas são as mesmas, consoantes à tendência de absorção dos direitos da pessoa pelo Estado, o totalitarismo na sua forma mais cruel, que reduz a pessoa à multidão uniforme. Urgia agir conforme a fé.

A pergunta que a nova geração de brasileiros a partir de 1930 faz sobre o que fazer diante de uma crise sociopolítica, a qual era uma manifestação da crise na consciência humana, reproduzida mundialmente, encontrou uma resposta nas obras e atitudes pessoais de Maritain, cuja filosofia política pode ser entendida também como uma justificação teórica dessas mesmas atitudes. Fez-se urgente, e faz-se ainda, recorrer aos princípios necessários da democracia humanista, cristã por excelência, para restabelecer os valores da civilização e a integridade da personalidade humana. Como diz Maritain:

> A tarefa política é essencialmente uma tarefa de civilização e de cultura, que se propõe ajudar o homem a conquistar sua autêntica liberdade de expansão ou de autonomia, ou, como diz o Sr. John Nef, de "fazer da fé, do que é direito, da sabedoria e da beleza os fins da civilização"; tarefa de progresso numa ordem que é essencialmente humana ou moral, pois a moral não tem outro objeto senão o verdadeiro bem humano.[11]

A obra do camponês do Garona chamou-os a um exame de consciência, pessoal e social; a uma reforma de valores; à conquista e ao exercício da liberdade pessoal e civil; sobre o que cada um leva em conta ao trabalhar nas suas obras ordinárias. A obra de comunhão em sociedade, por meio do trabalho comum, organizada pela política, demanda a complementação da caridade cristã; do contrário, se se rejeitam aqueles fins da civilização e, por conseguinte, da pessoa, não se tem respeito à liberdade, nem se reconhece a justiça quando se a aplica, seja na família, na sociedade, ou nas instituições, motivo da desunião e da tirania. O convite à ação política pela "verdadeira democracia", ensina Maritain, é uma extensão do chamado à conquista da dignidade humana, apelo que Deus faz a cada um em consciência, ao qual o homem deve responder, a Deus, ao próximo, a si mesmo, com obras de amor e de justiça, elevando a própria dignidade ao edificar nossa cidade temporal.

---

(11) MARITAIN, Jacques. *Oeuvres Complètes*, t. IX. Fribourg: Éditions Universitaires, 2000. p. 542 (Tradução livre).

O Humanismo de Maritain no Direito

Lafayette Pozzoli(*)
Alexandre Gazetta Simões(**)

1. INTRODUÇÃO

Muitos os juristas brasileiros que tiveram e têm influência do pensamento maritaniano. É possível identificar como responsável deste feito Alceu Amoroso Lima, um tomista, que nos anos 30 soube muito bem aprofundar sua doutrina humanista no pensamento de Maritain. Daí depreende-se que Maritain inspirou-se profundamente no pensamento tomista para elaborar sua teoria humanista. Por isto vale uma incursão na sua história para uma maior compreensão. Da mesma forma não vamos desmerecer a importância da esposa Raïssa na sua trajetória intelectual, que foi um trabalho revestido de uma riqueza do belo transparecida na vida de ambos.

(*) Advogado. Sócio fundador da AJUCASP — União dos Juristas Católicos e São Paulo, Pós-doutor em Filosofia do Direito e do Estado pela Università "La Sapienza", Itália. Doutor e Mestre em Filosofia do Direito e do Estado pela PUC/SP. Pró-Reitor de Pós-Graduação, Pesquisa e Extensão do UNIVEM; coordenador e professor no Programa de Pós-Graduação em Direito — Mestrado — e na Graduação do UNIVEM — Marília/SP. Professor na Faculdade de Direito da PUC/SP. Consultor Internacional em Legislação para pessoa com deficiência pela OIT — Organização Internacional do Trabalho. Consultor avaliador do INEP (MEC) para Cursos Jurídicos. Foi membro do Tribunal de Ética da OAB/SP — TED-1. Sócio efetivo do IASP — Instituto dos Advogados de São Paulo. Secretário-Geral do Instituto Jacques Maritain do Brasil. Foi Professor Assistente no Curso de TGD, ministrado pelo Professor André Franco Montoro — Pós-Graduação PUC/SP. Publicou diversas obras: "Maritain e o Direito", 2001 (Loyola); "Gramática dos Direitos Fundamentais — a Constituição Federal de 1988 – 20 anos depois", 2009 (Campus), coletânea organizada por Thereza Nahas, Norma Padilha e Edinilson Machado; Ensaios sobre filosofia do direito — Dignidade da Pessoa Humana, Democracia e Justiça. Coletânea organizada por Márcia Cristina de Souza Alvim e Lafayette Pozzoli, 2011, Educ/Fapesp. lafayettep@univem.edu.br.
(**) Analista Judiciário do Tribunal Regional Federal da 3ª Região. Graduado em Direito (ITE-BAURU). Pós-graduado, com Especialização em Gestão de Cidades (UNOPEC); Direito Constitucional (UNISUL); Direito Constitucional (FAESO); Direito Civil e Processo Civil (FACULDADE MARECHAL RONDON); Direito Tributário (UNAMA). Mestrando em Teoria do Direito e do Estado pelo Centro Universitário Eurípedes de Marília (UNIVEM). Professor de graduação de Direito na Associação Educacional do Vale do Jurumirim (EDUVALE AVARÉ). Membro do Conselho Editorial da Revista de Direito do Instituto Palatino. Membro do Conselho Editorial da Revista Acadêmica de Ciências Jurídicas da Faculdade Eduvale Avaré — Ethos Jus. Coautor da obra "Ativismo Judicial — Paradigmas Atuais" (2011) Letras Jurídicas.

Para a construção da doutrina do humanismo integral, será empreendido um estudo com a contextualização histórica dos anos de 1930. Com isto ficarão mais claros os conceitos e categorias que dão suporte ao pensamento de Maritain. A dignidade humana é trabalhada na perspectiva de um ser consciente, racional e livre e que sua realização aponta para o social. Mas também uma análise da pessoa humana como sujeito de direitos inalienáveis e cujos direitos são seguidos de deveres. A proposta de Maritain sobre o ser humano diz respeito não apenas a um ser dotado de razão, mas a alguém que transcende a própria razão. São elementos importantes para a caracterização do direito.

Com isto o pensamento de Maritain penetrou o ambiente jurídico brasileiro em todos os quadrantes. Ainda mais pelo fato de que ele foi um protagonista na elaboração da Declaração Universal dos Direitos Humanos da ONU, considerada o maior documento jurídico produzido pela humanidade no século XX e que permeia a maioria dos Ordenamentos Jurídicos dos países-membros da ONU.

2. MARITAIN: UM FILÓSOFO TOMISTA

O filósofo francês Jacques Aimé Henri Maritain (1882-1973) viveu 91 anos. Repropõe a tomada dos ensinamentos de Santo Tomás de Aquino para a solução dos problemas característicos de nossa época. Foi o apóstolo da filosofia conhecida como humanismo integral.

Na construção do caminho do humanismo, Maritain contou com o papel fundamental de sua esposa e inseparável companheira, Raïssa Maritain. A religião tomou conta da vida dos dois, não sendo possível imaginar uma trajetória, como a que se conhece de Maritain, sem tal união.

Desse *pacto de amor* resultou uma rara simbiose espiritual e intelectual: condução de profundas discussões conjuntas dos escritos filosóficos de Maritain às poesias e ensaios de Raïssa. Nesta empreitada a presença de Léon Bloy foi fundamental, como padrinho de ambos, ajudando Maritain praticamente a abandonar sua herança ancestral, encarnada na pessoa do avô materno Jules Favre, advogado e importante político francês. Seus pais divorciaram-se, sendo criado pela mãe. Foi batizado na Igreja Luterana e teve seu batismo na Igreja Católica de forma condicional, na verdade uma mera sutileza teológica, já que o batismo é um só e para sempre. Assim, sendo o primeiro batismo válido perante Deus, o segundo se tornaria inócuo.

Tais circunstâncias fizeram de Maritain um estudioso do pensamento tomista. Um conjunto de pesquisas e investigações, bem referenciadas em Aristóteles, e que seria propício para melhor compreensão e solução dos problemas da sociedade do século XX com seus reflexos no século XXI.

Maritain foi um notável restaurador da filosofia tomista, sendo um dos pensadores católicos mais fecundos e influentes do seu tempo, cuja influência chega fortemente até os dias de hoje. Estudou na Sorbonne, foi professor de filosofia no Liceu de Paris e mais tarde no Instituto Católico. Sua conversão ao catolicismo, em 1906, marcou definitivamente o rumo de seu pensamento, que exporá com claridade, precisão e graça.

Ensinou filosofia na Universidade de Princeton, nos Estados Unidos. Foi representante da França junto ao Vaticano. Foi escolhido pelo Papa Paulo VI para representar os intelectuais no Concílio Vaticano II.

A esposa Raïssa[1], constante colaboradora, ajudou-lhe na leitura de Santo Tomás de Aquino, fato que mudou radicalmente sua vida e pensamento. Assim, transitando pela escola tomista, Maritain retoma o pensamento de Santo Tomás de Aquino e defende seus pontos e estruturas metafísicas fundamentais, bem como inova com uma impressionante atualização dos diversos temas e devida adequação à realidade do seu tempo. Do mesmo modo, Maritain desenvolve, no campo da ética, as linhas mestras de uma moral *de fim*, em claro afrontamento com a ética kantiana, a dos fenomenólogos, os positivistas, os marxistas e outros.

Maritain assinala que, diante dos sistemas de moral que degradam o ser humano ou os que o divinizam, a filosofia tomista sustenta que a natureza humana, pela própria natureza de sua dignidade, está ordenada a um fim último distinto de si mesmo e que este fim supremo é Deus. Neste sentido, acredita no caráter existencial da ética que necessita subordinar-se à teologia. Na filosofia política, propõe um humanismo integral, reconhecendo no ser humano o que tem de indivíduo (material) e de pessoa (espiritual). Para ele só uma democracia participativa, que considera a pessoa em todas as suas dimensões, pode responder às exigências da natureza do tempo presente.

Maritain publicou muitos artigos e livros, mas o que maior repercussão causou foi o *Humanismo Integral*, cuja análise segue.

3. O LIVRO *HUMANISMO INTEGRAL*

A obra *Humanismo Integral* foi publicada na França em 1936. É considerada uma obra fundamental da intelectualidade de Maritain. Diz respeito à moral social e política, constituindo-se numa espécie de propedêutica de toda sua filosofia prática, de natureza social e política. Certamente isto significou um passo importante na vida intelectual de Maritain. Antes de sua conversão, um filósofo que pairava nos

---

(1) Vale lembrar, após a terrível perda de sua luminosa Raïssa, em 1960, Maritain entrou para a Fraternidade dos Irmãozinhos de Foucauld, na França, onde ingressou, não para agir, mas sim para se preparar para a morte ao longo de 13 anos.

altos patamares da contemplação metafísica e mística. Depois, acaba por descer repentinamente para o chão raso dos problemas temporais e políticos.

Com a publicação de *Humanismo Integral* foram aquecidos os ânimos de diversos segmentos da sociedade europeia, notadamente na espanhola. Inflamou, também, as mentes e os corações de muitos católicos que descobriam uma nova forma de exercer seu cristianismo no coração dos angustiantes problemas apresentados pela realidade social e política da época. Mas, acendeu também ferozes paixões de ódio aos que se opunham (partidários do franquismo) às nítidas posições políticas assumidas por Maritain. Na verdade, o livro teve sua origem num curso[2] que continha seis conferências que Maritain ministrou na Universidade de Santander, na Espanha, em 1934. As conferências foram publicadas na Espanha sob o título de "Problemas Espirituais e Temporais de uma Nova Cristandade".

No curso a presença de jovens era significativa e foi entre eles e os humildes distinguidos pela consciência clara e a conaturalidade com o real concreto que Maritain vê os sinais de uma pequena esperança de solução para os problemas do mundo. Ainda assim, é nessas mesmas camadas, da juventude e do povo simples (desses analfabetos, muitos deles a quem ele acreditava que devesse ser concedido o direito do voto, com escândalo para tantos da sua época) que se recrutam os seres humanos autênticos de amanhã. Da mesma forma, Tomás de Aquino era considerado muito revolucionário, do ponto de vista social e político, para sua época. Opunha-se às ideias monárquicas do Santo Império Germânico, característica da Idade Média cristã. É neste sentido que Maritain escreve:

> Não intencionamos comprometer Santo Tomás em debates nos quais a maior parte dos problemas se apresentam de maneira nova. Só a nós mesmos comprometemos, ainda que tenhamos consciência de ter haurido a nossa inspiração e nossos princípios nas fontes vivas de sua doutrina e de seu espírito.[3]

No pensamento humanista existe uma constante preocupação com a justiça social, nunca se esquecendo da pessoa e seu bem-estar, permitindo a formulação de uma concepção de pessoa largamente aberta aos grandes problemas da civilização contemporânea, desenvolvendo no bojo de sua obra magistral os princípios norteadores para essa adequação. Daí a atualidade do pensamento humanista promovendo esse conhecimento no mundo de hoje, que tende para a unificação política a partir de blocos regionais.

---

(2) O curso referido ocorreu antes da guerra civil espanhola; mais tarde (1936), muitos ambicionavam justificar o franquismo como uma guerra santa, na defesa do cristianismo. Entretanto, Maritain condenava o franquismo pelas suas atrocidades na guerra e, posteriormente, no poder, pela supressão das liberdades democráticas.
(3) MARITAIN, Jacques. *Humanismo Integral*, prefácio.

O efeito causado pela adequação à realidade e atualização do pensamento tomista provocou um impacto prodigioso nas gerações dos anos 30, mostrando um Maritain revolucionário, nos mesmos moldes que foi tomado, à sua época, seu mestre inspirador.

As mudanças institucionais e ideológicas que todo o mundo sofreu e está sofrendo podem, nestes momentos, fortalecer uma necessidade de deixar-se abrandar pelos reflexos do fenômeno Maritan. O certo é que sua personalidade e suas ideias terão sempre um papel capital a desempenhar na sociedade hodierna.

Portanto, na concepção maritainista, o resultado da aplicação do humanismo, nas diversas áreas do conhecimento humano, apontaria para um ideal histórico concreto, dentro de um modelo de uma nova sociedade política, cujas conotações características seriam as seguintes: bem comum, revertido sobre as pessoas; autoridade política dirigida aos seres humanos livres, em direção do bem comum; reconhecimento da moralidade intrínseca do bem comum; inspiração humanista, comunitária e pluralista da organização pessoal; ligação orgânica da sociedade civil com a religião, sem admitir-se, contudo, a opressão religiosa e o clericalismo; reconhecimento do direito de justiça, da amizade cívica e da igualdade, que tal organização social estivesse a comportar, assim como dos princípios essenciais da estrutura, da vida e da paz da sociedade; o reconhecimento da obra comum a realizar, obra esta que encontraria sua inspiração no ideal de liberdade e fraternidade, à medida que tendesse a instaurar, no tempo do mundo, a concretização de uma cidade fraterna, em que o ser humano apareceria como libertado da escravidão e da miséria.

É plausível identificar, nas características acima delineadas, princípios norteadores que tiveram suas origens junto aos gregos e, notadamente, no pensamento tomista, igualmente importante para poder balizar as reais necessidades da humanidade no terceiro milênio. Ademais, tais princípios estão presentes na Declaração Universal dos Direitos Humanos, da ONU. Não é demais afirmar que se trata de uma evidência, já que Maritain foi um dos protagonistas do maior documento jurídico gerado pela sociedade no século XX.

Após analisados elementos que constituem o pensamento humanista sistematizado, trabalharemos algumas categorias específicas que caracterizam o pensamento humanista de Maritain. Assim, será estudado o direito sob a ótica do pensamento humanista de Maritain.

4. CATEGORIAS CONSTRUTIVAS DO PENSAMENTO DE MARITAIN

O humanismo tem como referência basilar e necessária a pessoa humana. No entanto, vamos verificar que este conceito ganhou nova dimensão com os estudos legados por Tomás de Aquino e aperfeiçoados por Maritain, ou seja, o humanismo transcende a pessoa humana. É dentro desta perspectiva que estaremos caminhando para, após analisar a pessoa humana como um ser social, passarmos a traçar, com maior precisão, as fronteiras do humanismo que influenciou enormemente o pensamento de Maritain.

Objetivando uma uniformização do uso de palavras que condizem a determinados conceitos, por questões históricas, não relevantes aqui, mormente tem-se tomado a palavra *Homem* como indicativo do gênero humano como um todo; no entanto, é mais abrangente tomar a palavra pessoa humana (ou ser humano) já que pode eventualmente evitar procedimentos discriminatórios. Entretanto, para consignar um ponto de partida, tomemos etimologicamente a palavra homem, cujo termo latino — *homo* — tem uma das significações como sendo *o nascido da terra, o terrestre, o habitante da terra*. Uma consideração, embora de ordem etimológica, mas que se refere diretamente à essência do ser humano.

Assim, a pessoa humana, como indicado acima, é *nascida da terra*, exatamente como as demais coisas terrenas. A distinção se dá pelo fato de que ela pode elevar-se acima das outras *coisas*, penetrando num mundo superior. Em todo caso, ela permanecerá sempre o *ente* mundano, que maior número de questões suscita, o ser cuja pesquisa resulta sobremaneira compensatória.

Investigações acerca do ser humano têm demonstrado grandes descobertas acerca da sua grandeza, que é incomensurável. Porém, para efeitos pedagógicos, o método pelo qual tem sido objeto de estudo para se obter afirmações sobre o ser humano é o da comparação entre indivíduos desta espécie com os de outras espécies, com preferência para espécies semelhantes. Tal comparação pode indicar para duas direções: ou parte-se da convicção de uma profunda diferença entre o ser humano e o animal *irracional* e, então, constata-se que, contudo, há muito mais traços comuns do que se julgava antes; ou, ao contrário, pressupõe-se a coincidência na animalidade como base comum e se concentra sobre as diferenças.

O ser humano é um membro da natureza, mas encontra-se além dela. O ser humano detém, intrinsecamente, uma vida espiritual independente de tudo o que é corpóreo. A vida espiritual representa o grau mais elevado da vida, pois que, transcendendo a vida material, vai além de tudo o que é captado pelos cinco sentidos, em dimensões ainda não conhecidas. A pessoa humana não conhece somente o mundo exterior, mas percebe também as modificações que se operam dentro de si mesma e, alguma coisa que, não obstante essas contínuas modificações, sempre permanece a mesma, isto é, o seu *eu*.

É percebida quase que naturalmente uma circunstância especial que está em perfeita interação com o ser humano, sendo ele um ser racional, é o fato de que ele pode conduzir-se e escolher caminhos que o levem a um determinado fim, utilizando sua liberdade de opção. Todo ato dirigido para determinado fim é algo facultado somente aos seres humanos, que estão fadados, universalmente em toda a criação, a pensar e a raciocinar. Toda ação é algo pertinente e exclusivamente do ser humano, isto se analisado sob a égide do racional e de sua natureza livre. Só ele age, enquanto os animais cumprem seu papel no meio, levados pelo instinto. Não possuem livre-arbítrio, pois desde o momento de seu nascimento estão fadados a cumprir seu papel na natureza. Só o ser humano é suscetível de criar referencial só de si.

Exemplificando, uma abelha não pode mudar o destino de uma comunidade de abelhas. Uma gaivota jamais se afastará de seu grupo por opção, pois segue o instinto coletivo: o de voar para determinada região mais quente e agradável quando o inverno chega. Mas o ser humano pode escolher, mudar o mundo à sua volta e produzir uma diversidade de coisas. Atuar significa ter a capacidade e o discernimento de agir, optar, evoluir o pensamento e direcioná-lo de maneira tal que possa melhorar cada vez mais e proporcionar o bem-estar próprio e alheio. A pessoa humana é um ser livre e cabe a ela fazer o que desejar de sua vida e direcioná-la para onde quiser. Contudo, apesar desta possibilidade de construir o próprio caminho, sua liberdade também se restringe em determinados instantes, pois deve ele, acima de seus caprichos e desejos, procurar agir livremente sem atingir ou ferir a liberdade de outrem, de seu semelhante.

O ser humano representa um infinito em complexidade. O infinito que muitos filósofos chamam de centro cósmico. É um ser altamente complexo e, ao mesmo tempo, profundamente interiorizado. Ele é portador da energia criadora do divino, pois no fundo de sua alma ele pode escutar o eco do *fiat*[(4)] original. Não apenas a ele foi conferida a faculdade de ser instrumento do Criador, mas também a de ser um prolongamento vivo do poder divino e deter a capacidade de construir com o sagrado este mundo em evolução, colaborando para seu aperfeiçoamento. Ele transforma o meio, não apenas se sujeitando a ele, justamente por se tratar de um ser ativo. É o único ente na natureza capaz de manipular as coisas e extrair delas o essencial para suas necessidades, tanto vitais como materiais e espirituais. É um ser consciente, racional e livre e, por isso mesmo, é também um ser social, que só na companhia de seus semelhantes encontra as condições necessárias para o desenvolvimento de sua consciência, racionalidade e liberdade, características que o distinguem dos outros animais, os quais, quando se agrupam, são impelidos por um mero instinto de gregarismo em busca de garantias para a sobrevivência.

No fenômeno gregário o grupo prevalece sobre o indivíduo, enquanto que no fenômeno social a pessoa busca livremente as condições de sua própria realização, prevalecendo sobre o grupo. E, precisamente por ser consciente, racional e livre, o ser humano possui direitos inalienáveis e deveres, enquanto que o animal só tem instintos e hábitos.

---

(4) Expressão originada no latim: faça-se; criação.

Enfim, desse conjunto de condições que caracterizam a pessoa humana (ser consciente, racional e livre) e, portanto, social, sujeito de direitos e deveres, resulta a mesma dignidade absoluta e a mesma igualdade essencial para todos os seres humanos, independentemente de sua cor, situação socioeconômica, religião ou cultura.

O ser humano é de natureza racional, portador de potencialidades que se desenvolvem através da vida, no seio da família e da comunidade. Cada ser humano é distinto de todos os outros membros da espécie humana, isto é, embora participando da mesma natureza, constitui uma totalidade em si. A pessoa humana é uma unidade material que se compõe de alma e corpo, espírito e matéria, que nela formam uma unidade substancial, cuja ruptura é a morte.

As qualidades e defeitos, forças e fraquezas que o ser humano detém, trata-se de uma natureza íntima e constituída, precisamente, pela união de um princípio espiritual a um corpo animal que é por ele vivificado. Como ser espiritual, é capaz de amar e de elaborar ideias abstratas.

Como ser racional, o ser humano é capaz de captar e entender a realidade exterior, acumulando experiências e transformando o mundo em que vive. Ele detém uma característica singular chamada de personalidade. Trata-se da totalidade das disposições e inclinações psíquicas estáveis de um ser humano. O "eu" indica o sujeito pensante e consciente das próprias modificações.

A ideia do "eu" é um fenômeno psicológico que compreende as lembranças das ações passadas, a noção de nossa situação, de nossos poderes, de nosso corpo, de nosso nome mesmo e, reunindo todas essas ideias esparsas, desempenha um grande papel na consciência da personalidade. É o resultado da síntese de todos os estados psicológicos, organizado pela atividade psíquica.

O ser humano não é apenas matéria, mas alguém que se sustenta e se conduz pela inteligência e pela vontade. Há no ser humano uma existência mais rica e mais elevada que o faz superexistir espiritualmente em conhecimento e amor. A personalidade é a integração total das características psicofísicas da pessoa. O termo personalidade refere-se ao todo da pessoa humana, e as teorias psicológicas da personalidade procuram apresentar uma conceitualização global e dinâmica das características da pessoa, indicando como ela reage aos estímulos internos e externos que a atingem.

São componentes importantes na formação do humanismo integral de Maritain.

5. O HUMANISMO INTEGRAL DE MARITAIN

Para Maritain a pessoa humana é dotada de espírito e matéria, distinguindo-se dos demais seres e tendo direitos inalienáveis à vida pela sua própria natureza.

São elementos que indicam claramente ser um animal social. O maior desejo do ser humano é a busca da paz interior, a realização de uma vida plena em harmonia. O humanismo é o modo pelo qual o ser humano tende a se tornar mais verdadeiramente humano, fazendo-o adquirir riqueza interior e proporcionando uma melhor visão do mundo. Para o humanismo, o ser humano não apenas está no mundo, mas interage com ele e o transforma. Ao mesmo tempo, o humanismo exige que o ser humano se utilize de todas as forças do mundo para trabalhar em prol de seu próprio crescimento.

O humanismo procura descrever e interpretar a realidade social, refletindo sobre as causas que levaram à sua manifestação. Procura, também, a partir de uma análise da natureza humana, encontrar o verdadeiro sentido da existência do ente. Reconhece as condições de opressão que alguns seres humanos estabeleceram no mundo e percebe a necessidade de uma ética social, uma luta contra as causas desta opressão que geram o sofrimento no ser humano. Este, por ser livre, pode se perguntar sobre o porquê de sua existência e também praticar e pregar suas ideias, sua filosofia, ideologia ou religiosidade. E qualquer fator que venha a coibir o livre fluxo desta manifestação do ser, sua forma de agir e de pensar, é desde já uma forma de opressão.

São vários os significados atribuídos à palavra humanismo. Isto ocorre porque os estudiosos e autores não tornam claro que significado se pretende dar ao termo, tendem a produzir grande confusão. Felizmente, cada significado da palavra constitui um tipo diferente de humanismo — os diferentes tipos que estão facilmente separados e definidos pelo uso de adjetivos apropriados. O termo é empregado em sentidos tão variados que a única definição suficientemente compreensiva para englobá-los a todos seria a de antropocentrismo reflexo que, partindo do conhecimento do ser humano, tem por objeto a valorização do ser humano, repudiando tudo que o aliena dele mesmo. É Maritain, na obra *Humanismo Integral*, que afirma:

> o humanismo (...) tende essencialmente a tornar o homem mais verdadeiramente humano, e a manifestar sua grandeza original fazendo-o participar de tudo o que o pode enriquecer na natureza e na história (concentrando o mundo no homem, como dizia mais ou menos Scheler, e dilatando o homem ao mundo); ele exige, ao mesmo tempo, que o homem desenvolva as virtualidades nele contidas, suas forças criadoras e a vida da razão, e trabalhe por fazer das forças do mundo físico instrumento de sua liberdade.[5]

A conceituação atribuída à palavra humanismo tende necessariamente para uma sociabilidade da pessoa humana, aliás, uma característica que lhe é inerente.

---

(5) MARITAIN, Jacques. *Humanismo integral*, p. 2.

É neste raciocínio que o Papa Paulo VI, em sua Encíclica *Populorum Progressio* — O Desenvolvimento dos Povos, conclama pela promoção do humanismo que envolva o ser humano na sua totalidade, bem como todos os seres humanos. Uma Encíclica embebida do pensamento filosófico de Maritain. Entretanto, naquela época o Papa não fazia referência expressa aos autores, isto por não conter o próprio costume. Vale citar a seguinte parte para enriquecer o presente livro:

> 42. É necessário promover um humanismo total. Que vem ele a ser senão o desenvolvimento integral do homem todo e de todos os homens? Poderia aparentemente triunfar um humanismo limitado, fechado aos valores do espírito e a Deus, fonte do verdadeiro humanismo. O homem pode organizar a terra sem Deus, mas 'sem Deus só a pode organizar contra o homem. Humanismo exclusivo é humanismo desumano'. Não há, portanto, verdadeiro humanismo, senão o aberto ao Absoluto, reconhecendo uma vocação que exprime a ideia exata do que é a vida humana. O homem, longe de ser a norma última dos valores, só se pode realizar a si mesmo, ultrapassando-se. Segundo a frase, tão exata, de Pascal: 'o homem ultrapassa infinitamente o homem'.

Enfim, Maritain propõe uma visão abrangente do que seria o ser humano: não apenas um ser dotado de razão, mas alguém que transcende a própria razão. Um olhar que vai além do originariamente chamado humanismo antropocêntrico, recuperando propriamente uma dimensão metafísica do próprio ser humano.

No livro *Sete Lições sobre o Ser*, Maritain, formula sua proposta de caracterização do ser humano como um aspecto do mistério que gira em torno da questão do ser, não permite outro tipo de enquadramento.

> O aspecto mistério predomina naturalmente onde o conhecimento é mais ontológico; onde se esforça em descobrir o ser em si mesmo e os segredos do ser, seja intuitivamente, seja por analogia. Os segredos do ser, do conhecimento, do amor, de realidades puramente espirituais da causa primeira (e, acima de tudo, da vida íntima de Deus). O aspecto mistério predomina na filosofia da natureza e, mais ainda, na metafísica. (E ainda mais na teologia).[6]

O conjunto de valores que cerca o ser humano resulta em uma experiência de ser que é expressa em forma de normas, como será analisado na sequência.

6. AS NORMAS SOCIAIS

O ser humano necessita de segurança e busca a paz, por isto passa a viver em sociedade, resultando no surgimento de certas regras como, por exemplo, a

---

(6) MARITAIN, Jacques. *Sete lições sobre o ser e os primeiros princípios da razão especulativa*, p. 16.

moral, o costume, o dever, as normas de conduta etc. Mas, uma pergunta surge imediatamente: o que vem a ser, especificamente, a moral ou ética?

A palavra moral vem da raiz latina "morales", significando o costume, conduta, comportamento ou modo de agir. A palavra ética vem da raiz grega "ethos", significando o hábito. Parecem ser dois conceitos diferenciados, no entanto, ambos se somam e possuem um caráter social enquanto regula o comportamento individual cujos resultados e consequências afetam os outros.

Assim, o ser humano antes de atingir sua plenitude deverá passar por muitas mudanças e renovações. Além de sua natureza humana imutável como tal, foi configurado para operar a transformação de sua natureza que o modela à imagem do criador. Seguindo estes pensamentos, no seu livro Caminhos para Deus, Maritain desenvolve o seguinte raciocínio:

> Acho-me ocupado em pensar; tudo, em mim, está concentrado numa determinada verdade, que me apanhou em sua esteira; essa verdade me arrebata; tudo mais fica esquecido. E, de repente, volvo a mim mesmo, com o súbito despertar de uma reflexão que me parece incongruente, tudo o que há do mais desarrazoado, mas cuja evidência se apodera de mim, na própria percepção de meu ato de pensamento: como é possível que eu tenha nascido?[7]

Maritain indica dois caminhos que são congruentes, que servem de justificativa e que dão base para a construção dos direitos humanos[8], cujo respeito à dignidade da pessoa humana é uma premissa fundamental. Aliás, desde já deve ficar entendido que englobam os direitos do ser humano como parte integrante e inseparável, os deveres e obrigações.

Por isto, deve ser considerada a existência de uma ordem presente no cosmo. Da mesma forma, é possível constatar a presença de uma ordem entre os seres vivos e nas forças da natureza. Isto é facilmente identificado como, por exemplo, no progresso que a ciência obteve nos últimos tempos e as inúmeras invenções advindas da técnica. Também deve-se consignar que há uma genialidade humana capaz de desvendar essa ordem e de produzir os meios adequados para dominar tais forças, colocando-as adequadamente em benefício de todos os seres humanos.

---

(7) MARITAIN, Jacques. Caminhos para Deus, p. 59.
(8) Informa Alceu Amoroso Lima, que prefaciou o livro Os Direitos do Homem, de Jacques Maritain, que por muito tempo a expressão direitos do ser humano foi considerada suspeita entre os católicos. Era tida como uma herança da Revolução Francesa e em contradição com a filosofia cristã e seus ensinamentos. Os próprios positivistas, insurgindo contra o individualismo dos princípios de 1789, lançaram o slogan dos deveres do ser humano para substituir o posto de relevo que os direitos ocuparam tanto na declaração de Virgínia — da independência dos EUA, de 1776, como nos princípios revolucionários franceses de 1789.

A ordem existente no universo, de forma análoga, pode ser observada entre os seres humanos, seja por meio da própria lei ou dos costumes. São, de fato, essas leis e costumes indicadores claros de como se regula a convivência humana, as relações das pessoas entre si, com as respectivas autoridades públicas, as relações entre os diversos Estados, bem como as relações das pessoas e comunidades políticas com a comunidade mundial, cujo desenvolvimento mostra, desde já, o caminho do bem comum universal.

Enumerados direitos essenciais que se ligam à dignidade da pessoa humana, de acordo com a cultura local de um povo, novos direitos acabam por ser incorporados, enaltecendo significativamente o respeito pelo ser humano. Ocorre, porém, que tais direitos são plenamente exercitados quando imbricados com o rol de deveres e obrigações como consequência natural e necessária, sob pena de macular os valores do bem comum.

O ser humano, que tem uma dignidade, é pessoa, sujeito de direitos, mas também tem deveres a cumprir na sociedade e para consigo mesmo, sempre em decorrência do respeito à sua própria dignidade humana. Assim, advém uma correlação necessária entre direitos e deveres na mesma pessoa. O direito à vida vincula-se ao dever de conservá-la. O direito a um digno padrão de vida está vinculado ao dever de viver condignamente, como dentro dos princípios e padrões éticos.

No mesmo diapasão, estabelecidos os direitos e deveres da pessoa humana, acabam por gerar uma consequente reciprocidade entre eles para com pessoas diversas, ou seja, a determinado direito fundamental de uma pessoa corresponde o dever de reconhecimento e respeito desse direito por parte dos demais.

Como analisado, a pessoa humana tem reconhecido um conjunto de direitos que se interligam a outro idêntico conjunto de deveres e obrigações, que por sua vez são chamados de direitos humanos. Os direitos e deveres aventados foram conceituados ao longo da história da humanidade. Uma construção a partir do dado que é inerente ao humano. Não dá para negar a importância dos estudos tomistas e a maneira como eles influenciaram na linha de pensamento de Maritain, que soube fazer os devidos reparos para sua época e uma doutrina perfeitamente adaptável aos dias de hoje.

7. CONCLUSÕES

Tomar a realidade cultural jurídica que possa caracterizar uma presença dos direitos humanos, nos moldes como desenvolvido, é conceber o quanto o pensamento de Maritain influenciou o dia a dia da vida jurídica brasileira. Na verdade, tais incidências acabam por indicar caminhos ilustres e seguros que traçam uma consecução efetiva do respeito à dignidade da pessoa humana. Daí a presença desses conceitos no texto constitucional.

O Livro de Maritain, *Humanismo Integral*, pode ser considerado como obra *genial* de defesa, em profundidade e justamente, dos direitos humanos. Não será demasia repetir que a filosofia política inspiradora dessas páginas procede da mesma fonte aristotélico-tomista, que exige a primazia da pessoa humana, na ordem das considerações teóricas e práticas, para qualquer constituição política, que se queira comprometida com o verdadeiro pensamento humanista. São pressupostos já afirmados por Alceu Amoroso Lima quando prefaciou o livro *Os Direitos do Homem*, de Maritain:

> Quando Maritain operou - a pedido do Papa Pio XI, alarmado com a extensão do Fascismo e do Nazismo e de sua filosofia totalitária -, sua baldeação, não total mas considerável, da filosofia pura para a filosofia política, sua grande preocupação foi atualizar os grandes princípios, aparentemente contraditórios, da filosofia política aristotélico-platônica, com o princípio tomista fundamental da primazia da pessoa humana, como sendo o elemento mais perfeito da criação. Esse princípio tomista derivava, aliás, diretamente, da grande revolução, essa realmente total mas não totalitária, trazida pelo Cristianismo, da importância substancial do ser humano, em si, e do seu destino sobrenatural e imortal.[9]

O humanismo de Maritain, seus livros e sua filosofia política, vêm procurando colocar o problema das relações entre o ser humano e o Estado, e entre a pessoa humana e a comunidade política nos seus devidos termos.

O conjunto de conceitos trabalhados por Maritain sobre os direitos humanos influenciaram diretamente as normas da Declaração Universal dos Direitos Humanos, de 1948, que convém observar que tal documento tem a validade de qualquer contrato, especialmente por conta dos Pacto Internacional dos Direitos Civis e Políticos[10] e Pacto Internacional dos Direitos Econômicos, Sociais e Culturais[11], regendo-se pelos princípios próprios do "jus gentium".

É dentro deste contexto que é possível identificar os direitos da pessoa humana. O progresso segue o sentido da emancipação humana não somente na ordem política, mas também econômica e social, de tal maneira que as diversas formas de servidão, pelas quais um ser humano está a serviço de outro para o bem particular deste, sejam abolidas na medida em que a história avança. O que supõe não somente a passagem a melhores estados de organização, mas também a uma consciência melhor da dignidade da pessoa humana em cada um de nós, e da primazia do amor fraternal.

---

(9) MARITAIN, Jacques. *Os direitos do homem*, p. 09/10, prefácio de Alceu Amoroso Lima.
(10) Adotado pela Resolução n. 2.200-A (XXI) da Assembleia Geral das Nações Unidas, em 16 de dezembro de 1996 e ratificado pelo Brasil em 24 de janeiro de 1992.
(11) Adotado pela Resolução n. 2.200-A (XXI) da Assembleia Geral das Nações Unidas, em 16 de dezembro de 1996 e ratificado pelo Brasil em 24 de janeiro de 1992.

Enfim, os princípios trabalhados por Maritain e que se constituíram no humanismo integral, foram brilhantemente articulados, entre os anos 30 e 40, e tornaram-se parte integrante do maior documento jurídico do século XX que é a Declaração Universal dos Direitos Humanos, cujo documento já convalidado pelo Brasil e pela maioria dos países-membros da ONU.

REFERÊNCIAS BIBLIOGRÁFICAS

AQUINI, Marco. Fraternidade e direitos humanos. *O princípio esquecido: a fraternidade na reflexão atual das ciências políticas*. In: Antônio Maria Baggio (organizador); traduções Durval Cordas, Iolanda Gaspar, José Maria de Almeida. Vargem Grande Paulista/SP: Cidade Nova, 2008.

AQUINO, Santo Tomás de. *Suma teológica*. Tradução Aldo Vannucchi e outros. Direção Gabriel C. Galache e Fidel García Rodríguez. Coordenação Geral Carlos-Josaphat Pinto de Oliveira. Edição Joaquim Pereira. São Paulo: Loyola, 2005. v. IV, parte II, seção I, questões 49 a 114.

ARENDT, Hannah. *Entre o passado e o futuro*. São Paulo: Perspectiva, 1979.

_____. *Lições sobre a filosofia política de Kant*. Tradução: André Duarte de Macedo. Rio de Janeiro: Relume-Dumará, 1993.

ARISTÓTELES. *Ética a Nicômaco*. 3. ed. Brasília: UNB, 1985.

ASSIS, Olney Queiroz. *O estoicismo e o direito*: justiça, liberdade e poder. São Paulo: Lúmen, 2002.

BAGGIO, Antonio Maria (org.). *O princípio esquecido*. São Paulo: Cidade Nova, 2008. V. 1.

BOBBIO, Norberto. *A era dos direitos*. Tradução Celso Lafer. 9. ed. Rio de Janeiro: Elsevier, 2004.

CANOTILHO, José Joaquim Gomes. *Direito constitucional e teoria da constituição*. 2. ed. Coimbra: Almedina, 1998.

FERRAZ JR., Tercio Sampaio. *Introdução ao estudo do direito*. 2. ed. São Paulo: Atlas, 1994.

GIACÓIA JUNIOR, Oswaldo. Kant, Schopenhauer e o direito de mentir. In: *Em tempo* — V. 3 — 2001, p. 103-107.

GUERRA FILHO, Willis Santiago. *Ensaios de teoria constitucional*. Fortaleza: Universidade Federal do Ceará, 1989.

IHERING, Rudolf Von. *A luta pelo direito*. Tradução de João Vasconcelos. Rio de Janeiro: Forense, 1990.

HABERMAS. Jürgen. *A inclusão do outro*: estudos de teoria política. Trad. George Sperber; Paulo Astor Soethe; Milton Camargo Mota. São Paulo: Loyola, 2002.

KANT, Immanuel. *Metafísica dos costumes*. Bauru/SP: Edipro, 2004.

LAFER, Celso. *A reconstrução dos direitos humanos*: um diálogo com o pensamento de Hannah Arendt. São Paulo: Cia. das Letras, 1988.

LIMA, Alceu Amoroso. *Os direitos do homem e o homem sem direitos*. Rio de Janeiro: Livraria Francisco Alves, 1974.

LOCKE, John. *Carta acerca da tolerância*. Tradução Anoar Aiex. Coleção "Os Pensadores". São Paulo: Abril Cultural, 1973. v. 18.

MARITAIN, Jacques. *Os direitos do homem e a lei natural*. 3. ed. Rio de Janeiro: Livraria José Olympio, 1967.

MONTORO, André Franco. *Estudos de filosofia do direito*. 2. ed. São Paulo: Saraiva, 1995.

_____. A cultura dos direitos humanos: importância da Declaração dos Direitos do Homem no século XX. In: SOUZA, Carlos Aurélio Mota de; BUENO, Roberto (Org.). *50 anos de direitos humanos*. São Paulo: Themis, 2003.

MOURA, Osvaldo Junior. *A pena alternativa de prestação de serviços à comunidade ou a entidades públicas como paradigma emergente na reconstrução e eficácia do sistema punitivo penal*. Dissertação de Mestrado em Direito, UNIVEM — Centro Universitário Eurípides de Marília, Orientador Prof. Dr. Lafayette Pozzoli, 2008.

NALINI, José Renato. *Uma nova ética para o juiz*. São Paulo: RT, 1994.

PIOVESAN, Flávia. *Direitos humanos e o direito constitucional internacional*. 9. ed. São Paulo: Saraiva, 2008.

POZZOLI, Lafayette. Direito como função promocional da pessoa humana: inclusão da pessoa com deficiência — fraternidade. In: NAHAS, Thereza Christina; PADILHA, Norma Sueli; MACHADO, Edinilson Donizete. *Gramática dos direitos fundamentais*: a Constituição Federal de 1988 — 20 anos depois. Rio de Janeiro: Campus, 2009.

RAWLS, J. *Uma teoria da justiça*. Trad. Almiro Pisetta e Lenita M. R. Esteves. São Paulo: Martins Fontes, 2000.

RAMIRO, Caio Henrique Lopes. Uma leitura habermasiana da relação entre esfera pública e forma jurídica. In: *Revista de Crítica Jurídica*. V. 4. 2010, p. 5-15.

REALE, Miguel. *Filosofia do direito*. 19. ed. São Paulo: Saraiva, 2002.

_____. *Lições preliminares de direito*. 23. ed. São Paulo: Saraiva, 1996.

ROUANET, Luiz Paulo. O debate Habermas-Rawls de 1995: uma apresentação. In: *Revista Reflexão*, Campinas, n. 78, 2000, p. 111-117.

ROUSSEAU, Jean Jacques. *Discurso sobre a origem e os fundamentos da desigualdade entre os homens*. Trad. Maria Ermantina Galvão. São Paulo: Martins Fontes, 1993.

SANTOS, Ferreira Pinto dos. *O princípio constitucional da dignidade da pessoa humana como fundamento para a ressocialização do apenado*. Dissertação de Mestrado em Direito — UNIVEM — Centro Universitário Eurípides de Marília, Orientador Prof. Dr. Lafayette Pozzoli, 2008.

SANTOS, Fernando Ferreira dos. *Princípio constitucional da dignidade da pessoa humana*. Publicação do Instituto Brasileiro de Direito Constitucional. São Paulo: Celso Bastos, 1999.

SANTOS, Boaventura de Sousa. *Um discurso sobre as ciências*. Porto: Afrontamento, 1987.

SANTOS, Paulo de Tarso. Globalização e direitos humanos. In: SOUZA, Carlos Aurélio Mota de; BUENO, Roberto (Org.). *50 anos de direitos humanos*. São Paulo: Themis, 2003.

VAZ, Henrique Cláudio de Lima. Ética e razão moderna. In: MARCÍLIO, Maria Luiza; RAMOS, Ernesto Lopes (Coord.). *Ética na virada do milênio*: busca do sentido da vida. Coleção Instituto Jacques Maritain. São Paulo: LTr, 1999.

WALKER. Ralph. *Kant e a lei moral*. Trad. Oswaldo Giacóia Junior. São Paulo: Editora da UNESP, 1999.

Da Influência do Pensamento Político de Jacques Maritain na Argentina(*)

Gonzalo F. Fernández(**)

Origens da influência[1]

A obra filosófica de Maritain, compreendida entre as décadas de 20 e 30, foi amplamente difundida nos meios católicos da Argentina. Nos anos de 1934, os Cursos de Cultura Católica de Buenos Aires prepararam sua visita ao país, a qual se concretizou em 1936, juntamente com sua esposa Raïssa. Esta visita coincidiu com a realização de uma reunião internacional que ocorreria no PEN Club, à qual o filósofo foi convidado a participar, o que lhe ocasionou ainda maior visibilidade.

Os intelectuais católicos da época estavam divididos no tocante às correntes de pensamento político. De um lado, havia os simpatizantes das correntes tradicionais e até autoritárias — em alguns casos com adeptos do facismo — que estavam comprometidas com o ideário de reconstruir a mentalidade medieval acerca da Cristandade, sendo que a Igreja Católica realizou um importante papel na articulação de assuntos de ordem temporal. De outro lado havia os chamados

---

(*) Artigo traduzido do castelhano pela Professora Clarissa Chagas Sanches Monassa, doutoranda em Ciências Jurídicas pela PUC/Argentina, docente no UNIVEM, advogada.
(**) Professor Consultivo da Universidade Nacional de Córdoba, Argentina, Secretário Geral do Instituto Argentino "Jacques Maritain" e da Secção Argentina do Instituto Internacional Jacques Maritain.
(1) Para este tópico consultou-se especialmente os autores: Martínez Paz Fernando, "Introdução à vida e à obra de Jacques Maritain". In: BAMBOZZI, Enrique; BAQUERO, Pedro Lazcano (organizadores), *Jacques Maritain*: homenagem. Córdoba: Editorial da Universidade Católica de Córdoba, 2004; MARTÍNEZ, Fernando Paz. *Maritain, política, ideologia* — revolução cristã na Argentina. Buenos Aires: Editorial Nahuel, 1966; PARERA, Ricardo. *Os democratas cristãos argentinos* — testemunhos de uma experiência política. Buenos Aires: Editorial Leonardo Buschi, 1986; Tristão de Atayde (Alceu Amoroso Lima), "Maritain e a América Latina", vários autores, *Jacques Maritain, sua obra filosófica*. Buenos Aires: Edições Desclee de Brouwer, 1950; ZANCA, José A. *Os intelectuais católicos e o fim da cristandade*. Buenos Aires: Fundo de Cultura Econômica e Universidade de San Andrés, 2006, e do mesmo autor, *O humanismo cristão e a cultura católica argentina* (1936-1959), tese doutoral inédita; GENTILE, Jorge Horácio. A modo de presentación. In: FERNÁNDEZ, Gonzalo F.; GENTILE, Jorge H. (org.). *Pluralismo e direitos humanos*. Córdoba: Alveroni Edições, 2007, e nesta mesma obra o artigo de *A Voz do Interior* de 1 de outubro de 1936, "Un embajador del pensamiento. Jacques Maritain o la vocación". Também foram utilizados materiais publicados nos diários de Córdoba. *A Voz do Interior*, *Córdoba* e *Os Princípios*, todos comentando a visita de Maritain à cidade de Córdoba.

católicos liberais, democratas cristãos ou cristãos humanistas, partidários de regimes democráticos e republicanos. Ocorre que a unidade relativa à fé não significava unidade de pensamento político. Apenas comungavam o mesmo pensamento quanto à questão de "desprivatizar" a religião, que estava adstrita à sacristia, tal como prelecionado pelo liberalismo laicista de modelo francês.

Maritain era muito respeitado pela elite intelectual católica em virtude de suas obras de filosofia, cujo referencial era a filosofia de São Tomás de Aquino, que gozou de um renascimento à partir do final do século XIX, onde repousou o pensamento maritainiano.

Nos anos de 1936 tomou-se conhecimento na Argentina e nos países vizinhos das primeiras publicações sobre a filosofia prática de Maritain, inclusive alguns já a conheciam de suas aulas, ministradas na Universidade de Verão de Santander, as quais originaram a obra *Problemas Espirituais e Temporais de uma Nova Cristandade* (em sua versão aumentada, *Humanismo Integral*).

Há uma carta de um advogado argentino dirigida a Maritain, chamado Rafael Pividal, que havia frequentado suas reuniões em Meudon, cujo conteúdo é revelador:

> A pedido de Casares, que é meu amigo, eu tive uma conversa nos 'Cursos de Cultura Católica' sobre você. Falei sobre Meudon, sobre aquilo que ficou gravado em minha memória e falei também sobre 'problemas espirituais e temporais', que significa para mim o que significa "O Capital" para os socialistas. Eu disse aos católicos que não esperem que você seja 'fundador de uma nova cristandade'. Desgraçadamente, eu pude constatar, com grande surpresa, que os cursos são refúgio de facistas...[2]

É interessante revisar as repercussões na imprensa de Buenos Aires acerca da visita de Maritain à Argentina e a conotação política que se pretendeu dar ao fato. Alguns meios procuraram desmerecer sua visita sob o argumento de ter sido convidado por uma instituição católica, destacando outros aspectos de sua vida pública, enquanto outros comentavam exatamente o contrário. Estes comentários também aconteceram sobre o conteúdo de suas conferências, tanto aquelas proferidas nos Cursos de Cultura Católica, quanto aquelas ocorridas no Congresso Internacional do PEN Club, na Associação Hebraica e na Revista Sul de Victoria Ocampo, sendo estas duas últimas duramente criticadas pela imprensa nacionalista católica.

Na cidade de Córdoba ele proferiu duas conferências, uma delas em uma Universidade, onde foi apresentado pelo professor Alfredo Fragueiro, renomado

---

(2) Carta de Rafael Pividal a Jacques Maritain, CEJRM (Cercle d'Études Jacques Maritain et Raïssa Maritain, Kolbshein, Francia), *apud* ZANCA, José A. *O Humanismo cristão e a ...*, cit., p.107.

professor e autor na área de Filosofia do Direito, e a outra patrocinada pelo "Centro de Estudos Religiosos Santa Teresa" e pelo "Instituto São Tomás de Aquino". Os organizadores buscaram isolar as atividades de Maritain da especulação da imprensa, tanto foi assim, que o diário de notícia laica da época, *A Voz do Interior*, publicou um artigo acerca da personalidade e da obra do filósofo, ao qual chamou de "Embaixador do pensamento", e lamentou o "cerco" estendido pelos jovens, o que dificultou a aproximação da imprensa.

A repercussão que a visita à Argentina teve para Maritain pode ser observada na carta que o mesmo escreveu, duas semanas depois de sua chegada, ao filósofo Charles Journet, a quem disse que o trabalho a ser realizado "é enorme" e que os "católicos argentinos" o receberam de forma fantástica, todavia, ressaltou que "muitos, entre os mais jovens" eram "facistas que desejaram estar comigo, aos quais tratei de forjar um pouco de compreensão e paz".

Após sua partida

O clima de franca hostilidade no âmbito católico entre os nacionalistas e os humanistas ou democráticos se fez ainda mais profundo em razão do posicionamento de Maritain acerca da guerra civil espanhola. Em um trabalho intitulado *Sobre a guerra santa*, o mesmo assevera que tal expressão não comporta sentido quando a distinção entre o sacro e o profano não está totalmente explicada. Maritain acreditava que a situação espanhola poderia ser superada com base numa Ordem Cristã, a qual evitaria "conclusões equivocadas", e que devem ser afastadas, tais como: a vitória dos "vermelhos", que aniquilaria uma ou duas gerações de instituições religiosas da Espanha, ou a vitória de um setor que usaria a imposição religiosa como um meio de governo, ocasionando um distanciamento entre a Igreja e o povo.

Essa posição foi duramente criticada pelos setores católicos nacionalistas, partidários da saída do general Franco durante o segundo governo republicano espanhol, que pôs termo ao clima de consenso e iniciou uma veemente perseguição religiosa. A grande maioria dos católicos espanhóis — exceto os bascos, cujo governo autônomo era católico republicano — não entendia que boa parte da intelectualidade ocidental defendia uma gestão onde o comunismo e o anarquismo tiveram uma atuação preponderante e claramente persecutória. Ocorre que, os laços políticos do general Franco com os regimes totalitários de direita da Europa, somados ao seu posicionamento contrário à forma democrática de governo, orientou essa intelectualidade — dentre eles Maritain.

A reação dos católicos nacionalistas argentinos foi muito agressiva, e entre eles podia-se encontrar alguns seguidores de Maritain em sua fase de filosofia metafísica. César Pico, que apresentou o filósofo na primeira conferência proferida no Círculo de Cultura Católica, escreveu-lhe uma carta em que questionava sua postura antifacista (Pico acreditava que se poderia "batizar" o facismo como a melhor forma de oposição ao liberalismo sem eleger o comunismo)[3].

A pessoa mais influente, em razão de sua formação filosófica, que se ocupou de questionar Maritain e de tentar neutralizar sua influência em importantes correntes de pensamento católico, bem como em achegados de organizações institucionais da Igreja, foi o sacerdote Julio Meinvielle. Ele criticou o pensamento maritainiano em volumosas obras, dedicadas especialmente a esta questão: *De Lammenais a Maritain* e *Crítica à concepção de Maritain sobre a pessoa humana*, dois livros importantes, nas quais desqualifica o pensamento de Maritain como contrário à fé católica quando adere aos equívocos do modernismo e prescinde da consideração de Deus em suas ideias sobre a pessoa e a sociedade.

A renomada revista "Critério", que conta com mais de oitenta anos de publicação ininterrupta, recebeu colaborações de ambos os posicionamentos.

Por volta dos anos 1941, os católicos maritainianos fundaram a revista "Ordem Cristã", dirigida por Alberto Duhau, que perdurou até 1948. Sua época áurea foi durante a Segunda Guerra Mundial, pois se constituiu numa tribuna católica de combate às potências do Eixo. Dentre seus principais artigos encontram-se publicações de Rafael Pividal, Alberto Durrieu e Eugenia Silveyra de Oyuela, que posteriormente foi militante do radicalismo e constituinte na reforma constitucional de1957.

Também foram autores da revista Alberto Vélez Funes e Manuel Ordóñes, um dos fundadores do Partido Democrata Cristão, depois, em 1946, alguns nomes que escreviam para a revista *Critério* também colaboraram, dentre eles: Jaime Potenze, Ambrosio Romero Carranza e Oscar Puiggrós. Ainda que esporadicamente, alguns sacerdotes assinavam artigos, destacam-se Agustín Luchía Puig e Luis Brasesco.

Autores estrangeiros também enviavam colaborações, pode-se citar o sociólogo brasileiro Tristão de Athayde e o uruguaio Dardo Regules, além de contar com traduções de artigos católico-democráticos europeus e norte-americanos. O Monsenhor Miguel de Andréa era a figura hierárquica ao qual se apoiavam, suas alocuções, bem como os ataques que recebia, eram sempre alvo da revista.

Cumpre destacar as palavras de José Antônio Zanca, para quem a revista "'Ordem Cristã' cumpria o ideário de Rafael Pividal e seu grupo: contar com um meio de comunicação próprio para fazer frente aos grupos "totalitários" do catolicismo" e que "o surgimento da revista corroborava com a necessidade de um antifacismo católico, que deveria ocupar um papel de maior destaque frente à opinião pública nacional"[4].

---

(3) PICO, César E. *Carta a Jacques Maritain* (sobre a colaboração dos católicos com os movimentos do tipo facista). Buenos Aires: ADSUM, 1937.
(4) ZANCA, José A. *O humanismo cristão e a ...*, cit., p.181.

As eleições presidenciais de 1946 constituíram outro ponto de atrito entre os grupos católicos. A maior parte da hierarquia, os sacerdotes e fiéis se mostravam a favor da candidatura do Coronel Perón, cujas inspirações eram fundamentadas na Doutrina Social da Igreja. Já os grupos maritainianos, em grande parte, desmentiam a dita inspiração, pois afirmavam que a candidatura de Perón era apoiada por grupos pró-facismo, cujo governo militar, ao qual pertencia o Coronel Perón, havia assumido posição de neutralidade durante a Segunda Guerra Mundial, e preconizavam que a justiça social poderia ser alcançada por intermédio de sindicatos, estes vinculados ao poder estatal.

Pouco antes das eleições foi publicada uma lista em um dos periódicos mais importantes de Buenos Aires, que contava com mais de 400 assinaturas de católicos declarando seu apoio à União Democrática composta por Tamborini e Mosca. Entretanto, nem todos os católicos que pertenciam a este grupo a firmaram, pois, ainda que não apoiassem a liga Perón-Quijano, tampouco apoiariam uma frente composta por políticos de orientação socialista, comunista e que partilhavam alguns pontos da Plataforma de União Cívica Nacional, tal como Lucas Ayarragaray, primeiro candidato a Presidente da República pelo novato Partido Democrata Cristão no ano de 1958.

A influência do pensamento político de Maritain se deu também em outros países da América do Sul. No ano de 1947, em Montevidéu, ocorreu a primeira reunião latinoamericana de grupos políticos de inspiração cristã, sendo que a Argentina enviou Alberto Vélez Funes, Ivan Vila Echagüe, Enrique Martinez Paz, Alberto Duhau, Alfredo Di Pacce, Horacio Peña, Manuel Rio e Manuel Ordóñez; além de Pedro de Basaldúa, representante dos bascos exilados na cidade de Buenos Aires. Com algumas exceções, tais delegados tiveram uma atuação importante na fundação do Partido Democrata Cristão entre os anos de 1954-1955.

Do pensamento de Maritain na política e na vida universitária

Os seguidores, bem como os simpatizantes, de Maritain na Argentina seguiram o conselho de seu professor e constituíram numerosos grupos de estudos e de difusão do pensamento humanista e de ação política não partidária nas cidades de Buenos Aires, Rosário, Córdoba, Tucumán, Santiago del Estero e demais cidades do interior do estado de Buenos Aires. Do primeiro grupo de Córdoba, denominado União Democrática Cristã, cujo líder era Norberto Agrelo na década de 40, saíram grandes nomes e que iriam despontar nos primeiros anos da Democracia Cristã, alguns eram muito jovens, dentre os quais: Alberto e Ignácio Vélez Funes, Horacio Peña, Juan José y Raúl Torres Bas, Rodolfo Barraco Aguirre, Luis Agüero Piñero e Horacio Sueldo[5].

---

(5) Horacio Peña foi constituinte na reforma constitucional em 1957, Juan Torres Bas foi deputado estadual na legislatura do estado de Córdoba (1963-1966); Rodolfo Barraco Aguirre foi secretário da bancada democrata-cristã na Assembleia Constituinte de 1957; Horacio Sueldo foi aquele que obteve

Tais grupos, além de se dedicarem ao estudo e à difusão da obra de Maritain e de outros pensadores europeus, bem como das encíclicas de cunho social da Igreja Católica e de compartilhar da experiência vivida por grupos semelhantes na Europa e em outros países latino-americanos, tendo reforçado a posição de Perón no governo, se debruçavam sobre a questão de fundar ou não um partido político de inspiração cristã, nos moldes dos partidos europeus e da Falange Nacional do Chile. Não foi uma discussão fácil. Setores importantes entendiam que tal iniciativa poderia restar num partido confessional, que não era a intenção, e ainda, outros setores não acordavam acerca dos limites não doutrinários de tal partido. A discrepância central girava em torno da questão socioeconômica. Então vejamos: todos estavam de acordo que o capitalismo liberal, de base individualista e gerador da luta de classes, era questionado no ensino católico de caráter social, entretanto, nem todos estavam de acordo no que diz respeito aos limites da liberdade econômica e da intervenção do Estado na economia, bem como nas limitações que poderiam gerar reflexos no direito de propriedade; como pode-se observar, todas estas questões são de ordem prática.

Em março de 1954 foi fundado, em Córdoba, o "Partido Republicano (por uma democracia cristã)" contando com a participação daqueles que, na década anterior, tinham constituído a União Democrática Cristã, mais novos integrantes: José Antonio Allende, que chegou a ser Senador da República e teve participação importante quando foi Presidente Provisório do Senado no juramento de posse presidencial de Juan Domingo Perón no ano de 1973; Horacio J.Sueldo e Rodolfo Barraco Aguirre, que foram encarregados da redação de uma declaração de princípios.

A interminável discussão acerca de constituir ou não um partido político nacional que abarcasse os ideários do grupo levou o diretor da revista "Polêmica" a ceder a tribuna da revista para o reencontro dos chamados "social-cristãos autênticos". As opiniões foram tão diversas que o diretor da revista propôs uma reunião nacional, ocorrida entre os dias 09, 10 e 11 de julho de 1954, no domicílio particular do Dr. Juan T. Lewis (pesquisador, médico, discípulo do Dr. Bernardo Houssay, Premio Nobel de Medicina) na cidade de Rosário, donde resultou uma "Junta Promotora Nacional dos Partidos Políticos Provincianos de Inspiração Democrática Cristã".

Em novembro do ano de 1955, após a derrocada de Perón, foi fundado o Partido Democrata Cristão, na cidade de Córdoba e que contou com representantes de todo o país, oportunidade em que foi aprovada a declaração de princípios, aquela

---

maior êxito na vida política, foi o primeiro candidato a vice-presidente da República pelo partido Democrata Cristão em 1957, depois desempenhou o mesmo papel pela Aliança Popular Revolucionária, frente de centro-esquerda nas eleições de 1973, e, finalmente, foi deputado federal (1973-1976) e ocupou os cargos mais importantes do P.D.C., inclusive a presidência da Junta Nacional.

cuja redação esteve a cargo de Sueldo e Barraco Aguirre, para o Partido Republicano de Córdoba, contendo poucas alterações. Também foi aprovada a Carta Orgânica, o programa e a eleição de uma Junta Nacional.

Todavia, apesar da nítida influência que o pensamento maritainiano exercia em todos os integrantes do recém-fundado partido político, o que os unia, as divergências não tardaram a aparecer, especialmente no campo socioeconômico. Em 1962 houve uma dissidência composta por aqueles que inicialmente haviam semeado o pensamento de Maritain, dentre eles, Manuel V. Ordóñez que buscou trazer figuras importantes de outras orientações políticas (como é o caso da candidatura da Arturo Frondizi em 1958); também retomou-se a discussão acerca do peronismo, sua natureza e seu futuro, propugnando por sua reinserção no sistema político do país. Provavelmente, este último foi a causa da dissidência de 1962, como também o esquecimento de figuras relevantes da política que não voltaram a participar no cenário nacional. Depois houve várias deserções, que em geral migraram para o justicialismo, destacam-se o economista Guido Di Tella e o engenheiro Alieto Guadagni, que ocuparam cargos ministeriais em governos desta orientação política.

O Partido Democrata Cristão sobrevive há 50 anos, embora atualmente represente uma expressão política muito reduzida.

Outros partidos políticos contaram com integrantes adeptos do pensamento maritainiano, embora os mesmos não sustentassem tal posicionamento publicamente.

Atualmente, onde o pensamento político assume contornos mais pragmáticos do que sua própria natureza exige, por causa do chamado "fim das ideologias" (com a queda do comunismo na Europa Oriental a partir de 1989), não se encontram mais políticos que tenham efetuado estudos diretos na doutrina de Maritain, somente alguns que foram influenciados ou formados por políticos adeptos de Maritain. Pode-se dizer que a presença maritainiana se faz de forma indireta e que os Princípios da Carta Democrática têm uma ampla aceitação, ainda que muitos não saibam ao certo suas origens.

Cumpre destacar que Maritain não era a favor da constituição de partidos políticos, ainda que fizessem alusão à sua doutrina, ao contrário, preferia ser considerado fonte de inspiração para uma convivência democrática. Somente destacou a eleição do Presidente do Chile, Eduardo Frei Montalvo (1964-1970), que foi um grande difusor do pensamento de Maritain em seu país, como um fato relevante na realização de suas ideias, à frente do Partido Democrata Cristão.

A influência do pensamento político de Maritain também foi relevante no âmbito universitário. Tanto é verdade que, na década de 50, foi fundada em Buenos Aires a Liga dos Estudantes Humanistas, que contou com adeptos que logo despontaram como acadêmicos e como figuras políticas de destaque nacional. A primeira geração de humanistas de Buenos Aires possui nomes que foram especialmente reconhecidos: o engenheiro Hilário Fernández Long, reitor da Universidade de Buenos Aires (UBA) no ano de 1966 e o cientista político e historiador Natalio Botana. Os humanistas chegaram a constituir maioria nas eleições para conselheiros estudantis na UBA e na Universidade Nacional de Tucumán. Entretanto, em Córdoba foram minoria, posto que ali surgiu outro movimento de inspiração maritainiana, o "integralismo", assim chamado por ocasião da obra de Maritain "Humanismo Integral" e que nada tem em comum com o movimento de extrema direita do Brasil e de igual denominação, encampado por Plínio Salgado. O integralismo de Córdoba chegou a ser partido majoritário entre os estudantes, dedicando-se mais à práxis política universitária do que à práxis doutrinária. Estes movimentos se fizeram presentes até os anos 60.

Maritain e a cátedra universitária

Finalmente, cumpre assinalar a influência do pensamento político maritainiano na academia, particularmente na cátedra de Direito Político, ou também chamado Teoria Geral do Estado nas graduações em direito e ciência política.

Destacarei três docentes que deixaram, cada um deles, como legado, tratados sobre suas disciplinas e que denotam, com objetividade e sem deixar de lado outras fontes doutrinárias, os vestígios que deixou o pensamento maritainiano em sua formação, os quais foram transmitidos aos seus alunos.

Primeiramente faço menção ao professor de Direito Político, membro titular da Academia Nacional de Direito de Córdoba, Dr. Enrique Martínez Paz[6]. A versão taquigrafada de suas aulas foi publicada por essa Academia, que logo as compilou em forma de livro, a fim de salvaguardar para as futuras gerações sua magnífica obra, que se constitui num verdadeiro tratado. No Prólogo, de autoria do Dr. Pedro José Frias, encontra-se escrito que "a verdadeira influência intelectual sobre nosso autor e seu livro foi exercida por Maritain" e mais adiante destaca: "Nada posso acrescentar ao que Fernando Martínez Paz escreveu acerca da contribuição de Maritain para a Ciência Política; eu acrescentaria no tocante ao resgate do ideário democrático na Argentina. Eu me lembro das décadas de 30 e de 40, quando Julien Benda buscava encontrar a localização do chamado "complexo de inferioridade" na democracia, enquanto o filósofo cristão buscava restaurar, com uma dose de asceticismo político, à democracia o poder para a realização de suas

---

(6) Mencionou-se a Enrique Martínez Paz como sendo integrante do primeiro grupo não partidário democrata cristão que se constituiu em Córdoba. Ele militou politicamente de forma rápida no Partido Democrata de Córdoba, grupo tradicional, de orientação conservadora do mesmo estado. Entretanto, ele discordava do Partido Democrata Cristão no tocante à sua concepção econômico-social. Surpreendeu a todos quando aderiu ao movimento militar encabeçado por Juan Carlos Onganía, em 1966, de quem foi Ministro do Interior. Na Argentina, os efeitos da Guerra Fria motivaram ações práticas desta natureza.

promessas", e conclui dizendo que "o mais duradouro mérito da obra de Enrique Martínez Paz foi o de sistematizar, na Teoria Geral do Estado, a mediação de Maritain entre o Tradicional e o Contemporâneo". A influência de Maritain nesta obra se observa nos fundamentos do Poder Político, do bem comum, da natureza do Estado, dos direitos do homem, das relações entre Igreja, Estado e governo mundial, entre outros temas[7].

O segundo é o professor Francisco Cerro, titular da cátedra de Direito Político da Universidade Católica de Santiago del Estero e professor de Direito Constitucional da Universidade Nacional de Tucumán, em sua obra, intitulada *Introdução à Ciência Política*[8], observa-se a influência maritainiana no estudo de vários temas, dentre eles a relação entre ética e política, o método correto para o estudo da ciência política, da pessoa humana e seus direitos, a sociedade, o bem comum como fim último do Estado, o pluralismo, a democracia, a soberania, entre outros. Cerro foi também político do Partido Democrata Cristão, senador da República entre os anos de 1973-1976, por três vezes constituinte estadual em Santiago del Estero e candidato a presidente da República em 1983.

E, por último, Arturo Ponsati, que foi professor de Direito Político da Universidade Nacional de Tucumán e da Universidade Nacional de Catamarca. Em sua obra *Lições de Política*[9], transparece a influência maritainiana quando escreve acerca da natureza do conhecimento político, da pessoa, do bem comum, do poder do Estado, da soberania e da democracia. Tal como Cerro, Ponsati se destacou no cenário político[10] e também como publicitário. Foi um grande divulgador do pensamento maritainiano na academia, na política e na imprensa, fundou o Instituto Jacques Maritain na Argentina e foi integrante, como conselheiro, do Conselho Científico do Instituto Internacional Jacques Maritain, que possui sede em Roma. Faleceu precocemente em 1998 aos 60 anos de idade.

É na academia, com os docentes acima mencionados e também com a colaboração de muitos outros em vários pontos do país, que, provavelmente, o pensamento de Maritain perdura até os dias atuais.

---

(7) MARTÍNEZ PAZ, Enrique. *Manual de direito político*, Edições da Academia Nacional de Direito de Córdoba, 1988.
(8) CERRO, Francisco Eduardo. *Introdução à ciência política*. Edições da Universidade Católica de Santiago del Estero, 1999.
(9) PONSATI, Arturo. *Lições de política*. Edições O Graduado, Tucumán, 1993.
(10) ARTURO Ponsati foi deputado na Assembleia Legislativa de Tucumán, Secretário de Educação do estado e membro da Corte Suprema de Justiça de Tucumán.

Presença de intuições maritainianas na *Caritas in veritate* de Bento XVI⁽*⁾

Piero Viotto⁽**⁾

A carta encíclica *Caritas in Veritate* de Bento XVI (29 de junho de 2010) é dirigida não só aos cristãos, mas explicitamente "a todos os homens de boa vontade", como também a *Centesimus Annus* (1991) de João Paulo II, o que reforça a intenção daquele "e também" a todas as pessoas de boa vontade "da *Pacem in Terris* (1963) de João XXIII, para documentar a forma como a Igreja deseja falar a todos os povos. A esta luz, é possível uma leitura filosófica do presente documento eclesial. Até mesmo Paulo VI na *Populorum progressio* (1967) se dirigia a todos os homens, mas na dedicatória final seguia esta escala e se dirigia separadamente aos católicos (§ 82), aos cristãos (§ 83), aos homens de boa vontade (§ 84). Bento XVI agrupa e envolve todas as pessoas em um projeto comum "Segundo os crentes, o mundo não é fruto do acaso nem da necessidade, mas de um projeto de Deus. Daqui nasce o dever que os crentes têm de unir os seus esforços com todos os homens e mulheres de boa vontade de outras religiões ou não crentes, para que este nosso mundo corresponda efetivamente ao projeto divino: viver como uma família, sob o olhar do seu Criador" (§ 57); Leão XIII com a *Rerum Novarum* (1881) colocou a questão social; com Paulo VI, a Igreja toma consciência de que a questão social se tornou uma questão global, porque a justiça não se refere apenas às relações entre as pessoas dentro do Estado, mas também às relações entre os povos; com Bento XVI propõe a todos os homens um projeto de "desenvolvimento humano integral para o bem comum universal".

Premissa

Eu faço uma leitura da encíclica a partir das considerações desenvolvidas por Jacques Maritain⁽¹⁾, no final do Concílio Vaticano II em 1966, publicado como "O

(*) Artigo traduzido por Celso Frioli e Eduardo Crispim.
(**) Docente emérito da Universidade Católica de Milão; membro do Comitê Científico Internacional do "Instituto Jacques Maritain", com sede em Roma. Mantém autoria de numerosas publicações, para Cidade Nova, dentre elas Jacques Maritain — Dicionário de obras (2006).
(1) Todas as citações são tiradas do texto final maritainianos, Jacques et Raïssa Maritain. *Oeuvres Complètes*. Paris: Editions Universitaires Fribourg, Editions Saint-Paul, 1986-2002, vs. 17, indicando,

camponês do Garona"[(2)]. Maritain escreve no prefácio: "Na verdade, todos os vestígios do Santo Império estão hoje encerrados: estamos saindo definitivamente da idade sacral e daquela do barroco; depois de dezesseis séculos, que seria vergonhoso caluniar ou ter a pretensão de rejeitar, mas certamente acabou de expirar e cujos graves defeitos não eram contestáveis, uma nova era se inicia quando a Igreja nos convida a compreender melhor a *bondade e a humanidade* de Deus, nosso Pai e nos convida a reconhecer, ao mesmo tempo, todas as dimensões daquele *"hominem integrum"* do qual o Papa (Paulo VI) falou em seu discurso de 7 de dezembro de 1965, na última sessão do Concílio. Eis realizada a grande reviravolta em virtude da qual não são mais as coisa humanas que se encarregam de defender as coisas divinas, mas sim estas que se oferecem para defender as coisas humanas (se estas não recusarem a ajuda oferecida)" (XII 671).

A *Caritas in veritate* se move neste sentido, não pede para a Igreja a ajuda da sociedade civil para evangelizar o mundo, mas oferece à sociedade civil, nacional e internacional, a sua ajuda para tornar o mundo mais humano. Esta atenção significa que o homem não está neste mundo apenas para se preparar para a vida eterna, para salvar a sua alma, mas está no mundo para cultivá-lo, para povoá-lo e salva a sua alma, somente se se esforçar para fazer crescer na paz a sociedade terrestre, se serve o seu próximo, se promove o progresso. Maritain precisa, com exatidão conceitual, que a vida neste mundo, com a concretude de suas expressões, tais como a família, o trabalho, a vida social... não é um meio instrumental, mas um fim infravalente, em relação ao fim último da vida, que consiste na contemplação do Absoluto, que Aristóteles já havia intuído. Também várias vezes notou que as injustiças neste mundo são muitas vezes resultado dos pecados de omissão por parte dos cristãos, que negligenciam a missão temporal do cristão, que é diferente da missão da Igreja e que requer um novo estilo de santidade. "O Cristianismo deve informar, ou, antes, transpenetrar o mundo, não por ser este o seu objetivo principal (é apenas um fim secundário e uma condição necessária para ele) e não para que o mundo se torne, a partir de agora, o reino de Deus, mas para que a refração no mundo da graça seja nele cada vez mais efetiva e o homem possa viver melhor sua vida temporal" (VI 420).

Uma segunda premissa, uma carta encíclica não é um tratado de filosofia, nem um tratado de teologia, e não se refere à definição de conceitos teóricos como proposta de orientações práticas. É uma exortação pastoral, mas que pressupõe e transmite conceitos filosóficos e motivações teológicas. A *Caritas in veritate* de Bento XVI, um papa de uma forte espiritualidade agostiniana, não

---

para cada citação de volume e página. Para uma referência rápida do *Opera omnia* de Maritain cfr, P. Viotto. *Dicionário das obras de Jacques Maritain*. Roma: New Town, 2003. p. 480 e *Dicionário das obras de Raïssa Maritain*. Roma: New Town, 2005. p. 364.
(2) MARITAIN, J. *A paysan de la Garonne*. Paris: Desclée de Brouwer, 1966. p. 410 (XII 663-1035).

certamente de formação intelectual tomista, como era Paulo VI, desenvolve com argumentos que alternam a linguagem tomista, e é possível descobrir, embora de modo não explícito, sugestões maritanianas profundas, a começar pela insistência com que ele fala de um "desenvolvimento humano integral" (29 vezes) e o fato de que esta proposta esteja enraizada no binômio liberdade-verdade, no qual a caridade aparece como mediação. Cito apenas dois textos, o primeiro: "o desenvolvimento humano integral pressupõe a liberdade responsável das pessoas e dos povos: nenhuma estrutura pode garantir tal desenvolvimento prescindindo e sobrepondo-se à responsabilidade humana" (n. 17), em segundo lugar "Além de requerer a liberdade, o desenvolvimento humano integral enquanto vocação exige também que se respeite a sua verdade" (n. 18). As afirmações de Bento XVI se remetem diretamente a Paulo VI "Esta visão do desenvolvimento é o coração da *Populorum Progressio* e motiva todas as reflexões de Paulo VI sobre a liberdade, a verdade e a caridade no desenvolvimento" (§ 16).

Continuidade a Paulo VI

A *Caritas in veritate* é um comentário e uma evolução da *Populorum Progressio* a que se refaz por cinquenta e quatro vezes, desde a primeira nota no § 5 à última nota ao § 79, e é nesta perspectiva que eu a examino, porque nestas encíclicas sociais os dois Pontífices se referem à "*Constituição Pastoral sobre a Igreja no Mundo Moderno*" *Gaudium et Spes*, de 7 de dezembro de 1965, o Papa Paulo VI por quinze vezes, Bento XVI por dez vezes. É uma reflexão que continua com relação ao evoluir-se da problemática social.

Quando em 1966, a UNESCO organizou em Paris um "encontro das culturas à luz do Concílio Vaticano II" convidando os representantes das diferentes religiões, o Cardeal Giovanni Benelli, Observador da Santa Sé junto à UNESCO, escolheu Maritain para apresentar o ponto de vista da Igreja Católica. Maritain desenvolve o tema "*As condições espirituais do progresso e da paz*" partindo de um comentário aos cap. IV e V da *Gaudium et Spes*. Reafirma a primazia do espiritual,[3] mediante a inspiração, a educação e a renovação cultural porque no desenvolvimento da humanidade, a descoberta espiritual supera as descobertas técnicas. Ele afirma: "A ação do espiritual sobre os homens e sobre a história é mais vasta e mais potente do que a ação temporal", e dá exemplos de como o "marxismo e a revolução comunista não teriam existido sem Hegel" (XIII 756). E acrescentou que para o progresso e para a paz se deve renunciar à ideia do Estado soberano e pensar no bem comum da humanidade. "Trata-se de fazer reconhecer aos espíritos, no decorrer do tempo, a verdade de sua filosofia política e de sua ética política, baseada na razão iluminada pela fé" (XIII 760). Paulo VI na *Populorum Progressio*

---

(3) MARITAIN, J. *Primauté du spirituel*. Paris: Plon, 1927. p. 315 (1783– 988).

cita esta conferência: "Se a procura do desenvolvimento pede um número cada vez maior de técnicos, exige cada vez mais de sábios, capazes de reflexão profunda, em busca de um humanismo novo, que permita ao homem moderno o encontro de si mesmo, assumindo os valores superiores do amor, da amizade, da oração e da contemplação (17). Assim poderá realizar-se em plenitude o verdadeiro desenvolvimento, que é, para todos e para cada um, a passagem de condições menos humanas a condições mais humanas" (Nota 16)[(4)] (§ 20).

Na conclusão da encíclica, Paulo VI menciona a obra de Maritain "*Humanismo Integral*". "É um humanismo planetário que deve ser promovido (nota 37)[(5)]. E o que significa isso, se não o desenvolvimento do homem total e de todos os homens? Um humanismo fechado, insensível aos valores do espírito e a Deus que é a sua fonte, poderia, aparentemente, ter uma melhor chance de triunfo. Sem dúvida, o homem poderia organizar a terra sem Deus, mas "sem Deus, no final, ele não poderia organizá-la senão contra o próprio homem. O humanismo exclusivo é um humanismo desumano. "Não existe, portanto, um verdadeiro humanismo, que não seja aberto para o Absoluto, no reconhecimento de uma vocação que oferece a ideia verdadeira da vida humana" (§ 42).

Bento XVI na *Caritas in veritate* não menciona Maritain, mas faz uma referência à filosofia personalista: "A verdade da globalização enquanto processo e seu critério ético fundamental provém da unidade da família humana e do seu desenvolvimento no bem. Por isso é preciso empenhar-se sem cessar por favorecer uma orientação cultural personalista e comunitária, aberta à transcendência, do processo de integração planetária" (§ 42). É, então, dada implicitamente uma indicação de endereço, que vai além da filosofia do liberalismo, que se detém ao 'indivíduo' além da filosofia do socialismo, que se detém na 'comunidade', para colocar no centro das relações sociais a pessoa, e é esta a posição de Maritain.

Paulo VI na *Populorum Progressio* afirma que a tarefa de animar a ordem temporal é uma tarefa específica do laicato: "Nos países em via de desenvolvimento, assim como em todos os outros, os leigos devem assumir como tarefa própria a renovação da ordem temporal. Se o papel da hierarquia consiste em ensinar e interpretar autenticamente os princípios morais que se hão de seguir neste campo, pertence aos leigos, pelas suas livres iniciativas e sem esperar passivamente ordens e diretrizes, imbuir de espírito cristão a mentalidade e os costumes, as leis e as estruturas da sua comunidade de vida". E escreve (§ 81) Deve-se notar que a autonomia dos leigos na vida política, que Maritain tinha predito em vários escritos: no plano espiritual os cristãos agem como cristãos e empenham diretamente a

---

(4) La nota 16 rimanda al testo maritainiano: fr MARITAIN, J. Les conditions spirituelles du progress et de la paix, no livro *Rencontre des cultures à l'UNESCO sous le signe du Concile Oecuménique Vatican II*. Paris: Mame, 1966. p. 66.
(5) A nota 37 cita "Cfr MARITAIN, J. *Humanisme intégral*. Paris: Aubier, 1936".

Igreja, em termos do temporal agem como cristãos e empenham apenas ele como pessoa. Não se trata de uma separação, mas de uma distinção, porque "o plano do temporal está subordinado ao plano do espiritual" (VI 619). O cristão é sempre ele mesmo, tanto em termos de sua ação católica, como naquele da ação política, mas de forma diferente modula a sua atitude operacional. Entre o temporal e o espiritual encontra-se um terceiro plano relacionado a questões mistas, tais como a educação e o matrimônio: trata-se do "plano do espiritual considerado em sua conexão com a ordem temporal" (VI 622). Conceituação teórica sutil que não pode estar contida em uma encíclica. No entanto, Paulo VI e Bento XVI em seus argumentos procedem em paralelo a partir dos fundamentos antropológicos e é justamente nesses fundamentos que podem ser encontradas sugestões maritanianas profundas. Bento XVI escreve: "A transição inerente ao processo de globalização apresenta grandes dificuldades e perigos que poderão ser superados apenas se se souber tomar consciência daquela alma antropológica e ética que, do mais profundo, impele a própria globalização para metas de humanização solidária" (§ 42).

Os fundamentos antropológicos

Bento XVI várias vezes se refere aos fundamentos antropológicos para motivar os seus pensamentos, dos quais apresento alguns. "Hoje, devemos afirmar que a questão social tornou-se uma questão radicalmente antropológica" (§ 75). "Dentro de cada povo e nas relações entre os povos, a questão social se coloca no quadro antropológico e ético porque remetem para o quadro antropológico e ético cuja verdade é o âmbito onde os mesmos se inserem e, deste modo, não decaem no arbítrio. Por este motivo, os deveres reforçam os direitos e propõem a sua defesa e promoção como um compromisso a assumir ao serviço do bem" (§ 43). O mesmo problema de comunicação se remete à antropologia. "Como requerido por uma correta gestão da globalização e do desenvolvimento, o sentido e a finalidade dos *mass media* devem ser buscados no fundamento antropológico" (§ 73).

Ora, a antropologia a que Bento XVI evoca é a antropologia cristã, que considera o homem como um animal racional, pessoa social, filho de Deus. Estas três dimensões estão presentes na encíclica, que não usa nunca a palavra indivíduo, mas sempre a palavra pessoa. Na verdade, a raiz ontológica do ser humano é a pessoa, como "uma unidade de corpo e alma" (§ 76), uma essência mista, totalmente animal e completamente espiritual, porque o homem não é um organismo animal ao qual se acrescenta a alma, porque a mesma alma que pensa é a mesma alma que digere. É extremamente importante esse reconhecimento da integridade do homem, porque, revela Maritain, as antropologias que separam a alma do corpo, como as de Descartes (*res cogitans e res extensa*) e de Kant (*o reino da natureza e o reino dos fins*) levaram à separação da moral, da política, da economia, do direito. A segunda conotação diz respeito à socialidade do homem, que não é derivada de um contrato entre indivíduos, como sustentado pelo liberalismo, mas é da própria natureza do homem que é nascido do casal, do relacionamento entre o pai e a mãe, e, portanto, em uma família. Bento XVI destaca o papel fundamental e insubstituível da família: "Os Estados são chamados a instaurar políticas que promovam a centralidade e a integridade da família, fundamentada no matrimônio entre um homem e uma mulher, a primeira célula vital da sociedade" (§ 44). Maritain conceitua esses argumentos e afirma que a pessoa não é a relação social, mas está em relação social, "o homem é internamente social, mas não todo ele mesmo" (IX, 214), como indivíduo é parte da comunidade familiar e social, mas como pessoa é um todo por si só, e é um valor em si mesmo. A esse respeito em *A pessoa humana e o bem comum*[6] refere-se a dois textos de Santo Thomas, "que se complementam e se equilibram um ao outro". "Toda pessoa individual se refere a toda a comunidade como a parte ao todo" e o "homem não é classificado de acordo com a sociedade política em si e de acordo com tudo o que ele é" (IX, 214).

A terceira das conotações antropológicas é a religiosidade da pessoa e Bento XVI escreve: "O homem não é um átomo perdido num universo casual [70], mas é uma criatura de Deus, à qual Ele quis dar uma alma imortal e que desde sempre amou. Se o homem fosse fruto apenas do acaso ou da necessidade, se as suas aspirações tivessem de reduzir-se ao horizonte restrito das situações em que vive, se tudo fosse somente história e cultura e o homem não tivesse uma natureza destinada a transcender-se numa vida sobrenatural, então poder-se-ia falar de incremento ou de evolução, mas não de desenvolvimento"(§ 29). Por quatro vezes Bento XVI afirma que o homem quer "ser mais" (ns. 14, 18, 29), que não pode se contentar em ser homem. Maritain em sua pesquisa filosófica considera que as tensões do homem à liberdade manifesta-se em duas direções[7], uma sociopolítica segundo as aspirações conaturais da pessoa enquanto pessoa humana, e uma religiosa, transnaturais da pessoa como pessoa humana: "as aspirações conaturais tendem a uma relativa liberdade e são compatíveis com as condições que temos aqui na terra, e o peso da natureza material sujeita eles, desde o início, a uma terrível desventura", "as aspirações transnaturais da pessoa tendem a uma liberdade sobre-humana, liberdade pura e simples" (VIII, 191), que pertence somente a Deus, é aquele "ser mais" que somente a graça de Deus, em um nível sobrenatural, pode satisfazer.

Os fundamentos éticos

Bento XVI, após ter colocado a dignidade da pessoa na base das relações sociais, considera que "Os direitos humanos correm o risco de não serem respeitados,

---

(6) MARITAIN, J. *La personne et le bien commun*. Paris: Desclée de Bouwer, 1947. p. 93.
(7) Cfr. MARITAIN, J. *Principes d'une politique humaniste*. New York: Editions de la Maison Française, 1944. p. 232 (VIII 177-355).

porque ficam privados do seu fundamento transcendente ou porque não é reconhecida a liberdade pessoal. No laicismo e no fundamentalismo, perde-se a possibilidade de um diálogo fecundo e de uma profícua colaboração entre a razão e a fé religiosa" (§ 56). No desenvolvimento de seus argumentos sobre o binômio verdade-liberdade nota que "Existem, em todas as culturas, singulares e variadas convergências éticas, expressão de uma mesma natureza humana querida pelo Criador e que a sabedoria ética da humanidade chama de lei natural" e afirma: "Esta lei moral e universal é um fundamento sólido de todo o diálogo cultural, religioso e político e permite que o multiforme pluralismo das várias culturas não se desvie da busca comum da verdade, do bem e de Deus". Conclui: "a adesão a esta lei escrita nos corações é o pressuposto de qualquer colaboração social construtiva. Em todas as culturas existem pesos de que se libertar, sombras a que se subtrair. A fé cristã, que se encarna nas culturas transcendendo-as, pode ajudá-las a crescer na fraternização e solidariedade universais com benefício para o desenvolvimento comunitário e mundial" (§ 59). Parece que estamos vendo as páginas de *"Novas lições sobre a lei natural"*[8] de Maritain, nas quais lemos que o homem conhece esta lei não por dedução lógico-conceitual, como se fosse uma série geométrica, mas por "conhecimento conatural ou simpatia, aonde o intelecto chega a seus julgamentos, consultando inclinações interiores, ouvindo a vibração das tendências profundas" (XVI, 711). É um conhecimento obscuro, assistemático e vital, que surge gradualmente na consciência da humanidade, "no interior do duplo tecido protetor, das inclinações naturais por um lado e da sociedade humana por outro" (XVI 713). Maritain critica as posições da lei natural de *Grotius* e dos *jusnaturalistas* do período iluminista, que relacionaram a lei natural e, por consequência, o direito natural, apenas à razão humana, separando-a da existência de Deus: "É evidente que, se procuramos o fundamento primeiro da lei natural, devemos recorrer à lei eterna" (XVI, 720) que não é senão "uma só coisa com a sabedoria eterna de Deus e com a própria essência divina" (XVI, 719), por isso a lei natural é uma participação à lei eterna, porque "a razão divina é a única razão que produz a lei natural, a única razão da qual a lei natural emana" (XVI 722). Na ordem da consciência, primeiro vem a consciência e depois Deus, "caso contrário não seria necessário demonstrar a existência de Deus", mas na ordem da realidade primeiro vem Deus, e depois a consciência humana, porque "a noção de lei está intimamente ligada à razão ordenadora" (XVI, 722). Bento XVI é igualmente explícito: o fundamento último da lei natural é a Razão criadora: "Deus revela o homem ao homem; a razão e a fé colaboram para lhe mostrar o bem, desde que o queira ver; a lei natural, na qual reluz a Razão criadora, indica a grandeza do homem, mas também a sua miséria quando ele desconhece o apelo da verdade moral" (§ 75).

---

(8) MARITAIN, J. *La loi naturelle ou loi non écrite*. Fribourg Paris: Editions Universitaires, 1986 (XVI 687-918).

Exatamente sobre a base do reconhecimento desta lei natural, seja com diferentes motivações teóricas para o crente que a relaciona a Deus e ao descrente que a relaciona à dignidade da pessoa humana, pode-se começar um diálogo que supere o relativismo e o fundamentalismo. Maritain no artigo "*Tolerância e verdade*"[9] conceitua: "Por um lado o erro de absolutistas, que querem impor a verdade sob coação, deriva do fato de que eles transferem do objeto ao sujeito os sentimentos que experimentam com relação ao objeto; eles pensam que, como o erro em si não tem qualquer direito e deve ser banido do espírito (com os meios do espírito), assim o homem, quando em erro não goza de direitos próprios e deve ser banido do consórcio dos homens (com os meios do poder humano). Por outro lado o erro dos teóricos que fazem do relativismo, da ignorância e da dúvida, a condição necessária para a tolerância mútua vem do fato de que eles transferem do sujeito para o objeto os sentimentos que experimentam com relação ao sujeito — que deve ser respeitado, mesmo quando é em erro — e assim privam o homem e o intelecto humano daquele ato, a adesão à verdade, no qual consistem ao mesmo tempo a dignidade do homem e sua razão de viver" (XI, 78-79). Não precisa confundir o plano do sujeito humano, que tem o direito à liberdade, com o plano do objeto, da verdade, quem tem direito ao reconhecimento, como é conhecido. Não é a dúvida, mas é a verdade que nos torna humildes e respeitosos com os outros homens, reconhecendo juntamente a validade e as limitações do nosso conhecimento. Bento XVI escreve: "Com efeito, a verdade é "*logos*" que cria "*diálogos*" e, consequentemente, comunicação e comunhão" (§ 4).

O Pluralismo não é uma filosofia, como se todas as opiniões fossem verdadeiras, é apenas uma metodologia política para respeitar a liberdade de consciência, que possui uma alma que tem o amor ao próximo, o respeito pela sua dignidade. É preciso dar testemunho da verdade no amor, como recomenda São Paulo na Epístola aos Efésios, que Bento XVI cita, enfatizando a necessidade de "conjugar a caridade com a verdade, não só na direção assinalada por S. Paulo da "*veritas in caritate*" (Ef 4, 15), mas também na direção inversa e complementar da "*caritas in veritate*"" (§ 4). Bento XVI observou que na sociedade contemporânea há um "multiforme pluralismo", que se manifesta em "todo diálogo cultural, religioso e político" (§ 59). Maritain em "*Quem é o meu próximo*"[10] analisa esses diferentes níveis de pluralismo com sutis, mas necessárias, asserções. Ao nível do diálogo religioso a caridade fraterna, "a amizade de caridade" não é supra-dogmática, mas suprassubjetiva; não nos faz sair de nossa fé, nos faz sair de nós mesmos, ajuda a purificar a nossa fé do resíduo de egoísmo e de subjetividade em que tendemos instintivamente trancá-la "(VIII 290). Ao nível do diálogo político a amizade civil conduz a termos objetivos comuns de pensamento prático, sem que seja necessária uma identidade doutrinal. "Basta que os princípios e as doutrinas

---

(9) MARITAIN, J. Tolérance et véritè In: *La philosophe dans la cité*. Paris: Alsatia, 1960. p. 205 (XI, 73-95).
(10) MARITAIN, J. Qui est mon prochain? In: *Principes d'une politique humaniste*. New York: Editions de la Maison Française, 1944. p. 232 (VIII 279-306).

tenham entre si uma unidade e uma comunidade de semelhança ou de proporção (digamos no sentido técnico do termo, de analogia) levada em conta a finalidade prática em questão, que por si só, apesar de se relacionar a um objetivo maior, é de ordem natural"(VIII, 297). Ao nível do diálogo cultural a justiça intelectual exige que eu mantenha minha identidade mas que eu respeite também a verdade que em outros sistemas é formada diferentemente do meu sistema de referência, porque nenhum sistema pode ter a verdade exclusiva, que é inclusiva de todos os homens que sinceramente a procuram.

O Estado, o corpo político e o bem comum

João Paulo II afirma na *Centesimus Annus:* "A *Rerum Novarum* critica os dois sistemas sociais e econômicos: o socialismo e o liberalismo. A parte inicial é dedicada ao primeiro, na qual se reafirma o direito à propriedade privada; não há uma seção especial dedicada ao segundo, mas — é importante notar — que se lhe reservam críticas quando se afrontam os deveres do Estado" (§ 10). Bento XVI na *Caritas in Veritate* não faz nenhuma referência direta ao liberalismo e ao socialismo, mas, como vimos, se põe na perspectiva de "uma orientação cultural pessoal e comunitária" (§ 42), que considera o bem comum a razão de ser do Estado. A sociedade civil, portanto, não deve limitar-se a garantir a liberdade individual dos cidadãos, mas deve promover o bem comum: "Ao lado do bem individual, existe um bem ligado à vida social das pessoas: o bem comum. É o bem daquele "nós--todos", formado por indivíduos, famílias e grupos intermédios que se unem em comunidade social. Não é um bem procurado para si mesmo, mas para as pessoas que fazem parte da comunidade social e que, só nela, podem realmente e com maior eficácia obter o próprio bem" (§ 7). Assim, o bem comum não é a soma dos bens individuais (liberalismo), nem é o bem do todo social, tomado só para si (o socialismo). Maritain, assim conceitua: "O bem comum da *civitas* não é nem a simples soma de bens privados, nem o bem próprio de um todo que (como as espécies, por exemplo, com relação aos indivíduos ou, a colmeia com relação às abelhas) frutifique apenas para si mesmo e sacrifique as partes a seu favor; é a vida humana boa para a multidão, de uma multidão de pessoas, ou seja, do todo carnal e espiritual juntos, e principalmente espiritual, mesmo se acontece que vivam com mais frequência na carne que no espírito. O bem comum da *civitas* é sua comunhão no bem viver; comum portanto ao todo e às partes; digo das partes como se essas mesmas fossem o todo, visto que a própria noção de pessoa significa totalidade; comum ao todo e às partes para as quais se doa e que devem beneficiar-se dele" (VII, 624). Em *Humanismo Integral* indica as três características de uma sociedade autenticamente democrática, uma sociedade que deve ser uma sociedade comunitária, porque o seu fim é o bem comum, uma sociedade personalista, porque o bem comum temporal é um fim provisório, de valor inferior, se comparado ao fim último da pessoa e uma sociedade peregrina, porque representa o momento terreno do destino humano, um equilíbrio de tensão e de movimento.

Este bem comum que o Estado deve promover diz respeito especialmente às classes socialmente desfavorecidas. Bento XVI na *Caritas in Veritate* fala, em vinte e uma ocasiões, dos direitos dos trabalhadores. Depois de declarar "Apesar de os parâmetros éticos que guiam atualmente o debate sobre a responsabilidade social da empresa não serem, segundo a perspectiva da doutrina social da Igreja, todos aceitáveis, é um fato que se vai difundindo cada vez mais a convicção de que a gestão da empresa não pode ter em conta unicamente os interesses dos proprietários da mesma, mas deve preocupar-se também com as outras diversas categorias de sujeitos que contribuem para a vida da empresa: os trabalhadores, os clientes, os fornecedores dos vários fatores de produção, a comunidade de referimento" (§ 40), diz: "Obviamente, tais trabalhadores não podem ser considerados como simples mercadoria ou mera força de trabalho; por isso, não devem ser tratados como qualquer outro fator de produção" (§ 62). Maritain em "*Os direitos humanos e a lei natural*"[11] dedica um parágrafo inteiro aos "direitos da pessoa operária".

Outro ponto em que a encíclica continua quase em paralelo com os argumentos filosóficos de Maritain, diz respeito à superação da soberania do Estado. Maritain em "*O Homem e o Estado*"[12] sustenta que o Estado não é nada mais que a organização administrativa da sociedade civil: "A sociedade política, desejada pela natureza e realizada pela razão, é a mais perfeita das sociedades temporais... A justiça é a condição primordial para a existência do corpo político, mas a amizade é a sua verdadeira força animadora. O corpo político é o todo, do qual o Estado é uma parte, a parte dominante desse todo"(IX, 491). O Estado não coincide com o corpo político. "O Estado é apenas aquela parte do corpo político que diz respeito, em particular, ao cumprimento das leis, ao encorajamento do bem-estar comum e à ordem pública, à administração dos assuntos públicos. O Estado é uma parte especializada nos interesses do todo" (IX 494-5). O corpo político é a verdadeira sociedade política, o Estado é um seu órgão técnico.

Bento XVI também argumenta que nas relações sociais é necessário superar a centralidade do Estado: "O meu antecessor João Paulo II sublinhara esta problemática, quando, na *Centesimus annus*, destacou a necessidade de um sistema com três sujeitos: o mercado, o Estado e a sociedade civil. Ele tinha identificado na sociedade civil o âmbito mais apropriado para uma economia da gratuidade e da fraternidade, mas sem pretender negá-la nos outros dois âmbitos" (§ 38) e enfatiza a importância do voluntariado nas relações sociais: "Quando a lógica do mercado e a do Estado se põem de acordo entre si para continuar no monopólio dos respectivos âmbitos de influência, com o passar do tempo definha a solidariedade nas relações entre os cidadãos, a participação e a adesão, o serviço

---

(11) MARITAIN, J. *Les droits de l'homme et la loi naturelle*. New York: Editions de la Maison Française, 1942. p. 144.
(12) MARITAIN, J. *Man and the State Chicago*. University of Chicago Press, 1951. p. 219 (IX 471-736).

gratuito, que são realidades diversas do "dar para ter", próprio da lógica da transação, e do "dar por dever", próprio da lógica dos comportamentos públicos impostos por lei pelo Estado" (§ 39).

Além disso, é preciso superar a soberania nacional também nas relações internacionais e encontrar formas federativas entre os Estados, para que eles possam governar os processos de globalização. Bento XVI afirma: "Para não se gerar um perigoso poder universal de tipo monocrático, o governo da globalização deve ser de tipo subsidiário, articulado segundo vários e diferenciados níveis que colaborem reciprocamente. A globalização tem necessidade, sem dúvida, de autoridade, enquanto põe o problema de um bem comum global a alcançar; mas tal autoridade deverá ser organizada de modo subsidiário e poliárquico, seja para não lesar a liberdade, seja para resultar concretamente eficaz" (§ 57). Também Maritain espera por a uma solução federalista para a gestão do governo do mundo: "Como os vários estados nacionais podem, renunciando a parte da sua soberania, formar um Estado federal, talvez no futuro, os Estados federais e nacionais possam consentir a limitações à sua soberania em certas áreas, tendo em vista um sistema federativo mundial" (VIII 470). A transição para uma organização federal dos povos é a única maneira de evitar futuras guerras, "mas não é só uma questão de estruturas, em primeiro lugar precisamos de uma mudança nos espíritos, é necessário um progresso interior na consciência" (VIII 467). Os povos são chamados a escolher entre um nacionalismo exacerbado ou um caminho para a solidariedade, no sentido de uma ordem e unidade supranacional. Neste sentido a inspiração evangélica desempenha um papel importante e a Igreja com o seu magistério pode ajudar os povos a tomar consciência desta necessidade e aceitar os sacrifícios necessários para o bem-estar de toda a humanidade.

Da Cristandade institucionalizada à Cidade do homem pluralista

Voltando à "grande reviravolta" em virtude da qual "não são mais as coisas humanas que se encarregam de defender as coisas divinas, mas, ao contrário, são elas que se oferecem para defender as coisas humanas"(XII, 671) é interessante notar que na encíclica faz-se referência à cidade do homem e não se fala de cristandade. Bento XVI, analisando as relações que se entrelaçam entre justiça e caridade, escreve: "Por um lado, a caridade exige a justiça: o reconhecimento e o respeito dos legítimos direitos dos indivíduos e dos povos. Aquela se empenha na construção da "cidade do homem" segundo o direito e a justiça. Por outro, a caridade supera a justiça e a completa com a lógica do dom e do perdão. A "cidade do homem" não se move apenas por relações feitas de direitos e de deveres, mas antes e sobretudo por relações de gratuidade, misericórdia e comunhão" (§ 6). Em seguida, especificando as relações que ligam a cidade terrena ao Reino de Deus, acrescenta: "A ação do homem sobre a terra, quando é inspirada e sustentada pela caridade, contribui para a edificação daquela cidade universal de Deus que é a meta para onde caminha a história da família humana. Numa sociedade em vias de globalização, o bem comum e o empenho em seu favor não podem deixar de assumir as dimensões da família humana inteira, ou seja, da comunidade dos povos e das nações, para dar forma de unidade e paz à cidade do homem e torná-la em certa medida antecipação que prefigura a cidade de Deus sem barreiras" (§ 7).

O Estado democrático não é mais um Estado católico ou um Estado islâmico, mas ao mesmo tempo não faz do secularismo uma ideologia; não é neutro em face dos valores religiosos, mas é neutro, porque não escolhe os valores no lugar do cidadão. Na verdade, o Estado, por intermédio do corpo político, tem, ele mesmo, obrigações perante as religiões. Ao longo da história não se passou do "Estado católico" ao "Estado pluralista", mas mais precisamente do "Estado confessional", que institucionaliza uma religião de Estado, ao "Estado democrático", que respeita a liberdade de consciência e respeita a verdade do modo como os cidadãos a conhecem. Não só a pessoa, mas também a sociedade civil tem deveres para com a verdade, para com Deus, por aquilo que é conhecido, e deve também orar. Maritain em *memorandum* sobre a "liberdade religiosa", enviado a Paulo VI durante o Concílio, escreve: "Para evitar qualquer mal-entendido, é oportuno acrescentar que se o corpo político não tem nenhum direito de impor sua autoridade sobre os espíritos em matéria de fé religiosa (ou outros), em compensação, ele tem deveres para com Deus segundo o conhece e para com a verdade religiosa segundo como, em virtude de tradições históricas opera nele, o povo que constitui tal corpo político, conhece mais ou menos essa verdade. Se pelas aventuras de sua história o povo em questão, como por exemplo, é o povo americano, protestante, católico, judeu, é em nome destas três confissões religiosas que terá lugar a oração pública nas ocasiões em que todo o povo será de alguma modo representado"(XVI, 1090).

Mesmo na *Caritas in Veritate* não há uma separação clara, mas uma distinção precisa entre a cidade terrena e o Reino de Deus; os cristãos na cidade terrena, enquanto promovem o bem comum, também trabalham para o Reino de Deus sem instrumentalizar as instituições públicas, que são patrimônio de todos os cidadãos. Maritain em *"Para uma filosofia da história"*[13] analisa essa relação entre o Estado e a Igreja. A sociedade civil, como tal, não é um meio, uma ferramenta para a evangelização, é um fim em si mesmo, tem sua tarefa específica a ser realizada, mas este fim tem um valor inferior que não pode se correlacionar com o fim último, que é a salvação do homem em Deus. A missão temporal do cristão consiste em salvar espiritualmente o mundo, porque o seu fim último não é "o bem do mundo em si mesmo, em desenvolvimento, mas o Reino de Deus na glória dos ressuscitados" (XII 930). O cristão leigo está no mundo sem pertencer ao mundo; tem duas vocações distintas, mas não separadas "de um lado é um trabalhador no mundo e do outro é um membro da Igreja". Quando os leigos nas

---

(13) MARITAIN, J. *On the philosophy of history*. New York: Scribner's Sons, 1957. p. 180 (X 603-761).

tarefas diárias trabalham como cristãos: "então a sua vocação temporal e espiritual convergem no mesmo trabalho" (XII, 944), por meio dos pequenos sinais de seu testemunho cristão os leigos irradiam o Evangelho exatamente por meio do modo de realizar seu trabalho diário.

A *Caritas in Veritate* restaura aquela reciprocidade entre o verdadeiro e o bem, entre o intelecto ativo, que diz respeito ao objeto do conhecimento e o intelecto prático, que diz respeito à finalidade da ação que Maritain colocou como base do seu pensamento político e pedagógico. Em uma sociedade democrática se trata de educar à verdade na liberdade, isto é, educar no pluralismo não ao pluralismo. Eu gostaria de concluir observando que Bento XVI coloca a metafísica como fundamento da ética e que o ser se manifesta não só na verdade e no bem, mas também na beleza, por meio da qual as cognições intelectuais se tornam convicções morais. Não a ciência e nem a técnica, mas a beleza salvará o mundo.

Maritain e a Defesa da Autonomia e da Liberdade dos Grupos Sociais em Relação ao Estado. A Pluralidade como Corolário da Liberdade Sindical

A influência do pensamento de Jacques Maritain na minha vida universitária, na minha atuação político-partidária e na minha atividade profissional em defesa dos direitos dos trabalhadores e da liberdade sindical

Renato Rua de Almeida(*)

Meu primeiro contato com o pensamento de Maritain ocorreu nos idos da década de 1960, quando cursava a Faculdade de Direito da Pontifícia Universidade Católica de São Paulo.

O professor Osvaldo Aranha Bandeira de Melo, — que depois chegou a reitor da Universidade —, ministrava a disciplina Teoria Geral do Direito e recomendou aos seus alunos a leitura do livro *O Homem e o Estado*, de autoria de Jacques Maritain. Adquiri-o em português, editado pela Livraria Agir Editora, com tradução de Alceu Amoroso Lima. A Agir editava predominantemente obras de autores católicos.

A propósito da Faculdade, havia entre os professores uma plêiade de maritainistas. Além do professor Bandeira de Melo, seguiam o seu pensamento, André Franco Montoro, Antônio Queiroz Filho, além de outros.

(*) Advogado, possui doutorado em Direito do Trabalho pela Universidade de Paris I — Panthéon-Sorbonne. Atualmente é professor doutor do Núcleo de Pesquisa em Direito do Trabalho do Programa de Pós-graduação *stricto sensu* (mestrado e doutorado) em Direito da Faculdade de Direito da Pontifícia Universidade Católica de São Paulo. Foi por vários anos, coordenador do referido Núcleo de Pesquisa em Direito do Trabalho. É também advogado trabalhista em São Paulo, com atuação junto a Tribunais Regionais do Trabalho e Tribunal Superior do Trabalho. Foi advogado trabalhista do Sindicato dos Metalúrgicos de São Paulo, do Sindicato dos Bancários de São Paulo e do Sindicato dos Empregados no Comércio de São Paulo. Portanto, tem experiência profissional na área de Direito do Trabalho, atuando especialmente como advogado em temas relacionados aos direitos fundamentais da cidadania, — os assim chamados de primeira geração ou dimensão (direitos da personalidade, assédio e dano moral) —, e aos direitos fundamentais sociais, — os assim chamados de segunda geração ou dimensão (direitos trabalhistas comuns) —, e sua aplicação ao contrato de trabalho.

Aliás, a Faculdade, criada sob a inspiração do Cardeal Motta e desses professores de formação cristã, tinha por objetivo o estudo do direito e da efetividade da justiça nas relações sociais e não simplesmente um estudo positivista do direito, o que correspondia inteiramente ao pensamento de Jacques Maritain.

A leitura de *O Homem e o Estado* e a influência dos professores de formação cristã e humanista da Faculdade, a Doutrina Social da Igreja Católica, em especial a Encíclica *Mater et Magistra*, do Papa João XXIII, e o curso magistral sobre a Encíclica ministrado pelo dominicano Frei Carlos Josaphat, também maritainista, os documentos do Concílio Vaticano II, em especial a *Gaudium et Spes*, tudo isso certamente marcou minha vida, levando-me à militância concomitante da Juventude Universitária Católica e da Juventude Democrata Cristã. A Juventude Democrata Cristã pertencia ao então Partido Democrata Cristão, que tinha, entre outros próceres, as figuras de Antônio Queiroz Filho, André Franco Montoro, Paulo de Tarso Santos e Plínio de Arruda Sampaio.

A propósito, o movimento político-partidário da Democracia Cristã na América Latina foi inspirado no pensamento de Jacques Maritain desenvolvido em sua obra *Humanismo Integral*, publicada em 1936. Na gênese da criação da Democracia Cristã na América Latina, ocorrida em Montevidéu nos idos de 1947, participaram Alceu Amoroso Lima e André Franco Montoro, pelo Brasil, Eduardo Frei, pelo Chile, e Rafael Caldeira, pela Venezuela, entre outros.

Ainda na Faculdade tive a oportunidade de estagiar no escritório de advocacia de Mário Carvalho de Jesus, cristão e humanista, conhecedor da obra de Maritain, que militara na Ação Católica da Faculdade de Direito da USP. Depois passou na França trabalhando em uma fábrica, quando conheceu a condição operária, e veio a fundar em São Paulo a Frente Nacional do Trabalho, em defesa dos direitos trabalhistas e sociais dos trabalhadores.

A propósito, Maritain posicionou-se em defesa dos direitos da pessoa do operário e de seus direitos trabalhistas em sua obra *Os direitos do homem e a lei natural*, publicada em 1942.

Dei sequência ao meu engajamento social inspirado nos ideais acima mencionados, entre eles a influência do pensamento de Maritain em defesa dos direitos dos trabalhadores, ao aceitar o convite formulado pelo Bispo Diocesano de Maringá, Dom Jaime Luiz Coelho, para trabalhar como advogado dos sindicatos de trabalhadores, e, também, de companheiros democratas-cristãos do Paraná, para ser advogado da Fundação de Assistência aos Trabalhadores Rurais, órgão do Estado do Paraná, governado pelo Partido Democrata Cristão.

Trabalhei como advogado trabalhista durante cinco anos em Maringá, quando dei início à atividade de professor de Direito do Trabalho na Faculdade de Direito da Universidade Estadual de Maringá, e quando também vivenciei uma militância político-partidária no Partido Democrata Cristão, tendo, inclusive, feito um curso de formação política em Caracas, quando tive a honra de assistir às aulas dadas por Rafael Caldera, grande político e jurista de formação maritainista, que chegou à presidência da Venezuela.

Em seguida, fui fazer o doutoramento na Universidade de Paris I (Panthéon-Sorbonne), onde permaneci por cerca de três anos.

Retornando ao Brasil, fixei-me novamente em São Paulo, onde passei a lecionar Direito do Trabalho na Faculdade de Direito da PUC de São Paulo e também a advogar para vários sindicatos de trabalhadores.

Retomei o contato com Mário Carvalho de Jesus e a Frente Nacional do Trabalho, desenvolvendo em comum alguns trabalhos de promoção social dos trabalhadores.

O Sindicato dos Trabalhadores da Perus, que representava os trabalhadores da Companhia de Cimento de Perus, na periferia de São Paulo, era assistido pelo advogado Mário Carvalho de Jesus, e a Frente Nacional do Trabalho desenvolvia um importante trabalho de formação e promoção junto aos trabalhadores.

O presidente do Sindicato foi acusado pelos trabalhadores de praticar irregularidades administrativas. Por essa razão, os trabalhadores passaram a exigir a instalação de uma assembleia geral para a destituição de seu presidente.

Valendo-se do autoritarismo político-militar da época e do controle sindical pelo Ministério do Trabalho e Emprego, o presidente do Sindicato despediu o advogado Mário Carvalho de Jesus e obteve uma intervenção administrativa no Sindicato junto à Superintendência Regional do Trabalho, que nomeou uma Junta Governativa para a sua direção, sob o fundamento de que havia infiltração de elementos esquerdistas, evitando-se assim a destituição do presidente do Sindicato e a apuração das irregularidades de que era acusado.

Sendo inviável uma medida judicial para pôr fim à intervenção administrativa no Sindicato, em razão das condições políticas existentes, Mário Carvalho de Jesus e uma comissão de representantes dos trabalhadores da Perus solicitaram-me um parecer jurídico sobre a possibilidade de denunciar o governo brasileiro junto à Organização Internacional do Trabalho em Genebra por violação do princípio da liberdade sindical consagrado na Constituição desta organização da ONU e na Convenção n. 87 de 1948, sobre a liberdade sindical.

Dei parecer favorável e foi formulada uma denúncia contra o governo brasileiro perante a OIT, subscrita pela comissão de representantes dos trabalhadores da Perus e ratificada por uma organização sindical internacional com representação permanente no seio da mencionada entidade internacional, cujo Comitê de Liberdade Sindical processou a denúncia e condenou o governo brasileiro, — após o Brasil ter exercido a ampla defesa e a apresentação do contraditório —, a encerrar a intervenção administrativa no Sindicato. Os trabalhadores retomaram a direção do Sindicato e o advogado Mário Carvalho de Jesus foi reintegrado.

Alguns anos mais tarde, o Sindicato dos Metalúrgicos de São Bernardo do Campo sofreu também intervenção administrativa do Ministério do Trabalho e Emprego, quando o sindicalista Lula foi afastado da presidência do Sindicato juntamente com os demais membros da diretoria, sendo nomeada uma Junta Governativa, em razão das greves deflagradas nas fábricas de São Bernardo do Campo.

Nova denúncia foi formulada contra o governo brasileiro perante a OIT, com base no meu parecer jurídico, tendo sido o governo brasileiro pressionado, sobretudo pelas manifestações político-sociais internas e pela pressão internacional da OIT e da própria ONU, a devolver a direção do Sindicato aos trabalhadores e a reintegrar o sindicalista Lula à presidência, o que de fato veio a ocorrer.

Em razão da tomada de consciência política do povo brasileiro, além da liderança político-sindical de Lula que culminou na criação do Partido dos Trabalhadores, ao lado de outros fatores sociopolíticos, foi instalada a Assembleia Nacional Constituinte, que aprovou a Constituição Federal de 1988. Em seu art. 8º, inciso I, o texto constitucional de 1988 afastou definitivamente a possibilidade da intervenção e interferência administrativas nos sindicatos, consagrando o princípio da autonomia sindical em relação ao Estado.

A propósito, inspirara-me nas lições de Maritain em suas obras *O Homem e o Estado* e *Os direitos do homem e a lei natural* para elaborar meu parecer jurídico, que serviu de base para as denúncias contra o governo brasileiro perante a OIT.

Maritain, em sua obra *O Homem e o Estado*, ressalta que todas as sociedades particulares que procedem da livre iniciativa dos cidadãos, — e o sindicato é uma delas —, devem ser tão autônomas quanto possível em relação ao Estado, razão pela qual, segundo ainda seu pensamento, "o elemento pluralístico é inerente a toda a sociedade verdadeiramente política".

Já em sua obra *Os direitos do homem e a lei natural*, Maritain é explícito em defender a liberdade sindical, quando afirma que "os direitos do operário como indivíduo são ligados aos direitos do grupo operário, dos sindicatos e de outros grupos profissionais, e o primeiro desses direitos é a liberdade sindical. A liberdade sindical deve ser entendida como a liberdade dos trabalhadores de se agruparem nos sindicatos de sua escolha, bem como a autonomia dos próprios sindicatos, que devem ser livres de se organizarem como eles preferirem sem que o Estado os possa unificar à força ou os controlar...".

Na verdade, embora a dimensão da liberdade sindical em relação ao Estado já esteja garantida entre nós, uma vez que são vedadas a interferência e a intervenção administrativas na vida dos sindicatos, falta-nos ainda a dimensão da livre escolha dos trabalhadores em constituir os sindicatos que quiserem, dentro do espírito da pluralidade sindical, como corolário da própria liberdade sindical, uma vez que o texto constitucional brasileiro prescreve e impõe em seu art. 8º, inciso II, a unicidade sindical na mesma base territorial em que o sindicato for constituído.

A impossibilidade da livre escolha pelos trabalhadores em constituir os sindicatos que quiserem, dentro da pluralidade, como corolário da liberdade sindical, constitui certamente a maior causa da existência entre nós de uma espécie de corporativismo sindical fora do Estado, o que resulta um sindicalismo sem representatividade e ausente dos locais de trabalho.

Portanto, o conceito de liberdade sindical de Maritain, que compreende o elemento pluralístico presente em toda sociedade verdadeiramente democrática, — aliás esse elemento pluralístico foi consagrado pelo art. 2º da Convenção n. 87 de 1948, da OIT, sobre a liberdade sindical, publicada no mesmo ano da Declaração Universal dos Direitos do Homem da ONU, que foi editada sob a inspiração do pensamento de Maritain —, questiona o descompasso parcial de nosso modelo de organização sindical em relação à liberdade sindical, justamente pela impossibilidade do exercício pelos trabalhadores da pluralidade, o que revela a atualidade do pensamento do grande filósofo humanista-cristão do século XX.

Parte II

Apresentação

A melhor apresentação de Maritain e de sua obra é o depoimento de seus discípulos que se tornaram mestres.

> Maritain veio mostrar a toda uma geração, a toda a inteligência moderna, a toda a civilização secularizada de nossos dias, a necessidade imprescindível desse novo e verdadeiro renascimento, que é da essência de todo o cristianismo. Veio dar, ao nosso paladar moderno, o gosto renovado das verdades eternas.
>
> *Tristão de Athayde*

> Tal foi o caso de Maritain na América Latina. Antes de atingir os interesses econômicos e políticos e, sobretudo, as instituições do *status quo* tradicional, suas ideias eram recebidas com reverência ou, pelo menos, com respeito mesclado a uma admiração a distância. Mas, quando começou a esbarrar nas instituições ou nas convicções pessoais erigidas nos espíritos da burguesia dominante, ou nas tradições dos feudalismos existentes, Maritain desceu de seu paraíso metafísico às arenas de combate das ideias e dos mais sangrentos preconceitos.
>
> *Alceu Amoroso Lima*

> Creio que a principal contribuição de Maritain se situa no campo da metafísica e da crítica do conhecimento. *Les degrés du savoir* (ou Distinguir para unir), a meu ver constitui sua obra-prima. Uma linguagem densa e precisa, mas em termos modernos, oferecendo a base sólida da visão tomista da teoria do conhecimento e demonstrando o vazio das correntes idealistas e a insuficiência, de outro lado, do positivismo e do pragmatismo.
>
> "Minha palavra quer ser apenas um testemunho pessoal quanto à importância do pensamento de Maritain para a minha geração, não só para os que aderiram à formação filosófica do tomismo, mas também para os que ansiavam pela formulação de um projeto social humanista, capaz de transformar nossa sociedade desumana e injusta.
>
> *D. Cândido Padin O.S.B*

Apesar de suas imperfeições e de seus limites, a democracia é o único caminho por onde passam as energias progressivas na história humana, é a grande lição política de Maritain.

A ilusão própria do maquiavelismo é a ilusão do sucesso imediato: Mas, o sucesso imediato é sucesso para um homem, não para uma nação.

André Franco Montoro

É esse Maritain autenticamente renovador, nuclearmente revolucionário, que sobrevive nos que saibam descobrir, aprofundar e desvelar o tesouro do seu pensamento.

Edgar Godoi da Mata-Machado

A proposta do humanismo integral foi aceita unanimemente no encontro de Montevidéu em 1947 pelos convencionais brasileiros, chilenos, uruguaios e argentinos, segundo o depoimento de Alceu Amoroso Lima, como 'fundamento intelectual' das conclusões do encontro.

Geraldo Pinheiro Machado

Como salvar o homem contemporâneo da sua loucura, Maritain se pergunta, na entrevista de 1972.

É uma questão filosófica.

E ele conclui: só a fidelidade à vida nos pode salvar. Uma fidelidade total e minuciosa. Porque o que importa é salvar a vida e o homem.

Antonio Carlos Villaça

Maritain fornecia o instrumento teórico sob medida que permitia fazer a costura com linha firme de cristianismo e democracia. Quem dos discípulos de Maritain não teve o coração incendiado ao ler as páginas memoráveis em que o filósofo demonstra ser a democracia de essência evangélica?

Antonio de Rezende Silva

O pensamento de Maritain representou uma aragem libertadora. Algumas obras foram decisivas nesse sentido: 'Humanismo Integral', 'Cristianismo e democracia''

A filosofia me foi proposta como obra dos vivos e não dos mortos.

Benjamin de Souza Netto

Maritain tem muito a nos ensinar, sobretudo com sua arte de distinguir para unir.

Os bem-pensantes da esquerda ou da direita não poderiam mesmo suportar sua fala rude.

Trata-se de preservar o respeito pelo humano, sobretudo em sua fraqueza.

O diagnóstico de Maritain aplica-se primeiramente ao catolicismo, mas possui infelizmente valor universal, sobretudo quando vêm de um proceder usurpado, apesar das aparências, às vezes, demagógicas, serve aos interesses dos possuidores, e a um regime de longa injustiça social.

Roberto Romano

Entre as outras encontramos 'a lei do progresso da consciência moral': isto é progressiva 'conscientização da lei natural'

Hubert Lepargneur

Maritain veio abrir novos caminhos para um regime político e econômico de liberdade e justiça.

Tristão de Athayde

I
Jacques Maritain por Alceu Amoroso Lima

1. Encontro com Maritain

> *Maritain veio mostrar a toda uma geração, a toda a inteligência moderna, a toda a civilização secularizada de nossos dias, a necessidade imprescindível desse novo e verdadeiro renascimento, que é da essência de todo cristianismo. Veio dar, ao nosso paladar moderno, o gosto renovado das verdades eternas.*
>
> ***Tristão de Athayde*** [*]

Encontrei pessoalmente Jacques Maritain, pela primeira vez, em 1936. Regressava de Buenos Aires, de uma reunião internacional do Pen Club. Retivemo-lo no Rio pelo espaço de uma manhã, como a Rosa tão famosa... E era realmente uma flor suprema da cultura universal, que desabrochara pessoalmente para nós, no meio do prosaísmo dos guindastes, dos vagões e dos navios, com aqueles dois olhos de um azul de oceano e do céu, que faziam tudo mais empalidecer, até mesmo a presença de Raïssa. Falou no Centro Dom Vital. Falou na Academia Brasileira, única vez em que vi reunida pela manhã. Sala repleta. Maritain estava então no auge de sua influência intelectual e espiritual, em França e fora dela. Já em luta, entretanto, com os seus detratores. Luta essa ainda não iniciada entre nós, e que só veio a desencadear-se, e de modo violento, poucos anos depois. Iria ser nosso primeiro entrevero contra os passadistas da religião e da política, como em 1922 o fôra contra os da literatura.

1936 foi o ano da publicação do seu *Humanismo Integral* — que Afrânio Coutinho iria traduzir pouco depois para o português. Essa publicação lhe valeu o epíteto de "marxista cristão", que lhe foi dado por um primitivo católico, Louis

---

(*) Alceu Amoroso Lima usava o pseudônimo Tristão de Athayde. Escritor, pensador, nasceu no Rio em 1883. Catedrático de Sociologia (Escola Normal do Rio de Janeiro — 1930), de Economia Política (Faculdade Nacional de Direito — 1932). Converteu-se ao catolicismo em 1928, sob influência de Jackson de Figueiredo. Tornou-se, com a morte deste, presidente do Centro D. Vital, ainda em 1928. Dirigiu a Revista Ordem. Foi reitor da Universidade Federal do Rio de Janeiro. Fundou e participou do movimento e do partido da Democracia Cristã. Presidiu a Ação Católica de 1935 a 1945. Destacou-se como defensor dos ideais liberais e dos direitos humanos. Sua vasta obra abrange pedagogia, teologia, psicologia, filosofia, política, história, crítica literária e tantas outras. Entre outros títulos publicou: *Afonso Arinos* (1922); *Contra-revolução Espiritual* (1932); *No Limiar da Idade Nova* (1935); *Mitos do Nosso Tempo* (1943); *Introdução à Literatura Brasileira* (1956); *Revolução, Reação ou Reforma* (1964); *Meio Século de Presença Literária* (1969); *Memorando dos 90* (1984). Mas, além disso tudo, Tristão de Athayde foi a presença de uma consciência cristã rica, generosa e inteiramente sintonizada como o nosso tempo. Sem a covardia dos comodistas e sem a imprudência dos insensatos. Nesse sentido assemelhou-se ao mestre Maritain, fazendo da vida, da obra e do tempo um único elemento.

Salleron, numa revista católica "La Revue Hebdomadaire". Foi desde então, nos próprios meios católicos, que Maritain iria encontrar os mais ferozes adversários de suas ideias, ao mesmo tempo rigorosamente tradicionais e rigorosamente renovadoras. Tal como hoje sucede com Teilhard de Chardin. E como ocorreu, na Idade Média, com o próprio Santo Aquino. É o destino de todos os renovadores. Sao os próprios correligionários, perfeitamente ajustados à rotina, que menos facilmente lhes perdoam o esforço de renovar ou perecer. Se há país no mundo, aliás, em que essas querelas de família sejam violentas, é a própria França. A unidade do espírito francês é um milagre de diversidade e de contradição. Um Léon Bloy foi muito mais violento contra um Paul Bourget do que contra um Jules Valles. Nem poupou o próprio Papa Leão XIII e ousou chamar Bento XV de "Pilate XV"! Como Bernanos não poupou Pio XII, o "Papa diplomata". A "filha mais velha da Igreja" nem sempre é uma filha obediente. A pátria do jansenismo, dos cítaros ou mesmo do "galidanismo" de um Bossuet, não é nem nunca foi um modelo de conformismo. E no entanto Hilaire Belloc sustentava haver, em França, mais espírito religioso que na Espanha. Será um paradoxo, talvez defensável.

Jacques Maritain, porém, não pertence à família desses "enfants terribles". Nunca foi um extremado. E muito menos um extremista. E segue, até por temperamento, a linha tomista para a qual a verdade é antes de tudo proporção, e portanto ajustamento, equilíbrio, composição, respeito à parcela de autenticidade que existe no próprio erro, sem a qual, aliás, seria este inexistente. Pois o erro absoluto é como o mal absoluto: um sinal de negação absoluta, de não existência.

Por isso mesmo é que um espírito como o de Maritain é vítima, ao mesmo tempo, dos reacionários e dos revolucionários, da extrema direita e da extrema esquerda. E sua obra representa, tanto como sua própria pessoa, um exemplo vivo de solidão intelectual, de independência de pensamento e de liberdade de consciência.

Nascido de família protestante e racionalista; neto de Jules Favre, grande político da era mais anticlerical da política francesa; filho de uma mulher de convicções republicanas integrais — como só nos Estados Unidos de outrora, na França, na Espanha e, sobretudo na Irlanda de hoje, subsistem, como estado de espírito radical — tinha Jacques Maritain 18 anos quando raiou o século XX. E durante esse novo século, isto é no coração dos tempos modernos, iria tornar-se um dos seus maiores representantes, embora muitas vezes em estado de contradição contra esses novos tempos, como todos aqueles que prolongam o próprio sangue da Incarnação, d' Aquele que foi chamado de "signum cui contradicetur".

Maritain iria ser, — desde que se integrou nessa corrente apostólica marcada pelo tríplice batismo da água, do sangue e do espírito — um dos mais modernos e, ao mesmo tempo, dos mais antimodernos dos pensadores do nosso tempo. Pois se nunca teve, como seu padrinho Léon Bloy, o complexo da antimodernidade ("quando me perguntam quais as últimas notícias, vou folhear as epístolas de

S.Paulo", gostava de dizer Bloy, para escandalizar os burgueses), também se recusou sempre a acompanhar qualquer moda dos novos tempos. Jamais cultivou a popularidade, embora sempre tivesse a paixão do povo. Como jamais cultivou a excentricidade ou o hermetismo, embora seja um Proust da metafísica. Tudo isso explica sua longa solidão intelectual, sobretudo hoje. Mas tão pouco impediu sua imensa repercussão universal.

Maritain veio mostrar a toda uma geração, a toda a inteligência moderna, a toda a civilização secularizada de nossos dias, a necessidade imprescindível desse novo e verdadeiro renascimento, que é da essência de todo cristianismo, como lembra Fulton Sheen, no mais recente dos seus livros: "If thers is any one thing ringing clear in the Scriptures it is the important distinction our Lord made between two classes of men; the onceborn and the twice-born", ("The Mystical Body of Christ", p. 232).

Maritain veio dar, ao nosso paladar moderno, o gosto renovado das verdades eternas. Foi buscá-las na fonte autêntica da verdade, no proprio Coração do Cristo. E mostrou, vivendo-as e exprimindo-as na mais moderna das linguagens, como a sabedoria cristã é uma plenitude e não um anacronismo. O segredo de sua atuação incomparável sobre os modernos está, provavelmente, na solidez ortodoxa da sua doutrinação filosófica e teológica — assente nas fontes tomistas mais puras, recomendadas oficialmente pela Igreja — aliada a uma intensa modernidade de linguagem e de atitude perante os acontecimentos.

"Maritain é sobretudo um grande artista" — dizia-nos o ano passado Gilson. Ele é, sobretudo, um homem que vive o que pensa e pensa o que vive. E tudo à luz da grande lição de plenitude que foi encontrar na Igreja, fonte de toda luz e de toda esperança de salvação para os homens e para o mundo.

Começou pela filosofia. "O cartesien", dizia-lhe então Léon Bloy, quando deste se aproximou insatisfeito dos jogos puros da razão. Em pouco renascia no Cristo: E começou, desde então, a sua cruzada intelectual. Recolocou a filosofia em sua base tradicional, seguindo as indicações de Leão XIII, e dos neoescolásticos que já na segunda metade do século XIX haviam retomado a via perene da filosofia, interrompida pelo racionalismo dos séculos anteriores. Foi encontrar em Santo Tomás o que Kant, Descartes ou mesmo Bergson não haviam conseguido satisfazer em sua inteligência; o amor da sabedoria, a filosofia, como conhecimento da verdade, como vida completa da realidade, e não como instinto, como raciocinio puro ou como arte, na opinião de Keyserling ou Valéry. E depois foi subindo os "degraus do saber", unindo os grandes princípios filosóficos eternos aos novos caminhos abertos pela ciência moderna, "distinguindo para unir", repassando todo o quadro dos conhecimentos humanos, à luz desse redescobrimento de verdades esquecidas em contato contínuo com todas as aquisições verdadeiras do conhecimento nos últimos decênios. E desse esforço de alargar e aprofundar a verdade das coisas, para tudo unir em sínteses superiores que completavam o trabalho penoso das análises, foi também progredindo no sentido espiritual, restaurando também, em sua eterna mocidade, os grandes místicos esquecidos, pelo pragmatismo moderno.

E depois de subir aos píncaros da sabedoria, voltou à realidade trágica do mundo. E considerou a civilização moderna, entrou no debate social, analisou magnificamente a grandeza e a miséria da arte e das letras modernas e hoje em dia se volta para o estudo da sociedade, dos grandes dissídios econômicos e políticos, que agitam os homens, mostrando-lhes, no futuro, os lineamentos do novo mundo".

A CONVERSÃO

O primeiro grande choque ocorrido na vida filosófica de Jacques Maritain ocorreu em 1906, aos 24 anos de idade. Já se havia casado então com uma jovem judia russa, sua companheira de estudos na Sorbonne, Raïssa Ousmanzoff, que iria ser a companheira luminosa de toda sua vida até 1960, poeta da mais pura sensibilidade e alma autêntica de mística, como o revelam os escritos publicados pelo marido, depois de sua morte. Ambos inquietos à procura do segredo do universo e à beira do próprio desespero, tal sua ânsia de absoluto, foram encontrar o caminho junto àquele que se chamava a sí próprio "o mendigo do Absoluto", Léon Bloy. Maeterlink fora a ponte. O que não haviam encontrado nem na Ciência, nem na História, nem na Filosofia, mesmo no neoespiritualismo de Boutroux ou de Bergson, muito menos na Sociologia ou na Politica, foram encontrá-lo na religião. A religiosidade simbolista e indefinida de Maeterlink os levou ao cristianismo católico definido e militante de Léon Bloy. Não pela agressividade humana deste, que nunca foi do temperamento desse jovem casal de exceção, mas pelo espirito de infância espiritual, de reconhecimento intelectual da autonomia da vida sobrenatural e da incarnação do Espírito Criador no Cristo, conservada e transmitida pela Igreja. No dia 11 de junho de l906, tornava-se Bloy o padrinho desses convertidos do racionalismo e do judaismo: Raïssa e Vera, irmã dessa última. Quantas vezes encontrei junta ainda a trilogia, em Princeton: Raïssa, vaporosa com um "fil de la Vierge", na palavra de Bloy; Vera, como uma sólida camponesa russa, encarregada da defesa do cunhado contra os importunos, como eu, que acudiam ao 26, Linden Lane, em Princeton, vindos de todos os continentes; e o filósofo friorento e de alva cabeleira despenteada, cercando Raïssa de cuidados como uma taça de cristal, fragílima e preciosa.

Em 1906, começava apenas a descambar para o poente o sol sereno do século XIX. E só um João Batista leigo, como Bloy, clamava no deserto, apelando para as potências noturnas que oito anos mais tarde saudaria em 1914 como sendo o Armagedon da civilização burguesa! Já então, porém, Bergson anunciara o crespúsculo do naturalismo filosófico e seu discípulo se preparava para dar um passo avante. Depois de Spinosa, fora o autor da "Evolução Criadora" seu mestre. Mas já em 1913, quando Péguy também se integrara na mesma revolução espiritual que o novo século trouxera, Maritain se insurge, em nome do intelectualismo tomista, contra o intuicionismo bergsoniano, ao passo que Péguy, pelo contrário, proclamava, nas vésperas do silêncio final e daquela bala na testa em agosto de 14, que: "tout ce qui sera oté a Bergson ira a Spencer et non pas a Saint Thomas" (Charles Péguy — Oeuvres Completes, v. 9, p. 312).

Se Bergson colocava o élan vital "acima da inteligência", como força condutora do conhecimento metafísico, Maritain reabilitava a esta última, mas com poder de atingir o número e não apenas o fenômeno, como a condenara Kant e sempre a luz de uma intuição, mas colocada no polo oposto. Enquanto Bergson colocava a intuição, na base do conhecimento, como ápice do instinto, Maritain, seguindo a linha aristotélico-tomista, colocava a intuição no ápice da inteligência e na base da Graça, isto é da ação gratuita de um Deus transcendente e não imanente, como aparentemente parecia ser o deus bergsoniano, como nos diz Penido no seu "Dieu et le bergsonismo". Mais tarde, Bergson chegaria à transcendência divina, e por isso mesmo o prefácio à 2ª edição do primeiro livro de Maritain sobre Bergson, é quase uma retratação ou pelo menos uma forte amenização do primeiro. Pois o jovem filósofo, embora de uma doçura de alma verdadeiramente cristã e mística, sempre foi de um rigor filosófico quase bloysiano! Aliás Bloy não acreditava nos filósofos, embora amasse muito o "jeune philosophe".

Maritain, portanto, a partir de 1906, para um pequeno círculo e de 1913 para o grande público, quando publicou seu primeiro livro, na vigília do Armagedon com que terminava o século XIX, vinha capitanear a revolução metafísica do século e da nova geração, como pioneiro leigo de um movimento de que Leão XIII fora o ápice da Igreja e o Cardeal Mercier na sua ala universitária. Maritain vinha colocar Santo Tomás e Aristóteles, Leibnitz e os Escolásticos, em linguagem corrente. E acima de tudo em linguagem estética. Pois, como certa vez nos disse Etienne Gilson, ao passar os olhos, na minha saudosa biblioteca da rua Dona Mariana, pela lombada dos Maritains alinhados em formação de combate às sombras naturalistas ou céticas do século XIX, murmurou: "Maritain, c'est surtout un artiste".

Nunca me esqueci dessa frase do seu companheiro de lutas pelo rejuvenescimento do tomismo no século XX. E, enquanto eu, anos mais tarde, ouvia no Museu de Washington, Maritain dissertar, como um esteta profundo, sobre os mais recônditos problemas da filosofia da beleza, a velha frase de Gilson cantava nos meus ouvidos atentos... ou desatentos, sei lá!

Mas em 1906, começava o crepúscular da "belle époque" onde uma figura como a desse casal de místicos não tinha sentido algum, a não ser como anunciadora de novos tempos. A disponibilidade gideana, o humanismo ateu e neoclássico de Anatole France; o diletantismo mundano de que Marcel Proust iria ser o memorialista genial; o espírito "fin de siècle" enfim que transbordara para o início do novo século — tudo isso iria esborçar-se ao ressoar das trombetas apocalipticas de 1914. Fora-se o século XIX! Foram-se os jogos do diletantismo e da disponibilidade. "Finie la douceur de vivre. Les temps de la passion sont arrivés", como exclamava o poeta Charles Louis Philipe. A vida trágica is suceder à vida mansa, até que a "dolce vita" recomeçasse, depois do tufão, pois as guerras, sejam elas quais forem, e quanto mais totais mais destruidoras, não fazem senão reforçar as potências do mal, e são sempre contraproducentes, mesmo quando a vitória coroa os que merecem vencer.

De qualquer modo, em 1914, era um mundo novo, um século novo que se abria. Ao culto da ciência ia suceder um renascimento religioso, antes que voltasse no meio do século, o mesmo culto da ciência, proclamado por Taine, por Berthelot, por Claude Bernard e consagrado por Ernest Renan, em 1855, no seu "L'avenir de la science", ao passo que Brunetière, no fim do século, já falava no "faillite de la science". 1914 parecia confirmar essa falência. Mas em 1966 é o "God is dead" que se proclama. Enquanto isso a verdadeira Ciência e o verdadeiro Deus continuam intactos, como Maritain iria proclamar no seu "Les dégrés du savoir", sua obra-prima.

DE UM A OUTRO SÉCULO

Tanto no plano das ideias, — com o renascimento religioso, o indeterminismo científico, os pródromos do existencialismo em filosofia, o futurismo (1904) e mais tarde o suprarealismo (1925) em literatura — como no plano dos acontecimentos, com a Guerra, a Revolução e a Crise, uma nova era surgia para as novas gerações com a guerra de 14 e o após-guerra. Desmoronava o espírito de segurança, que caracterizara a filosofia burguesa da vida, no século XIX, e se anunciava uma filosofia da insegurança, do mistério e da luta, ora de tipo proletário, ora de tipo religioso, ora do tipo boêmio, ora do tipo reacionário ou neoburguês. A inquietação, a angústia, o desespero ou uma paz de espírito do tipo sobrenatural iam substituir o conformismo anterior.

Foi então que a personalidade e a obra de Jacques Maritain se ergueram como uma mensagem de luz e de espírito aos olhos perplexos da nossa geração desarvorada. Tivemos a nítida impressão de que era preciso recomeçar tudo de novo. Nossa mocidade havia recebido, dos dois séculos anteriores, — pois o século XVIII fora uma preparação ao século XIX, ao passo que o século XX ia ser uma antitese do seu predecessor — uma herança de estabilidade de que faziam parte algumas ideias mestras: o domínio da burguesia, a primazia do Ocidente, o progresso contínuo, o determinismo científico, as regras e beleza e o seu modelo helênico, o sorriso cético em face da vida, em suma a filosofia da segurança e do diletantismo. O começo do século XX foi mesmo um "fim de século", como fora o "fin de siècle" do XIX. Bruscamente tudo isso desmoronava perante o espetáculo da realidade sangrenta de 1914, de 1917, de 1921, de 1933, da Guerra, do Comunismo e do Nazi-fascismo.

Seria o crepúsculo do Espírito e o começo daquela Nova Idade Média, ou antes Nova Pré-Idade Média (os "dark ages" das primeiras invasões dos bárbaros) profetizada por Berdiaeff?

Foi nesse momento que a presença de Maritain desempenhou um papel decisivo para o futuro do mundo contemporâneo e dos tempos modernos. Contra a tentação do desespero, do diletantismo ou do chamado ao totalitarismo, à esquerda ou à direita, foram para muitos de nós, senão para toda uma geração, a obra, a pessoa e o exemplo de Maritain que nos indicaram a "drita via" a seguir. Havia, em nossa geração, duas vertentes. Uma, à direita, fruto da educação burguesa e de uma filosofia individualista da vida, cética e sem fé, nem na religião nem na revolução, como saída para a grande decepção que a História lhe reservara. A outra vertente, à esquerda (embora naquele momento as duas vertentes ainda estivessem longe de se extremar, como mais tarde iria acontecer) e que se inclinava para a Revolução como saída. Ainda havia aqueles que recusavam tanto a Religião como a Revolução, mas aspiravam a uma solução nem violenta nem sectária, que partisse da mudança de estado de espírito em busca de um novo humanismo, apenas entrevisto e impreciso.

Jacques Maritain iria ser, em certo momento, um ponto de encontro entre essas três tendências, uma confluência de espíritos e de esperanças vindos de posições muito afastadas entre si e mesmo contraditórias, no horizonte cultural.

Em 1926, a condenação da "Action Française" e do "nacionalismo integral" e da fórmula famosa de Maurras "politique d' abort", foi um verdadeiro escândalo. Inacreditável! Se ainda não falavam, como hoje, da Igreja "vendida aos comunistas" ou por eles infiltrada e traída pelos "progressistas" da "apertura a sinistra", já se falava de oportunismo, de renovação do liberalismo, de volta a Lamenais.

Maritain ia ser o alvo preferido pelos reacionários ou legitimistas, que haviam julgado encontrar nesse neoconvertido um novo Veuillot, defensor do Império, ou um novo Joseph de Maistre, proclamador do "carrasco" como símbolo da autoridade política e da restauração do absolutismo, embora num estilo genial, viam surgir, com Maritain, um novo Lacordaire, um novo Ozanam, que vinha proclamar, como este em 1848, "Passon aux barbares"! A princípio foi uma consternação. Em seguida, a guerra declarada. Especialmente depois da publicação do "Humanismo Integral" em 1936, como que uma resposta ao "nacionalismo integral" de Maurras. Muito mais, porém, do que isso.

REVISÃO DA DEMOCRACIA

1906, 1926, 1936, foram três "seis" capitais para a vida e a obra de Jacques Maritain.

Convertido em 1906, libertado da direita em l926, pioneiro da Revolução personalista em 1936 — de que Emmanuel Mounier iria ser o consagrador e o articulador mais ativo no plano da política executiva e não apenas especulativa.

Quando cheguei a Buenos Aires, em 1937, a primeira visita que recebi foi a de um jovem professor da Faculdade de Direito, que me deixou, no hotel, um cartão com os seguintes dizeres, abaixo do seu nome: "maritainista integral". Compreendi, no dia seguinte, a razão de ser dessa estranha adjetivação. É que havia um grupo de jovens intelectuais, antigos admiradores do filósofo, que se intitulavam "mais papistas que o papa", e já começavam a acusar Pio XI de acomodação com as esquerdas, depois da condenação da "Action Française". Foi desse grupo de intelectuais direitistas, aliados aos militares aristocratas do famoso "Círculo de Armas" e à oligarquia latifundiária, que nasceu na Argentina o movimento neofascista, que degenerou na quartelada de junho. Maritain passou então a ser, para eles, o objeto de um ódio implacável. Como para os que lhe mantiveram fidelidade, uma espécie de mito intocável.

Uma jovem brasileira, por essa época, indo em Paris a uma livraria católica comprar um livro de Maritain, recebeu do vendedor essa insólita resposta: "Nous ne venons pas de livres communistes" (sic)! O "marxista cristão" da "Revue Hebdomadaire" fizera o seu caminho entre as paixões políticas cada vez mais exacerbadas pelo espírito de passionalismo do século XX, em contraste com o racionalismo do século XIX.

Foi ainda pior depois da Guerra Civil Espanhola, que se desencadeou exatamente nesse ano de 1936 e por dois anos estraçalhou um grande povo contra si mesmo, deixando um milhão de mortos entre irmãos em luta. Aliás não há ódio mais mortal que entre irmãos ou amigos radicalmente desavindos. O ódio é a outra face do amor! Desde 1933 havia Maritain descido de sua torre metafísica, preocupado especialmente com o surto do nazismo, na Alemanha e, de modo particular com o delírio antissemita que o acompanhou. Ou que o provocou, talvez. O antissemitismo o feria de muito perto, pois tocava nele o que havia de mais profundo, humanamente falando: seu amor pela mística Raïssa. Não será nunca possível destacar Jacques de Raïssa, o filósofo do poeta místico, "animus" de "anima", como diria Claudel, como jamais se poderá separar Heloisa de Abelardo, na Idade Média. Até mesmo um pequeno monstro moral, como esse ex-seminarista Maurice Sachs, após ter frequentado, no famoso retiro de Meudon, esse casal incomparável, ficou siderado pelo brilho de sua pureza angélica, de seu amor translúcido, como tive eu mesmo tantas ocasiões de testemunhar, em sua casinha de Princeton.

Voltemos, porém, ao inferno antissemita do nazismo. Maritain via subir a maré hitlerista. Pio XI o chamou a Roma. E no mesmo dia o recebeu duas vezes, pela manhã e à tarde, em longas entrevistas, caso absolutamente inédito, no Vaticano, ao que dizem, para um leigo. Duas longas e secretas entrevistas. Nenhum dos dois interlocutores desse encontro decisivo contou a quem quer que seja, ao que se sabe, o que entre eles se passou. Mas a mudança de rumos da atividade filosófica de Maritain foi tão patente que não é difícil adivinhar o que se tenha passado. O Papa apelou para que o filósofo deixasse a sua torre de marfim, da pura especulação metafísica, e viesse participar, embora no plano do pensamento, no debate dos grandes temas que se abriam ao mundo contemporâneo, em estado de mutação. Anos antes, na Encíclica "Charitate Christi compulsi" Pio XI tinha escrito que "desde o dilúvio não se encontrara ainda a humanidade em uma crise semelhante à dos nossos dias" (sic). Desde o Dilúvio! Era razão de sobra para convocar todas as forças da inteligência católica, como apelara, ele próprio, para a mobilização de todas as forças da ação católica. Maritain fora o primeiro pensador laico a pôr o tomismo, filosofia senão oficial pelo menos oficiosa da Igreja, ao alcance do homem do século XX, embora ainda vedado a muitos seminários, temerosos do caráter "subversivo" do seu pensamento... Era imperativo que esse renovador dos valores perenes do realismo filosófico, viesse ocupar-se não com metafísica, mas com metassociologia, com a filosofia prática da vida social contemporânea e seus problemas sombrios. Pio XI estava preocupado com a maré fascista, com a qual se defrontava duramente, depois de ter chamado Mussolini de "homem providencial", ao assinar o Tratado de Latrão. Quando o Cardeal Leme, por essa época, esteve em Roma no gabinete do Papa, este se levantou, a certa altura da conversa, tomando de uma régua, e apontou para a Alemanha nazista dizendo: "Questa Germania mi fa paura"!

Foi, provavelmente, o que terá dito a Maritain. E o que explica o interesse que desde então, e por muitos anos, dedicou aos problemas sociais mais candentes.

Partiu dele, como já acontecera na Itália com a obra de Dom Sturzo, a reabilitação da democracia em face de uma filosofia cristã rigorosamente ortodoxa, como o tomismo. A democracia, no século XIX, se baseara numa filosofia individualista e liberal, que pouco a pouco a transformara em plutocracia. A nova democracia, em vez de se fundar sobre uma concepção individualista da liberdade, apoiava-se no conceito de comunidade e de direitos sociais, na ascensão histórica das classes trabalhadoras e numa concepção filosófica mais autêntica do trabalho, como elemento essencial da pessoa humana, de que o capital é um elemento puramente instrumental. Os direitos do homem, o conceito autêntico de trabalho, a justiça social, a coincidência do regime democrático com os postulados fundamentais do cristianismo, foram temas então amplamente analisados pelo luminoso pensamento de Maritain, que representava um caminho novo na solução da crise política social contemporânea.

A QUARTA VIA

O movimento de ideias que, nas décadas 30 — 40 tomou o nome de "maritainismo", — escandalizando os meios católicos tradicionalistas e conservadores e preparando os espíritos para a revolução branca que João XXIII iria desencadear com suas Encíclicas Sociais e o Concílio — era como que uma quarta via que se abria para a nova ordem que Pio XII iria anunciar em suas famosas "mensagens de Natal", durante e depois da nova guerra universal, a de 1939 a 1945. As outras três vias da "nova ordem" eram: a defesa do "status quo" burguês, a revolução proletária comunista e a reação militar do totalitarismo fascista.

O catolicismo até então se identificara, de fato, com a primeira, no centro. Começava, então, a assumir a terceira, na extrema direita. E colocava uma barreira intransponível, não só em face da segunda, mas em tudo que pudesse representar uma inclinação à esquerda, mesmo depois da "Rerum Novarum". Essa abertura é que parecia ser o perigo da quarta via, lançada especialmente pelo pensamento de Maritain, ao mesmo tempo rigorosamente clássico em matéria filosófica, na linha aristotélico-tomista, e corajosamente renovador em matéria político-social.

Foi em 1937, depois da publicação de seu prefácio ao livro de Alfredo Mendizabel: "Nas origens de uma tragédia. A política espanhola de 1933 a 1936", que a reação contra Maritain se desenhou nitidamente. Claudel se manifestou francamente a favor de Franco. Maritain e Bernanos contra ele. Bernanos, depois de uma ruptura dramática com Charles Maurras, de cujos "camelots du roi" tinha participado, ao lado de Léon Daudet. A guerra civil espanhola iria modificar, radicalmente, o jogo tradicional das posições políticas, tirando numerosos elementos da "inteligentsia" católica, de sua aliança tradicional com as direitas. A ruptura de Maritain com outro de seus companheiros de direitismo político, Henri Massis, consumou sua nova posição, abrindo novos rumos para uma nova geração de recém-convertidos ou de insatisfeitos com a falsa aliança tradicional entre catolicismo e direitismo ou conservadorismo.

Com a vitória de Franco intensificou-se violentamente a campanha contra o filósofo "traidor", no mesmo passo em que o "maritainismo" conquistava as novas gerações e abria a possibilidade de um entendimento com o outro lado.

Na América Latina, então, sobretudo na Argentina e no Chile (onde uma revista dos reacionários católicos, "Fiducia", mantem-se em luta com o pensamento e a ação dos democratas cristãos e as reformas sociais de Eduardo Frei) e mesmo entre nós, o que se viu foi o desencadeamento de uma verdadeira cruzada contra as pretensas "heresias". E Jacques Maritain era considerado como o heresiarca número um. O Padre Menvielle, por exemplo, na Argentina, lançou mão de todos os meios, em Roma, para obter a condenação das obras de Maritain, pelo Santo Ofício. Em l950, encontrando-me no Angelico, o famoso centro dos dominicanos de Roma, com o famoso teólogo Garrigou Lagranje, que fora junto a Maritain um dos arautos da renovação do tomismo, mas não o tinha acompanhado em sua caminhada política no sentido da democracia, pediu-me ele notícias de Maritain, e acrescentou: "O senhor sabe que eu fiquei fiel à filosofia política tradicionalista de Donoso Cortês e não acompanhei meu amigo Maritain, em matéria político-social.

Diga-lhe, porém, que foi para seu bem" (sic). Sendo Garrigou Lagrange um dos personagens de maior prestígio no Santo Ofício, de cuja Congregação, creio eu, fazia parte, essas palavras significavam claramente que fora seu prestígio pessoal e doutrinário, que impedira a marcha da calúnia e o trabalho para que Roma condenasse o filósofo, cuja atitude politica tanto descontentara os reacionários espanhóis, franceses e latino-americanos. Não foi o próprio Papa Paulo VI a declarar, há tempos, que suas próprias "dificuldades com o Santo Ofício" provinham de uma tradução que havia feito do "Humanismo Integral", quando ainda jovem "Monsignore"?

Tudo isso é hoje história do passado, mas que convém ficar registrada para o futuro. Como me lembro dessa piedosa senhora que há uns dez anos me aconselhava, maternalmente, a "não acompanhar Maritain pois dentro de cinco anos, no máximo, seria condenado pelo Santo Ofício"...

Mais de cinco anos se passaram, bem mais, e foi o Santo Ofício que, ao menos... mudou de nome. Enquanto Maritain é escolhido pessoalmente pelo Papa, a fim de receber em Roma, no encerramento do Concílio, em nome de todos os intelectuais católicos do mundo inteiro, a mensagem do Santo Padre!

Como são misteriosos os caminhos da Providência! E como se compreende que Claudel, que tantas vezes se colocou em posições opostas às de Maritain no plano político, tenha inscrito no pórtico do seu "Soulier de Satin" e em portugês mesmo, o famoso provérbio: "Deus escreve direito por linhas tortas".

Há quinze anos, aqui mesmo no Rio, o meu caro amigo uruguaio Dimas Antunã, que tinha estreitas relações com o tal grupo anti-Maritain de Buenos Aires, embora sem participar dessas suas posições, me aconselhava a não me "comprometer" demais com as ideias de Maritain, que estavam em vésperas de ser condenadas pela Igreja". Era o que lhe diziam, confidencialmente, os antimaritaineanos da outra margem do Prata.

E no entanto, quando visitei Maritain em Toulouse, por ocasião dos seus oitenta anos, acabava de receber um retrato autografado de João XXIII, com uma afetuosa dedicatória. E o gesto de Paulo VI foi a consagração final. Falou-se até de sua nomeação para Cardeal, o que nada tinha de impossível. Foi o que Leão XIII fez com Newmann, em colocação ate certo ponto semelhante à de Maritain, em face dos ataques do Cardeal Manning, porta-voz do direitismo católico inglês.

MODERNOS E ANTIMODERNOS

São notáveis as vicissitudes de Maritain em face do espírito moderno, contradizendo-o ou estimulando-o.

Quando o moderno era Spencer, voltou-se para Spinoza e para Bergson. Quando o panteísmo spinozista, o intuicionismo bergsoniano ou o monismo hegeliano entraram em órbita voltou-se Maritain para a filosofia perene, em revolta contra o Zeitgeist. Escreveu então o seu "Antimoderne", desafio aos novos tempos, que confundiam o novo com o verdadeiro.

Mas no momento em que as forças antimodernas (de que o "nacionalismo integral" de Maurras tinha sido precursor) se jogaram na aventura totalitária, esse antimoderno toma o partido do futuro, conservando apenas do passado o que tinha de eterno. E parte substancial das novas gerações o aclama como intérprete dos seus anseios de renovação e dinamismo criador. Ao passo que os conservadores e reacionários e os tradicionalistas o lapidam.

"Loué par ceux-ci, blamé par ceux-là", como o Fígaro de Beau-marchais, prossegue o filósofo dos "Degrées du Savoir", sua *via crucis*, não "au dessus de la mélée", mas em pleno combate, embora sempre "rien que philosophe", mas como definidor de normas de pensamento e de ação. Já que sua filosofia não pretende erigir-se em sistema. Muito menos em sistema pessoal. Funda-se sobre o senso comum e não sobre o senso próprio. É um realismo e não um idealismo. Procura o ser e não o vir a ser. Tudo isso, portanto, em oposição contra uma vertente considerável do espírito moderno, que tende a considerar o mundo e a vida como um jogo, como um desafio ou como um absurdo. Dai a voga de um existencialismo ultrassubjetivo, que vai do ateismo ao antropocentrismo ou ao sociocentrismo absolutos, na linha de Kierkegaard, de Camus, de Sartre, de Bertrand Russel, de Brecht, de Becket, de Genêt. Esses e outros novos apóstolos do espírito moderno, em sua negação de todo realismo transcendental (se excluirmos da lista Kierkegaard e talvez Camus) retomam, pouco a pouco, junto às novíssimas gerações, o posto de vanguarda que Maritain alcançara junto à nossa própria geração, como sucessor de Bergson e de sua revolução espiritualista.

A primazia do espiritual — que Maritain coloca sob o signo de Deus e do Homem Deus, o Cristo Jesus, isto é não apenas à luz de um espiritualismo cego ou imanente — essa primazia do espiritual se converte, com esses novos apóstolos antirreligiosos, em novo panteísmo existencialista ou num pan-matematismo abstrato, ou numa semântica paralogística ou num humanismo puramente secular de tipo marxista. O jogo de luzes e sombras do mundo moderno — que Luc Godard no seu poema cinematográfico de "Alphaville", considera como um mundo sem amor, no domínio da pura cibernética (a egressa do pesadelo do multifuncionalismo começa a soletrar "Je... vous... aime", como uma estranha linguagem desconhecida!) — apresenta todas as cores do arco-íris intelectual, que Dostoiewski anteviu no epílogo patético do "Crime e Castigo".

E com isso volta Maritain à sua solidão. Nossa geração foi a ele como a um novo Colombo do mundo do espírito, sob o signo da integralidade cristã (que é o oposto dessa "civilização ocidental cristã" da impostura ou do imobilismo...). E gerações futuras continuarão a ir a ele, para lá de modas momentâneas, pois essa integração de todo o real é um alargamento lógico do realismo, do determinismo, do naturalismo, do positivismo, que nossa geração havia recebido dos seus mestres antiespiritualistas.

Maritain foi, para nós, o grande revelador da verdade como uma totalidade, como uma integração de todas as realidades materiais e espirituais, não apenas ontológicas mas sociológicas. Essa revelação da verdade total representava também uma reintegração do espírito de dinamismo revoluciónario das instituições de uma sociedade injusta na reforma do regime político; na ascensão social das classes populares; na reabilitação da democracia; no fim do reino da plutocracia e, portanto, do capitalismo liberal; na liberdade como uma pedra fundamental da cidade humana, ao lado da justiça. Tudo isso é que constituía a quarta via, que Maritain propunha como a verdadeira revolução a empreender sob o signo de uma filosofia cristã.

Tudo isso, na época, era considerado subversivo. E para o primarismo político que se desencadeou entre nós, com o direitismo dominante desde o 1º de abril de 1964, o conceito é semelhante. A um jovem estudante preso e interrogado em 1964 pelas autoridades militares, que se declarou "partidário das ideias de Jacques Maritain", respondeu-lhe o oficial que o interrogava: "Já estamos na sua pista"... Para os policiais, defensores da "Democracia Ocidental", e da "Tradição, Família e Propriedade", Maritain continua a ser um perigoso revolucionário...

E no entanto, para certos grupos da novíssima geração, que o opõem a Emmanuel Mounier, certamente mais radical e ousado nos seus métodos de ação, embora não na sua finalidade de transmutação social, já não representa ele o que foi para nossa geração: um apóstolo dos tempos modernos. Depois de ser denunciado, por uns, como um revolucionário perigoso, é apresentado, agora, por outros, senão como um quase reacionário, ou pelo menos como um mestre envelhecido e como um guia ultrapassado.

É verdade que a nova geração, mesmo dos que confessam o Cristo e a Igreja Católica, se coloca, de preferência, sob o signo da Praxis, ao passo que toda a filosofia especulativa e prática de Maritain se coloca sob o signo do Logos. Nele a teoria tem o primado sobre a prática. Ao passo que na maioria dos jovens de hoje a prática, o resultado imediato e a impaciência revolucionária, têm o primado sobre a doutrinação e mesmo sobre a espiritualidade. Daí um novo desentendimento entre o grande solitário de Toulouse e os tempos modernos.

Como se fosse destino seu passar de um extremo a outro na apreciação dos homens apressados e dilacerados dos nossos dias, nesta sociedade em estado de passagem e de tensões extremadas, em que é difícil compreender a riqueza imensa da verdade contida numa filosofia da proporcionalidade e do equilíbrio dinâmico, como a filosofia perene. Daí a vã tentativa de o opor a Mounier e a Teilhard, em vez de procurarmos o que há neles de comum.

REDENÇÃO PELO AMOR

Apenas algumas palavras sobre a posição de Maritain, em face de Teilhard de Chardin, a rigor mais à direita e Mounier, mais à esquerda do mestre comum. Voltarei oportunamente, ao caso Mounier. Quanto a Teilhard, sem desconhecer o que o separa de Maritain, como pessoalmente me disse este em Toulouse, chegando a considerar a filosofia de Teilhard como "de la fausse monnaie intellectuelle", — não os vejo senão como duas expressões ou dois métodos do mesmo espírito de integração total da verdade a que anteriormente nos referimos. O método fenomenológico de Teilhard não coincide com o método ontológico de Maritain. Aproxima-se mais do blondelismo, que Maritain sempre combateu. Maritain parte do ser. Teilhard do vir-a-ser. Aquele sustenta o primado da contemplação. Este o da ação. Santo Tomás sustentava a primazia do apostolado: "contemplara aliis tradere". Maritain procurou sobretudo o acordo entre religião e filosofia, pugnando pela existência de uma filosofia cristã. Teilhard procurou sobretudo mostrar o não desacordo entre ciência e religião, sobretudo no terreno da antropologia científica e suas demonstrações inequívocas de um laço irremovível entre o homem e os primatas, numa continuidade que em nada afeta o dogma da imortalidade da alma humana, dado fundamental da revelação mosáico-cristã e de toda religião autêntica. "Não há morte" diz o budismo. "A morte é uma passagem à verdadeira vida" diz o cristianismo. Tanto Maritain, aliás, como Teilhard aceitam o evolucionismo biológico como um dado adquirido a até benéfico da ciência moderna: "O conceito científico da evolução pode, então, por natureza, conduzir-nos a uma apreciação mais justa das vicissitudes e dos progressos da história humana (sic) e a uma ética mais consciente das raízes materiais do animal racional, das profundezas do dinamismo do elemento irracional nele existente mas também das mais profundidades do dinamismo do espírito que nele realiza sua grandeza" (J. Maritain — *A filosofia moral*, trad. bras. p. 488). Como estamos longe da anacrônica incompatibilidade alegada, por uma falsa apologética, entre o que há de verdade científica no transformismo darwiniano e os dogmas da revelação cristã!

A integração entre o Tempo e a Eternidade é um dado substancial comum entre maritainismo e teilhardismo. Maritain não nega a importância do tempo. Demonstra-o sua "filosofia da história". Teilhard, cientista do tempo e místico da eternidade, não contesta a primazia do eterno sobre o temporal. Mas enquanto a filosofia de Maritain, se quizermos representá-la graficamente, coloca a eternidade acima do tempo, a filosofia de Teilhard a coloca no fim do tempo, sem com isso negar a presença do Eterno e sua Providência em todos os momentos do tempo, ja previamente contidos na eternidade do Criador do tempo. Seu Hino à Matéria é uma página maravilhosa sobre a presença de Deus no tempo e nas criaturas, sem qualquer espécie de imanentismo de que falsamente o acusam.

Por mais que o tomismo de Maritain rejeite o blondelismo de Teilhard, não vejo motivo para uma opção radical entre ambos. São complementares.

Não sucessivos ou contraditórios. É possível que Teilhard corresponda, neste momento histórico e científico do mundo, à tendência, mais prática e social que especulativa e mística, das novas gerações, quando se revoltam contra a impostura dos bem pensantes. Maritain já o havia feito há muitos anos. Como o fizera Bernanos. E a ação desses dois gênios do pensamento contemporâneo em nosso próprio país é um dos dados da evolução cultural e religiosa brasileira que não pode ser desdenhada por nenhum historiador objetivo de nossa história cultural.

Muitos anos decorreram desde o dia remoto, em 1936, em que nossos olhos ainda jovens se defrontavam com aquele olhar límpido e puro das duas safiras luminosas da face de Maritain. Encontrei-o há quatro anos em Toulouse, como tantas vezes em Princeton, sempre o mesmo, com essa luz de sabedoria e de juventude de espírito, de que irradiam a verdade e a paz. Entre os irmãosinhos do Padre de Foucald, em Toulouse, à sombra do convento que Le Corbusier construiu para os dominicanos, vivendo numa cabana de madeira, tal como um verdadeiro "mendigo do absoluto", como Léon Bloy gostaria de ver o seu afilhado de l906, cercado por essa auréola de ternura cordial e de vida, humilde e mística, de que o envolve até hoje a presença espiritual de Raïssa, — vive Maritain o crepúsculo radioso de sua vida tão luminosamente como sempre a viveu, em jovem ou em homem maduro, na plenitude do seu gênio, comunicando ao mundo moderno, queiram ou não aceitá-la, uma lição de fidelidade, de integridade e de sabedoria que nos deu durante toda a sua longa existência e de uma obra imensa que é uma verdadeira floresta de espantos, em sua harmonia arquitetônica incomparável.

Ainda há pouco, no último dos seus grandes livros sistemáticos, o primeiro tomo da Filosofia Moral, leva-nos pela mão, desde os pré-socráticos até Sartre, com uma penetração aguda em cada sistema, e uma visão segura da distinção entre o essencial e o contingente, em que revelou um novo aspecto do seu espírito, que até então nunca abordara essa vasta região da história das ideias. E o fez com a mesma flexibilidade de inteligência com que abordou os problemas científicos, políticos, econômicos e sobretudo estéticos ("Maritain c'est surtout un artiste", na palavra de Gilson já lembrada). Há nesse mesmo livro, aliás, um capítulo final sobre a "condição humana", que é de uma tal beleza e de uma tal humanidade, que não me furto ao prazer de citá-lo, ao menos em alguns períodos em que nos mostra o espírito patético que pulsa, no âmago dessa catedral metafísica que durante 60 anos vem construindo no meio dos vendavais do mundo moderno. A meditação do filósofo não o leva nem à "tentação de recusar a condição humana", nem a "aceitar pura e simplesmente a condição humana", mas a "transcendê-la... consentindo nela e acompanhando o seu próprio movimento". É o que chama "a revolução evangélica", baseada na humildade de espírito e na infância reconquistada pelo amor.

A "DIVINA COMÉDIA" DE MARITAIN

Roma: Contemplando esta manhã, 29 de abril de 1973, na Capela Sixtina, aquela incomparável obra-prima de Miguel Angelo, pouco depois de saber, pelos jornais, da morte de meu mestre Jacques Maritain, fui irresistivelmente levado a fazer uma comparação. Pensei na "Divina Comédia". Assim como Dante ousara, e conseguira, fazer em poesia uma síntese católica da vida humana; assim como Miguel Angelo ousara, e conseguira, fazer pela imagem uma síntese análoga; ousara Maritain fazê-lo pelo pensamento. Só a posteridade, porém, dirá se o conseguiu, como a posteridade do século XX já pode dizer o mesmo de Dante e de Miguel Angelo. Dessas três sínteses, a palavra católica é imprescindível em seus dois sentidos: o sentido institucional e substantivo, como concepção baseada na mensagem da Igreja, Corpo Místico de Cristo e depositária de uma mensagem sobrenatural da Fé. Em seguida, o sentido humano e adjetivo (católico significa universal) como sendo uma mensagem natural da unidade e da fraternidade, tanto real como ideal, de todo o gênero humano. O pensamento que dominou, seguramente, toda a obra de nosso Mestre, foi o da totalidade.

E, por isso mesmo, essencialmente antitolalitário. Se houve alguma sintese humana que ousasse fazer, da política e como política; o guia da humanidade, foi seguramente o fascismo-nazismo, isto é, o direitismo integral, formulado em França pelo que Charles Maurras chamou de "nacionalismo integral" e colocou como epígrafe cotidiana na primeira página de sua *Action française*. Foi para combatê-lo, a fundo, como representando o que não deve ser o conceito e o fim da vida humana integral, que Maritain repudiou expressamente Maurras e escreveu esses dois livros fundamentais de sua obra como prolegômenos de sua grande síntese filosófico-social. "La Primauté du Spirituel" e "Pourquoi Rome a Parlé". Afastando-se radicalmente de Maurras, de cujo pensamento político começara participando, como começara participando do pensamento filosófico de Bergson, entendia o nosso mestre afastar-se tanto do totalitarismo político como do imanentismo metafísico.

Acontece apenas que Bergson abandonou seu imanentismo; Maurras não abandonou o seu totalitarismo. E assim como a última mensagem filosófica de Maritain foi um dramático apelo à "transcendência divina" como sendo a antitese daquele *ungrund*, que o seu mais recente discípulo, um jovem dominicano alemão lhe mostrara ser o maior perigo do moderno imanentismo germânico de tipo heideggeriano — assim tambem se conservou ele fiel até o fim do seu "humanismo integral" em que, desde 1936, dera novos rumos a uma encarnação da Justiça e da Paz, nas relações humanas, com que o "Politique d'abord" de Maurras e os totalitarismos de Mussolini, Stalin e Hitler, sem esquecer o seu epígono Franco, ameaçam levar a humanidade ao abismo e ao suicídio coletivo.

Por tudo isso é que teve, para mim, um sentido todo especial, receber a notícia, não inesperada, da morte do meu velho mestre, em Roma, onde ele colocou realmente o centro de gravidade do seu universalismo, tanto teológico como metafísico. Mas foi igualmente nesta cidade que atendeu ao apelo do General De Gaulle para vir representar a França como Embaixador no Vaticano, de 1945 a 1948, embora o fizesse muito a contragosto, como pessoalmente me confiou, pois tinha horror ao aspecto social da diplomacia, e mesmo como embaixador, deixava que Raïssa recebesse os visitantes, enquanto o filósofo se trancava tranquilamente entre seus livros e sua meditação. Foi também aqui em Roma que atendeu ao apelo pessoal de Pio XI, e desceu do céu metafísico da filosofia pura para o terreno flutuante da filosofia prática. Embora nunca cessasse de proclamar: "Je ne suis qu'un philosophe".

Foi assim que escreveu suas apologias politicas do sistema democrático inspirado nos Evangelhos, que seu mestre inicial Bergson acabara reconhecendo ser o sentido profundo da única mensagem política que pode trazer — aos homens de todos os tempos e particularmente aos tempos confusos e angustiados de nossos dias — um pouco de alegria numa vida social sadia. Não foi à toa que, nos últimos apelos dos seus 90 anos, publicados na Revue Thomiste, relembrou o Sermão da Montanha como sendo a mensagem suprema de Deus aos homens de todos os tempos. Essa mesma mensagem de que os totalitários, confessados ou mascarados, também de todos os tempos, continuamente escarnecem. Quando Murilo Mendes comentou comigo, por telefone, a morte de nosso mestre comum — quaisquer que tenham sido as dissidências que, mesmo com ele, tenhamos tido, pois os verdadeiros discípulos nunca são uma decalcografia dos mestres — Murilo lembrava a estranha coincidência da morte quase simultanea dos dois maiores nonagenários do nosso tempo, Maritain e Picasso. Um deles, mestre da moderna cultura teocêntrica, que não hesitou descer dos ares mais puros da metafísica, aos mais conturbados da moderna violência política, embora sempre fiel à primazia do Espírito, e morrendo, como o Papa lembrou, da sua janela do Vaticano, na própria manhã da morte do filósofo: "pobre e solitário."

E o outro, o maior gênio da pintura do nosso século, mas no extremo oposto, como mestre da cultura. A Teocêntrica. Podemos ainda lembrar, a esse respeito que a França perdeu, e o mundo com ela, o seu maior mestre vivo da primazia do nada, Jean-Paul Sartre. Pois foi este que, no seu famoso *L'Être et le Néant*, colocou bem os extremos da síntese humana da vida. A divina comédia filosófica de Maritain, como a poética de Dante e a pictórica de Miguel Angelo representam o sentido da transcendência e da totalidade do ser. E só Nele podemos encontrar amparo contra a tentação do não-ser, do vir-a-ser e do nada que, por todos os lados ameaça o nosso destino. Não me parece que seja exagerada, portanto, essa aproximação que a Capela Sixtina me trouxe na manhã da partida do meu inesquecível mestre.

2. Maritain e o Novo Mundo

"Maritain veio abrir novos caminhos para um regime político e econômico de liberdade e justiça".

Nesta pequena nota sobre a repercussão da obra de Jacques Maritain no Novo Mundo, eu gostaria de lembrar que nem a guerra, nem o exílio voluntário do filósofo nos Estados Unidos, onde ele fez um trabalho notável sobre as relações intelectuais entre a França e a América do Norte, estabeleceram uma relação tão íntima como entre o grande filósofo tomista e o nosso continente.

Sua influência na América Latina é muito anterior a essas circunstâncias. Durante minha viagem à Argentina, em 1937, uma das primeiras visitas que recebi no Hotel Nogaro (o mesmo hotel ocupado por Maritain no ano anterior durante o Congresso do Pen Club), foi a do jovem professor da Faculdade Nacional de Direito, Raphael Pividal.

Em seu cartão de visita, deixado no hotel, ele escreveu: "Maritaniste intégral". Nessa época começava-se a discutir sua obra, até então aceita, sem discussão, por todo mundo. Cesar Pico publicara uma carta aberta a MARITAIN, que veio deslanchar a campanha da imprensa, pró ou contra Maritain, em todos os países da América Latina. Sua obra entretanto já havia, depois de tantos anos, começado a exercer sua influência na região. Foi, acredito, em torno de 1925, que Maritain começou a ser conhecido na América Latina.

No Brasil, como em todos os países do Novo Mundo e sobretudo nos países de origem ibérica, o catolicismo passou, no século XIX, por uma longa e penosa crise filosófica. A filosofia racionalista do fim do século XVIII, que tinha sido bem sucedida desde o fim do século, se insinuou na América, a despeito da censura das ideias, foi substituída no começo do séc. XIX pelo "eclectisme cousinien". Esse, por sua vez, foi suplantado pelas diferentes correntes naturalistas do meio do século, representadas sobretudo pelo monismo haeckeliano, o positivismo de Auguste Comte e o evolucionismo de Spencer. A partir de 1870, essas últimas correntes dominaram na América Latina, onde a filosofia tradicional não é mais ensinada a não ser em seminários e não é explicada, senão nos manuais escolares sem envergadura filosófica. A separação entre a filosofia tradicional e as novas correntes filosóficas foi completa. A primeira se retirou, enquanto que as outras dominaram totalmente o laicato. A simples menção desse fato mostra a sua gravidade.

No fim do século, entretanto, uma reação espiritualista se anuncia, para grande surpresa e indignação dos citados representantes das antigas gerações. A obra de Bergson foi a inspiradora dessa revolução filosófica, introduzida por pensadores como Antonio Caro, no México e Farias Brito, no Brasil. Esse espiritualismo filosófico, sob uma forma mais ou menos panpsiquista, serviu de transição para a restauração ou melhor, a instauração da filosofia tradicional. Para nós, foi em São Paulo, capital da Província do mesmo nome, que o movimento começou. Deve-se à iniciativa dos padres beneditinos que fundaram uma Faculdade de Filosofia, em correspondência com a Universidade de Louvain. Um filósofo belga, M. Sentroul introduziu o tomismo e os ensinamentos do Cardeal Mercier. Dois professores leigos, um brasileiro e um belga, Alexandre Correia e Léonard Van Acker foram os pioneiros desse ensinamento que continua até os dias de hoje com grande competência.

Isto ocorreu pouco antes da guerra de 1914. Mas, foi depois da guerra que o livro de Maritain sobre a filosofia bergsoniana revelou à América Latina esse jovem filósofo, antigo aluno do mestre da "L'Évolution créatrice", cuja obra já fizera seu caminho entre nós. Esse livro abriu novos horizontes. Bergson tornou-se, para a maioria, uma transição. Alguns se lançaram no atalho do materialismo dialético. Outros o aceitaram como filósofo do intuicionismo vitalista, que correspondia a uma tendência muito espontânea do temperamento ibero-americano. A outros, enfim, a leitura de Maritain abria os olhos para a fé católica e a filosofia tradicional, que até então lhes pareciam incompatíveis com o pensamento científico moderno.

Quando em 1936 fui receber Maritain, no navio que o levava da Argentina para a França, já era a um guia espiritual, mais do que a um mestre de metafísica, que nós nos dirigíamos.

Dez anos, ao menos, se passaram, desde que seus primeiros livros nos foram revelados. Nessa época não era o guia espiritual que nos interessava. Era o filósofo, o discípulo de Bergson, era sua mensagem puramente intelectual.

Que ensinamentos nossa geração recebeu de Maritain?

Podemos falar, eu creio, de reconciliação com a inteligência. O que nos havia levado a Bergson foi a decepção da razão.

O que Maritain nos revelava com rigor e sem complascência, mas, sem aridez de exposição, era a verdadeira face da inteligência. A razão nos parecia insuficiente e não nos revelava senão uma parte inferior da realidade. O novo ensinamento, alimentado da mais pura concepção tradicional, veio nos revelar a inteligência como que ultrapassando a razão, mas no seu próprio sentido e nos abrindo a todo universo, desde a matéria bruta até o "Ato Puro".

Foi um verdadeiro renascimento. E podemos dizer que nossa geração deve esse renascimento, sobretudo, aos ensinamentos de Jacques Maritain. O fenômeno se reproduziu por toda a América Latina. Se interrogarmos os homens de cinquenta anos do México, da Colômbia, do Peru, do Chile, da Argentina, do Uruguai, do

Equador, do Paraguai, como eu o fiz pessoalmente, os ensinamentos são os mesmos. Houve uma revolução paralela em todos os países da América Latina. Os nomes mudam, as circunstâncias não são as mesmas, encontram-se nuances particulares em cada país. Mas, o conjunto é o mesmo. Maritain foi o revelador da inteligência a uma geração cética, agnóstica ou vitalista.

Em torno de 1936, por ocasião de sua viagem à América Latina, quando os problemas sociais tinham já relegado ao segundo plano os problemas estéticos, filosóficos e religiosos, que tinham ocupado, até então, as novas gerações, foi novamente Maritain que nos salvou de certos erros e de certas ilusões políticas, que nos haviam quase conquistado.

O autor do "Du regime temporel et de la liberté" nos abriu uma nova no campo político, como ele nos tinha, anteriormente, aberto no campo metafísico. O fundamento era o mesmo: o senso comum. Após a filosofia do senso comum era a política do senso comum que o mestre de Meudon vinha nos revelar.

Desde 1936 os debates em torno da "Action Française" haviam começado a nos alertar. A publicação de "Primauté du spirituel" foi um grande passo à frente. Há muito tempo as ideias autoritárias haviam lançado os jovens no caminho da reação contra a democracia. Nietzsche e Sorel tinham sido os guias de nossa geração. Esses dois mestres do antiliberalismo haviam deixado uma impressão profunda sobre a geração que tinha vinte anos na época da guerra de 1914. Maurra teve também uma certa influência, porém menos considerável. Por volta de 1920 uma reação autoritária se fazia sentir por toda parte contra a democracia liberal do começo do século. Após 1930 duas correntes gêmeas e opostas: comunismo-fascismo conquistaram os jovens. Os católicos foram profundamente influenciados pelo movimento reacionário que apresentava o fascismo como o único obstáculo ao comunismo; e esse movimento não deixou mais de se fazer sentir.

Um grande número, entretanto, sobretudo dos mais jovens, se voltou contra esse dilema. Eles começaram a sentir, de uma forma imprecisa mas segura, que os dois extremos se tocavam e que "Deus não estava à direita", como advertia um artigo do Pe. Congar O.P. que lhes abriu os olhos.

Foi novamente a obra de Maritain que nos salvou do erro. Ele mesmo havia sido advertido dos novos perigos que ameaçavam a cristandade e a verdade, pela visão luminosa de Pio XI. Os acontecimentos vistos de perto o haviam esclarecido sobre o perigo. A meditação do Evangelho e de São Tomás acabaram por lhe abrir completamente a inteligência.

****

Ele que nos havia revelado a profunda compatibilidade entre a inteligência humana e a verdade, vinha agora nos revelar a adequação natural entre a liberdade e o bem comum. Nós havíamos confundido liberdade e liberalismo, autoridade e ditadura. Maritain, à luz dos princípios os mais puros do direito natural e da filosofia tradicional, vinha nos mostrar como era necessário "distinguir para unir". Seu ensinamento, que nos tinha reconduzido do ceticismo ou do irracionalismo a um intelectualismo ordenado ao real integral, vinha agora, no plano político, nos reconduzir de opções unilaterais a uma síntese total onde a liberdade e a autoridade se integravam naturalmente na verdade. Tudo isso se traduzia concretamente na rejeição do comunismo e do fascismo e na reabilitação da democracia baseada nos princípios da sabedoria cristã. Os problemas políticos, entretanto, têm na América Latina uma repercussão que falta aos problemas filosóficos. Enquanto a influência de Maritain se exercia somente no plano religioso e metafísico, todo mundo a aceitava sem reservas. No momento que ele tocou nos problemas políticos e sobretudo após os acontecimentos da Espanha, tudo mudou. Não é nem o momento nem o lugar de fazer o resumo dessa campanha contra Maritain que infelizmente não acabou. Ela ilustra uma verdadeira lei do movimento histórico que mostra a resistência que a rotina, a inércia, os preconceitos, os privilégios oferecem sempre à verdade simples.

Maritain veio abrir novos caminhos para um regime político e econômico de liberdade e justiça. Bem antes dele a voz da Igreja havia afirmado bem alto essas verdades, desde Leão XIII. Essa voz, entretanto, não teve o eco que lhe era devido. O laicismo havia estabelecido verdadeiros muros impermeáveis entre o ensino da Igreja e os problemas político-sociais. Hoje, diante de certas confusões, costuma-se frequentemente reinvidicar a relativa autonomia do político ou do econômico. Naquele momento, ao contrário, era preciso lutar contra a separação entre o temporal e o espiritual, entre o político ou o econômico e a ética.

Maritain foi, sem dúvida, quem, em livros como "Humanisme Intégral", como "Les droits de l'homme et la loi naturelle", como "Christianisme et démocratie" mais rigorosamente denunciou os mal-entendidos, as confusões, os sofismas.

Suas obras foram traduzidas para o inglês, o espanhol e o português, e difundidas por toda a América. A acolhida que teve nos Estados Unidos foi quase unanimemente favorável. Católicos e não católicos, viram, com clarividência, a inestimável contribuição espiritual e intelectual que elas traziam à luta da democracia contra o espírito autoritário. Na América Latina a opinião ficou bem mais dividida.

O espírito democrático é aí bem menos tradicional e menos profundo que nos Estados Unidos. O espírito autoritário, confessado ou não, deixou uma marca muito mais profunda. Contra o perigo comunista vimos frequentemente recorrer-se à ditadura ou pelo menos a uma democracia autoritária. Nesses meios, a filosofia política tomista de Maritain só poderia ser recebida com reservas. Daí certos ataques cuja origem é muito mais política do que filosófica ou religiosa. De outra parte, a revelação dos princípios tomistas da política e da economia, até então totalmente desconhecidos nos meios não católicos, levaram muitos espíritos de boa vontade a uma revisão de suas atitudes diante da Igreja e do catolicismo social.

Se o ensinamento social de Jacques Maritain "escandalizou" certos meios, pelos quais a Igreja é ligada à ordem social existente, e, a reforma social traria um enfraquecimento do cristianismo em face da maré crescente do comunismo (que, do meu ponto de vista, é uma maré em baixa, provocada por seus monstruosos erros teóricos e práticos), — em compensação ele abriu os olhos a inumeros católicos que não haviam compreendido bem o apelo da Igreja à justiça social, desde Leão XIII, e, ao mesmo tempo, ele diminuiu muito a distância entre católicos e não católicos, aumentando as fronteiras da verdade.

*****

Nós ainda não levantamos com dados concretos a influência de Maritain na América. Esse trabalho de pesquisa será enorme. Desde 1925 até nossos dias, eu creio que nenhum pensador europeu foi objeto na América de tantas referências, citações, comentários, livros publicados, a favor ou contra suas ideias, suplementos especiais em jornais e revistas e centros de estudos com seu nome. Na Faculdade de Direito do Rio de Janeiro, há mais de vinte anos, em 1925, fundou-se um Centro Jacques Maritain. Na Faculdade Católica de Direito de Porto Alegre, no sul do Brasil, um irmão marista fundou, em 1946, um centro de estudos com o mesmo nome. Mas não são apenas os jovens que o seguiram. Em 1937 Maritain foi eleito membro correspondente da Academia Brasileira de Letras. Por ocasião do 40º aniversário de sua conversão, a homenagem que os argentinos lhe enviaram continha centenas de assinaturas. E a revista "A Ordem" do Rio de Janeiro publicou em 1946 um número especial tirado em separata, com mais de trinta artigos sobre sua obra. Pode-se dizer que não passa uma semana sem que seu nome seja citado nos jornais. O trabalho bibliográfico para as teses de concurso que não tardarão a ser publicadas sobre Maritain na América, deverá ser considerável e nunca será completo, pois a imprensa das províncias de todo o continente, onde é muito mais difícil de pesquisar e encontrar as referências, não fica atrás do interesse que a imprensa das grandes capitais vem mantendo pelo filósofo do humanismo integral.

Quando no mês de abril do ano passado grupos de católicos uruguaios, argentinos, chilenos e brasileiros se encontraram em Montevidéu para lançar as bases de um movimento conjunto em toda a América Latina para o estudo e a aplicação dos princípios sociais cristãos à vida política, econômica e cultural, de todo o continente, foi unanimemente aceito o humanismo integral de Maritain como fundamento intelectual das conclusões estabelecidas. Da mesma forma, é sobre esse fundamento filosófico que começou a se agrupar o movimento "Economia e Humanismo", cujas bases o Padre Lebret lançou o ano passado e que os dominicanos do Brasil assumiram a tarefa de desenvolver.

A renovação tomista na América, assim como a solução cristã dos problemas sociais do Novo Mundo devem a Jacques Maritain, mais do que a qualquer outro pensador moderno, o melhor impulso a seu desenvolvimento atual. Isso basta para mostrar a extensão irradiante de seu brillho intelectual.

(Traduzido de "Maritain et l'Amérique Latine", Revue Thomiste, 1948)

3. A Influência de Maritain na América Latina

Tal foi o caso de Maritain na América Latina. Antes de atingir os interesses econômicos e políticos e, sobretudo, as instituições do status quo *tradicional, suas ideias eram recebidas com reverência ou, pelo menos, com respeito mesclado a uma admiração a distância. Mas, quando começou a esbarrar nas instituições ou nas convicções pessoais erigidas nos espíritos da burguesia dominante, ou nas tradições dos feudalismos existentes, Maritain desceu de seu paraíso metafísico às arenas de combate das ideias e dos mais sangrentos preconceitos.*

A AURORA

A Primeira Guerra Mundial, de 1914 a 1918, desempenhou papel considerável na história da América Latina. Foi a partir de então que a América Latina começou seu deslocar, lento, de uma posição marginal para uma posição central no movimento da História Universal Contemporânea. Durante quatro séculos, a partir do século XVI, a convergência e o aculturamento de duas influências externas — a europeia e a africana — com a contribuição, em algumas regiões continentais sobretudo da América espanhola, de culturas pré-colombianas bem como sua posição estratégica no flanco dos Estados Unidos, colocaram a América Latina, a partir da guerra de 1914/1918, face a face com dois problemas substanciais: sua contribuição ao dinamismo universal da história contemporânea e a busca de sua própria especificidade como uma civilização.

Se o século XIX, como se costuma dizer, terminou com a Primeira Grande Guerra, podemos afirmar que a América Latina participa dessa entrada no século XX, pela importância de dois fatores de peso em sua história primitiva, colonial ou pós-colonial: o fator social, o econômico em particular, e o fator espiritual, o religioso em particular. A história de nosso mundo moderno e de nossa civilização tecnológica, longe de opor esses dois aspectos, ao contrário, aproximou-os. A política mundial contemporânea conhece-os à saciedade. As guerras e as revoluções que caracterizam a crise universal da civilização humana de hoje são, acima de tudo, guerras sociais e, podemos dizer, revoluções metafísicas. Nunca, talvez, na história do mundo, fatos e ideias se viram tão intimamente misturados. O que, de mais a mais, explica a complexidade incomensurável de nossa história contemporânea. E das preocupações cibernéticas e prospectivas de nossa era.

Quis focalizar esses aspectos de nosso século e os problemas da América Latina contemporânea, a fim de mostrar que um filósofo como Jacques Maritain pôde exercer uma grande influência na evolução contemporânea desta parte do mundo, outrora, ou melhor, ainda hoje, tão esquecida das potências mundiais. E até mesmo dos historiadores do pensamento humano.

A América Latina é, hoje, um laboratório social, e não apenas um laboratório racial, em plena efervescência. E, embora seu poderio militar e tecnológico (os dois são agora, senão para sempre, inseparáveis) não possa competir com os dos Estados Unidos e da União Soviética, ou mesmo com o da Europa Central e, especialmente, da China, ou do Japão, as massas e elites latino-americanas encontram-se em plena ebulição. Não só do ponto de vista social, mas ideológico, no sentido lato do termo. E o ingresso de Jacques Maritain, como elemento substancial desta ebulição social e intelectual, corresponde, exatamente, como causa e efeito, a essa revolução integral que se configura nesta parte do Novo Mundo.

O elemento religioso assumiu papel decisivo tanto no Norte como no Sul de nosso continente. No Norte, com a prioridade da Reforma, no século XVII. No Sul, com a prioridade da Contrarreforma, a partir do século XVI.

No começo do século XX, contudo, esse elemento religioso católico sofreu, um pouco por toda a América Latina, uma espécie de debilitamento pelo contato com a influência do evolucionismo naturalista, do positivismo e do agnosticismo, sem falar na importante vaga do fetichismo animista popular de origem africana. O século XX se viu marcado, em toda a América Latina, por uma decadência sensível do espírito religioso. As reações de um Garcia Moreno, na América espanhola, ou de um Dom Vital, na América portuguesa, não conseguiram estancar a corrente. O século XX se iniciou com a Igreja Católica em estado de defesa e de marginalidade.

E somente depois do fim da I Grande Guerra que os ventos começam a mudar de rumo. A influência de Pascal ou de Bergson em pensadores tais como os mexicanos Alfonso Caro ou José Vasconcelos ou os brasileiros Farias Brito ou Jackson de Figueiredo reacenderam uma onda de espiritualismo no coração do pensamento filosófico latino-americano. O fenômeno da recuperação católica na França, a partir do século XIX, com Huysmans, Bloy, Péguy e tantos outros, juntamente com a conversão de Jacques e de Raïssa Maritain, em 1906, toma ímpeto considerável.

Somente depois da guerra de 1914 é que a repercussão desse golpe vindo de cima começa a atingir as elites intelectuais da América Latina, quase completamente desespiritualizadas durante o século anterior. A guerra produziu em nós o despertar da consciência do espírito nacional e continental, que se manifestou através de um nacionalismo, com frequência radical e antieuropeu, e também por uma procura de realidades nacionais. Entre estas, a tradição católica de novo começou a assumir papel importante, mesmo em face do protestantismo norte-americano e do materialismo dialético trazido à tona pela maré revolucionária do período pós-guerra.

A essas correntes de origem social devemos acrescentar a reação contra o diletantismo intelectual, produto pessimamente assimilado das correntes filosóficas do século XIX e, acima de tudo, pelo desejo de uma definição do plano espiritual e de um engajamento no plano temporal, em nome de uma transmutação dos valores morais e sociais.

A repercussão das ideias de Jacques Maritain, com data de 1920, deve seu ímpeto a essa dupla exigência social e individual, que, a meu ver, caracteriza todo o pensamento e ação das elites intelectuais da América Latina na época.

A princípio, a obra religiosa e filosófica de Maritain agiu num plano estritamente espiritual e intelectual, no sentido de uma conversão dupla das gerações jovens ou, melhor, de certas mentes da geração jovem. Esta conversão dupla representou, do ponto de vista religioso, a rejeição de preconceitos contra a religião e, por consequência, contra a Igreja como instituição totalmente ultrapassada, que dominara toda a *intelligentsia* latino-americana nesta época. Mais ainda, representou uma necessidade de rigor no pensamento filosófico, até então entregue totalmente à superficialidade e arbitrariedade de uma formação intelectual puramente autodidata.

A obra de Maritain, portanto, antes do *Humanismo Integral*, foi recebida, por assim dizer, sem discussão, como a obra de um mestre que nos reconduziu a nossas raízes espirituais históricas e, ao mesmo tempo, disciplinou nossas inteligências jovens em desordem, mas ansiosas por uma nova ordem que não constituísse um retorno ao passado, mas uma abertura para o futuro. Seu brilho foi, por isso, limitado mas decisivo e, acima de tudo, indisputável. Do ponto de vista filosófico, agiu como uma terra de ninguém sem contraditores. Do ponto de vista social representou uma certa reconciliação entre a inteligência, que perdera suas raízes religiosas, e o povo, que as conservara. Assim, Maritain veio a nós, através do Atlantico, não como um novo Messias para operar em círculos restritos e sofisticados, mas como um elo entre a elite e o povo, no sentido do futuro revolucionário, bem como um ponto de convergência entre o passado e o presente, no sentido de um equilíbrio tradicional. A filosofia do senso comum e não do bom senso consumou um pequeno milagre, não direi de unanimidade, mas de aceitação sem contestação (a palavra não estava ainda em moda) que repetiu, em sentido contrário, a façanha de seu conterrâneo Augusto Comte, um século antes.

A aurora da influência de Maritain na América Latina brilhou, então, numa paisagem de paz, de esperança e, quase diremos, de voluptuosidade filosófica.

O APOGEU

O apogeu foi a guerra. Não a nova guerra mundial que reteve Maritain nos Estados Unidos por longos anos, após suas viagens ao México e à América do Sul para reuniões da UNESCO e do Pen Club. O apogeu foi a guerra em torno a Maritain, que começou pouco antes da nova guerra mundial. A petição pessoal de Pio XI e a ameaça do totalitarismo germânico obrigaram o filosófo a descer do paraíso de suas especulações transcendentais para a terra, de aplicações práticas, para o plano da política e da economia. E, quando se tocam esses planos, do objetivo e do individual, as paixões explodem. Os acampamentos dos *partisans* se sublevam entre si. E a guerra. E ninguém deixa de estar consciente do fato de que guerras religiosas ou guerras de fundamento religioso, mesmo quando se desenvolvem no terreno das ideias, são implacáveis.

Tal foi o caso de Maritain na América Latina. Antes de atingir os interesses econômicos e políticos e, sobretudo, as instituições do *status quo* tradicional, suas ideias eram recebidas com reverência ou, pelo menos, com respeito mesclado a uma admiração a distância. Mas, quando começou a esbarrar nas instituições ou nas convicções pessoais erigidas nos espíritos da burguesia dominante, ou nas tradições dos feudalismos existentes, Maritain desceu de seu paraíso metafísico às arenas de combate das ideias e dos mais sangrentos preconceitos.

A religião católica na América Latina era tradicionalmente ligada aos interesses econômicos das classes dominantes e aos interesses políticos dos regimes estabelecidos.

Enquanto as ideias de Maritain atingiram apenas as consciências das elites intelectuais e, acima de tudo, enquanto elas se traduziam concretamente apenas por convenções religiosas, foram recebidas como providenciais. Por tradição, colocavam a religião — e a Igreja Católica principalmente — à direita. No momento em que o filosófo pregava o retorno à Fé, julgavam-no à direita; e, por consequência, na posição de defensor nato — se não do "trono e do altar", como alguns gostariam — pelo menos da Autoridade, da Propriedade e da Contrarrevolução.

Grande foi o estupor dos conservadores e dos reacionários, dentro e fora da Igreja, ao ver que esse convertido se mostrava, aparentemente para gáudio dos liberais e dos revolucionários, como defensor da liberdade, do trabalho e da reforma evangélica das estruturas sociais. Quando Maritain, ao mesmo tempo que Bernanos, se colocou em oposição ao regime de Franco na Espanha, houve um clamor geral de indignação dos grupos da direita contra o traidor. Sem qualquer respeito por seu gênio metafísico, por sua reabilitação do tomismo mais tradicional, por sua fidelidade à Igreja e à "prioridade do espiritual", por seu estilo literário de grande escritor e, "por último mas não menos importante", pelo fulgor de sua atitude moral e presença pessoal, em pouco tempo queimaram o ídolo a quem haviam adorado. Por outro lado, seus leitores e partidários se uniram de maneira mais resoluta e mais consciente, passando a estudar mais a fundo sua obra.

Foi, então, que nasceu a expressão maritainismo, em nome da qual, como acontece sempre que um gênio individual se transforma em substantivo comum ou em adjetivo, muitas sandices se disseram e escreveram. Mas, ao mesmo tempo, novos horizontes se abriram por toda a América Latina em favor de uma nova tomada de posição da Igreja frente aos problemas políticos e econômicos.

Até então, em termos gerais, a Igreja se colocara sempre ao lado das classes dirigentes e dos poderes estabelecidos. Alguns choques entre ela e governos conservadores ou liberais partiram sempre de uma tentativa de transformar esta união Igreja-Estado — que nunca faltou na América Latina desde sua independência, em começos do século XIX — num domínio crescente do Estado, frequentemente dominado pela Maçonaria, sobre a Igreja. Esse domínio confirmava a aliança tradicional da Igreja com as elites sociais e os poderes estabelecidos, políticos e econômicos em constrate evidente com sua separação das classes e círculos intelectuais. Em fins do século XIX, a encíclica *Rerum Novarum* começou, de fato, um trabalho de solapa daquela aliança rumo a um cristianismo social, junto a certos industriais e alguns políticos. No Uruguai onde o anticlericalismo dominou os círculos políticos no fim do século, o estabelecimento da União Cívica determinou uma posição equidistante dos conservadores (blancos) e dos liberais (colorados), e foi mesmo o resultado imediato da memorável encíclica de Leão XIII, tal como, no Brasil, a ação apostólica de um convertido famoso, padre redentorista Júlio Maria Contudo, estourou como uma espécie de bomba explosiva entrada em cena e um grande intelectual como Maritain, de renome universal, embora pregando os mesmos pontos de vista não só de prioridade teorética do espírito, mas de uma ação prática de unidade entre "a Igreja e o povo", em vez da união tradicional entre "a Igreja e o Estado" e/ou a "Igreja e as classes dominantes." Seria então, possível dissociar a Igreja da direita? Na maré dessas novas ideias não se estaria caminhando na direção do socialismo e dos programas de esquerda? Falar de "justiça social" as populações atrasadas, em nome de um "humanismo cristão", não seria isso soltar as amarras da revolução social e da anarquia? Não seria tudo isto senão o resultado da revolução bolchevique, como se intitulou então, e do "comunismo ateu" condenado pela Igreja?

Esses argumentos, longamente explorados pela imprensa conservadora, pelos círculos capitalistas e pelos católicos da direita em toda a América Latina, provocaram uma campanha implacável contra Maritain. O nome do padre Menvielle, na

Argentina, tornou-se famoso por seus esforços furiosos em Roma, junto às autoridades da Cúria e dos padres jesuítas da Civillità Cattolica, na tentativa de obter do Santo Officio a condenação formal desse "novo Lamennais"!

Por outro lado, sobretudo nos círculos intelectuais latino-americanos — até então fechados ou hostis à mensagem apostólica da Igreja e, particularmente, de sua intervenção em questões sociais — a influência de Maritain tornava-se, dia a dia, mais profunda. Essa influência era, a um só tempo, intelectual, religiosa e social, Intelectualmente, essa influência se exercia no sentido de uma disciplina filosófica, de que carecia a formação cultural das elites. Do ponto de vista religioso, era uma renovação espiritual e, mesmo, um movimento de conversão que pôs fim, pelo menos temporariamente (uma vez que a curva histórica da mensagem cristã, através dos séculos e dos continentes, estará sempre em estado de oscilação, de cima para baixo, e da esquerda para a direita ou vice-versa), à longa decadência do catolicismo durante o século XIX. O século XX, em grande parte sob os efeitos das ideias de Maritain, apresentou-se depois da terceira década como uma recuperação religiosa flagrante. Por fim, do ponto de vista social, essas ideias penetraram, direta ou indiretamente, nos círculos eclesiásticos e políticos e acabaram por ser políticamente incorporadas, em particular, na nova Constituição brasileira de 1934, depois da Revolução de 1930, assim como na legislação social e sindical — que, então, começava a ordenar as relações entre o Governo, ou as empresas industriais, com o proletariado urbano, em início de organização sindical. Pode-se afirmar que se encontra, no *Humanisme Intégral*, de Maritain, uma das raízes doutrinárias desse movimento que anunciou, por toda a América Latina, uma nova era de evolução histórica.

Esta é a razão por que, em questões sociais, filosóficas ou religiosas na América Latina, podemos falar de Maritain, como Boiteau, do ponto de vista poético, falou de Malherbe:

Por fim, Maritain chegou...

O OCASO

O terceiro painel deste belo afresco — que representa a influência de Maritain na América Latina, cuja história um dia fará em profundidade, à base da exaustiva documentação já existente — este painel do tríptico será de abordagem mais difícil, uma vez que ainda em plena elaboração. Posteriormente, poderemos, em minha opinião, dividi-lo em dois quadros.

Primeiro, a tentativa de pôr em prática, na política continental, esse arsenal de ideias sociais contidas na obra do mestre.

A tentativa inicial, parece-me, foi feita no Brasil, com muita timidez, pouco depois da Revolução de 1930. Pela primeira vez, a Igreja decidiu não se comprometer diretamente na política, mas promover a participação pessoal dos católicos na política nacional, da qual se mantinham afastados, e mesmo hostis, pelo menos desde a célebre Questão Religiosa, que havia sido uma das causas da queda do Império. Em vez de fundar um "Partido católico", como alguns gostariam, a lucidez do Cardeal do Rio de Janeiro, Dom Sebastião Leme, tomou a opção de uma Liga Eleitoral Católica, formada e dirigida por leigos. Ela apresentou um programa para as eleições da nova Assembleia Constituinte de 1934 e lançou uma campanha cívica defendendo a ativa participação dos católicos, até então indiferentes ou céticos em questões políticas. Esse programa foi elaborado sem qualquer nota confessional, à base da doutrina social da Igreja, mas claramente interpretada à luz das ideias de Maritain. Foi, por assim dizer, em nome de Maritain que se conseguiu levantar uma opinião pública católica, especialmente de mulheres, a quem o direito de voto fora concedido em 1931 e que, antes, se caracterizavam por uma completa apatia e desinteresse. Mesmo aqueles para quem a obra filosofica de Maritain era totalmente desconhecida se viram cativados por suas ideias.

E o programa da Liga foi incorporado na íntegra à nova Constituição de 1934, que substituiu a do início da República, em 1891. Se a instabilidade política que, a partir daquele momento, dominou as instituições brasileiras, conduziu o país a regimes de força muito remotos das nossas esperanças de revolução pacífica, embora atuais à época, não podemos negar que uma semente se plantou e que ela está pronta a medrar para dar novos frutos no futuro. E o nome de Jacques Maritain e da filosofia social não poderá ser esquecido nesse futuro incerto.

Foi uma primeira tentativa. Mas também uma tentativa magistral.

> Maritain veio a nós, através do Atlântico, não como um novo Messias para operar em círculos restritos e sofisticados, mas como um elo entre a elite e o povo...

A segunda tentativa — com perspectivas não mais nacionais, mas interamericanas — foi lançada em Montevidéu, entre 1947 e 1949, por um apelo que emanou de um Senador da União Cívica, o pranteado Dardo Regules, grande jurista e grande orador cristão. Em 1947, reuniram-se com ele no Uruguai, Eduardo Frei, do Chile, Manuel Ordonez, da Argentina, e eu mesmo, do Brasil, para uma troca de ideias sobre a relação entre a mensagem social da Igreja e sua possível aplicação às condições políticas da América Latina. Dois anos depois, um documento assinado a 1º de maio, em Buenos Aires, nesse momento sob a autoridade consular política de Peron, por nós quatro e por dois representantes da Colômbia e do Peru, lançava o movimento democrata-cristão na América Latina. Dois mestres, Dom Luigi Sturzo e Jacques Maritain, nos enviaram de longe, sem o saber, os tópicos principais de nossas conclusões. Era uma resposta à crescente influência das ideias fascistas e comunistas que começavam a marcar as novas gerações latino-americanas que, como nós, reagiam contra a filosofia política liberal e contra o espírito burguês dominante, e ainda contra os resíduos do espírito feudal, do qual as oligarquias no poder estavam impregnadas, de maneira consciente ou inconsciente.

Essa terceira via, entre o *status quo* conservador-liberal no poder e a nova onda reacionária ou revolucionária do binômio fascismo-comunismo, que tentávamos lançar no Sul do continente latino-americano pelo Movimento de Montevidéu — como o chamamos na época — foi lançada ao mesmo tempo pelo grupo da população universitária cristã da Venezuela, com Rafael Caldera à frente, e que levantou a bandeira democrata-cristã sob o nome de Copei. Seu principal inspirador foi, ainda, Maritain, com os novos horizontes abertos por seu *Humanismo Integral* e toda a sua obra filosófica e social. O movimento sinarquista no México, parece-me, também se beneficiou, pelo menos no início, das mesmas ideias.

Os Partidos democrata-cristãos, que, a partir daquele momento, começaram a se fundar aqui e ali, nos vários países da América Latina, tiveram a mesma base de ideias e o mesmo mestre intelectual. Estudantes em busca de assunto para tese encontrarão aí uma mina inexaurível para pesquisas em cada nação de nosso subcontinente.

Quanto aos resultados concretos — fora da ação parlamentar de cada um desses Partidos Democrata-Cristãos latino-americanos dos quais o principal inspirador foi, sem dúvida, Maritain — eles se registraram apenas em dois países: Chile e Venezuela. As vitórias eleitorais dos Partidos Democrata-Cristãos de inspiração maritainiana (se ousarmos usar de um termo não muito de meu agrado, por sua ambiguidade), nesses dois países da América Latina, levaram ao poder duas personalidades políticas de rara qualidade humana: Eduardo Frei, no Chile, e Rafael Caldera, na Venezuela. Os altos e baixos dessas duas experiências políticas, sobretudo a de Frei, que desencadearam, como inevitável, a mais violenta oposição da extrema direita e da extrema esquerda, permitindo o retorno do liberalismo conservador, capitalista e burguês — e agora a experiência, no Chile, de um socialismo democrata — esses altos e baixos são ainda tão atuais que seria temerário antecipar o futuro dessas duas importantes experiências políticas.

Quando, mesmo de longe, se vive a sensação que o Presidente Caldera causou no Congresso norte-americano, ao ser aplaudido tanto por republicanos como por democratas ao falar em nome de toda a América Latina e evocar "a prioridade do espírito" (palavras textuais) e a "justiça social" (palavras textuais), em vez de lugares-comuns de oratória ou interesses meramente comerciais — podemos dizer que a influência de Maritain na América Latina, ou não, está ainda longe de ser abolida.

Não podemos deixar de aludir, pelo menos, a um outro aspecto deste ocaso de nosso mestre na América Latina. E um retrato muito mais sombrio do que aquele do impulso ou mesmo da crise da democracia-cristã de influência maritainiana se a democracia de espírito evangélico, pregada pelo mestre do humanismo integral não está ameaçada de entrar no crepúsculo ou mesmo numa noite profunda, em consequência de duas ondas que submergem ou desfiguram as caracteristicas desta democracia de "origem evangélica", da qual Bergson falou e que sempre vimos pregando sob a influência de mestres como Maritain, Chesterton ou Dom Sturzo.

Gostaria de falar do movimento militarista que se espalha em toda parte pela América Latina e do movimento terrorista que o acompanha, como uma violenta reação contra as ditaduras da direita ou da esquerda, apoiadas pelas forças militares. Essas duas forças contraditórias estão em plena luta, flagrante ou latente, por quase toda a América Latina. Ambas se apoiam na violência e na primazia da autoridade sobre a liberdade. De um lado, as forças militares da direita: em nome da "civilização cristã e ocidental", supostamente ameaçada pelo "comunismo ateu" e pelas "guerrilhas" apoiadas pelo "castroismo" de Cuba, que nitidamente se separou da órbita satélite dos Estados Unidos para se colocar na órbita satelítica da União Soviética ou na China. De outro lado, as forças militares da esquerda; em nome de um nacionalismo feroz e de um desengajamento da aristocracia, tradicionalmente dominante ou das oligarquias capitalistas.

Ambas misturam "revolução" e "reação" sob o nome de "segurança nacional" e pregam a ação direta e uma "democracia" autoritária muito proxima do totalitarismo. Em certos países, os Partidos Democrata-Cristãos locais apoiam esses movimentos políticos das forças militares da "esquerda". De uma esquerda, além do mais, tão anticomunista quanto a direita. Em outros países, os Partidos Democrata-Cristãos estão dissolvidos; e seus membros ou simpatizantes acomodados aos regimes militares, ou exilados, ou liderando, na oposição tolerada, uma luta difícil e paciente.

Em tudo isto, as ideias lançadas por Maritain não têm lugar, exceto entre essas forças sequestradas e impotentes no aconchego de regimes centralizados e claramente autoritários. As esperanças provocadas pela ascensão da filosofia política democrata-cristã de Maritain estão na iminência de se perderem na atmosfera do "direitismo" militar ou do "esquerdismo" militar, confesso ou mascarado, que vem prevalecendo. Aos "meios humildes" invariavelmente afirmados por Maritain, se sobrepõem, por todo lado, os meios diretos de todas as ditaduras.

À violência de cima, a resposta tem sido, sem demora, uma violência de baixo. O terrorismo, como sempre, vem replicando à política autoritária de repressão e de ordem imposta por decretos-leis das ditaduras. Os crimes, os sequestros de altos funcionários, os assaltos a bancos, as bombas, os assassínios são a resposta do desespero ou do fanatismo revolucionário às prisões, às torturas, ao restabelecimento da pena de morte, à censura, às perseguições contra estudantes contestatários, aos fechamentos de parlamentos ou de sindicatos, por parte da política autoritária dominante.

Tudo isto constitui, claramente, a negação formal de toda a filosofia política defendida e proposta pelo humanismo cristão do mestre do tomismo contemporâneo. As novas gerações, mesmo fiéis à fé cristã, não mais veem em Maritain o mestre que nossas gerações receberam como um libertador da consciência religiosa, como um professor de disciplina intelectual, como um renovador da Igreja Católica e como um profeta dos tempos modernos.

O efeito causado pela publicação do *Le Paysan de la Garonne* foi exatamente o contrário do impacto prodigioso do *Humanisme Intégral* provocado em nossas gerações há 30 anos. Apresentavam, então, Maritain como um revolucionário. Apresentam-no, agora, como um reacionário. Mesmo alguns dos que se proclamam fiéis a seu pensamento com frequência se valem de sua aparente "brusca guinada à direita", a fim de lançarem um movimento reacionário, paradoxalmente semelhante àquele que conservadores e reacionários, de 1920 a 1930, empreenderam contra ele. Estes últimos, por sua parte, se proclamam ou estão prontos a se proclamar partidários de ideias que denunciaram, há 30 anos, como uma tentativa de protestantização ou comunização do catolicismo.

Nada há de novo ou mesmo surpreendente nessas oscilações e contradições; é fato costumeiro dos profetas e dos gênios, família à qual pertence, sem dúvida, nosso venerando mestre. Mesmo aqueles que permanecem fiéis à sua influência pessoal e à substância de suas ideias podem rejeitar algumas de suas posições, como, por exemplo, sua atitude radical em face de Teilhard de Chardin, sem com isso negar o selo com que timbrou não só nossa geração mas o sentimento religioso, as ideias filosóficas e as instituições políticas da América Latina, e, acima de tudo, nossos corações e nossa inteligência.

Sua influência pode sofrer altos e baixos através da História, sem com isso perder em nada o dinamismo de sua projeção. Mesmo neste momento do ocaso — quando as novas gerações parecem totalmente desinteressadas de sua lição e seus fiéis discípulos se encontram divididos entre si, política e mesmo filosoficamente, — sua influência de modo algum perdeu vitalidade.

Encontra-se, por assim dizer, em estado de recessão, se não de hibernação.

As mudanças institucionais e ideológicas que todo o mundo está sofrendo, com tão importantes repercussões na América Latina, podem, nestes momentos, turvar os reflexos do fenômeno Maritain entre nós. Sua personalidade, porém, e suas ideias terão na América Latina, no futuro, assim o espero, um papel capital a desempenhar — se quisermos ser fiéis à missão de espiritualização cristã da futura civilização que cabe a nós promover na base da justiça, da liberdade e da paz. Esse papel será ainda mais decisivo no futuro do que o foi durante este meio século, de 1920 a 1970, que tentei em vão esquematizar nestas pálidas expressões de minha fidelidade e minha reverência, enquanto agradecendo a Deus por tê-lo conservado para nós, em pleno vigor intelectual e espiritual, mesmo após a terrível perda de sua luminosa Raïssa, desde a aurora até o ocaso de nosso trágico, mas palpitante, século XX.

II
Conversando sobre Maritain

1. O Filósofo Profeta

D. Cândido Padin O.S.B[*]

Escrever sobre Jacques Maritain constitui uma feliz oportunidade para que eu manifeste de público minha sincera gratidão pela influência que recebi das suas obras para a minha formação filosófica, durante meu curso na Faculdade S.Bento. Ao mesmo tempo, foi decisiva a influência de Maritain na juventude que iniciava a Ação Católica entre nós, por volta de 1935, esclarecendo e orientando a participação dos católicos na vida política.

Creio que a principal contribuição de Maritain se situa no campo da metafísica e da crítica do conhecimento. *Les degrés du Savoir* (ou Distinguir para unir), a meu ver constitui sua obra-prima. Uma linguagem densa e precisa, mas em termos modernos, oferecendo a base sólida da visão tomista da teoria do conhecimento e demonstrando o vazio das correntes idealistas e a insuficiência, de outro lado, do positivismo e do pragmatismo. Completa essa obra o que ele estabelecera como os fundamentos do saber filosófico em *Primauté du Spirituel*. Conforme suas declarações, são as obras que caracterizam a segunda fase de sua vida, o apogeu da sua contribuição metafísica. É a fase em que já está consolidado seu pensamento filosófico, resultado do itinerário que percorreu, de Bergson a Tomás de Aquino.

---

[*] D. Cândido Padin, religioso da Ordem de São Bento, nasceu em 1915, em São Carlos. Cursou a Faculdade de Direito, da USP, e a Faculdade de Filosofia de São Bento, diplomando-se em ambas em 1938, na mesma turma de André Franco Montoro. Participou também do grupo fundador da Juventude Universitária Católica, em São Paulo (1937). Já em 1939 foi professor de sociologia na recém-criada Escola de Serviço Social de São Paulo. Em 1942 doutorou-se em filosofia pela Faculdade de São Bento. Ingressou, nesse ano, no Mosteiro de São Bento, em São Paulo, sendo ordenado sacerdote em 1946. Foi reitor do Colégio São Bento (1947-1950) e diretor da Faculdade de Filosofia de São Bento (1948-1955). Em 1962 foi nomeado pelo Papa João XXIII Bispo Auxiliar do Rio de Janeiro na função de Assistente Nacional da Ação Católica Brasileira. Após participar do Concílio Vaticano II (1962-1965), foi nomeado Bispo Diocesano de Lorena (1966) e, em seguida, de Bauru (1970-1990). Sua tese doutoral versou sobre "O problema do conhecimento em Edmond Goblot", análise crítica do idealismo e do racionalismo filosófico. Em 1968 publicou o primeiro estudo assinado por um Bispo denunciando a incompatibilidade entre a "Doutrina da Segurança Nacional" e a "Doutrina da Igreja", seguido de um outro "A Doutrina da Segurança Nacional" em 1977 (REB), este reproduzido no livro "Iglesia y Seguridad Nacional" (Ediciones Sigueme — Salamanca). Na CNBB (Conferência Nacional dos Bispos do Brasil) coordenou as Jornadas Internacionais "Por uma sociedade superando as dominações", cujos estudos foram publicados em volume das Edições Paulinas (Estudos n. 19 — São Paulo, 1978). Fundou o Instituto Jacques Maritain em 1992 juntamente com André Franco Montoro. Foi Bispo Emérito, e viveu de 1990 até sua morte em 25 de janeiro de 2008 no Mosteiro de São Bento, em São Paulo. Viveu e conviveu profundamente com a obra de Maritain, em todo o exercício de seu testemunho religioso e político.

Seria uma pretensão descabida querer, neste breve artigo, fazer uma análise profunda e ampla de toda a obra de Maritain. Foi anunciada a publicação de suas obras completas em 55 volumes!

Minha palavra quer ser apenas um testemunho pessoal quanto à importância do pensamento de Maritain para a minha geração, não só para os que aderiram à formação filosófica do tomismo, mas também para os que ansiavam pela formulação de um projeto social humanista, capaz de transformar nossa sociedade desumana e injusta.

Essa influência resultou de uma nova fase na vida intelectual de Maritain. Aquele mesmo filósofo que pairava nos altos patamares da contemplação metafísica e mística, desce repentinamente para o chão raso dos problemas temporais e políticos. Isso se dá com o aparecimento da sua obra *Humanismo Integral*, a mais lida e divulgada em todo o mundo. Foi publicada com esse título em 1936, em França. Na verdade, é o curso de 6 conferências que ele deu na Universidade de Santander, na Espanha, já em 1934, e ali publicado sob o título de *Problemas Espirituais e Temporais de uma Nova Cristandade*. A publicação sob a forma de *Humanismo Integral*, com pequenos retoques no texto do curso, equivaleu a acender um rastilho de pólvora. Inflamou, por um lado, as mentes e os corações de muitos católicos que descobriam uma nova forma de exercer seu cristianismo no coração dos angustiantes problemas apresentados pela realidade social e política de cada dia. Mas, acendeu também ferozes paixões de ódio aos que se opunham às nítidas posições políticas assumidas por Maritain. É que a época coincidiu com a guerra civil espanhola, e muitos pretendiam justificar a ditadura franquista como uma guerra santa de defesa do cristianismo. Ora, Maritain condenava o franquismo pelas suas atrocidades na guerra e, posteriormente no poder, pela supressão das liberdades democráticas.

Foi exatamente nessa época que Maritain passou pelo Brasil, a caminho de Buenos Aires onde participaria do Congresso do Pen Club. Deu-se a visita ao Rio em 1936, permanecendo entre nós apenas um dia. Foi empossado na Academia Brasileira de Letras como seu membro correspondente, pronunciando ali a conferência *Freudismo e Psicanálise*. Recepcionado pelo particular amigo Alceu de Amoroso Lima, proferiu no Centro D. Vital a bela conferência sobre *Ação e Contemplação*. Sua visita, porém, levantou uma terrível polêmica e contestação, por parte dos que simpatizavam com o franquismo e de alguns pseudoteólogos que enxergavam heresias nas publicações de Maritain. Poucos sabiam, certamente, que a edição francesa de *Humanismo Integral*, embora não trazendo a indicação impressa, havia recebido o *Imprimatur* do Arcebispo de Paris.

Mas, a paixão ideológica dos que guardavam posições de extrema-direita foi implacável na condenação de Maritain como herético e desviado da doutrina da Igreja. Não faltou quem o acusasse de simpatizante do comunismo, por não apoiar o fascismo do Gen. Franco na Espanha. Ora, se há uma marca absolutamente nítida na vida do casal Maritain é a profundidade da fé católica e a entranhada adesão à Igreja. A conversão de ambos, conduzidos pela mão amiga de Léon Bloy, foi sincera e profunda, em 1906. Alguns meses antes desse acontecimento, Jacques e Raïssa, casados há menos de dois anos, sentiram-se tremendamente angustiados pelo vazio do agnosticismo em que viviam. Ele mesmo narra, pouco antes de sua morte: "Em 1906, Raïssa e eu fizemos um pacto, se não encontrássemos a verdade, algo que desse um sentido à vida, nós nos mataríamos. Nós vínhamos do agnosticismo" (SEDOC-dez72-766/67).

Esse traço é suficiente para mostrar com que ânsia eles descobriram Cristo e sua Igreja. E a fidelidade ao magistério da Igreja ficou clara em duas oportunidades. Primeiro, foi a condenação de Pio XI às posições de Maurras e a Action Française (1927). Maritain manifestou seu total acatamento, apesar do choque que a decisão pontifícia causou na opinião pública francesa. O outro fato foi a polêmica fraterna mantida entre Maritain e Emmanuel Mounier, este também sinceramente católico. Isto se deu em 1932, quando Mounier fundou a revista ESPRIT, para divulgar sua revolução social "personalista e comunitária". Maritain criticava as claras simpatias socialistas da revista e pedia se declarasse a primazia dos valores cristãos sobre os valores dessa revolução. Chegou a pedir a Mounier que desse garantias de um controle doutrinal católico na revista. Pedido que Mounier aceitou, convidando o então padre jesuíta Jean Daniélou para ser o assessor teológico da revista.

Mas, a guerra contra o "maritainismo", a partir de 1936, desencadeou-se ferozmente, principalmente na América Latina. Não partia, porém, dos que se dedicavam seriamente aos estudos filosóficos. Desenvolvia-se entre os que já haviam assumido posições ideológicas, mesmo inconscientes. Este era o caso, (que se repete ainda hoje), de muitos eclesiásticos que diziam condenar erros de doutrina católica em Maritain, sem perceber que o faziam por defender o sistema econômico e político dessa sociedade elitista e injusta, dentro da qual se acomodaram.

Bem mais numerosos e sinceros foram os amigos e admiradores de Maritain. *Humanismo Integral* veio dar resposta a uma inquietação dos católicos que sentiam a necessidade de assumir uma participação mais concreta e imediata nas mudanças sociais e políticas que se operavam. A "nova cristandade" que Maritain delineava como um ideal longínquo a ser realizado, parecia uma proposta demasiadamente ousada para a época. Ele mesmo o reconhece: "Em verdade, nada é mais escandaloso, e, em um sentido, mais revolucionário (pois isto é revolucionário mesmo em face da revolução) do que a crença em uma política intrinsecamente cristã, por seus princípios, seu espírito, suas modalidades, e a pretensão de proceder neste mundo a uma ação política vitalmente cristã". (*Humanismo integral.* São Paulo: Cia Editora Nacional, 1942. p. 255).

Falar de cristandade, mesmo nova, levantava suspeitas pelo que a história nos havia ensinado. Por isso, Maritain se esforçava por distinguir a diferença específica da sua proposta. André Manaranche faz uma síntese muito ilustrativa das análises do filósofo "Paganismo — confusão entre o temporal e o espiritual. Evangelho: — distinção entre o temporal e o espiritual. Cristandade — o temporal protege o espiritual e o espiritual rege o temporal. Nova Cristandade — o espiritual vive pelos seus mitos pobres e respeita a autonomia do temporal. Permanece o apostolado (do cristão), mas aspira a criar uma cidade laica vitalmente cristã". (MANARANCHE, A. *Actitudes cristianas en política*. Madrid: SM Ediciones, p. 125s). Havia, portanto, algo de realmente novo na sua formulação.

Essa proposta de uma nova ordem cristã da sociedade suscitou adeptos na América Latina. Foram criados partidos da democracia cristã em alguns países. Resultados palpáveis, porém, só foram obtidos na Venezuela, no Chile e no Brasil. Nos dois primeiros países chegou a eleger o Presidente da República. No Brasil o êxito foi parcial, apenas em alguns Estados, desaparecendo com a supressão dos partidos pelo regime repressivo da "segurança nacional".

A proposta de Maritain foi sempre uma elaboração teórica, muito própria de um filósofo. Foi uma contribuição válida para aquela época, quando os católicos estavam inteiramente omissos de uma atuação no campo político. Despertou energias escondidas dentro da Igreja, particularmente entre os que acabavam de descobrir a missão do laicato católico através da Ação Católica nascente. Mas, não se pode atribuir a ele todas as experiências da democracia cristã, tentadas em várias partes do mundo latino-americano. Já avançado em idade, um tanto amargurado e desiludido, ele confessa no seu livro *Paysan de la Garonne*: "A esperança na instauração de uma política cristã (que corresponderia na ordem prática ao que seria uma filosofia cristã na especulativa) foi completamente frustrada". (apud A. Manaranche, *ibid*. 115).

Isso não invalida, porém, o mérito dos seus estudos, que abriram novas perspectivas para uma melhor definição da ação dos leigos na Igreja. Foi uma antecipação corajosa das posições que só seriam consagradas, mais de 30 anos depois, pelo Concílio Vaticano II. Sua contribuição como *filósofo da política* ainda é válida, particularmente pelas outras obras publicadas: *Cristianismo e Democracia — Os Direitos do Homem e a Lei Natural — Princípios de uma Política Humanista*. Mas, Maritain não era *um político*, não estava destinado a traçar uma estratégia de ação política. Por isso, sua tentativa de descer a uma certa fórmula de ação do cristão, através de partidos cristãos, hoje está ultrapassada, pela evolução da teologia do laicato. A Igreja reconhece a liberdade de opção no campo político--ideológico, desde que não contrarie os princípios doutrinários do Evangelho e da Igreja (cf. Puebla, 553 a 556).

Todos nós somos devedores a Maritain da iluminação que ele ofereceu para o aprofundamento dos estudos filosóficos sob o estímulo dos princípios do Evangelho. Certamente, o modo de abordagem de certos temas e a linguagem hoje não serão os mesmos. Será válido, porém, um esforço de redescoberta dos valores filosóficos contidos nas obras de Maritain. Além das que tratam das teses metafísicas, recomendaria particularmente a esplêndida formulação das bases da ordem ética, que se encontra no seu livro: *Neuf Leçons sur les Notions Premières de la Philosophie Morale*.

Gostaria de concluir este meu testemunho salientando o reconhecimento que devemos ter pela estima e ternura que Maritain manifestou pelo Brasil. Além do modo como se manifestou quando de sua visita a esta terra, em 1936, temos suas belíssimas palavras na entrevista que concedeu ao enviado especial do Jornal do Brasil, Antonio Carlos Villaça, poucos meses antes de sua morte. Citarei apenas esta passagem, tão significativa: "Tenho pelo Brasil uma ternura especial e sempre nova. O Brasil é um país singular... O futuro do Brasil há de ser um encontro original e profundo entre a liberdade e a justiça. Precisamos eminentemente de três valores: liberdade, justiça e paz... Fala-se de crise na Igreja. Que superficialidade: Que visão ligeira!... A história da Igreja é uma crise contínua. Toda vida é crise. As crises de hoje não são maiores nem piores do que as do passado... O importante é que haja um movimento de base. Não é a cúpula que renova. Quem renova são as bases. E quantos movimentos de extraordinária renovação se processam, hoje, na Igreja!"

Estas palavras foram proferidas por um filósofo ao completar seus 90 anos. Agradecemos a Deus que tenha dado a Maritain até o fim da vida essa perene juventude, exemplo para todos nós.

2. Maquiavelismo, Tecnocracia e Humanismo Político na Lição de Maritain

> *Apesar de suas imperfeições e de seus limites, a democracia é o único caminho por onde passam as energias progressivas na história humana.*
>
> *A ilusão própria do maquiavelismo é a ilusão do sucesso imediato: Mas, o sucesso imediato é sucesso para um homem, não para uma nação.*
>
> **André Franco Montoro**(*)

Como filósofo e pensador político, Maritain pode ser considerado um doutrinador moderno da democracia e a voz implacável contra todos os totalitarismos. Sua morte significou o termo de uma extraordinária atividade intelectual, a serviço da verdade, da justiça e da liberdade.

Para os que se dedicam à vida pública, a melhor forma de homenageá-lo será ouvir sua palavra profunda, corajosa e humana sobre aspectos fundamentais da vida política. É o que procuraremos fazer, traduzindo e comentando algumas passagens de seu livro "L'homme et L'État", publicado pela "Biblioteca de Ciência Política", da Universidade de Paris, com prefácio de Marcel Prelót e Mirkine--Guetzevitch.

O tema escolhido é o dos "meios" e dos "fins" em política, problema que Maritain considera fundamental na ciência do Estado e na vida das nações. Ele nos permitirá distinguir, de um lado, a política tecnocrática e a maquiavélica e, de outro, o humanismo político.

(*) André Franco Montoro (1916 — 1999) foi um destacado político brasileiro. Um dos fundadores e presidente da Juventude Universitária Católica, foi ainda fundador do Partido Democrata Cristão. Político, percorreu todas as instâncias de uma fecunda carreira, vereador (1950-1952); deputado estadual (1955-1959); deputado federal (1959-1963 e 1963-1967); Ministro do Trabalho e Previdência Social (1962), no primeiro gabinete parlamentarista. Senador em 1970, reeleito em 1978. Eleito governador de São Paulo, em 1982, pelo PMDB, para o período de 1983 a 1987. Seu governo foi marcado pela sobriedade, pela participação e pela descentralização administrativa. Politicamente iniciou e deu apoio à Campanha das Diretas e foi um fator decisivo na eleição de Tancredo Neves. Em 1988, foi um dos fundadores do PSDB, partido do qual tornou-se presidente. Ao lado de sua atividade política, Montoro tem uma ampla obra publicada nos campos do direito, da filosofia e da política. Concebeu, com Dr. Alceu, inspirados ambos em Jacques Maritain e Mounier, um horizonte político para o Brasil, marcado pela ideia do bem comum, ideal subvertido por uma realidade política radical mais baseada nos interesses de classe do que no bem comum por ele proposto.

O FIM E OS MEIOS EM POLÍTICA

Qual é o "fim" supremo e a tarefa essencial da sociedade política?

Não é, diz Maritain, assegurar vantagens materiais a indivíduos ou grupos isolados, preocupados com seu bem-estar e enriquecimento. Não é, também, conquistar o domínio tecnológico sobre a natureza ou o domínio sobre os homens. Mas é, acima de tudo, melhorar as condições da vida humana e promover o bem comum da população, de tal forma que cada pessoa concreta — não apenas dentro de uma classe privilegiada, mas toda a população — possa realmente atingir aquele nível de independência que é próprio à vida civilizada. Nível que é assegurado, ao mesmo tempo, pelas garantias econômicas do trabalho e da propriedade, pelos direitos políticos e a cultura do espírito.

Isso significa que a missão política é essencialmente uma tarefa de civilização e de cultura, que se propõe a ajudar os homens a conquistar sua autêntica liberdade de expansão e de autonomia.

E que dizer quanto aos "meios"?

> É um axioma universal e inviolável, um princípio fundamental e evidente, que os meios devem ser apropriados ao fim, por que eles são os caminhos que conduzem ao fim e, de certa forma, são o próprio fim na sua realização contínua, no seu "vir a ser". Por isso, empregar meios intrinsecamente maus, para atingir um fim intrinsecamente bom, é um erro e um contrassenso.

> Sabemos que os homens, em seu comportamento prático, com frequência desmoralizam esse princípio, em particular no campo político. É difícil submeter nossa vida à razão no plano individual. E é terrivelmente mais difícil no plano político. No tocante à organização racional da vida coletiva e política, estamos ainda numa idade pré-histórica.

> Em relação ao emprego de meios, há dois modos opostos de compreender a racionalização da vida política. O mais fácil — e que não conduz a nada de bom — é o modo técnico. O mais difícil e exigente, mas de valor construtivo e progressista — é o modo moral ou ético. Racionalização técnica, por meio exteriores ao homem, contra racionalização moral ou ética, por meios que são o próprio homem, sua liberdade e sua virtude, tal é o drama em que a história da humanidade está engajada.

Em seguida o grande filósofo da política, que foi militante da Resistência e embaixador de seu país, faz uma análise magistral das duas concepções em choque: de um lado, a da racionalização técnica da vida política, em que se destaca o pensamento de Maquiavel e a doutrina do êxito e do sucesso, e, de outro lado a da racionalização moral ou ética da vida política, de inspiração humanista e cristã.

Os dois lados dessa alternativa devem ser nitidamente caracterizados. De um lado, o maquiavelismo e a tecnocracia, de outro, o humanismo político.

MAQUIAVELISMO E TECNOCRACIA

Na aurora do mundo moderno, Maquiavel nos propõe, no seu "Príncipe", uma filosofia da racionalização puramente técnica ou artística da política: em outros termos, ele erigiu em sistema racional o modo como os homens se comportam mais frequentemente, e procurou submeter esse comportamento a regras puramente técnicas. Assim, a boa política torna-se, por definição, uma política amoral, que é bem sucedida, isto é, a arte de conquistar e conservar o poder por qualquer meio, como a única condição de que esse meio possa assegurar o sucesso.

A ilusão própria do maquiavelismo é a ilusão do sucesso imediato: Mas, o sucesso imediato é sucesso para um homem, não para uma nação. Quanto mais o poder do mal se afirma terrível em intensidade, mais fracos são, em duração histórica, os progressos internos e o vigor de vida de um estado que faz uso desse poder.

HUMANISMO POLÍTICO

Outra espécie de racionalização da vida política: é a racionalização não maquiavélica, artística ou técnica, mas moral ou ética. Ela se funda no reconhecimento dos fins essencialmente humanos da vida política, e de suas fontes mais profundas: a justiça, a lei e a amizade recíproca. Ela significa, também, um esforço incessante para aplicar as estruturas dinâmicas e vivas do corpo político ao serviço do bem comum, da dignidade da pessoa humana e do amor fraterno.

Os caminhos dessa espécie de racionalização política foram indicados por Aristóteles e os grandes filósofos da antiquidade, depois pelos grandes pensadores da Idade Média e chegou à concepção democrática de nossos dias, com seus princípios verdadeiros e seus vícios parasitários.

Apesar de suas imperfeições, e de seus limites, diz Maritain, a democracia é o único caminho por onde passam as energias progressivas na história humana.

Como se coloca o problema do fim e dos meios num regime democrático?

"O fim para a democracia é a justiça e a liberdade. O emprego de meios incompatíveis com a justiça e a liberdade seria, para qualquer democracia, uma operação de autodestruição.

Não nos deixemos enganar pela sofística maquiavélica: ela diz que a justiça e o respeito aos valores morais equivalem à fraqueza e à ruina, e que a força só é forte quando se afirma como regra e valor supremo da existência política. Tudo isso é mentira. Na realidade, o mal é incapaz de ter êxito a longo prazo. E a força sem a justiça acaba por se destruir.

De outra parte, a própria força de um corpo político democrático supõe a justiça, porque a democracia emprega as energias humanas como energias de homens livres e não de escravos.

3. Maritain, O Mestre

É esse Maritain autênticamente renovador, nuclearmente revolucionário, que sobrevive nos que saibam descobrir, aprofundar e desvelar o tesouro do seu pensamento

Edgar Godoi da Mata-Machado(*)

Jacques Maritain nasceu a 16 de novembro de 1882. Morreu aos noventa e um anos. Louvado seja Deus que o conservou até aquele sábado de Páscoa, 28 de abril de 1973, para que, no dia seguinte, Paulo VI pudesse falar sobre ele, com "voz embargada de emoção", dirigindo-se a uma multidão excepcionalmente numerosa, cerca de 30 mil peregrinos, reunidos sob um sol esplêndido, na Praça de São Pedro (JB, 30/abril). "Grande pensador de nosso tempo — disse o Papa — um mestre na arte de pensar, de viver e de orar".

Do que pensou, do que viveu, do que adquiriu por via de oração foi-nos transmitido o fruto até o instante derradeiro. Frei Rosário Joffily O. P., Prior da Serra da Piedade, levou-me emprestado o seu *Approches sans ambages* cujas por aí quinhentas páginas contêm grande parte de suas lições aos Irmãozinhos do Padre de Foucauld, em Toulouse, onde viveu os seus últimos treze anos.

Bom que tenha permanecido neste mundo por tanto tempo. Assim, estamos certos de que sobreviverá, no que foi e no que fez. Lembrou-me de que, há dezoito anos, em uma nota prévia para a tradução de "*Filosofia do Governo Democrático*", de Yves Simon, escrevi: "medida que vemos, angustiados, sucederem-se os anos de vida de Jacques Maritain — neste 1955, a 18 de novembro, atinge o septuagésimo terceiro — temos todos os motivos para esperar que Yves Simon, sem dúvida o maior de seus discípulos, lhe continue a obra admirável" (p. 2). Pouco depois, passados menos de um lustro, morre Yves Simon. Quem vai continuar a obra de Maritain é ele próprio. Um dos seus últimos grandes livros, com o título excitante de "*A pessoa da Igreja e seu pessoal*", tem a data de 1970, no original,

---

(*) Político brasileiro 1913 — 1995), nascido em Diamantina, Minas Gerais, exerceu uma profunda influência intelectual em gerações de jovens brasileiros, principalmente seus conterrâneos mineiros. Foi Docente e Catedrático de Introdução à Ciência do Direito na Faculdade de Direito da Universidade de Minas Gerais, respectivamente em 1954 e 1956. Em 1966 foi eleito Deputado Federal, tendo exercido seu mandato com toda a qualificação de sua formação ética e religiosa. Em 1969 teve o mandato cassado e os direitos políticos suspensos por 10 anos. Foi dos pensadores brasileiros mais influenciados por Jacques Maritain.

e a de 1972, na tradução em português. O discutido "*Le paysan de la Garone*" fora datado de 31 de dezembro de 1965. "*De la grâce et de l'humanité de Jésus*" de 7 de março de 1967. Mencionem-se, ainda, dois livros de Raïssa publicados por ele depois que, morta a esposa querida, "metade da minha alma", expressão dele, passou a residir em Toulouse, junto aos irmãozinhos do Padre de Foucauld: *Notes sur le Pater* (1961) e *Journal de Raïssa* (1963). Neste, lemos à p. 311 esta nota: "Raïssa a passé en paix dans l'autre vie le 4 novembre 1960". No entanto, num texto a meu ver dos mais importantes para a compreensão de Maritain — o Prefácio ao livro de Henry Bars, *La Politique selon Jacques Maritain* — nosso mestre, depois de afirmar não ter a intenção de enclausurar-se (o que não o impediu de se ordenar sacerdote em 1971) escreve: "retirei-me do mundo graças à acolhida que tiveram a bondade de oferecer-me os irmãozinhos de Jesus a quem Raïssa e eu amamos com amor de preferência, desde a sua fundação... Tenho uma grande sede de silêncio. Não voltei à França para tentar agir no seu meio, mas com o fim de aqui me preparar para morrer". O prefácio tem a data significativa de 28 de abril de 1961, precisamente dia a dia, doze anos antes de sua morte. Temos, pois, todas as razões para afirmar que Maritain inicia uma vida nova.

O tríptico de Paulo VI poderia inspirar depoimento sobre as ideias ou a doutrina, os modos de atuar e a "vida de oração" do filósofo (desde 1922, com Raïssa, publicara um livrinho de cem páginas com este título: "*De la vie d'oraison*". De nossa parte, recordemos o que nos proporcionou o autor de *Humanismo Integral*, *Princípios de uma Política Humanista*, *Cristianismo e Democracia*, *O Homem e o Estado*, *Arte e Poesia*, *Por uma Filosofia da História*, como antes, da *Educação*, este dedicado a Alceu Amoroso Lima, todos e muitos mais guias e mestres de fundamentos para a oração.

Já o dissemos uma vez, e está na hora de o repetir, que, para a minha geração, Maritain foi não apenas um mestre de doutrina mas um exemplo humano. Ele deu testemunho da autenticidade de sua fé e do seu amor, em cada um dos menores e dos maiores movimentos de nossa época.

Testemunho de afirmação, pelas suas obras.

Testemunho de ação, pelas atitudes que assumiu.

A ação de Jacques Maritain sobre nós representa algo assim como uma libertação e, ao mesmo tempo, uma integração.

No terreno da arte, libertou-nos da esterilidade moralizante dos que pretendiam impor ao criativismo, de todo gênero, um "dever" miúdo de "edificação", esquecidos de que a arte é uma "virtude do fazer", enquanto a "virtude do agir" se chama "prudência" e esta, sim, é regra do domínio moral. Quanto ele escreveu sobre o domínio moral! *Art et Scholastique* já contém a lição de Jacques Maritain que nos fez compreender não apenas a "arte moderna", mas a Arte.

Em filosofia, ensinou-nos que há uma Filosofia — uma ciência e não uma simples história das excentricidades explicativas do mundo, e das coisas do espírito e da matéria. Não enxergou apenas filósofos certos e filósofos errados, de um ponto de vista estreito. Desde Tomás começou a acostumar-nos com o "sistema das harmonias filosóficas"; e imitou sempre o seu mestre Tomás de Aquino, libertando as "verdades encadeadas" em "filosofias" de ontem e de hoje.

Em política, livrou-nos dos "clichês" do liberalismo sectário do século XIX, sem nos deixar, entretanto, empolgar-nos pelo antiliberalismo grosseiro dos Estados Totalitários; e ainda menos pelas tentativas maquiavélicas ou inocentes de um contraditório e absurdo "Estado farisaicamente cristão", baseado no ódio, na violência, na opressão da liberdade, no desprezo da dignidade humana e na mentira sob diversas ou sob todas as suas formas.

Não sei de ressonância igual à da fórmula nuclear de sua *Lettre sur l'indépendence*: "le chrétien doit être partout; et rester partout libre", o cristão deve estar por toda parte, e, onde quer que seja, permanecer livre. Desde então (1935) preparou-nos o espírito para julgar e armou-nos a vontade para agir, dentro de esquemas absolutamente viáveis e concretos.

Apesar da despolitização de Maritain, no final da sua vida (ironicamente disse ele — 1961 — preferir que, em lugar de "A Política segundo Jacques Maritain", Henry Bars — a quem, no entanto agradecer ter penetrado o pensamento até os seus recessos mais íntimos — publicasse algo como "A arte de escrever livros demais", ou "A arte de lançar ao vento o que seria preciso semear...segundo Jacques Maritain"), apesar dessa total entrega à vida contemplativa é ainda no terreno das posições políticas que vemos inserir-se o exemplo humano de nosso "mestre de viver". Vale a pena assinalar-lhe os princípios tópicos.

O equívoco da identificação entre catolicismo e direitismo vem de longe. Pode-se dizer que vem de Dolfuss, cujo Estado, de começo antinazista e anticomunista, não fugiu à sedução das formas totalitárias, talvez em virtude das suas ligações com a Itália de Mussolini, então "protetora da Áustria"... De igual época vem o esforço de Maritain por autenticar as posições teóricas e práticas do cristianismo. Em março de 1934, dirigiu ao Presidente da República austríaca um manifesto, assinado também, entre outros, por Marcel Arland, Stanislas Fumet e Emmanuel Mounier. "Esprit" e "Vie Intellectuelle" divulgaram-lhe os termos. José Bergamin reproduziu-o em seu "Detrás de la Cruz". É quase um telegrama, de tão conciso.

> Não podemos esquecer que há valores espirituais que estão acima de toda política. Queremos por isso manifestar a dor profunda que sentimos ante o conflito que, na Áustria, lançou uma parte do mundo operário contra um governo oficialmente católico. Além do mais, acontecimento como esse traz consigo o risco de sobrecarregar o Cristianismo com responsabilidades que lhe são alheias. Segundo o nosso modo de ver, isso é uma desdita histórica. Homens que lutaram com valentia por uma causa que acreditam justa têm o direito de ser respeitados. Um grande

número de socialistas austríacos está atualmente sujeito a prisão preventiva. Fazemos votos por que os vencidos recebam dos vencedores um honroso tratamento, e por uma anistia tão ampla quanto seja possível.

Em 1935, vem a conquista da Etiópia. Católicos franceses de tendências fascistas, confessadas ou obscuras, lançam o célebre "Manifeste pour la Defense de l'Occident".

No Brasil, a opinião católica, já bastante trabalhada pelo integralismo, estava quase toda com o Duce e com os que, na França, "apelavam para as forças do espírito, a fim de salvar a civilização e impedir que os povos europeus fossem lançados contra Roma". Nosso grupo, ansioso, esperava. O "Manifesto pela Defesa do Ocidente" é respondido por Jacques Maritain e seu grupo:

> É um escárnio invocar uma missão de assistência para se entregar a uma guerra de conquista e de prestígio... A Alma e a vida de um negro são tão sagradas como as de um branco.

Depois — 1936 a 1939 — a guerra civil espanhola. Foi o acontecimento que mais agitou a consciência católica, em toda parte. Sua repercussão no Brasil ainda perdura. Comparo as divisões e as contradições do julgamento católico, acerca da "cruzada" do generalíssimo com o que terá acontecido na ocasião do processo e condenação de Santa Joana D'Arc, pelas mais eminentes cortes eclesiásticas... Quantos católicos julgariam santa a heroína? Quantos católicos deixariam de julgar "santa" a guerra empreendida pelo caudilho espanhol, com a ajuda dos fascistas da Itália e da Alemanha? Maritain não lhe viu sacralidade alguma. "É um sacrilégio horrível, escreveu em julho de 1937, na "Nouvelle Revue Française", massacrar padres — fossem eles fascistas, são ministros do Cristo — por ódio à religião; e é um outro, horrível também, massacrar pobres — fossem eles marxistas, é o povo de Cristo — em nome da religião". Maritain organizou e presidiu um "Comitê pela Paz civil e religiosa na Espanha", o que lhe valeu um honroso ataque feito pessoalmente pelo genro de Franco, Serrano Suñer, cujas palavras ficaram servindo de esquema a todos os caluniadores futuros do filósofo: "Judeu". "Temos o direito de pôr em dúvida a sinceridade da sua conversão"; "a sabedoria de Maritain não tem nenhuma importância para nós"; denunciamo-lo diante do mundo católico". (Não foi o que mais de uma vez ocorreu entre nós, ao ponto de, recentemente, em determinados inquéritos, figurar, contra certos militantes católicos, a acusação de serem "maritaineanos"?)

Depois da "Cruzada sem cruz", a guerra mundial — Travers le desastre ("Noite de Agonia em França"), Travers la Victoire, esperança de que a civilização reconquistada ou nova "receba, como dizia Henri Bergson, o suplemento de alma do qual precisa para viver e para servir, verdadeiramente, a indesarraigável aspiração à justiça e à liberdade que são uma só coisa com a dignidade da pessoa humana". Em cada ocasião, diante de qualquer conjuntura, Maritain está com o partido da justiça e do direito.

Que partido? Da esquerda? Da direita?

Em o *Camponês do Garona*, que é menos reacionário do que a princípio pareceu a muitos, o mestre retoma a *Carta sobre a Independência* (cita-a quase na íntegra, desculpando-se com a informação de que o opúsculo de 1935 está esgotado). Depois da distinção entre temperamentos de esquerda (nobre e belo tipo, Tolstói) e de direita (nobre e belo tipo, Nietzsche) em oposição ao sentido político de esquerda e de direita, afirma-se, por temperamento, um homem de esquerda. E se diz um "revolucionário", com o gracejo de que, entre os seus contemporâneos ainda vivos não vê, nos países do Ocidente, senão três revolucionários dignos deste nome — Eduardo Frei, no Chile, "de cujo êxito nem ele próprio está seguro" (*sic*), Saul Alinsky, na América, "um indomável e temido organizador de comunidades populares e líder antirracista cujos métodos são eficazes embora pouco ortodoxos", e , na França, Maritain mesmo, "eu — sublinha — que pouco conto porque a minha vocação de filósofo obnubilou, totalmente, as minhas possibilidades de agitador..." (v. a trad. de J. de Castelo Branco, Lisboa, p.33 e ss.).

Sintomaticamente, é em *La Politique selon Jacques Maritain* (p. 13-14) que o filósofo se interpela sobre o futuro do tomismo. Não lhe vê muitas "Chances" junto à *intelligentsia* burguesa à qual atribui uma febre de racionalismo ou de irracionalismo, uma recusa de toda luz superior, uma submissão à moda e ao tempo, a preocupação de ascender a posições intelectuais vantajosas e egoísticas, um como temor do Ser e das exigências do Ser, certo embasbamento (*ébahissement*) diante das Grandes Palavras, além de reverências perante toda espécie de espantalhos (*croquemitaines*), "chamem-se a Semântica, ou Hegel-Marx (dos quais se tem tanto medo que para deles se escapar se vai pedir-lhes o roteiro), ou a Ciência (entre aspas) da qual não se sabe grande coisa, a não ser que, tendo enviado o homem à luz, nos obriga, hoje, a repensar tudo".

A esperança da filosofia tomista está em uma "nova *intelligentsia* a formar-se, agora, entre os homens — operários, técnicos, artesãos ou camponeses — que se conaturalizaram ao real concreto em virtude do trabalho manual e das condições de vida decorrentes". Para que essa nova *intelligentsia* escape ao risco do emburguesamento terá de livrar-se, entre outras coisas, de alguns entorpecentes importantes do "velho mundo" em dissolução, "tais como o materialismo histórico ou o empirismo positivista". Então, o "mínimo vital" necessário ao tomismo, para assegurar a "continuidade histórica" da sua "tradição criadora", irá depender, segundo o nosso mestre, do "apetite de verdade integral e da vitalidade das elites operárias cristãs" e, ainda mais, da ação de certos "grupos contemplativos devotados ao amor do trabalho das mãos e aos meios pobres".

É esse Maritain autenticamente renovador, nuclearmente revolucionário, que sobrevive nos que saibam descobrir, aprofundar e desvelar o tesouro do seu pensamento, assim como manter-se fiéis à linha de conduta que emerge das posições por ele assumidas.

4. Jacques Maritain: Filósofo da Inteligência

A proposta do humanismo integral foi aceita unânimemente no encontro de Montevidéu em 1947 pelos convencionais brasileiros, chilenos, uruguaios e argentinos, segundo o depoimento de Alceu Amoroso Lima, como "fundamento intelectual" das conclusões do encontro.

Geraldo Pinheiro Machado[*]

O tema da inteligência aparece em Jacques Maritain no horizonte dos dois grandes desafios filosóficos típicos da modernidade, o do evento das ciências da natureza no começo dos tempos modernos e o do direcionamento social da filosofia a partir da primeira metade do século passado. Aparece também e principalmente nos ensaios elaborados em torno da filosofia da arte.

Penso sugerir algumas indicações em breves notas para tentar supreender um Maritain filósofo da inteligência.

1. Maritain e Santo Tomás de Aquino

A filiação teórica explícita aos princípios de Santo Tomás de Aquino é um traço característico de Jacques Maritain. Não será justo analisar sua obra sem levar em conta esta filiação constantemente explicitada.[1]

Não aceitava sequer a designação de *neotomista*. Nesse caso preferira ser *paleotomista*. "Sou, espero, diz por fim, tomista".[2]

---

[*] Geraldo Pinheiro Machado (1918 — 1985). Formado em Filosofia pela PUC do Rio de Janeiro, doutorou-se na Filosofia da PUC, São Paulo, em 1974. Como professor, tradutor e escritor, dedicou sua vida à filosofia, principalmente na divulgação de um pensamento filosófico tomista no Brasil. Foi um dos fundadores da Faculdade de Filosofia de Santos e desenvolveu pesquisa sobre "Filosofia Brasileira" com vistas à formação de um Centro de Informação e Documentação do pensamento brasileiro, nas PUC de São Paulo e Campinas. Publicou inúmeros livros, cujos títulos já testemunharam a linha de interesses e conhecimentos do autor: *A Filosofia no Brasil, A Hipótese Galileu e o Tema da Criatividade, O Desafio Filosófico de Jackson de Figueiredo*, a *Noção do Ser em Jacques Maritain e Heideger* e *Breves Apontamentos Sobre a Filosofia Pura de Hurssel*. Foi tradutor de Etienne Gilson, Jolivet e Maritain. Sua vida intelectual foi um testemunho de todos os valores professados por Jacques Maritain.
[1] Em *La personne et le bien commun*. Paris: Desclée e Brouwer, 1947. p. 7, um exemplo ilustrativo, onde a referência aos princípios de Santo Tomás não é reclamada pelo texto.
[2] *Court traité de L'Existance et de L'Existant*. Paris: Hartmann, 1947. p. 9-10.

Em contato com os fatos culturais do séculos XX, porém, elaborou um pensamento bastante criativo e empenhativo. Reteve uma solícita e por vezes entusiástica atenção no seu país (embora na França não no mundo acadêmico), nos Estados Unidos, nos países hispano-americanos, no Brasil. Com nítidos traços de liderança intelectual.

Essa presença está registrada em fontes diversas. Alceu Amoroso Lima, em "Maritain et L'Amerique Latine" observava textualmente, em 1948: "Desde 1925 até nossos dias creio que nenhum pensador europeu terá sido na América objeto de tantas referências, de citações, de comentários, de livros publicados pró ou contra suas idéias, de suplementos de jornais ou de revistas, de centros de estudos em seu nome".[3]

Durante mais de 50 anos de ininterrupta produção literária trouxe ao diálogo e ao debate o pensamento dos filósofos modernos e contemporâneos. O último produto legado por Jacques Maritain foi uma entrevista. Antonio Carlos Villaça — escritor, poeta, ensaista, jornalista, mais do que tudo isso "extorsionário"... — extorquiu do filósofo nos seus noventa anos, em Toulouse, 1972, essa entrevista que considero uma obra-prima de dupla franqueza humana, a do entrevistado e a do entrevistador. Está no *Livro de Antonio*, da José Olímpio.[4] Nesse documento quase testamentário, que é a entrevista, Hegel se encontra presente, como um sinal. Sinal de diálogo. Diálogo e briga, debate, disputa.

Procuro interpretar de duas maneiras a postura de filiação a Santo Tomás sustentada pelo nosso autor. Uma delas é que a filosofia aparece a Maritain como resultado de longos séculos de atividade, uma tradição. Cumpre às gerações apropriar-se deste legado com modéstia e reverência. Seria uma variante da tese da *Filosofia perene* privilegiando o modelo tomista. Esta interpretação pode ser documentada na Primeira das *Sete Lições sobre o Ser*.[5] O tomismo então é visto não apenas como um segmento histórico, sim como uma síntese amadurecida que domina os tempos e "responde aos problemas modernos, na ordem especulativa e na ordem prática, portador de uma virtude formadora e libertadora face às aspirações e às inquietações do tempo presente"[6]. Maritain diz esperar desse modelo "na ordem especulativa, o resgate (*salut*) *atual* dos valores da inteligência; na ordem prática, o resgate *atual* (na medida que depende de uma filosofia) dos valores humanos"(*ibid*).

A segunda interpretação é de que Jacques Maritain preferiu, como Jackson de Figueiredo o fará poucos anos depois, ser um soldado da Igreja. Santo Tomás é um dos grandes filósofos da cristandade. Nesta segunda fórmula interpreto Maritain

---

(3) LIMA, Alceu Amoroso. Maritain et L'Amerique Latine. *Revue Thomiste*, Paris, 48 (1-2): 12-17, 1948. (Número especial intitulado Jacques Maritain: son oeuvre philosophique).
(4) VILLAÇA, Antônio Carlos. *O livro de Antonio*. Rio de Janeiro: José Olímpio, 1974. p.15 a 31.
(5) MARITAIN, Jacques. *Sept Leçons sur L'etre et les Premiers Principes de la Raison Speculative*. 6. ed. Paris: Tequi, s.d. p. 6 (1. ed. 1934).
(6) *Idem*, p. 5.

através das Sagradas Escrituras. Há um verbete do livro da Sabedoria que aconselha: se você encontrar um sábio, gaste as solas de seu sapato e os degraus da escada da casa dele. Maritain encontrou um. E quis gastar os seus sapatos, sem reservas...

2. O social

Em *Pessoa e Bem Comum* (1947) Maritain diz considerar a distinção entre pessoas e indivíduos de particular proveito para o pensamento contemporâneo. É uma componente metafísica de que lhe parece carente o pensamento contemporâneo.[7] Assim, ao abordar a problemática social, propõe nitidamente um modelo de intervenção filosófica. Pretende estabelecer uma "filosofia social centrada sobre a dignidade da pessoa humana". Quer que esta filosofia social se diferencie por si de qualquer "filosofia social centrada sobre o primado do indivíduo e do bem privado"[8].

Um leitor de hoje percebe sem dúvida nessas colocações a fala do filósofo. Poderá perguntar em seguida se estas categorias filosóficas se prestam realmente a uma operacionalização política, ou mesmo ainda analítica como as categorias sociológicas, por exemplo, opressor, dominador, dirigente, ou como oprimido, dominado. Será que contribuem aquelas categorias e aquela distinção para a relevante operacionalização que a prática social (intelectual) de hoje caracteriza como conscientização? Haverá uma conscientização filosófica? Será isso necessário realmente ao pensamento contemporâneo? Jacques Maritain acha que sim. Acha que é de "particular necessidade". O livro *Pessoa e Bem Comum* é apontado por ele em breve síntese de outros escritos de filosofia social de sua própria autoria até então[9] baseados nesta distinção e que de certo modo a explicitam também. Indica em nota de rodapé cinco desses livros anteriores[10]. Noto eu que não incluiu nesta listagem *Cristianismo e Democracia* (1942), nem *Princípios de uma Política Humanista* (1945) em que de fato a mesma distinção está implícita. Depois de *Pessoa e Bem Comum* publicou, na fase de Princeton, em inglês, *O Homem e o Estado* (1951)[11].

Uma das principais propostas desse elenco de livros é a do *humanismo integral*, de 1936. Esta foi aceita unanimemente no encontro de Montevideo em 1947 pelos convencionais brasileiros, chilenos, uruguaios e argentinos, segundo o depoimento de Alceu Amoroso Lima, como "fundamento intelectual" das conclusões fixadas nesse conclave.[12] Tais conclusões, na sequência, estiveram presentes à origem dos partidos democrata-cristãos dos países em questão.

---

(7) MARITAIN, Jacques. *La personne et le bien commun*, ed. cit. p. 7.
(8) *Idem*, p. 9.
(9) *Idem*, p. 10.
(10) *Ibd.*, nota 1 de rodapé.
(11) MARITAIN, Jacques. *O homem e o Estado*, trad. Alceu Amoroso Lima. 2. ed. Rio de Janeiro: Agir, 1956. p. 251.
(12) LIMA, Alceu Amoroso. *Maritain et L'Amerique Latine,* cit., p. 17.

Ora, a ideia de pessoa é explicitada filosoficamente no tomismo através da categoria de *substância intelectual* e é esse exatamente o procedimento de Maritain. Pode ser seguido entre outros neste mesmo texto de *Pessoa e Bem Comum*, cap.II, na edição aqui citada. Não há possibilidade alguma de ir além desta indicação neste nosso trabalho, mas parece que se torna uma evidência que de uma teoria da inteligência, incluindo aparentemente o primado da inteligência na própria tratativa dos problemas sociais, suporta a filosofia social de nosso autor.

3. A natureza

Se o social é o novo em filosofia, a natureza é o antigo e venerável. Tema velho, reelaborado sempre nas artes, nas ciências e nas filosofias. Às vezes parece desaparecer em determinadas fases culturais, e de repente ressurge com vigor inesperado.

Está sempre presente na sabedoria popular, a quem fornece o modelo básico de razão, bem como o mítico e o complexo imaginário, mágico ou realístico. A terra, os animais, as árvores, o verde, o vento, a chuva, o sol, a lua, o céu, as montanhas, os rios, as enchentes, o mar...

O modelo filosófico que tematiza a natureza acompanha essa dinâmica cultural.

O escritor Regis de Morais, observou: "O processo urbanístico, envolvido pela mentalidade cientificista do industrialismo tecnológico, estabeleceu, em certo momento, uma ruptura entre o espaço habitado pelos homens e a natureza. Hoje vemos uma reação a isto no trabalho dos urbanistas mais conscientes, a luta pela reimplantação de espaços verdes e a campanha de reavivamento do significado dos logradouros para convivência urbana. Mas a reorientação é sempre mais lenta e difícil do que a primitiva desorientação. Em dado momento, o mundo científico e tecnológico rompeu com a natureza. Tal rompimento significa que a natureza deixou de ser apreciada e respeitada como mensageira de uma harmonia legítima, para representar tão somente um manancial de matéria-prima. Nada de contemplar a natureza, ou, como queira o poeta "ouvir estrelas". Era urgente *fazer* alguma coisa com a natureza e *ir* às estrelas".[13]

Parece a expressão do bom-senso que vela sobre as letras nacionais, como dizia outro escritor. Expressão onde não falta a dose de humor literário brasileiro. Tal humor não esconde o trágico que está presente ao autor de *Violência Urbana*, da coleção Primeiros Passos e de *Dostoievski*, da coleção Encanto Radical, da Editora Brasiliense.

---

(13) MORAIS, J. F. Regis de. *Ciência e tecnologia*: introdução metodológica e crítica. 4. ed. Campinas: Papirus, 1983. p.164-5.

Jacques Maritain entende a filosofia da natureza como o problema central para o debate sobre filosofia e ciência[14]. Isso significa que este núcleo temático se constitui de modo privilegiado no espaço para elucidar a identidade e a necessidade da filosofia, a saber, estabelecendo a necessidade de uma filosofia da natureza face às ciências da natureza.

A meu ver, Maritain privilegia na verdade dois momentos para evidenciar o específico filosófico: este da filosofia da natureza no confronto filosofia da natureza e ciências da natureza, outro o da filosofia cristã, no confronto filosofia e cristianismo, onde está desafiado a guardar e a "pureza específica" e o "perfeito rigor" da atividade racional[15] e onde explicita a filosofia como a "formação e organização dinâmica da inteligência"[16], entendendo que uma filosofia é filosofia "enquanto racional, não enquanto cristã" e que o que importa mais numa filosofia "não é que ela seja cristã, é que seja verdadeira".[17]

Esta rígidez (talvez excessiva) e nítida categorização parece que nosso autor adquire no primeiro momento de identificação do típico filosófico no âmbito do pensamento moderno, aquele da filosofia da natureza, onde se confrontam filosofia e ciências da natureza.

Para a multidão dos críticos modernos e contemporâneos parece que as ciências da natureza são suficientes para a teorização da natureza. Não é necessária uma filosofia da natureza. A filosofia poderá ser reservada para outros assuntos: a natureza se presta a uma leitura matemática, exata, progressiva, suficiente.

Maritain entende que a leitura matemática da natureza (no modelo das ciências da natureza) não substitui a leitura filosófica da natureza, por um lado. Por outro lado, a filosofia da natureza é de "primeira importância para a sabedoria", é a primeira sabedoria que "se nos oferece no movimento progressivo e ascensional da razão. Por isso tem tanta importância para nós, precisamente porque está no mais baixo da escala da *philia tes sophias*".[18] A ideia parece ser a seguinte: a tematização filosófica da natureza se relaciona com as ciências da natureza, de um lado: relaciona-se com outras áreas da tematização filosófica, por outro. Fará falta no interior mesmo da filosofia, como uma etapa teórica necessária. O conjunto filosófico não permite que se passe por alto este questionamento filosofia da natureza *versus* ciências da natureza.

Maritain procura estabelecer a necessidade da filosofia da natureza, neste horizonte das ciências da natureza, em um longo capítulo no qual visualiza dois

---

(14) MARITAIN, Jacques. *La philosophie de la nature* (Essai Critique sur ses Frontières et son Objet). 3. ed. Paris: Tequi, s.d. p. 2 (1. ed. 1935).
(15) MARITAIN, Jacques. *De la philosophie chrétienne*. Rio de Janeiro: Atlântica, 1945. p. 5.
(16) *Idem*, p. 22.
(17) *Idem*, p. 42-3.
(18) MARITAIN, Jacques. *Philosophie de la nature* (...), ed. cit., p. 2-3.

processos, um a que denomina *análise ontológica*, que responde às formulações da filosofia e outro que denomina de *análise empiriológica* e que responde aos propósitos operacionais das ciências.[19]

Ora, o que desejo fazer notar é que a *análise ontológica* e os seus modos de definir próprios, aparecem neste texto orientados na direção de uma inteligência da realidade física, ao passo que a *análise empiriológica* e seu modo próprio de definir, não atendem a esse projeto.

Ao contrário, em certo sentido, lutam contra a inteligência, é a observação textual do autor.[20]

4. A inteligência

Parece ser, de fato, um tema maritaineano. Parece mesmo ter função diretriz no seu discurso filosófico.

Vem das primeiras horas. O livro *Reflexões sobre a Inteligência e sobre sua Vida Própria* (1924) está na sequência da primeira série de livros sistemáticos de filosofia, *Arte e Escolástica* (1920) e *Elementos de Filosofia* (1920-1923).[21]

Arte e Escolástica registra os primeiros momentos deste acento privilegiado do tema da inteligência. A ideia de arte é formulada em conexão com a ideia de poder (virtude) intelectual.[22] Neste sentido, a arte não é o fato tão somente das belas artes — do artista — mas de todo homem nas atividades que se ordenam a uma obra a fazer — o artesão. A obra a fazer é o definidor da arte. Uma primeira etapa se estabelece na diferenciação entre a ordem especulativa direcionada para o conhecer e a ordem prática dirigida ao fazer e ao agir.[23]

Numa segunda etapa, trata-se de impedir qualquer fissura neste bloco analítico em relação à sensibilidade. Neste modelo filosófico a sensibilidade é o que caracteriza o ser humano no universo dos seres inteligentes. "Importa observar, diz Maritain, que o belo conatural ao homem, e que é próprio da arte humana (...) é apreendido no *sensível* e pelo *sensível*: não separadamente. A intuição do belo artístico mantem-se, assim, no extremo oposto da abstração do verdadeiro científico".[24]

---

(19) *Idem*, Terceiro Capítulo, p. 69 a 146.
(20) *Idem*, p. 48-9 e 72-3.
(21) MARITAIN, Jacques. *Réflexions sur l'Intelligence et sur sa Vie Propre*. 4. ed. Paris: Desclée de Brouwer, 1938. 380 p.; *Éléments de philosophie*. I — *Introduction générale à la philosophie*. 6. ed. Paris: Tequi, 1925. 328 p.; *Éléments de philosophie*, II — *L'Ordre des concepts*. 1. Petite Logique (Logique formelle), 6. ed., *id*, 1923. 355 p.
(22) MARITAIN, Jacques. *Art et scolastique*. 4. ed. Paris: Art Catholique, 1947, IV, p. 17 a 34.
(23) *Idem*, II, p. 11 e sgts.
(24) *Idem*, p. 39.

Não é a inteligência analítica, da filosofia ou da ciência, que está no discurso sobre a arte maritaineana. É uma inteligência que exercita "longe de qualquer esforço de abstração", sem "trabalho e sem discurso" (*ibd*). O autor oferece um instrumento interpretativo novo com a categoria de *sentido inteligenciado*[25].

Entre esse conjunto de obras do início dos anos 20 e *Reflexões sobre a Inteligência e sua Vida Própria* está o episódio *Charles Maurras e Action Française*, que aparece em três documentos sob a responsabilidade de Maritain, dois em colaboração com outros intelectuais católicos e um, logo em 1926, de sua autoria exclusiva — *Uma Opinião sobre Charles Maurras e o Dever dos Católicos*.

Maritain, em *Reflexões sobre a Inteligência e sobre sua Vida Própria*, visualiza o processo vital da inteligência. Os dialogantes deste livro são os filósofos e cientistas, não a sociedade. É porém a consistência do intelectual na sociedade que está no horizonte de reflexão. São os grandes ideais da inteligência na civilização contemporânea a motivação subjacente. O livro *Doutor Angélico* (1929)[26] sobre Santo Tomás de Aquino, que provém do mesmo instante criativo de *Reflexões sobre a Inteligência e sobre sua Vida Própria* tematiza efetivamente inteligência e sociedade, no caso, inteligência cristã e sociedade cristã.

No itinerário desta tratativa da inteligência estão finalmente o metódico e muito trabalhado *Distinguir para Unir ou Graus do Saber* (1932) — procura profunda de unidade no universo intelectual, *Quatro Ensaios sobre o Espírito em sua Condição Carnal* (1939), que Maritain indica como suplemento ao *Distinguir para Unir*[27]. Está ainda *Ciência e Sabedoria*, um dos grandes textos de nosso autor.[28]

5. *Maritain* e a Réflexion Française

A mim aparece hoje Jacques Maritain como um representante muito qualificado da clássica *Réflexion Française*. Entendo por aí a longa série de autores e textos franceses, desde Descartes, envolvidos na tomada de consciência crítica da dinâmica cultural moderna. Tal movimento não pode ser visto senão de um ângulo eminentemente dialético, desafiado dominantemente no correr de dois longos séculos pelos novos ideais intelectuais e pelas novas práticas de elaboração científica, e desafiado dominantemente desde meados do século passado pelos ideais e pelas novas práticas de transformação social.

---

(25) *Idem*, p. 175.
(26) MARITAIN, Jacques. *Le docteur angélique*. Rio de Janeiro: Atlântica, 1945. p. 277.
(27) MARITAIN, Jacques. *Distinguer pour unir ou les degrés du savoir*. 4. ed. Paris: Desclé de Brouwer, 1946. 919 p.
(28) MARITAIN, Jacques. *Science et sagesse*. Paris: Labergerie, 1935. p. 393.

Passa a *Réflexion* numa linha quebrada por Maine de Biran na virada dos séculos XIX e XX, por Victor Cousin e pelo Ecletismo, malgrado a repulsa dos franceses por este autor e sua escola, de muita influência no Brasil, por Augusto Comte, também de grande importância para o pensamento brasileiro, por Marx, que tem tanto a ver com Paris e com os franceses; passa, para mencionar mais dois polos temáticos maritaineanos, pela chamada filosofia cristã, sob cuja perspectiva já procurava escrever Frederic Ozanam no meado do século passado[29] e por Bergson, para quem o cristianismo estava no horizonte de uma visão do mundo moderno e atraente.

Jacques Maritain pôde dispensar-se do confronto com o ecletismo — que dominou de vez de seu campo de trabalho através da filiação a uma escola histórica definida. Não pôde dispensar-se do confronto com o cientificismo positivista e com a analítica social, peculiar à sua cultura nacional, desde pelo menos o último quarto do século XVIII.

O contexto desta *Réflexion Française* parece-me oferecer uma leitura de Maritain complementar à leitura corrente no contexto universal do tomismo. Em qualquer das leituras surge um dos filósofos mais inteligentes do século XX e, ao mesmo tempo, um dos homens mais magnânimos, magnanimidade persistente quer nos ideais que propôs, quer na prática intelectual que exercitou.

---

(29) OZANAM, Antoine Frederic. *La Civilisation au Cinquième Siècle* (*Oeuvres Complètes*. 5. ed. Paris: Tome Premier, Victor Lecoffre, 1984. p. 413) refere-se à filosofia cristã.

5. Minha Entrevista com Maritain

*Como salvar o homem contemporâneo da sua loucura,
Maritain se pergunta, na entrevista de 1972.*

É uma questão filosófica.

*E ele conclui: só a fidelidade à vida nos pode salvar. Uma fidelidade
total e minuciosa. Porque o que importa é salvar a vida e o homem.*

Antonio Carlos Villaça[*]

As palavras que mais me disse foram Deus e Raïssa. Raïssa morrera a 4 de novembro de 1960, em Paris, numa grande paz. Havia já doze anos quase feitos. Estávamos no domingo 15 de outubro de 1972, em Toulouse, no barracão da Fraternidade dos Irmãozinhos de Foucauld, onde fizera o seu noviciado, aos oitenta e oito anos.

Insistiu comigo na importância da transcendência. Que os cristãos fossem fiéis à transcendência. Que se salvassem ou se respeitassem as duas linhas, as duas perspectivas, a justiça social e a vocação da transcendência. Distinguir, para unir...

Não entrara na fraternidade para agir, mas sim para se preparar para a morte. Estava dividido entre dois lugares, um na Alsácia, o túmulo de Raïssa, o outro na Avenue Lacordaire, em Toulouse, lugar de contemplação.

Conhecia os Irmãozinhos desde a criação deles, em 1933, pelo padre René Voillaume, na linha da espiritualidade de Foucauld. Raïssa e ele sempre se sentiram muito ligados a várias famílias espirituais, os beneditinos de Solesmes, os dominicanos de Paris e de Saint Maximim e, depois, de Toulouse, os carmelitas descalços com o Padre Bruno.

Insiste em me dizer que acredita fundamentalmente na eficácia dos meios temporais pobres. Recorda com ternura de um trabalho de Jacques Loew, de

---

[*] Escritor (1928 — 2005), nascido no Rio de Janeiro, foi redator de *A ordem*, revista dirigida por Tristão de Athayde. Jornalista, colaborou no Correio da Manhã e no Jornal do Brasil. Publicou *Perfil de um Estadista da República* (1945); uma *Antologia de Junqueira Freire* (1962); o *Nariz do Morto* (1970), que obteve o Prêmio Jabuti; *O Anel* (1972), que fez jus ao Prêmio Fernando Chinaglia e *O Desafio da Liberdade* (1983). Tinha uma profunda ligação espiritual com Jacques Maritain e teve o privilégio de entrevistá-lo no fim da vida, entre os irmãozinhos de Foucauld.

uma Dorothy Day, por exemplo. Os cristãos se devem, sim, interessar pela ordem política. Devem participar com intensidade da vida política. Mas devem reconhecer, valorizar o caráter transcendente do Cristianismo, que é o Evangelho e a Graça.

O que o fascina nestes dias finais da sua vida, da sua peregrinação interior, é a transcendência de Deus. Que os cristãos na sua luta legítima, necessária, pela justiça social não se afastem da especificidade da sua vocação, a transcendência.

Preocupa-se com a vida eterna, estuda o céu. Santo Tomás e os poetas o ajudam nessa pesquisa ou nessa preparação. Interroga os poetas sobre a vida eterna. Lê São João da Cruz, Gerard Manley Hopkins, Max Jacob, Baudelaire. A poesia mística de Raïssa, *Lettre de Nuit*, *La Vie Donnée*, *Au Creux du Rocher*, aquele poema *Deus Excelsus Terribilis*, escrito em Nova Iorque, numa hora de angústia e desolação.

Mergulha nas Notas de Raïssa sobre o *Pater*, que lhe parecem o que ela escreveu de mais profundo. A vida eterna é o mundo em que tudo é só amor. Essas notas densas, aparecidas depois da morte de Raïssa, em 1962, são uma continuação dos livros *De la vie d'oraison* e *Liturgie et Contemplation*.

O mundo contemporâneo susbstituiu a razão pela imaginação. Os filósofos não obedecem às exigências da inteligência para pensar, para formar conceitos, com o auxílio da imaginação intelectualizada, mas usam para pensar a própria imaginação, que tomam como se fosse a inteligência. Os conceitos são imagens.

A filosofia se tornou assim obscura. E os filósofos se perdem na escuridão de uma linguagem furiosamente hermética. O Deus do mundo contemporâneo não está mais no céu. Pai Nosso que estás no Céu. Nada no oceano da imanência. Tudo é turvo. Deus seria uma espécie de matéria primeira indeterminada.

Confessa que gosta muito de conversar com seus companheiros e secretários, Maurice Hany e Hainz, um francês e um alemão, sobre este fenômeno, o *Ungrund*. Ou seja, o deus de baixo, o deus imanente. Os estudos de Heinz sobre a Reforma protestante, editados com o nome de Ernst Korn, giram em torno do problema da imanentização da trancendência.

A filosofia alemã dos últimos quatro séculos viveu deste mistério sagrado. A matéria-prima indeterminada é tão vasta quanto o próprio mundo. E toma forma no íntimo de cada um. A contradição é o signo não tanto da verdade, em que não se crê mais, porém da força e domínio do ser humano sobre o mundo. Há uma patética alegria dionisíaca, nos homens de hoje, quando vêm neles esse poder sobre o mundo.

O *Ungrund* é objeto de uma forma de mística natural. Não gosto propriamente de dizer mística natural. Não, prefiro dizer mística do olhar sobre si. Ou mística do espelho. Por oposição à mística da união de amor a Deus transcendente. Ou mística de fogo. Ou mística transformante.

Há no mundo contemporâneo duas místicas — a do homem abandonado a si mesmo, a mística antropocêntrica, e a mística da união de amor. O *Ungrund*, o deus ao rés do chão. O mundo de Hegel, de Proust, de Freud. A mística transcendente e encarnada do Pai que está no céu e está em nós, Jesus Cristo é a síntese.

Estudou muito na década de 30 o problema da filosofia cristã. Publicou até um ensaio especialmente sobre a filosofia formalmente cristã. Prefere dizer, em vez de filosofia cristã, filosofia como plenamente tal, por oposição à filosofia como simplesmente tal ou filosofia balbuciante.

A filosofia deságua, hoje, numa poesia do desespero. Ou na imagística científica. E a verdade? E o ser? Nietzsche disse que todo o pensamento filosófico alemão foi uma teologia larvada. Ou uma filosofia de contrabando.

No seu último livro, publicado depois de sua morte, em 1973, Maritain nos diz que a filosofia moderna é uma ideosofia (*Approches Sans Entraves*). O impacto da imaginação tornou-se absoluto. O real vive da dialética.

Para ele, falta a Descartes e a Hegel a intuição do ser. A ideia suplanta a realidade. E ele se debruça por sobre o pensamento de Hegel e de Heidegger. Com Hegel, tivemos uma razão descentrada do real. Com Heidegger, temos uma intuição enamorada do real e que abjura a razão. Quer dirigir-se por si mesma.

Maritain aqui se refere aos estudos de Louis Gardet e de Ernst Korn, irmãozinhos, sobre Heidegger. Uma intuição poética, uma intuitividade que se liga à mística natural. A subjetividade domina assim a filosofia de Heidegger.

O equívoco heideggeriano, para Maritain, é pedir à intuição que elabore conceitos. Heidegger exige uma conceptualização filosófica à intuitividade poética. Assim ele se debate na noite. Uma espécie de noite escura. A sua filosofia é um desespero da filosofia.

As potências teogônicas da linguagem poética o aprisionam. Espera delas uma espécie de revelação profética. o mito é, pois, a pátria de Heidegger. Nem Descartes, nem Hegel, nem Heidegger tiveram a intuição do ser. Hegel teve uma intuição primordial. A da mobilidade e inquietude essenciais à vida humana. A intuição trágica de um vivente que contempla o seu devenir, a morte e a negatividade total. Hegel supera o poder da morte pelo só pensamento filosófico. Leva o idealismo ao aboluto.

O *magnum opus* hegeliano foi, para Maritain, introduzir a contradição na própria razão. A dialética torna-se um saber e o único saber autêntico. O sim está presente no não, o não está presente no sim. É uma visão dramaticamente heraclitiana.

Como salvar o homem contemporâneo da sua loucura, Maritain se pergunta, na entrevista de 1972.

É uma questão filosófica.

E ele conclui: só a fidelidade à vida nos pode salvar. Uma fidelidade total e minuciosa. Porque o que importa é salvar a vida e o homem.

E se revelava então profundamente otimista, quanto às possibilidades do homem e da vida. Deus é simples, dizia ele. A complexidade do mundo tem de aproximar-se da simplicidade para sobreviver. A complexidade só na simplicidade se reunifica e pacifica. O problema da paz é um problema de unidade. O homem deve realizar por sua vontade o que a sua natureza é em esboço. O homem deve tornar-se o que é. E isto a um preço muito doloroso e com riscos incríveis. O homem deve conquistar na ordem ética a sua liberdade e a sua personalidade.

E então o filósofo se voltava para a ordem mística, para o texto do seu discurso de abril de 1966, na Unesco, sobre a primazia da contemplação. Só a contemplação salvará o mundo, dizia ele, na sua última aparição pública. Foi este o seu derradeiro testemunho, a coincidir com a valorização da mística por Bergson, na *Les Deux Sources de la Morale et de la Réligion*, de 1932.

A vida contemplativa vivida no seio do mundo, eis em definitivo nossa última razão de esperar.

6. Meu Encontro com Jacques Maritain

Maritain fornecia o instrumento teórico sob medida que permitia fazer a costura com linha firme de cristianismo e democracia. Quem dos discípulos de Maritain não teve o coração incendiado ao ler as páginas memoráveis em que o filósofo demonstra ser a democracia de essência evangélica?

Antonio de Rezende Silva[*]

Não o conheci pessoalmente. Escrevi-lhe uma vez e conservo ainda uma cópia de sua resposta. Uma bela carta a dele, escrita com letra miúda, regular e facilmente legível. A minha era um convite ao filósofo para aceitar ser paraninfo da turma de filosofia que, então, se formava na PUC, lá pelos anos 50.

Escrevi-a em português e Maria Antonia Mac Dowell — a mais brilhante aluna da turma — fez a versão para o francês. Antes de remetê-la, li-a por telefone — bons tempos em que não se cogitava de impulsos — ao Gladstone Chaves de Melo, que, com a competência e a seriedade de seu feitio, ali mesmo lhe fez alguns consertos e, também, ao Dr. Alceu Amoroso Lima que, generosamente, como sempre, a achou muito boa, porém, fez um reparo. A carta-convite começava com um solene *Monsieur* e ele sugeria a substituição por um descontraído e amigável *cher Monsieur*. Sugestão aceita, a carta, afinal, é enviada e recebe, logo em seguida, a resposta do filósofo com a aceitação da homenagem. Um êxito. Só havia na PUC antimaritainistas que cultivavam ressentimentos antigos relacionados com a crítica que o filósofo fizera na *Humanismo Integral* à posição do teólogo espanhol Molina, da Companhia de Jesus, responsável, no século XVI, por uma nova teoria sobre as relações da graça e da liberdade, que haveria no seu prolongamento de conduzir, segundo Maritain, a um humanismo do tipo antropocêntrico, oposto ao de tipo teocêntrico, que reinara durante toda a cristandade medieval, cuja dissolução, embora consumada, não deixava de ser lamentável.

(*) Bacharel em Direito e licenciado em Filosofia pela PUC-RJ. Mestre em Filosofia defendeu tese: "O Tomismo Aberto de Van Acker, Um Instrumento Heurístico do Saber Contemporâneo". Lecionou Ética, Lógica, Direito Tributário e Teoria Geral do Direito, na Universidade de Direito de Petrópolis. Ministra curso sobre o pensamento brasileiro e Filosofia da Ciência na PUC-RJ. Presidente do Centro Dom Vital e da SEAP (Sociedade de Estudos e Atividades Filosóficas) dedica grande parte de seu tempo e de suas preocupações com a difusão de um pensamento filosófico inspirado nas obras e no exemplo de Maritain.

Assim, a ideia de escolher Maritain para paraninfo dos formandos em Filosofia foi a princípio taxada por alguns — felizmente poucos — de ato de inimizade e, posteriormente, desencorajada sob pretexto de que o filósofo sequer se dignaria a responder ao convite, ignorando simplesmente a homenagem; e, finalmente, em virtude da determinação de mantê-la a qualquer custo, sugeriu-se até, para demover os formandos da ideia original, a substituição do nome de Maritain pelo de Gilson, especialista consagrado do pensamento medieval e autor do clássico *Le Thomisme*.

A resposta do filósofo chegou a tempo, antes da cerimônia da formatura e, assim, se celebrava o nosso compromisso com o tomismo, que tinha no nosso paraninfo a sua figura mais representativa, quer pela fidelidade às fontes originais — ir ao tomismo significava ir a São Tomás e, pois, aos seus próprios textos, com a descontrução das mediações empobrecedoras — quer pela fecundidade no domínio da reflexão sociopolítica dos achados do filósofo, empenhado em demonstrar a perfeita adequação do tomismo às exigências de uma nova civilização a renascer dos escombros da 2ª Guerra.

Os católicos que fazíamos a Faculdade durante o Estado Novo de Getúlio, Francisco Campos e Capanema sonhávamos com a redemocratização do país no ritmo das gigantescas batalhas que se travavam no continente europeu e no Pacífico, e já deixavam prever o triunfo das forças aliadas contra as do eixo totalitário Roma-Berlim-Tóquio.

Maritain fornecia o instrumento teórico sob medida que permitia fazer a costura com linha firme de cristianismo e democracia. Quem dos discípulos de Maritain não teve o coração incendiado ao ler as páginas memoráveis em que o filósofo demonstra ser a democracia de essência evangélica? — As ideias e aspirações que caracterizam o estado de espírito democrático e a filosofia democrática do homem e da sociedade "é sob a ação do fermento evangélico em trabalho no mundo que elas se formaram na consciência profana (...). E em seu livro sobre as Duas Fontes da Moral e da Religião, Henri Bergson afirmava do mesmo modo que na divisa republicana sendo a fraternidade o essencial, deva-se dizer que a democracia é de essência evangélica (*Christianisma* e *democratia*. Paris: Paul Hartmann, 1947. p. 53-55)".

No final da década de 40, pareceu-me que devia fazer um curso regular de Filosofia. Minha opção teria de ser a PUC, poque via nesta o espaço institucional do tomismo. Por que filosofia tomista? Um pouco — creio — por vislumbrar nela a possibilidade de uma síntese capaz de promover a articulação de vários saberes e arrumar, assim, minhas ideias (Bachelard dizia que uma cabeça arrumada é uma cabeça que precisa ser desfeita, mas a essa altura não lhe conhecia sequer o nome e era, ao contrário, a sedução da unificação, da síntese, ainda que prematura, que exercia sobre mim seus sortilégios). Outro pouco, por ser o tomismo a filosofia oficial da Igreja, um instrumento de minha fé. O Direito, que eu fizera no início desses anos, levanta uma multidão de problemas nas diversas áreas das ciências, particularmente das ciências humanas, e a ausência de uma chave de leitura capaz de viabilizar um roteiro no amontoado de teorias conflitantes e parciais estimulava-me a encontrar uma saída, evitando a esterilidade de leituras desencontradas e sem articulação entre si.

Lembrou-me ter lido nessa época, com emoção, um livro de Sertillanges — *A vida intelectual*. Essa era a vida que eu queria ter. Oração, inteligência e coração integrados numa vida autêntica, sob a disciplina da ortodoxia católica e a ajuda sacramental.

Foram os escritos do Dr. Alceu no suplemento do *Diário de Notícias* que me mobilizaram para as fileiras do tomismo e que, primeiro, me notificaram da existência do seu filósofo maior, naquela época. No meu entusiasmo de neófito, o tomismo não era para mim uma filosofia entre outras, apenas (o que só muito mais tarde ensinaria Leonardo Van Acker, embora a privilegiando), era a filosofia mesma, no seu estado adulto e para sempre perfectível.

Que anos eram esses? O país — passado o pesadelo do Estado Novo e deposto o ditador — ensaiava seus primeiros passos no caminho da redemocratização. No tempo, na euforia da derrota nazifascista, ninguém ousaria impor epítetos à democracia. Não ocorreria falar de democracia relativa nem tampouco receber do cientista político americano lições concernentes a procedimentos gradualistas. Quem ousaria? Um governo anódino — embora infinitamente menos desconfortante que as tropelias do atual — se instalara no país após a decepção da derrota eleitoral do Brigadeiro Eduardo Gomes. Tinham sido deixadas intactas as situações regionais e municipais geradas no Estado Novo e, assim, se tornou possível a vitória do General Dutra, ex-Ministro da Guerra ao tempo da ditadura, sobre o herói remanescente dos 18 do Forte. Um escândalo e um trauma para a consciência democrática da Nação.

Em meio ao estilo sensaborão do novo Governo, uma violência reveladora da persistência de antigos vícios: a cassação pelo Tribunal Eleitoral do registro do Partido Comunista Brasileiro. Salvou-se do servilismo e da mediocridade daquele julgamento o sábio Ministro Sá Filho, com um voto histórico.

Os jovens que éramos fundamos, na mesma época, uma revista, a "Universidade". Ideia de alguns juristas (Célio Borja, Eduardo Prado de Mendonça, já falecido, então aluno predileto do Pe. Penido, que dava excelentes aulas de Filosofia na Nacional, no prédio da Avenida Antonio Carlos, Geraldo Pinheiro Machado, que já se interessava pelo pensamento brasileiro, e descobrira no Rio os parentes de Soriano de Souza, Ivan Gomes, que aguardava a formatura em medicina para tornar-se, em seguida, noviço beneditino, hoje D. Cirilo, eu próprio e outros) com Fernando Praga Nina à frente da JUC. Frei Pedro Secondi, que me iniciara nas primeiras lições de Filosofia Tomista, escreveu no número inaugural, não sei porque em francês — que nos encheu, todavia, de orgulho — um belo artigo que começava por reproduzir as palavras de um velho bispo de seu país, que gravei de cor: "nous avons des universitaires, nous n'avons pas de l'Université". Um incidente desagradável frustra as aspirações de nossa maioridade leiga na Igreja. O Censor da Cúria ou Assistente religioso do movimento terá que liberar os originais antes da publicação e essa intromissão se afigura intolerável aos dirigentes da Revista. Resistir à censura ou fechar com dignidade? A Revista fechou. O censor — tais são as coisas desse mundo, como disse o ex-Regente Feijó ao Duque de Caxias, quando este fora prendê-lo, por sedição, em Sorocaba — era nada mais nada menos que o atual bispo de Recife e Olinda, Dom Helder Câmara, admirável figura de pastor e campeão dos direitos humanos em nossa terra. Na época, porém, excessivamente preso à disciplina tridentina e às deformações do autoritarismo clerical: "tais são as coisas deste mundo".

Na cerimônia de formatura da PUC, num salão do MEC — a Universidade, ainda na rua São Clemente, ao lado do Colégio Santo Inácio, não possuía instalações para uma festa do gênero — uma presença detestável: Filinto Muller, odiosa figura de policial, ex-chefe da polícia da ditadura de Getúlio Vargas, pioneiro dos métodos de tortura infligidos aos prisioneiros políticos, é chamado a ocupar lugar à mesa dos trabalhos, na condição de deputado, recentemente eleito, ao lado das autoridades acadêmicas.

Minha primeira reação foi a de protestar publicamente contra a afronta aos brios democráticos dos presentes. As boas maneiras, o superego excessivo sufocaram o gesto indignado. Até hoje não me perdoo a covardia da omissão. Sempre custou-me muito a malcriação. Xingar, às vezes, é preciso. Preferível, disse São Tomás, uma boa briga à paz dos pântanos. Nunca fui menos tomista do que nesta noite de agonia, embora isso passasse despercebido a toda a gente. Como homenagear Maritain e, ao mesmo tempo, sofrer a presença do carrasco do Estado Novo, sem um protesto contra a subserviência e a insensibilidade da mesa dos trabalhos. A pachequice era geral...

O tomismo ensinado na PUC-RJ se fazia mediatizado pelos manuais escolásticos. O saudoso Pe. Leme Lopes no-lo fornecia em doses homeopáticas, traduzindo com competência o latim do Cursos Philosophiae de Carolus Boyar SS.I.; o ex-dominicano Sebastião Hasselman, de inteligência mais intuitiva do que racional, tentava, em lógica, com uma didática discutível, nos passar as lições de João de São Tomás (comentarista português de São Tomás), de cuja existência jamais suspeitara antes. A essa altura, já havia adquirido a Suma Teológica, uma edição francesa bilingue (francês e latim) da *Révue des Jeunes* e quase toda a obra publicada de Jacques Maritain. Os livros, entretanto, permaneciam enfileirados na estante à espera de tempo para serem lidos, quando afastado o bloqueio da rotina escolar. Sobrevindo a oportunidade, o descompasso fatal: outros filósofos, novos temas ou novas abordagens passam a ocupar a nossa atenção. Acelera-se a história. Surge o Concílio Vaticano II; nossos bispos, com as exceções honrosas, abandonam a JUC e apoiam o golpe militar de 64; depois Medellim, por fim Puebla. Maritain já não era o filósofo, senão um dos (embora grande), do mesmo modo que o tomismo não era a Filosofia (a despeito do seu valor heurístico para a compreensão do pensamento contemporâneo). De resto, o próprio filósofo, com a morte de sua dileta Raïssa, despede-se da contemporaneidade, retira-se do mundo, tornando-se um dos irmãozinhos do Pe. Foucauld.

No belo Prefácio à obra de Henry Bars, *La Politique selon Jacques Maritain* (1961), ele confessa ao autor que esse título o deixa pensativo. "Todo meu trabalho tem sido de recuperar, aplicando ao nosso tempo, as visões que uma longa tradição elaborou e que não são minhas (...) O que, pois, meu caro amigo, se poderia ensinar segundo J.M.? Posso te propor alguns títulos: "A arte de escrever livros demais", "A arte de esperar erradamente", "A arte de lançar ao vento o que seria necessário semear".

Maritain passa a interessar-se, particularmente, pela vida que se leva no Céu: ali onde está o seu tesouro, ali está o seu coração. Os Anjos se ocuparão do futuro do tomismo. Quanto a ele, tem necessidade de silêncio: "J'ai grand soif de silence. Je ne suis pas rentré en France pour essayer d'y agir, mais pour m'y préparer à mourir".

Para o nosso luminoso Alceu (Tristão de Ataíde) sua geração deve a Maritain, após a decepção da razão com a crítica bergsoniana, "a reconciliação com a inteligência" (...) Foi um verdadeiro renascimento... O fenômeno se reproduziu em toda a América Latina (...) Maritain foi o *revelador da inteligência* a uma geração crítica, agnóstica ou vitalista (in *Révue Thomiste*, T.XLVIII — Nos I-II, 1948, dedicado especialmente à obra filosófica de Jacques Maritain)". Posteriormente, por volta de 1936, com a dominância dos problemas sociais sobre os de natureza estética, filosófica e religiosa, Maritain prestaria um segundo e enorme serviço à inteligência brasileira ao libertá-la do dilema, já agora no plano político, comunismo-fascismo. Os católicos, profundamente influenciados pelo movimento reacionário, inclinavam-se para o fascismo como o único obstáculo eficaz à instauração do comunismo ateu. Era o tempo da euforia integralista. Em minha cidade do interior de Minas era um espetáculo habitual observar, aos domingos, alguns deles já portando a camisa verde e terminado o encontro religioso, emendá-lo com a reunião seguinte, esta agora de doutrinação e prática política integralistas. Nos Salesianos de Niterói pude conversar con alguns clérigos. Eram simpáticos ao movimento e o mais jovem e mais atuante deles (jogavam futebol com os alunos sem tirarem a batina) vestia sob o hábito a camisa do Sigma.

Poder ser católico sem ser reacionário, conservador, monarquista, fascista, franquista, distinguir liberdade e liberalismo, autoridade e autoritarismo, reconciliar-se com a república, a democracia, sem a esquizofrenia de espiritual e temporal — que grande serviço nos prestava Maritain! O filósofo gozara da aceitação geral dos católicos até sua incursão no domínio do que ele próprio chamou de Filosofia prática, naturalmente com repercussões no plano político-social.

Os tradicionalistas da *Revista Tradição*, do Recife, clamam desabridamente contra os desvios heterodoxos do filósofo que nunca deveria — lamentam — afastar-se de suas ocupações especulativas e dos exercícios de filosofia pura, onde granjeara a simpatia universal.

Tanto ou mais severos que os tradicionalistas dos anos 40, são os seus críticos progressistas mais recentes. Arturo Paoli (*Caminhando se abre caminho*. Loyola, 1979), depois de reconhecer que deve à leitura do livro de Maritain a vitória sobre uma crise de fé, aos 25 anos, atribui ao filósofo uma tese singular, qual seja a extravagante ideia de "que os homens da Idade Média, estes sim que caminhavam com Cristo, e que Cristo ficou com eles. O homem de hoje, coitado, caminha sem ele (p. 54)". Em outras palavras, Maritain teria acreditado que houve na história da civilização um momento em que o espírito se sobrepôs à matéria.

Terceiro: o texto do filósofo não deve ser deslocado de seu contexto histórico. Neste particular, parece-me mais justo reconhecer, como o faz Tristão de Ataíde, os serviços reais prestados por Maritain à libertação da inteligência cristã, desvinculando-a de seu histórico tradicionalismo e de seu comprometimento com o *status quo* do que censurar-lhe as limitações pela não ultrapassagem de seu horizonte. Hoje (e não nos idos de 36, época da publicação da edição do *Humanismo Integral*) a ideia da *cristandade* que respeita, como a de Maritain, o papel autônomo do temporal e não olvide a participação dos cristãos, encontraria, provavelmente, o seu correspondente mais adequado na formulação das exigências evangélicas para a construção de uma sociedade mais justa e mais fraterna, como o fez, por exemplo, o documento para tanto elaborado pela Conferência Nacional dos Bispos do Brasil ("Exigências cristãs para uma ordem política"), cujas proposições corporificam, numa conjuntura histórica específica, de algum modo, o ideal histórico--concreto de que falava, a seu tempo e noutro contexto social, o autor do *Humanismo Integral*, sem que se possa acusar os Bispos de induzirem um gueto apostólico.

Quarto: no tocante ao interesse prevalentemente religioso de Maritain no trato com a filosofia, configuraria o seu empreendimento um *contrabando*? A questão remete diretamente para o problema da existência de uma filosofia cristã, cujo conceito continua sendo polêmico. Maritain, a meu ver, defendeu com rara competência a compatibilização entre esses dois termos num texto clássico sobre o assunto (*De la philosophie chrétienne*. Paris: Desclée, 1933). Albert Dondeyne, filósofo de Louvain, posteriormente retomou com igual penetração o tema em sua obra *La foi écoute le monde*. Paris: Ed. Universitaires, 1964. Convém, a propósito, notar que o *interesse* diz respeito às condições do sujeito e, no caso, é decisiva a consideração do que os escolásticos chamam de objeto formal (*obiectum formale quod e lumen sub quo*). Os saberes se especificam pelo seu objeto. No desempenho do filósofo, a tarefa de desvelamento se efetua mediatizada pelo exercício da razão natural. As obras filosóficas de Maritain são manifestamente obras de um pensador religioso e de um cristão, como as de Mounier, mas, entretanto, não são obras religiosas. A adesão a Tomás, por via da conversão ao catolicismo, longe de paralisar o exercício da razão do filósofo batizado, tornou-a mais sedenta de luzes, mais aguda, mais exigente, mais crítica, mais apta ao enfrentamento à elucidação dos mais árduos problemas da metafísica tradicional, bem como os da filosofia prática, que a complexidade da vida contemporânea suscita sem cessar. Prova disso é a publicação do número especial da *Révue Thomiste* dedicado, como as viu, à obra de Maritain. Como faz ver a apresentação do aludido tema, a filosofia cristã de Jacques Maritain não é menos filosofia que qualquer filosofia separada, embora se beneficie de um acréscimo de luz que lhe vem da adesão a verdades mais altas: "Maritain era filósofo antes de ser cristão. Nasceu para os graves debates da inteligência. É preciso ler na comovente narrativa de Raïssa Maritain, "As grandes amizades", as primeiras etapas desta busca da verdade(...). Jacques Maritain compreendeu então que sua vocação na Igeja era de ser um filósofo cristão. Não filósofo de um lado e cristão do outro, não um e outro na confusão das luzes e dos objetos, mas filósofo que sabe o que a filosofia, obra da razão e naturalmente conhecível, deve de fato às luzes objetivas da revelação e às confortações subjetivas da fé para seguir com menos riscos de erro seu difícil caminho. Existe uma filosofia cristã, que não é menos filosófica e fundada na razão que não importa que filosofia separada, a cartesiana, por exemplo, mas que se beneficia dum acréscimo de luz e de todo um clima de adesão a verdades mais altas".

Distinguir para unir: fazer o difícil percurso das diferenças, afastando a sedução do caminho da deusa de Parmênides e surpreender após, só após a perplexidades da opinião dos mortais, as identidades e quiçá a identidade mais profunda, superando as oposições horizontais, não seria esse o legado maior de Maritain — a adoção de uma postura para sempre insatisfeita, a reclamar sempre mais luz, sedenta sempre, enquanto a desalteração, vislumbrada aos clarões de luzes mais altas não se efetuar nas fontes de água viva? Ali onde está o seu tesouro, ali está o seu coração (Mat. 6,2).

7. Jacques Maritain: um Depoimento

O pensamento de Maritain representou uma aragem libertadora. Algumas obras foram decisivas nesse sentido: 'Humanismo Integral', 'Cristianismo e democracia'.

A filosofia me foi proposta como obra dos vivos e não dos mortos.

Francisco Benjamin de Souza Netto[*]

A contribuição de Jacques Maritain para a minha formação filosófica foi decisiva. Em verdade, foi a sua *"Introdução Geral à Filosofia"* que, em meados da década de 50, constituiu o núcleo de minha primeira formação filosófica. Antes disso havia feito algumas leituras, que, por inacessíveis ou mal orientadas, tão somente me ficaram como marcas de um primeiro encontro. Ao contrário, lida no contexto de Programa desenvolvido por meu Professor de Filosofia no Colégio do Estado de Campinas, a *Introdução Geral* demarcou horizontes e originou o propósito de jamais renunciar à Filosofia e mesmo de a Ela dedicar o melhor de meu Espírito. Todavia, não foi esta primeira leitura, mais de uma vez reiterada, que mais profundamente me marcou. Foi este papel desempenhado entre 1960 e 1962 pelas leituras feitas como acompanhamento do Curso Eclesiástico de Filosofia do Mosteiro de S.Bento de S.Paulo. Entre estas e os anos de minha primeira Iniciação, Maritain se erguera, a meus olhos, como representante de um pensamento Católico, se não mais moderno, ao menos mais ágil e mais aberto, tão aberto a ponto de suscitar suspeitas quanto à sua ortodoxia.

Medir o impacto de seu Pensamento e de sua obra, posta esta em confronto com rígidos manuais escolásticos como o de Josephus Cred, só é possível a quem cumpriu o currículo dos Seminários nos referidos idos. Maritain representava então a *"Philosofia Perennis"* feita contemporânea da Idade que se vivia. E o que ela prometia a esta Idade era precisamente a perene Vida do Espírito, o transcender o

---

(*) Nasceu em São Paulo, em 1937. Cursou Filosofia e Teologia na Congregação Beneditina Brasileira. Licenciou-se em Teologia pela Faculdade de Teologia Nossa Senhora da Assunção (PUC/SP,1967). Doutorou-se em Filosofia pela Universidade Estadual de Campinas, 1990. Professor de Filosofia na PUC/SP, UNESP, UNICAMP, FAI, Faculdade de Filosofia Nossa Senhora Medianeira, Instituto de Filosofia São Bento, foi ainda sócio-fundador do Instituto Superior de Estudos de Religião — ISER; assessor-teológico do Centro Ecumênico de Documentação e Informação — CEDI. Redigiu importantes artigos dos quais destacamos: *Ética, Teologia e Libertação, Articulação da Teologia Moral* em livro da Ed. do Santuário Aparecida, 1987 e *Jacques Maritain: um depoimento* PUC/SP 1983. Redigiu o verbete *Igreja* na edição brasileira de Enciclopédia britânica — Mirador, 1972, além de vários artigos em revistas especializadas.

fenômeno, ao mesmo tempo sóbrio e capaz da essência e do Ser. E, por acréscimo, capaz também de uma compreensão vitalizante dos Tempos Novos, para além do Idealismo, do Empirismo, do Formalismo e da tirania da Ciência. Enquanto isso ocorria, o prestígio de Maritain e a vigência da escolástica declinavam, mesmo no espaço acadêmico eclesiástico. Isto não obstou que o seu Pensamento representasse um forte estímulo ao filosofar. É verdade, Ele se dizia "paleotomista", mas essa profissão de fidelidade não me impediu de crer no poder renovador do seu Pensamento, soando-me como uma expressão de modéstia ou de respeito reverencial. Em verdade, vivia eu os úlimos anos de sua influência na Filosofia eclesiástica do Brasil. A turma que se seguiu à minha leu outros autores, não sem graves perdas, pois, se se rompeu com a rigidez escolástica "recepa", nem por isso se travou um contato com um Pensamento mais recente. Houve exceções, como a representada pelos anos de docência do Pe. H. C. de Lima Vaz, mas, em geral, o que se absorveu de Modernidade foram os subprodutos. E, quando tudo indicava que Heidegger ocuparia o vazio deixado pelos tomistas, a Praxis e a Política passaram a ditar lei do Pensamento.

Dito isto, cabe assinalar que obras de Maritain efetivamente circularam em meio acadêmico. Excetuados os casos dos que viam na Filosofia mais do que uma etapa no currículo eclesiástico, pode-se dizer que a *Introdução Geral* e a *Lógica Menor* foram efetivamente lidas pelo estudante médio brasileiro. As restantes, quase todas circulando em Francês, foram consultadas à ocasião dos tratados estudados, sem excetuar mesmo o "*Humanismo Integral*", tão do desagrado, não só de integristas e integralistas, mas de amplos setores do Clero e do Laicato mais engajado. Abstenho-me aqui de dizer algo sobre os "Maritainistas" brasileiros, já que com eles não convivi nem fui aluno dos mesmos. Prefiro, nas linhas que se me restam, refletir livremente sobre o que me ficou da influência de Maritain e sobre a importância que, hoje, posso reconhecer à sua Obra.

Antes de tudo, Maritain se teve em conta de um expositor da Filosofia de Santo Tomás de Aquino e como tal quis ser considerado e avaliado. Esta observação implica muito mais do que, à primeira vista, possa parecer. Ela implica a nítida percepção e o nítido reconhecimento de a Filosofia, em suas formas cristãs, definir--se, isto é, demarcar seus limites face à Teologia como "Gnosis" tornada possível pela Revelação e nesta fundamentada. Fiel à alternativa representada por Tomás de Aquino no debate da questão "Filosofia/Teologia", Maritain, particularmente em "Les Degrés du Savoir", vê esta demarcação como algo de simplesmente negativo, como uma relação de "não contradição" e, portanto, como uma relação de Comunhão na verdade em sua forma ontológica, ou seja, em sua Objetividade enquanto Ser. Isto não o impediu, como não impediu seu Mestre, de confiar no conforto que a Fé vale à Razão, mesmo quando a deixa livre para operar a obra que lhe é própria. Em um tal conforto se revela tanto mais decisivo quanto leva a considerar que a Fé torna virtual e a Visão atual tem que ser em seu limite o que já é possível. Em suma, o que se ensina, como um tal modo de ver, é que a Filosofia, em sua forma mais alta, desenvolve os "Preambula Fidei", aquilo que torna a Fé simplesmente possível. É quase ocioso dizer que um tal modo de ver, não só abre à Filosofia um lugar maior no Espírito Humano, como a erige em verdadeira necessidade deste, se se reconhece na Sabedoria a obra que lhe é própria. Muito mais do que os restantes expositores do Pensamento de S. Tomás de Aquino, foi em Maritain que pude discernir a Filosofia como necessidade da Inteligência, pois sem o seu pleno desenvolvimento, tampouco se desenvolveria a Sabedoria cujos preâmbulos lhe cabia estudar. Implícito nesta Teoria do Conhecimento, toda articulada como uma dianoética do Ente, o que se reinvidicava era a liberdade na razão na obra que lhe era própria e foi o fantasma desta liberdade, para muitos suprema *hybris*, que valeu a Maritain a suspeita de seus coetâneos mais preocupados com a Dogmática e com a ortodoxia.

Certamente, isto se fez com extrema cautela. A visão de uma Filosofia como Ciência e Sabedoria subalternada não foi abandonada. Apenas, esta subalternação foi identificada, não na oposição, mas, ao contrário, na identidade do "Supremo Cognoscível", o Ente cuja essência é o próprio Ser. E mais, dela não decorreu nenhuma norma que predefinisse o Método da Filosofia; ao contrário, o que se tornou necessário, porque Imposto pela anterioridade do preâmbulo, foi que este desenvolvesse por si mesmo, e, portanto, com total liberdade, o Método que lhe cabia em razão de sua essência. Sem dúvida, algo havia a limitar a amplitude desta visão do Saber: o reconhecimento de uma fidelidade a S. Tomás e, portanto, a dependência em relação ao Pensamento por este já constituído. Esta limitação não deixou de se fazer sentir e, por vezes, a Filosofia aparentava ser a "Mathesis Universalis" na restrita acepção de algo a ser simplesmente aprendido. Outras vezes, o horizonte como que se abria às descobertas da Ciência Moderna, mas também isto com uma limitação: a da imutabilidade da Doutrina em seus princípios essenciais. Quando muito haveria lugar para o esclarecimento e a explicitação do comentarista. Assim, se a Filosofia se elevava à forma mais alta de uma filosofia Primeira, ficava o filósofo de nossos dias definitivamente condenado ao estatuto de um "filósofo segundo". Cabem, a respeito desta dificuldade, duas observações. Primeiramente, importa reconhecer que uma tal postura não foi exclusiva da Filosofia de Maritain e mesmo dos Escolásticos. Ao contrário, tem ela assinalado todo o Pensamento que, no essencial, se pretende completo. Em segundo lugar, importa observar que a transcendência do objeto mitigava a "angústia" em que este modo de ver confinava quem se punha a pensar hoje. Mas, ao cabo, tratava-se sempre de uma limitação.

A origem desta limitação deita raízes na Idade Média. Esta vivera e desenvolvera o Culto da Sabedoria dos Antigos, cuja "Tradição" se impunha aos pósteros como "auctoritas". Com todo o Catolicismo Moderno, Maritain herdou o espírito deste modo de visualizar e conceber a relação entre o Pensamento e o Ente na determinação de suas Verdades. Ora, esta Herança não ocorreu em um tempo neutro, mas no seio e no elemento do Centralismo Romano, tal este alcançara os anos difíceis de Pio XI e o fausto de Pio XII. Após a crise modernista, tudo, em meio Católico, autorizava a pensar que a Verdade emanava de suas Fontes eternas através de uma Mediação Hipostática, que a determinava em suas formas as mais altas. E estas, as do Magistério romano, irradiavam a Luz à qual tudo adquiria o seu mais próprio matiz. Mais do que em qualquer tempo, pensar era interpretar. E, tanto quanto a Anamnese, a Interpretação pressupõe a sua verdade. Nesses termos, S. Tomás aparecia como alguém que havia chegado antes àquilo a que cabia chegar e que, por isto, se impunha. Desta sua "auctoritas", o magistério era o avalista o mais qualificado. Confortado por esta certeza, o Pensamento Católico sentia-se capaz do presente e do futuro. Só os anos ditos do "Vaticano II" viriam a abalar esta segurança.

Tudo isto não impediu que, no Brasil, o Pensamento de Maritain representasse uma aragem libertadora. Algumas obras foram decisivas nesse sentido: "Humanismo Integral", "Cristianismo e democracia" representaram a possibilidade de se constituir um presente no qual a liberdade fosse plenamente reconciliada com a Verdade e se tornasse ela própria verdadeira. A doutrina do livre arbítrio como a indeterminação inerente ao homem porque mede a sua Ação segundo a plenitude divina, captada sob a forma do Bem enquanto Bem, tal foi desenvolvida em "De Bergson a Thomas d'Aquin", procurava um lugar para a Liberdade em meio ao determinismo natural proclamado pela Ciência. Com isto, relativizava, a opção política era liberada para se abrir a formas novas, desde que compatíveis com a Verdade que só lhes impunha a indeterminação que as fazia livres, segundo uma liberdade de contingência consoante a qual cabia ao homem operar a sua adequação para com a verdade. Abrira-se mão dos padrões passados, mas, ao mesmo tempo, relativizava-se a Ordem presente. A consciência desta relatividade tomou forma na prática política dos Católicos que, nos anos 50 (não sei se antes), se disseram maritainistas. Mais tarde, alguns foram além, rejeitando a ética da autoridade e mesmo o Dogmatismo. E, alguns se julgaram, nisto, fiéis a Sto. Tomás.

Também no que concerne à Ciência Moderna, foi Maritain além da quase totalidade dos Mestres tomistas de seu tempo. Tentando uma divisão das Ciências em "empiriométricas" e "empirioesquemáticas", procurou-lhes o fundamento metafísico necessário, superando a clássica distinção entre "Scientia quia" e "Scientia propter quid". Não eram elas estranhas à essência de seus respectivos objetos. Abertas a um múliplo que não era possível limitar *a priori*, a sua transformação e a sua superação eram previstas a prazo curto. Em razão disto, a Filosofia devia rever, a prazo igualmente curto, as suas considerações a seu respeito, não se encerrando em formas feitas. No contexto do tomismo, a novidade era patente. Nele, é difícil afirmar hoje alguém ter ido mais longe.

Todavia, Maritain estava muito mais preocupado com a Sabedoria do que com a Ciência ou a Política. A Ordem temporal merecia o seu respeito e o respeito de suas Leis, mais precisamente, de sua natureza. Mas, mais do que a "Scientia" enquanto hábito e sistema, interessava-lhe o Saber como identidade entre o cognoscente e seu objeto e, este, enquanto Ente. Por isto, todo o seu Pensamento estava voltado para o Absoluto, para Deus, cujos preâmbulos dava-lhe a conhecer a Filosofia primeira, captando-o enquanto Ente cuja essência é o seu próprio Ser. Por isso, se não lhe era possível fundamentar positivamente a Teologia como discurso da Fé, cabia-lhe certamente estabelecer a sua possibilidade e, entrevista esta, aspirar uma participação que, porque plena, só pode decorrer de um Dom absolutamente gratuito.

Passados quase vinte anos, o influxo de Maritain não se perdeu. Ele subsiste no firme propósito de não opor ao Pensamento nenhum limite *a priori*. Subsiste no respeito sem culto do esforço científico. Subsiste na visão do homem como mediador e medida da Ordem Política. Certamente meu Pensamento fez-se ao largo, procurou a razão de ser de sua singularidade. Em seu percurso, foi-lhe possível divisar, salvo melhor juízo, o que faltava ao velho Mestre para perfazer a sua Obra. Faltava-lhe uma compreensão mais precisa da "Razão Moderna", o que equivale a dizer faltar-lhe a compreensão de sua precisa razão de ser. O anseio impaciente da unidade tornou-o pouco ou menos atento à necessidade da ruptura, ainda que como momento. E, precisamente porque a idade Moderna lhe aparecia assinalada pela ruptura e pela divisão, julgou-a, com poucas exceções, vazia de toda a Filosofia. Com isto, conferiu a seu próprio Pensamento uma negatividade que certamente não desejava e o encerrou em uma positividade acanhada em excesso para o seu fôlego.

Esta limitação radical desdobrou-se em outras. Não cabe aqui fazer-lhes o elenco. Mas cabe insistir em sua homogeneidade com o que era, a seu tempo, a atitude do Cristianismo perante a Modernidade, especialmente sob a forma de catolicismo entre oficioso e oficial. Neste, houve quem se abrisse bem mais aos valores do moderno. Mas resta mostrar que, como Filosofia, teve esta abertura uma expressão adequada. Mais recentemente, nas duas últimas décadas, sem dúvida muito se falou de "aggiornamento" e atualização. Mas, para muitos, a sedução cedeu lugar à Crítica e preferiu-se falar de Libertação e Revolução. E, hoje, nada indica que, em suas formas maiores, haja a menor possibilidade de o Pensamento surgido na esfera do Catolicismo vir a ser, em rigor de termos, um pensamento moderno. E nem se vê que o que nele há de melhor tenha isto como objetivo.

Eis o que, passados tantos anos, posso dizer sobre Maritain. Ficam o reconhecimento da Dívida e a Gratidão pelo Dom. Fica a certeza de haver sido exercitado no pensar no momento oportuno e de forma hábil. Fica, antes de tudo, a convicção de que a Filosofia me foi proposta como obra dos vivos e não dos mortos. Com efeito, se se professava a fidelidade a um mestre, o que se invocava era a Verdade de seu Pensamento, o que dá sempre lugar à interrogação. Propor Tomás de Aquino como Mestre é confrontar com o Filósofo da "Quaestio", é encetar a caminhada consistente em interrogar o Ente sobre o Ser. E esta interrogação, por sua própria natureza, tende a abrir-se sempre mais, já que o seu horizonte possível é o infinito.

8. Maritain, Filósofo dos Matizes

Maritain tem muito a nos ensinar, sobretudo com sua arte de distinguir para unir.

Os bem pensantes da esquerda ou da direita não poderiam mesmo suportar sua fala rude.

Trata-se de preservar o respeito pelo humano, sobretudo em sua fraqueza.

O diagnóstico de Maritain aplica-se primeiramente ao catolicismo, mas possui infelizmente valor universal, sobretudo quando vêm de um proceder usurpado, apesar das aparências, às vezes, demagógicas, serve aos interesses dos possuidores, e a um regime de longa injustiça social.

Roberto Romano[*]

Sobre Goethe alguém quis recentemente ensinar-nos que ele, com seus oitenta e dois anos, havia sobrevivido a sí mesmo: e no entanto, por alguns anos do Goethe "sobrevivido", eu daria de bom grado vagões inteiros cheios e frescas vidas ultramodernas, para ainda tomar parte em convenções tais como Goethe as teve com Eckermann, e para, dessa maneira, ficar protegido de todos os ensinamentos contemporâneos dos legionários do instante. Quão poucos vivos têm, em geral, contrapostos a tais mortos, o direito de viver! (Nietzche, *Considerações Extemporâneas*, trad. R.R. Torres Filho).

Foi-me solicitado um depoimento sobre Maritain e sua influência na cultura brasileira. Outros autores marcarão estas perspectivas em várias esferas do saber, nos seus muitos ângulos. Quanto a mim, gostaria apenas que estas linhas servissem como índice de leitura para a última obra do filósofo, mergulhada no silêncio hostil da modernidade. Goethe, longe da *Sinnlichkeit* ou da seca lógica idealista, apenas conversava. Atitude própria de quem abre-se para a inteligência alheia, respeitando sua diferença e aspecto íntegro, sem abrir mão de convicções autônomas. Sábios dialogam, em Atenas ou Weimar, e também nas margens do Garona. Sectários recusam o comércio intelectual, apenas guerreando com noções infalíveis. Os colóquios de Goethe, belamente guardados por Eckermann, mostram a rudeza terna de quem não foi legionário do instante.

---

[*] Professor de Filosofia da Educação da Unicamp, já tendo sido professor da Faculdade de Educação da USP. Seus artigos e obras revelam uma preocupação complementar com os problemas da Igreja, do Estado e da Educação. É autor dos textos: *Autoridade e Poder na Vida Acadêmica* (Folhetim — FSP 5.20.86), *Igreja Contra Estado* (Kairós), a *Superior Maestria do Riso* (FSP-436).

Também o *Camponês do Garona* traz as marcas duras e afetivas da sinceridade gravadas na forma de sua escrita. Autodefinição do pensador comprometido com a Verdade: "um homem que põe os pés no prato e que chama as coisas pelo seu próprio nome". Comportamento que desagradou as "frescas vidas ultramodernas" de nossa época: este livro foi recebido como um puro ataque — fruto da velhice e do apego a visões ultrapassadas — contra as modificações progressistas católicas. Em suma: "um manifesto reacionário". Mas nestes capítulos concentra-se o perfume da sabedoria construída pela *Mater et Magistra*, recolhido com delicada atenção por Maritain. Tal saber não se mede pela cronologia: justamente por isto atravessa todos os momentos e lugares da História.

Comecemos com a recusa de Hegel, filósofo que determina o progressismo moderno em suas variantes múltiplas, religiosas ou seculares. Neste ponto, Maritain aproxima-se de Nietzsche, para espanto dos presos às taxinomias escolares. Diz o *Camponês do Garona*: "Niezsche é um nobre e belo tipo de homem da direita". Lição útil para os repetidores de frases feitas. Estes, só retêm, via de regra, o epíteto "de direita", recusando ouvir o crítico por excelência do maniqueísmo. Altivez do personagem, acrescenta Maritain à elevação dos motivos. Combater o evolucionismo hegeliano é *conditio sine qua non* para o ato livre.

Tomemos então a primeira página do *Camponês*: seu autor dobra os joelhos ao contemplar a Igreja. Quantos cristãos têm hoje esta coragem? O "cristianismo de água doce", notório em nosso "engraçado tempo", só dobra a espinha face ao "atual". Esta é a "cronolatria epistemológica" criticada por Nietzsche e Maritain, mas teorizada poderosamente por Hegel.

O *Camponês* retoma com insistência o aviso contra o Presente. Nele, pode ocorrer a eficiência "prática". Mas esta é efêmera, pois liga-se à "falsa filosofia que diviniza o mundo". Sim, o mundo e seu movimento, este é o deus idealista, o mito do cristianismo que não ousa mais dizer seu nome. "Já se viu, alguma vez, um sábio ajoelhar diante do mundo (salvo se por acaso for jesuíta, mas então não é um sábio, é um apologista disfarçado?)". Afirmação de Maritain, não de Voltaire...

Hegel chamava sua *Weltgeschichte* como a no Teodiceia, único modo para o espírito moderno se reconciliar com a divindade. A partir daí, o bem e o mal entraram na dança da finitude, como simples momentos abstratos, passíveis de serem superados no próprio desenrolar *imanente* do Tempo. Maritain retira com justeza cruel as consequências lógicas e ontológicas desta tese: "De joelhos, diz ele, com Hegel e os seus, diante deste mundo ilusório; para ele a nossa fé, a nossa esperança e o nosso amor!".

Compare-se as ilações do tomista com as críticas à história hegeliana, nas *Considerações Extemporâneas*: "(...) "levar em conta os fatos". Mas quem aprendeu antes a curvar as costas e inclinar a cabeça diante da "potência da história", acaba por encenar mecanicamente, à chinesa, seu "sim" a toda potência, seja esta um governo ou uma opinião pública ou uma maioria numérica, e movimenta seus membros precisamente no ritmo em que alguma "potência" puxa os fios. Se todo sucedido contém em si uma necessidade racional, se todo acontecimento é o triunfo do lógico ou da "Ideia" — então depressa, todos de joelhos, e percorrei ajoelhados toda a escada dos "sucedidos"! Como, não haveria mais mitologias reinantes! Como, as religiões estariam à morte? Vede simplesmente a religião da potência histórica, prestai atenção nos padres da mitologia das Ideias e em seus joelhos esfolados!".

"Ideósofos", não filósofos, tal é a caracterização correta, feita por Maritain, dos pensadores que recusam o ato de ser, e sua liberdade primeira, encerrando-se na consciência humana. *Proton Pseudos* trágico que impede a ação mesma de inteligir o real, "olhando para as coisas". Onfalopsiquismo subjetivo que afinal termina, à custa de endeusar a necessidade lógica, desembocando na força totalitária. Distinguir para unir, ao contrário, significa, para o *Camponês do Garona*, perceber a indeterminação essencial dos atos humanos, produzidos por um ente onde se misturam carne e intelecto. Para matizar, entretanto, é preciso ouvir o Ser que corrige os mais temerários empreendimentos da razão ou da sensibilidade, nossas ou de nossos semelhantes. Isto exige, como hábito, calar os ruídos do "atual": ir contra os "espíritos (se a tal respeito se pode empregar este nome) que olham só para as atualidades da livraria e para as das *mass media of comunication*.

A denúncia da cronolatria, por parte de Maritain, não atinge só a mediana de nossos contemporâneos. Mesmo grandes pensadores, estranhos à Igreja ou católicos, partilham deste culto. "Grande Fábula", eis a fórmula sintética empregada no *Camponês*, para designar o evolucionismo que suporta as profecias telhardianas, com o seu acentuado romantismo. Trata-se aqui, para Maritain, de "uma concepção puramente evolutiva em que o ente é substituído pelo devir e onde toda a essência ou natureza, estavelmente constituída em si mesma, se desvanece".

Esta imersão no Tempo apaga qualquer pretensão à liberdade, obnubilando o moral com o fenômeno. O *Camponês* cita Teilhard:" Pouco a pouco, diz o Padre no seu *esboço de um universo pessoal*, tudo se transforma, o moral funde-se com o físico, a individualidade prolonga-se na Universalidade, a matéria torna-se a estrutura do Espírito. Com a franqueza de quem se acostumou a "chamar as coisas pelo seu nome", o velho filósofo comenta: "Não era nada para Marx e Engels revirar Hegel; mas revirar o cristianismo, de modo que não fique plantado na trindade e na Redenção, mas no Cosmos em evolução, é uma coisa totalmente diferente".

A "Grande Fábula" do jesuíta e seguidores, "é uma vista da teogonia hegeliana e não da teologia cristã", pondera Maritain. "Deus não se completa senão unindo--se (Teilhard). Ora, é justamente esta redução ao Uno que abafa qualquer veleidade humana à vida livre. Ao Contrário desta tese platônico-hegeliana sobre o Absoluto,

Maritain expõe sua compreensão do divino e do humano, ao tematizar a Igreja. Esta, para ele, não é "uma unidade substancial; é a unidade de uma multiplicidade", ou "multiplicidade, cuja alma é a caridade". Não por acaso, pois, recusa o cosmocentrismo de Teilhard, em nome da Trindade. Nesta, são Três os que mantêm sua autonomia na união hipostática. Como Deus, e à sua imagem, a Igreja "pressupõe (...) esta unidade completa e acabada da multiplicidade".

Puro jogo lógico? Não. Trata-se de preservar o respeito pelo humano, sobretudo em sua fraqueza, na própria compreensão da Igreja. Esta não desaparece, mergulhando no Abismo do Absoluto e no devir: "a personalidade do Esposo não pode constituir a da Esposa, nem o suporte intelectual e moral do Esposo dispensar a Esposa de que esta tenha sua própria personalidade" (Eu sublinho). Ou seja, o humano possui uma dignidade própria, que não pode ser devorada por um Todo unificador qualquer, seja ele substância ou fluxo temporal.

Maritain dobra os joelhos para a Igreja, porque ele transcende o registro cronológico, e porque nela a espinha não deveria curvar-se face à unidade totalitária. Engana-se? O certo é que para ele, o ser eclesiástico é uma "sociedade" que "dá o primado à pessoa sobre a comunidade, ao passo que o mundo de hoje dá a primazia à comunidade sobre a pessoa". Contra a imposição comunitária, que retornou após o vagalhão romântico do século XIX, a atitude do Camponês é explícita: "Graças, sobretudo, penso eu a Emmanuel Mounier, a expressão "personalista e comunitário" tornou-se uma torta de creme para o pensamento católico e para a retórica católica francesa".

Não é sem motivos, pois, que o Camponês foi tomado como "reacionário" quando de sua publicação. Ainda hoje, questionar a teoria e a prática comunitária passa imediatamente, entre nós, como inequívoco certificado de conservadorismo... Ainda em nossos dias as linhas abaixo provocam sorrisos complacentes em áreas "militantes" e *up to date*: "personalista e comunitário (...) Eu próprio não deixo de ter, neste ponto, uma certa responsabilidade. Numa época, em que era necessário opor aos *slogans* totalitários um outro *slogan*, mas verdadeiro, recorri às minhas células cinzentas e lancei num de meus livros daquele tempo a expressão em causa; e creio que foi de mim que Mounier a tirou. É exata, mas a julgar pelo uso que dela se tem feito, não me sinto orgulhoso com a paternidade. Porque depois de ter pago um *lip service* ao "personalismo" é evidente que é o "comunitário" que é acarinhado".

"Individualidade pequeno-burguesa", ou lúcida percepção do autoritarismo que abafa as pessoas, em nome da grande mentira que é o "Nós" hegeliano e comunitário, quando assumidos sem maiores precauções? E não seria ainda mais preocupante para Maritian, se a própria vida católica apelasse para esta via, que destrói a multiplicidade dos caminhos, condição para o ágape dos *diversos*? "que é que vemos à nossa volta? Nos grandes setores do clero e dos leigos — e é o clero que dá o exemplo — apenas a palavra *mundo* é pronunciada, passa logo um relâmpago de êxtase nos olhos dos ouvintes. E seguem-se, imediatamente, expansões necessárias e compromissos necessários, como fervores comunitários e *presenças*, *aberturas* e as suas alegrias".

A redução drástica do múltiplo ao uno, presente no comunitarismo, é solidária com a dissolução da responsabilidade e da autonomia individual. Que significa um indivíduo a mais na grande corrente cosmossocial? Não é preciso, para o evolucionismo ideologizado, *distinguir* para unir. Basta decretar que não há pessoa responsável uma vez que o mal é um falso problema, visada de superfície. Ou nas palavras de Chardin: "nas nossas perspectivas modernas de um Universo em estado de cosmogênese (...) já não existe o problema do Mal". Ainda segundo o jesuíta, o "Múltiplo, porque é múltiplo, isto é, submetido essencialmente ao jogo do acaso e seus arranjos", não pode absolutamente "progredir para a unidade sem produzir o Mal, aqui ou Acolá — por *necessidade estatística*. Como falava Nietzsche: "Se todo sucedido contém em si uma *necessidade*... todos de joelhos!". Maritain recusa tal "abnegação", citando Tresmontant: "o mal não é apenas um defeito provisório num arranjo progressivo. Os seis milhões de judeus mortos nos campos de concentração, o renovamento da tortura nas guerras coloniais, não provêm do Múltiplo mal arranjado — mas sim da liberdade perversa do homem, do gosto da destruição, da mentira, da vontade de poder, das paixões, do orgulho da carne e do espírito". O problema levantado pela apologética estatística de Chardin, já serviu como base para as construções de Leibnitz, no sentido de retirar à divindade a culpa pelo Mal no mundo. A aporia é posta na Teodiceia, pelo entrecruzamento de "dois labirintos" onde a razão se perde habitualmente. "o livre e o necessário; sobretudo na produção e na origem do mal; o outro consiste na discussão da continuidade e dos indivisíveis (...) onde deve estar a consideração do infinito".

Mas, ao contrário de Teilhard, e sua crença na ordenação matemática do universo axiológico, o fundador do cálculo moderno assume tese oposta, no que diz respeito às necessidades físicas e morais. E o ponto de divergência é gerado na concepção da própria divindade. Esta não é entendida como "motor evolutivo" à maneira de Chardin: "é a livre escolha de Deus, e não uma necessidade geométrica, que faz preferir o conveniente, trazendo-o à existência. Assim, pode-se dizer que a necessidade física é fundamental sobre a necessidade moral, isto é, sobre a sábia escolha do sábio digno de sua sabedoria". O recurso à matemática não chega, em Leibnitz, aos extremos a que aportou Chardin. Termina Tresmontant, citado pelo nosso Camponês: "O mal é a obra do homem e não da matéria. O homem é plenamente responsável pelo mal que faz ao homem, do crime contra o homem cometido em toda a humanidade em todas as latitudes".

Colocar sobre o imaginário e fabuloso Um coletivo todas as culpas pela desordem na vida, ou depositar no Comunitário, esvaziado das personalidades, a esperança de uma nova e justa prática social, é colaborar para a afirmação do Grande Mito cujas consequências a longo prazo são terríveis. O culto pela Totalidade

Cósmica, em Teilhard, não é alheio ao seu silêncio quando os judeus foram exterminados. "Quando, afinal de contas, apesar da nobreza do seu coração, a sua paixão pelo universo em cosmogênese levou-o a escrever palavras inadmissíveis sobre as "intuições profundas" dos sistemas totalitários, sobre a guerra da Abissínia, sobre os mitos do fascismo e do comunismo" (Charles Journet, in *Nova et Vetera*, Abril-Junho de 1966; citado por Maritain).

Mentir para ajudar a Deus; a Igreja; algum partido e ideologia dominante: isto é algo absolutamente contrário à filosofia política de Maritain. Com esta visão ele afasta-se dos pequenos filisteus modernos que sentem e vão contra seus próprios valores, por "tática". Os bem-pensantes da esquerda ou da direita não poderiam mesmo suportar sua fala rude, uma vez que, na expressão de Diderot: "*On avale à pleine gorgée le mensonge qui nous flatte, et l'on boit goutte à goutte une vérité qui nous est amère*". Se a ordem do dia, na Legião do Instante é repetir Chardin, *Vivat*! Divulgar apressadamente Gramsci e as circunvoluções apologéticas do "orgânico", *Vivat*! Assim gira a alegre ciranda dos "avançados" retomando velhas cantilenas, por falta de simples respeito pela experiência cultural. "Desconfiamos dos diálogos em que cada um fica doido de contente ao ouvir as heresias, as blasfêmias e as ninharias do outro. Não são nada fraternais. Não se recomenda que se confunda "amar" e procurar "agradar" *Saltavit et placuit*, ela deu cambalhotas e agradou. Esta dançarina agradou aos convidados de Herodes. Custa-me a acreditar que ela estivesse apaixonada por eles" (Maritain). Encontramo-nos hoje numa encruzilhada, todos nós que assumimos responsabilidades dentro da experiência social e política. Cada movimento percebe diferentes caminhos a serem seguidos. Católicos, protestantes, marxistas de várias tendências, descrentes, ateus. Impôr o monopólio da "boa via" para a superação dos dilemas econômicos, culturais, religiosos, ideológicos, etc., expulsando os discordantes, sobretudo pela arma do silêncio, é colaborar com o autoritarismo que nos persegue desde o nascimento.

Nisto Maritain tem muito a nos ensinar, sobretudo com sua arte de distinguir para unir, deixando para segundo plano a eficácia deste ou daquele programa de controle social. Um diálogo decente teria como divisa o seguinte: "(...) camuflar as irredutíveis oposições que subsistem na ordem especulativa entre os homens (...) mentindo naquilo que é, adaptando o verdadeiro ao falso para tornar o diálogo mais suavemente cordial e ilusoriamente mais frutuoso" pode ser ótimo para a "prática", hoje todo-poderosa, mas é mortal para a liberdade.

Finalizando, resta lembrar que, para Maritain, as duas perspectivas que exigem adesão e sacrifício do entendimento, o conservadorismo e o progressismo, respondem-se como num movimento pendular. Uma perpassa a outra de forma imperceptível, mas violenta. "O que se chama integrismo é uma miséria do espírito, nefasta a duplo título; primeiramente, em si mesmo; em segundo lugar, pelas consequências".

Os conservadores apoderam-se de "fórmulas verdadeiras", esvaziando-as do seu conteúdo, colocando-as para "congelar nos refrigeradores de uma inquieta polícia dos espíritos". Quem, dentre nós, intelectuais brasileiros, ainda não foi atingido pelas inúmeras polícias do conceito, exigindo a adesão à prática, à valoração, e até ao léxico das múltiplas ortodoxias do momento? O diagnóstico de Maritain aplica-se primeiramente ao catolicismo, mas possui infelizmente valor universal. Mostra que o culto da letra "acarinha a força e o autoritarismo brutal, sobretudo quando vêm de um proceder usurpado, despreza o povo e a liberdade e, apesar das aparências, às vezes, demagógicas, serve aos interesses dos possuidores, e a um regime de longa injustiça social (...)".

No caso católico "é um fato que (...) o integrismo causou estragos (...) no século passado e nas primeiras décadas do presente. Agora, pumba, o pêndulo vai precisamente para o extremo oposto". As Legiões do Presente, com suas caleidoscópicas mudanças teóricas ao ritmo do mercado (econômico ou político), são incapazes de absorver críticas. Isto é peculiar ao reino animal da cultura. Como diz o Neveu de Rameau: "*Nul n'aura de l'esprit s'il n'est aussi sot que nous*". Ou como assevera Maritain: "a estupidez e a intolerância conservam sempre na história humana quase o mesmo volume, e apenas passam de um campo para o outro, mudando de moda e estando marcados com sinais opostos. Se emprego a palavra intolerância é porque neste momento qualquer que não acertar o passo e se recusar a acreditar nas fábulas mais "avançadas" atiradas para o mercado, é tratado como um refugo, bom para atirar para o caixote de lixo".

Esta lição de franqueza, sem recusas silenciosas ou irenismos, continua, em nosso tempo, a interrogação que levantou as primeiras luzes na filosofia ocidental. "Conhecer a sí mesmo", desconfiando das verdades fáceis e indolores. Afinal, quem propõe o enigma é a esfinge, que sempre poderá nos devorar, se nossa resposta não fôr até a essência humana, e à sua diferença específica. Matizar não é contingente: é início da sabedoria. Que os cem anos de Maritain sirvam como ocasião para que se medite sobre seu maior contributo à política brasileira: distinguir sem mentir, como primeiro passo para a dignidade e a vida livre.

III. Evocação da Vida e Obra

Entre as outras encontramos 'a lei do progresso da consciência moral':
o isto é progressiva 'conscientização' da lei natural.

***Hubert Lepargneur**(*)*

1. Uma Biografia Densa

Nascido em Paris, a 18 de novembro de 1882, Jacques Maritain tem por avô um conhecido advogado, acadêmico, ministro e homem político, Jules Favres (1809-1880): família culta, mas sem religião. No fim do colegial, Jacques entra em amizade com seu condiscípulo Ernest Psichari. Estudante na Sorbonne (licença de filosofia, 1900-1901), J. M. deixa-se atrair por Spinoza, antes de bifurcar para uma licença em ciências naturais. Na mesma época vem a se relacionar com Charles Péguy. O seu noivado com Raïssa Oumançoff (o nome sugere a ascendência russa e judia) data de 1902. Desde janeiro de 1903, a *Revue de Métaphysique et de Morale* publica um artigo de Maritain: "Introdução à metafísica". Nesse mesmo ano, Péguy leva o casal amigo ao curso que Bergson ministra brilhantemente no *Collège de France*. A erudição aristocrática e racionalista difundida pela Sorbonne deixava na boca de Jacques e de Raïssa o gosto de um ceticismo filosófico, existencial, absurdo, que os levaram a pensar um instante no suicídio como conclusão lógica, caso nenhum sentido da vida se precisasse diante de seu espírito. Nesta etapa, Bergson foi a luz salvadora, o caminho para a descoberta de um espiritualismo que desse sentido ao mundo, ao devir, à vida pessoal. Na famosa autobiografia do casal, publicada por Raïssa, *As Grandes Amizades* (primeira ed. em fr.: Nova York, t. I, 1941, t. II, 1944; num só volume em Paris, 1948; em português, 7. ed. Rio de Janeiro: Agir, 1960), observa-se:

(*) Bacharel em letras pela Faculdade de Letras de Caen, na França, e licenciado em filosofia pela Faculdade de Sauchoir. É mestre em filosofia e doutor em Direito pela Universidade de Paris. Foi diretor do Instituto Pastoral da Conferência dos Religiosos do Brasil. Possui extensa bibliografia, boa parte da qual editada sob o nome religioso de François Lepargneur. Seus trabalhos principais são: *Evangelho da Dor* (Vozes, 1970), *Liberdade e Diálogo em Educação* (Vozes, 1971), *Introdução aos Estruturalismos* (Herder, 1972), *Esperança e Escatologia* (Herder/Eduspo, 1972), *O Futuro dos Índios no Brasil* (Hachete do Brasil, 1972). Tem enorme conhecimento de Maritain, sobretudo na relação do filósofo com o humanismo, que constitui a base de todo o pensamento social cristão que se desenvolveria neste século.

A época sobre a qual versa esta narração foi sobretudo, parece, uma época de grande renascimento espiritual, à beira do declínio de um mundo.

Os dois jovens casam-se em 26 de novembro de 1904, ano da recepção de Jacques no concurso da agregação de filosofia. O ano de 1905 é marcado pelo encontro decisivo com Léon Bloy, autor de *La femme pauvre* e gênio na miséria. É o encontro com um "outro" cristianismo. Jacques, Raïssa e Vera, irmã da última, pedem e recebem o batismo, no catolicismo, a 5 de junho de 1906. No mesmo ano, Péguy os segue na mesma fé.

Já filósofo, Jacques Maritain não foi convertido à fé cristã nem por um filósofo nem por um teólogo, fosse ele tomista e contemplativo. Mas por um escritor profeta, vociferador, chocante para a quietude burguesa (ver: *Quelques pages sur Léon Bloy*, J. M., 1927). Nesta época já se tinha ligado a Raïssa, na busca comum, menos de uma autorrealização intimista, do que de uma verdade viva que seria também válida para os demais seres humanos. Comungando na aflição dos contemporâneos, procura uma salvação para todos. A conversão de J. M. foi tão radical que ele pensou abandonar a filosofia, até compreender que sua vocação era precisamente viver frutuosamente a fé cristã no pensar filosófico. Tal é o sentido que revelou seu encontro com o dominicano Pe. Clérissac, que lhe revelou *São Tomás, apóstolo dos tempos modernos* (título de um ensaio de J. M.). Começou então a prática de sua grande regra: distinguir para unir. Não era para entrar no recinto seco da pura intelectualidade, como os jovens de hoje pensam ao ser evocado um tomismo que eles ignoram totalmente.

Ainda interessados em ciências naturais (Raïssa estudava biologia), o casal Maritain vai estudar em Heildelberg os trabalhos do filósofo e biólogo neovitalista Hans Driesch. Estão de volta depois de dois anos: deixam então o bergsonismo para ler a *Suma Teológica* com juvenil paixão; 1908-1909: é como uma segunda conversão, ao pensamento de São Tomás, no interior da primeira, ao Evangelho e à Igreja. Em 1910, Jacques começa uma polêmica em volta ao bergsonismo recusado; prepara sua tese (1912) precisamente sobre *La philosophie bergsonnienne. Études critiques* (publ. 1914). No ano 1912, Jacques e Raïssa são recebidos como oblatos leigos da ordem beneditina. O Pe. Clérissac morre no primeiro ano da Grande Guerra e Léon Bloy em 1917. Desde essa época, a vida de Maritain vincula-se estreitamente à sua produção filosófica, bastante engajada como vamos ver.

A partir de 1921, Gaetan Bernoville reúne várias tendências do pensamento católico no confronto da *Semaine des Écrivains Catholiques* (renovada hoje na *Semaine des Intellectuels Catholiques*). Nela J. M. dialoga com homens da direita como Henri Massis e Robert Vallery-Radot, mas também com personalidades do catolicismo social, da democracia cristã, como Paul Archambault e Paul Bureau. Nesses debates, a reflexão não se separa da ação, abrindo-se para os grandes problemas da sociedade contemporânea. Do grupo, Maritain é aquele que possivelmente levará mais longe a fecundação dos grandes problemas sociopolíticos, que afloram na Europa de após a I Guerra Mundial, numa perspectiva decididamente cristã. O moralismo individualista dos cristãos do século XIX está definitivamente ultrapassado, pelo menos em e com Maritain. Nele também se reconciliam a preocupação mística e a preocupação política, em sintonia com Péguy.

É preciso conhecer a instabilidade da época, o desabamento dos valores tradicionais e sentir em si um apetite de absoluto, de gosto pela ordem, de realismo e de segurança ao conceber o humanismo, para compreender como J. Maritain, aconselhado pelo Pe. Clérissac, ao lado de F. Lotte e H. Massis e de outros grandes intelectuais católicos, aderiram à *L'Action Française* de Charles Maurras e Léon Daudet. René Rémond, o eminente historiador, antigo responsável nacional da Ação Católica, observou com razão:

> Quando escrutamos a biografia dos homens que tiveram um papel marcante durante esses trinta anos (1930-1960) na reflexão teológica, a renovação litúrgica, a literatura, surpreende a proporção daqueles que passaram pela *Action Française* (antes de 1926, é claro)[1]

Muitos passaram por um integralismo de juventude, cuja vida de homens maduros deram muito maiores frutos sociais do que seus pusilânimes e farisaicos censores. Não esqueçamos também que na época, ainda mais do que hoje, a alta hierarquia católica não escondia suas simpatias pelos regimes de autoridade e disciplina (tipo fascismo de direita), desde que suas cúpulas não atacassem abertamente a Igreja romana, seus direitos e seus poderes. Além do mais, o neoconvertido é facilmente ultramontano, no excesso juvenil de seu zelo conquistador do mundo.

Quando o cardeal Andrieu, integrista ultramontano, com mais zelo do que argumentos, envenenou as relações entre *L'Action Française* e a Igreja, Pio XI o apoiou (1926). Esse foi o sinal para Maritain rever sua posição em relação ao célebre jornal e movimento. No começo de 1927, quando ainda nenhuma autoridade eclesiástica tinha realmente *explicado* ao público culto as razões doutrinais da condenação que se abateu na época contra a *Action Française*, saiu do prelo *Primauté du Spirituel* (respondendo ao "Politique d'abord" de Maurras): o próprio título do livro indica em que sentido Maritain dirimiu seu problema de consciência. No mesmo ano, Pio XI pediu ao filósofo, já conhecido, para escrever — antes do consistório de dezembro — um estudo explicitando filosófica e doutrinalmente os motivos da condenação: redigido pelo pensador tomista e cinco teólogos eclesiásticos (todos, menos um, ex-A. F.), saiu o opúsculo *Pourquoi Rome a parlé*, aprovado por Pio XI, a que seguiu em 1929 um complemento dos mesmos seis autores: *Clairvoyance de Rome*.

Em 1928 — e até 1933, pelo menos — os Maritain reuniram mensalmente em sua casa de Meudon intelectuais e artistas para conversas que se tornaram célebres,

---

(1) A. Latreille e outros. *Histoire du catholicisme en France*, t. III. Paris: Spes, p. 588.

sobre os grandes problemas da cultura[2]. A partir de 1932-33, J. M. começa uma temporada anual no *Medieval Institute* de Toronto (Canadá): primeiro passo sobre o novo continente que lhe serviu de segunda pátria após 1940. Havia muito tempo que Maritain tinha recusado entrar nos quadros do Ensino Superior Oficial francês, cujos membros desprezavam totalmente os adictos ao tomismo: nunca Maritain se mostrou conformista, mas sem confudir o *diktat* da consciência com uma agressividade descontrolada; após ter lecionado filosofia no Colégio Stanislas de Paris, passou a ser professor no *Instituto Católico* da mesma cidade, que deixará só para instalar-se na América do Norte. Até então colaborara, logo após a I Guerra Mundial, com Jacques Bainville e Henri Massis, na *Revue Universelle*; com Stanislas Fumet e outros, na direção da coleção do Roseau d'Or (Plon,1924-1931); passa depois a dirigir, na editora Desclée de Brouwer, a coleção *Courrier des Iles*. Em 1936, quando a Espanha inicia sua guerra civil, Maritain (junto com Mauriac e amigos dominicanos) não esconde sua opção pelos bascos, contra aquilo que vai tornar-se o fascismo franquista: imaginam-se as novas inimizades suscitadas pelo gesto.

Com efeito, o filósofo não fica em torre de marfim, ou sabe, em cima dela, abraçar largo horizonte. O esboço de *Humanismo Integral* foi publicado parcialmente em espanhol, antes de o ser em francês: *Problemas espirituales y temporales de una nueva Cristiandad* (Madri, Ed. Signo, 1935). A versão francesa, completa, é publicada por Aubier em 1936. Neste ano se levantam os maiores inimigos do sábio. Muito antes do despertar dos conservadores latino-americanos, o famoso integrista francês Louis Salleron publicou um artigo venenoso intitulado: "M. Jacques Maritain marxiste--chrétien" (1936). Por ocasião do Congresso dos Pen-clubs, em Buenos Aires, em julho de 1936, Jacques Maritain aborda a América Latina; na volta, passando pelo Rio de Janeiro, encontra-se com Tristão de Ataíde. Apesar da campanha de calúnias que começa na América Latina em volta de seu nome, Maritain é nomeado membro correspondente da Academia Brasileira de Letras em 1937.

Após seu curso de 1940 em Toronto, Maritain aceita o convite de permanecer nos Estados Unidos em vez de voltar na *débacle* da França; vai primeiro morar em Greenwich Village, na época

> verdadeira ilha de terra francesa no coração da cidade de Nova York[3].

Dos Estados Unidos, pela palavra e pelo escrito, ele favorece o movimento dos "Franceses livres" do General De Gaulle. Em 1941, o cardeal Cerejeira, patriarca de Lisboa, o chama de "luz da cristandade". Em 1942, J. M. coopera na fundação, em Nova York, da *Escola Livre dos Altos Estudos*, de que é presidente em 1943-44. Em 1943, pelo sexagésimo aniversário do filósofo, a revista *The Thomist* publica

---

(2) De uma anotação de E. Mounier, datada de 2.12.1929: "Em Meudon, há Maritain que se faz pequeno junto à lareira, entre sua mãe e o conferencista. Du Bos prepara frases clássicas, limpas. Gabriel Marcel, eterna criança espancada, achou "his just place" num canto de sofá perto da porta..."
(3) Ph. Saintonge, *Lettres Françaises* de 9.9.1944.

um número especial consagrado a ele. Com a vitória dos Aliados na Europa ocidental, De Gaulle volta à França em 1944 e nomeia Jacques Maritain embaixador da França junto ao Vaticano (1945-1948). Nesta função, J. M. simpatiza com o secretário de Estado Giovanni Battista Montini. Para o quadragésimo aniversário da conversão de Maritain, a revista carioca *A Ordem* consagra-lhe um número especial. No fim de 1947, o discurso de abertura da II Conferência Geral da UNESCO, no México, é proferido pelo presidente da delegação francesa, Jacques Maritain, que trata o tema:"As condições da paz no mundo". No começo de 1948, aceita o convite do presidente da Universidade de Princeton: demitindo-se do Vaticano, vai diretamente de Roma para os Estados Unidos sem sequer passar pela França. Evocaremos seus últimos anos, na França, no fim deste artigo.

Ao terminar a evocação deste itinerário, ainda muito material, acrescentemos algumas anotações sobre o caráter de Jacques Maritain. Ele falava pouco; raramente os espíritos profundos são abundantes faladores. Mas sempre foi cortês e serviçal, como o autor deste artigo experimentou, com muitos outros. O prestígio que ele adquiriu[4] não lhe tirou a modéstia.

> Nunca sonhei em guiar alguém; já me é suficientemente difícil guiar a mim mesmo. A tarefa já é grande de labutar para exprimir a verdade como a vemos (JM, 28-4-1961).

Nisso ele foi ajudado pelo desprezo da *inteligentsia* dos meios universitários franceses, ainda mais do que pelos inimigos que sua obra suscitou particularmente nos países de fala espanhola e de espírito mais reacionário. Soube ele mesmo voltar atrás, após ter percebido que cometeu uma injustiça. Sua maior injustiça foi provavelmente em relação a Bergson, de quem foi o aluno predileto. Porém, em 1930, Maritain reeditou suas obras polêmicas com comentários que ajudam a situar com justiça o contexto da obra, desdramatizando antigos confrontos. A segunda edição de *La philosophie bergsonienne* (1930) comporta prefácio e apêndice novos; o livro *De Bergson à Thomas d'Aquin. Essais de métaphysique et de morale* (Nova York, 1944; Paris, 1947) é mais sereno em relação ao Bergson que lhe "apontou o caminho da metafísica". Muito espontâneamente, no seu diário, Emmanuel Mounier, que frequentou J. M. — sobretudo por ocasião do projeto de fundação da revista ESPRIT (em 1931-1932) — salienta a cordialidade e a delicadeza de alma do filósofo[5]. No entanto, o exame das notas e da correspondência de Mounier — desta época — evidencia o fato de que a sede de

---

(4) Entre as muitas entidades que levam o nome de Jacques Maritain na América Latina, é-nos agradável citar o Grêmio Acadêmico das *Faculdades Associadas do Ipiranga* (FAI), em São Paulo, no contexto das quais leciona o autor deste artigo.
(5) "Le Maritain accueillant, charitable...". (Mounier, 27-2-1931);"nuance seulement sensible à une âme cristalline comme Maritain" (Mounier, 3-1-1933). O grande interesse de nossas citações de Mounier vem de seu caráter não acadêmico; foram anotações corriqueiras não destinadas à publicação, e por isso, muito espontâneas e sinceras.

absoluto (na justiça, mas sobretudo na *verdade*), alimentada pelo místico Maritain, homem sem filhos, lhe conferiu por vezes certa rigidez no trato das coisas práticas deste mundo que, muito comumente, exigem mútuas concessões.

2. Uma Filosofia Tomista: "Os Graus do Saber"

A filosofia tomista se nutre da herança de uma muito longa tradição, mas para entrar mais fortemente nos problemas do tempo e entrar nas coisas novas com uma ousadia mais tranquila. Ela ambiciona dar a todos os esforços para a verdade, de qualquer região ou sistema que provenham, uma voz no concerto (não digo na cacofonia). Guarda sua retidão e fecundidade só na continuidade vital com a teologia, esquentando-se junto à chama da experiência espiritual e do amor... (JM, 28-4-1961).

A interpretação maritainiana de São Tomás não é pura história do pensamento do Aquinatense, mesmo tão inteligente e profunda como a que realizou Etienne Gilson, nem "tomismo tradicional" — isto é, muito material, à moda de certas Faculdades eclesiásticas pouco enxertadas sobre nosso tempo, nem o "neotomismo" do Cardeal Mercier e de Lovaina, mas uma interpretação autêntica, existencial, que une o que há de melhor talvez no acervo comum do pensamento moderno e do pensamento medieval. Será que Maritain seguiu São Tomás até em matéria sociopolítica? Imprescindível distinguir em São Tomás, sobretudo aqui, entre o espírito e formulação material, as imagens, as referências contextuais. Imprescindível também observar a diversidade dos contextos histórico-culturais que separa o século XIII e o século XX. Mesmo assim, apoiado sobre M. Wilks[6] e outros historiadores, Stefan Swiezawski disse:

> São Tomás era muito revolucionário do ponto de vista social e político para ser ouvido e entendido. Ele era oposto às ideias monárquicas do santo Império Germânico, características da Idade Média cristã. A visão da história da Igreja e do papel de São Tomás, visão cuja história começa a desvendar a total falsidade, explica em parte, na minha opinião, a origem das interpretações errôneas a respeito da influência política do tomismo no século XX... associando tomismo e conservatismo"[7].

---

(6) WILKS, M. *The problem of sovereignty in the later middle ages*. The Papal Monarchy with Augustinus Triumphus and the Publicists. Cambridge Univ. Press, 1963.
(7) KALINOWSKI, J.; SWIEZAWSKI, St. *La philosophie à l'heure du concile*. Paris: Société d'Éditions Internationales, 1965.

Se dissermos que Maritain não foi um conservador, arriscamos ser mal entendidos, porque muitas pessoas queriam repudiar hoje aquilo que vem de um passado longínquo. Maritain tinha o bom-senso e a inteligência de pedir ao passado uma lição de sabedoria de que frequentemente nos afasta a embriaguez das novidades técnicas.

J. Maritain aplica aos problemas mais atuais o realismo desmitificador que ele tem de São Tomás observou E. Mounier [8].

Em filosofia, apontar a alternativa conservatismo ou novidade embarca para um falso problema. O problema é antes de coerência e profundidade. Não se deve recusar uma verdade, só porque ela é velha; recusar-se-á porque não permite mais explicar o que sabemos da realidade.

> O espírito é feito para o ser e este encontro é a verdade. Isso é o próprio de uma sadia filosofia. O fato de que isto não é mais professado por muitos filósofos, o fato de que eles salientam exclusivamente, no exercício da inteligência, a espontaneidade criadora, ou de reencontrar a objetividade tão somente no nível dos condicionamentos econômicos e biológicos, prova que não são verdadeiros filósofos[9].

O filósofo Maritain é adepto intransigente do realismo. Nas opções fundamentais como esta, todo grande filósofo é intransigente. Um grande filósofo é aquele que leva sua intuição fundamental até a plenitude de sua coerência, sem sofrer desmentido da experiência ou da ciência contemporânea. Um grande filósofo não é sincretista, não é amável diplomata pronto a cair no ecletismo. O mundo da diplomacia deu mais poetas do que filósofos. Maritain não tem o orgulho de encabeçar uma nova filosofia: reconhece sem constrangimento sua pesada dívida em relação a São Tomás, um homem da Idade Média. Esta herança, ele a faz frutificar, mas não corromper: nesta coerência, tem a inteireza de um Descartes, de um Kant, de um Husserl, de um Heidegger, de um Sartre, isto é, de um grande da inteligência. Essa coerência é plenitude, não cegueira, embora possa levar a certas injustiças em relação a outros sistemas, ou pensadores (sem dúvida, Maritain caiu várias vezes nestas injustiças, a respeito de Descartes, Lutero, Blondel e Teilhard de Chardin). H. Bars respondeu suficientemente à acusação ligeira de ele se manter numa torre de marfim:

> Como explicar que J. M., que alguns disseram fechado num pensamento arcaico, tenha sido o único autor capaz de fornecer, para um problema urgente, uma solução ao mesmo tempo plenamente filosófica e plenamente de acordo com as aspirações do tempo?[10] Eu não sou um

---

(8) MOUNIER, E. *Oeuvres*. Paris: Ed. du Seuil, t. III (1944-1950), 1962. p. 438.
(9) DANIÉLOU, J. *Scandaleuse vérité*. Paris, 1961.
(10) *Revue Thomiste*, Vrin, Tolouse-Paris, janeiro de 1968, p. 99.

autor carismático; posso apenas dizer aquilo que meus pobres olhos de filósofo creem perceber nas confusões da história escreve J. M. no seu último livro[11]. Tem assim a lucidez e a simplicidade de não se identificar com o Espírito Santo ao tentar decifrar estes famosos "sinais dos tempos" frente aos quais muitos cristãos contemporâneos se sentem com carismas proféticos e como advinhões.

Campeão do realismo, J. M. não buscou o sucesso numa acomodação com os gostos da época, nem cedeu muito à vulgarização. Vai ao fundo dos problemas, na sua raiz filosófico-teológica, onde poucos espíritos têm hoje para acompanhá-lo o preparo, a coragem e a lucidez. Com os discípulos que o compreenderam, sabe que seu livro principal é *Distinguer pour unir, ou Les degrés du savoir* (1932; 5a. ed. nova, revista e aumentada, 1946), livro difícil. A partir deste *relacionamento do espírito humano com o Ser em toda sua amplitude*, nó epistemológico de bifurcação dos vários sistemas de pensamento, seu pensar pode irradiar num leque surpreendentemente largo da cultura, ao contato com os problemas mais diversos da realidade fenomenal de nossa época. Abordou praticamente todos os problemas da *filosofia cristã*, defendendo este último conceito como o mais adequado para designar os frutos do impacto da fé evangélica ao refletir sobre os enigmas da filosofia, da ciência, da história, da educação, da política e da arte. Renovou as perspectivas em muitos campos, graças ao rigor de sua análise e à profundidade que comandava a sua síntese.

Numa época em que frequentemente as distinções mais oportunas são *caricaturadas como oposições* irreconciliáveis, a fim de serem rejeitadas, e não entendidas (prova de incultura mais do que de espírito de fineza), dá satisfação saber com que consciência Maritain percebeu e analisou o problema, fundamental para o espírito humano e sua compreensão matizada da realidade, do "distinguir para unir". Ninguém sabe realmente distinguir senão sobre o horizonte que une os elementos; ninguém sabe realmente unir, se não perceber as distinções entre os elementos, respeitar os particularismos. Esta ampla e profunda meditação, profundamente tomista, sobre a filosofia do espírito humano no seu relacionamento com a realidade do mundo e dos outros, levou Maritain, uma vez mais, às fronteiras da filosofia e da teologia (para ele a "filosofia cristã" tem método filosófico, mas participa de uma luz mais alta, vinda da fé), da natureza e da graça, ou melhor, às suas zonas comuns. Duas partes estruturam a obra de mais de 900 páginas: I: Os graus do saber racional (filosofia e ciência experimental; realismo crítico; conhecimento da natureza sensível; conhecimento metafísico); II: Os graus do saber suprarracional (experiência mística e filosofia; da sabedoria augustiana; São João da Cruz e a contemplação; o Todo e o Nada). Ainda hoje esta suma de sabedoria desafia qualquer resumo e celebrará por muito tempo as virtudes filosóficas, metafísicas e místicas de seu autor.

---

(11) *A Igreja de Cristo. A pessoa da Igreja e seu pessoal*, por Jacques Maritain, trad. Agir, Rio de Janeiro, 1972. p. 223.

3. "Humanismo Integral" e o Pensamento Sociopolítico

Pouco depois da publicação de *Les degrés du savoir*, Maritain escreveu uma série de obras relacionadas com a situação do homem na civilização atual[12]. O pensamento sociopolítico de J. M. acha-se principalmente em *L'homme et l'État* (1951), cujo primeiro capítulo esclarece os conceitos de nação, de sociedade política, de Estado e povo, chegando o capítulo VII a abrir as perspectivas de uma unificação política do mundo. O autor critica o conceito absolutista de *soberania nacional* (em nome do *bem comum*, conceito chave da doutrina social tomista), analisa os direitos do homem, as condições da democracia, as relações da Igreja e do Estado. O livro *La personne et le bien comum* (1947) tinha apresentado as fundamentações metafísicas da mesma doutrina, retomando os ensaios reunidos em *Principes d'une politique humaniste* (1944). Esse último conjunto acha sua vulgarização e seu resumo em *Christianisme et démocratie* (1943) e em *Les droits de l'homme et la loi naturelle* (1944). Preparada por *Religion et culture* (1930) e *Du régime temporel et de la liberté* (1933), a obra mais conhecida de Maritain permanece *Humanisme intégral* (1936), que trata da civilização e do novo humanismo cristão que poderiam se concretizar num tipo original de cristandade não sacral.

Talvez mais do que um Pe. Sertillanges, Maritain buscou um tomismo autêntico, sem compromisso ou sincretismo, recusando o "neo" à moda da escola Lovaniense. Não se pode esperar superar o Doutor Angélico para as intuições fundamentais; porém isso não significa uma recusa de novas concepções para nossa época, num espírito formado à escola do Aquinatense e atento aos problemas e condicionamentos do século XX. Assim nasceu *Humanisme intégral*. Em 1961, prefaciando um trabalho sobre suas ideias de teoria política, J. M. reconhece:

> este aspecto de minha obra está agora mais longe de mim, não porque teria mudado de posições mas porque passou *a época na qual o ardor com o qual eu me interessava nessas coisas me permitia ter delas uma experiência concreta, o que não é mais o caso.*

Acrescentou ele que o filósofo fala em negócios políticos para testemunhar a verdade e "salvar a honra"; no entanto qualquer um se cansa de prolongar por

---

(12) *Du régime temporel et la liberté* (1933); *Lettre sur l'indépendance* (1933); *Humanisme intégral* (1936); *Questions de Conscience* (1938); *Les juifs parmi les nations* (1938); *Le crépuscule de la civilisation* (1939) *De la justice politique* (1940); *La personne et le bien commun* (1947); *Raison et raisons* (1948). A distinção, que Maritain tornou clássica, entre indivíduo e pessoa, não é tirada diretamente de São Tomás; porém, justamente entendida, isto é, na linha do "distinguir para unir", ela significa um acréscimo de valor ao tomismo atual. Sobre o personalismo de Maritain, ver J. Crotreau, *Les fondements thomistes du personnalisme de Maritain*, Ottawa, 1955.

muito tempo esse papel sem ver mudar (ou muito pouco) as situações ou comportamentos criticados. Seria necessário agir de modo mais eficaz na história; mas será que o filósofo o pode?

Com Mounier, Maritain participa do personalismo cristão, que nada tem a ver com o velho individualismo burguês ou com o culto conservador da ordem capitalista. Seu evangelismo é muito autêntico para sacralizar a ordem imposta pelos poderosos: também ele viveu da utopia, no melhor sentido da palavra recentemente reabilitada. Sonha com um universalismo que não seria oculto nem seria a negação do pluralismo.

> A Cristandade medieval foi apenas a primeira aproximação deste universalismo. Novas realizações históricas são possíveis após a confusão de quatro ou cinco séculos que viram a libertação das nações modernas e dos cidadãos no seio destes povos. Todo personalismo implica num certo pluralismo institucional que tenta salvaguardar a necessária coesão da cidade numa adaptação flexível às famílias de espírito que compõem esta cidade. Nossa época precisaria de um novo São Tomás...[13].

Essas linhas não são de Maritain, mas de E. Mounier que, em nota de rodapé da mesma página, evoca fielmente o projeto semelhante de *Humanisme intégral*:

> A unidade desta cidade será real, ao invés da cidade liberal, mas *minimal* enquanto situada na vida da pessoa no nível temporal e não no nível de seus interesses espirituais. Portanto não reclama ela, *por si*, a unidade de fé ou de religião, e pode reagrupar não cristãos com cristãos. A tolerância dogmática, contraditória em si, não deve ser confundida com a tolerância civil, inscrita na trama desta cidade. No entanto, esta tem uma especificação ética e finalmente religiosa enquanto o elemento religioso impregna a própria especificação política, do interior, e não um conformismo dogmático. Ela é diferente da cidade medieval ou de uma cidade decorativamente cristã, porque admite heterogeneidades internas e se entende somente de uma orientação comum. Não se pode unir os homens sobre um mínimo filosófico. Devemos portanto renunciar a buscar a unidade do corpo social numa profissão de fé. Contudo a simples unidade de amizade não basta. A forma política da cidade deve ser *vitalmente cristã*... mas com níveis diferentes de impregnação (algumas podendo ser muito deficientes), as famílias não cristãs gozando nela de uma justa liberdade.

O projeto era evidente, aos nossos olhos atuais, exageradamente otimista e utópico; fazia uso do conceito de uma tolerância largamente difundida depois do Vaticano II, mas à qual núcleos de integrismo católico sempre resistiram.

Contudo, observada a lentidão dos progressos da civilização humana em matéria que mais atinge o homem, o ético, o social ético, um projeto obsoleto

---

(13) MOUNIER, E. *Oeuvres*. Paris: Ed. du Seuil, t.I, 1961. p. 761.

hoje pode amanhã, ou depois, tornar-se muito incentivador, falante, atual, provocativo de progresso real; não seria a primeira reviravolta do julgamento comum.

De qualquer maneira, esta temática que acabamos de apresentar, Maritain a desenvolveu em sete capítulos que podemos dividir em duas partes: 1) Quais são as condições atuais de um humanismo cristão? (A tragédia do humanismo; um novo humanismo; o cristão e o mundo); 2) O projeto (a utopia) de uma nova cristandade e suas chances no futuro. Entende-se mal hoje por que o livro suscitou um impacto tão grande, a favor de suas teses ou contra: não será porque o desejo de paz e universalismo ainda está vivo no coração da humanidade? A verdade é que muitas das ideias do Maritain-profeta deste livro passaram tranquilamente na cultura vigente: A Igreja não deve necessariamente vincular-se ao Estado, para se conservar livre,etc. O esforço de clarificação conceitual ajudou bastante os católicos a se situarem no mundo:

> a atividade do católico se distribui sobre três níveis: o nível do espiritual, o nível do temporal, e o nível intermediário do espiritual unido ao temporal. No nível temporal, o cristão age como membro da cidade terrestre, e deve fazê-lo como católico. No nível do espiritual puro ou unido ao temporal, ele age como membro da Igreja do Cristo; compromete então a Igreja na medida em que se apresentar "enquanto católico....(*Humanisme intégral*, p. 304).

Mais tarde a expressão de "nova cristandade" prejudicou a mensagem de Maritain pelo horror com que a secularização envolveu o conceito medieval de cristandade. Esqueceu-se de que Maritain quis *outra* cristandade, isto é, um projeto cristificável de sociedade humana secular e não sacral, respeitando as várias zonas de competências. Como o livro foi ainda mais discutido do que lido, a expressão "cristandade" sugeriu a alguns a ideia de vinculações com as trevas e a intolerância atribuídas no século XIX à época medieval, o que não correspondia exatamente ao intento do autor. Análise racional (distinguir para unir) já se tinha substituído também, em vários meios, a síntese existencial (confundir para vivenciar).

> O ideal cristão não é uma utopia confrontada com os realismos políticos; para usar uma expressão de Maritain, observou Mounier, ele é um receptáculo que suscita incessantemente *ideais históricos concretos*, enxertos numa situação histórica localizada e datada, procurando transfigurá-la o mais possível, do interior, à luz do Evangelho[14].

Neste sentido a obra sociopolítica de Maritain despertou e ajudou a estruturar doutrinalmente o movimento da *Democracia Cristã*, em vários países do Ocidente

---

(14) MARITAIN, J. *On the philosophy of history*. Nova York: Charles Scribner's Sons, 1957. *Pour une philosophie de l'histoire*, trad. de l'américan par Mons. Charles Journet, Paris: Ed. du Seuil, 1959.

(sobretudo latinos), sem que isso significasse uma identificação ou uma excessiva vinculação do pensamento de Maritain com o destino histórico ou as ideologias táticas destes partidos. A política vai sempre muito além da ideologia primitiva. A eficácia política de um Maritain não se situa no nível das lutas partidárias, mas no nível de uma renovação cristã, personalista e social, das inspirações de um certo número de católicos que compreenderam que "fazer política" não era trair, mas servir, a causa cristã que é o bem da humanidade toda.

Humanisme intégral (1936) completou-se por *Questions de conscience* (1938), tratando notadamente das relações entre Ação católica e ação política, por *Le crépuscule de la civilisation* (1939), muito sensível aos primórdios da transformação cultural que ia estourar depois da II Guerra Mundial. Durante as hostilidades, Maritain vai aos Estados Unidos, onde permaneceu afinal 17 anos. Muitos escritos da época, como era de se prever, têm a marca destas circunstâncias e não podem ser lidos fora deste contexto: *De la justice politique. Notes sur la présente guerre* (1940), *A travers le désastre* (1941), *Pour la justice* (1945), *Messages* (1945), *A travers la victoire* (1945), *Réflexions sur l'Amérique* (1959), em homenagem ao país que o acolheu com senso humano e respeito admirativo. Enfim, na mesma série, *Le philosophe dans la Cité* (1960) volta sobre a questão do antissemitismo e aprofunda o tema da colaboração de homens de crenças diversas (preparando de alguma forma o temário ecumênico e temporal — Igreja e Mundo — do concílio Vaticano II). Outros temas que se relacionam com o pensamento sociopolítico de Maritain serão evocados na seção 5 que consagraremos à Filosofia moral de Maritain.

4. A Filosofia da História de Maritain

Começamos por explicitar, na perspectiva de nosso assunto, as relações que cultivam História da filosofia e Filosofia de história. Como todos os filósofos, Maritain estudou seus predecessores e escreveu sobre alguns deles, entre os maiores: *La philosophie bergsonienne* (1914); *De Bergson a São Tomás* (1944); *Le Docteur Angélique* (1929); *Trois Réformateurs* (Luther, Descartes, Rousseau) (1925); *Le songe de Descartes* (1932); etc. Assim fazem ainda os grandes filósofos de ontem e de hoje: Nietzsche, Husserl e Heidegger, Merleau-Ponty e Sartre, Unamuno e Ortega y Gasset...É neste tipo de comentário, a partir das intuições de um mestre, ou em reação crítica contra aspectos tidos como falhas, ou ainda com o pretexto de um antigo, que o pensador descobre e exprime progressivamente seu próprio pensamento. A filosofia passa necessariamente pela história da filosofia. Por outro lado, a atenção proporcionada por Maritain aos problemas de seu tempo colocou inevitavelmente no seu caminhar reflexivo a questão do sentido dos acontecimentos históricos. Tratou assim várias vezes de "filosofia da história", de leve.

O mestre voltou ao tema no seu último livro, já em português, *A Igreja de Cristo* (1972; original: *De l'Église du Christ. La personne de l'Église et son personnel*, 1970). A parte propriamente eclesiológica (cap. I a XI) deste livro não é de grande interesse e originalidade porque, em teologia, o autor reescreve sem criticar aquilo que recebeu de seu amigo o Padre, e depois cardeal, Journet: teologia em parte superada. Aquilo que podemos chamar a segunda parte do livro (capítulos XII a XV) apresenta para nós, aqui, maior interesse pelo fato de apresentar um "retrospecto sobre a história". O capítulo XII mostra que a veneração de seu autor pela Idade Média era esclarecida; comentada, com efeito, com bastante realismo e humanitarismo: "I: As exações dos cruzados e a ideia de guerra santa" e "II: A iníqua condição dos judeus na cristandade". Nisso, Maritain relê a história à luz dos princípios de tolerância que a Igreja, finalmente, adotou em Vaticano II: a atuação dos cristãos (mesmo quando tiveram explícita benção papal) nunca se identificou simplesmente com o bem; frequentemente manifestou o erro de seus espíritos ou o mal de seus corações.

O Capítulo XIII revê a questão da Inquisição e constitui uma honesta análise da situação medieval desta famosa instituição, tal como um historiador pode realizá-la hoje em dia. Como fervoroso católico e entusiasta discípulo do Cardeal Journet, para quem a Igreja está e sempre esteve perfeitamente imaculada, como a Imaculada Conceição, Maritain defende — não sem ingenuidade — porém o mais possível, os papas (e a maioria do outro pessoal eclesiástico) de toda culpabilidade: esta posição pode ser tida como opinião pessoal, magnânima e respeitável, mesmo quando o leitor não se deixa arrebatar ou não consegue convencer-se. Se a leitura da história é inevitavelmente *interpretação*, ponto hoje pacífico com os progressos da hermenânima e respeitável, mesmo quando o leitor não se deixa arrebatar em todas suas evocações históricas.

O Capítulo seguinte levanta ainda duas outras dificuldades da história da Igreja: a condenação de Galileu e a condenação de Joana d'Arc. Aqui Maritain concede que

> a condenação de Galileu foi um erro excepcionalmente grave do alto pessoal da Igreja (p. 265).

É o mínimo que se possa dizer.

> O pessoal da Igreja, para compreender a advertência levou ainda uns três bons séculos até que a própria pessoa da Igreja fizesse ouvir a sua voz através do Concílio Vaticano II (p. 266).

De fato, em meio a inúmeras qualidades, a Igreja romana entretém persistentemente o pequeno defeito de não saber reconhecer rapidamente seus erros. No entanto, sabemos que para Journet e Maritain, pecado dos clérigos não entra na Igreja, graças a um conceito sofisticado, embora pouco realista, de Igreja.

A Igreja se arrepende do pecado dos outros (o que é sempre mais fácil). Sem dúvida essa sutileza escapa ao entendimento de muitos dos nossos contemporâneos e esclarece certas reticências. Quanto à "fogueira de Ruão",

> a história de Joana d'Arc é a história mais extraordinária dos tempos cristãos, escreve Maritain: a mais espetacular e a mais secreta.

Para nosso filósofo, Joana não é prova de que Deus escolheu a França como uma sorte de novo Israel:

> a verdadeira missão de Joana, sua grande missão invisível, foi uma missão universal; ela representa e é por excelência a santa e a padroeira da missão temporal do cristão, a santa e a padroeira do laicato cristão, porque essa missão temporal compete aos leigos. Eles devem dirigí-la por sua própria iniciativa, assumindo sua plena responsabilidade:

> a grande tese sociopolítica da Maritain, expressa em toda a sua força em *Humanismo Integral*, mas antecipada em escritos prévios e ilustrada em ensaios posteriores, — tese que, sem dúvida, preparou a Constituição *Gaudium et Spes* sobre a Igreja e o Mundo, de Vaticano II —, essa tese está reafirmada pelo próprio autor, indefectivelmente. Nisto Maritain não pertence à Idade medieval, ele é *cidadão do mundo secular*, mas de uma Cidade Secular que não recuse o Deus da Aliança.

No Capítulo XV e último, Maritain volta a comentar as relações entre Igreja e os homens da Igreja: não se identificam. Reaparece a eclesiologia de Mons. Journet, que é inútil comentar aqui. A Maritain teríamos respondido com argumentos próprios: a Igreja é concreta, sendo o Povo de Deus na história (isto também é de Vaticano II); ela vive da instituição de Cristo, do Espírito de Cristo, mas também com a carne e o espírito dos cristãos vivos, os "homens da hierarquia" e os outros fiéis. Ora, a Igreja não deixa de ser Igreja quando não age "enquanto Igreja"; não deixa de ser Igreja *"quando deveria agir como Igreja"* (isto é, sendo o que é e não pode deixar de ser), *isto é, sempre*, e age de fato com o espírito do mundo, mesquinho, sem perspectiva teologal, calculador, sem generosidade, sem amor, desprovida de toda magnanimidade. A expressão usada por Maritain no próprio subtítulo, "a pessoa da Igreja" é discutível, embora não sem relação com alegorias paulinas; de qualquer maneira, não deve servir de pretexto para fugir, na abstração, à responsabilidade dos membros da Igreja que a constituem no tempo da história.

Vamos passar agora ao cerne da reflexão maritainiana sobre a história. A partir de um seminário nos Estados Unidos, ele publicou em Nova York, em 1957: *On the Philosophy of History* (1957) (14). No seu prefácio à edição francesa, J. M. confessa:

> Por causa da minha aversão por Hegel, nutri em meus anos de juventude uma forte antipatia em relação à própria noção de filosofia da história.

Ele se surpreendeu ao ver Ch. Journet publicar um artigo sobre a filosofia maritainiana da história[15]. No entanto, aceitou a sugestão do Pe. B. I. Mullahy de desenvolver esse tema num Seminário na Universidade de Notre-Dame em 1955. Na realidade, havia muito tempo que Maritain tinha refletido sobre o sentido da história à luz de sua fé. Numa conversa com E. Mounier, a 2 de fevereiro de 1930, J. M. disse:

> Penso frequentemente no problema da eficácia temporal a respeito de Felipe II. Eis um momento da história no qual uma monarquia católica todo-poderosa poderia impor a toda Europa a verdadeira religião. A Armada: Deus permite que uma tempestade a devaste. Deus despreza os meios temporais. Nunca Cristo os usou. Péguy não entendia bem isto: Henriette, que representa a opção da pura oração é superada por Joana d'Arc. Parecia confundir o meio e a condição e tender para um "o temporal primeiro". Vejo esta tendência em todos os homens de minha geração: Maurras, Massis. Contudo, se o "político primeiro" de Maurras vai contra o espírito do cristianismo, o "temporal primeiro" de Péguy vai no próprio sentido do cristianismo...[16]

Parece inútil salientar a profunda atualidade do tema abordado nessa simples conversa. Maritain, o místico, começou com a paixão do concreto, da história, da ordem social e política, expressa na sua adesão à *Action Française*. Porém, um dia ele percebeu que não é esse o espírito do cristianismo, sua alma, que recomeça tudo pela intimidade do coração e da conversão. A secularização propõe a muitos semelhante desafio: buscar resultados exteriores, mudanças radicais, colocar exércitos ao serviço do Evangelho. Maritain leu corretamente os sinais dos tempos; Deus não despreza sistematicamente os resultados, mas nunca coloca em primeiro lugar feitos temporais, como meta absolutizada. E quando Deus quer resultados na história, usa os pequenos — não os grandes meios — para se chegar à meta.

Para Jacques Maritain, o objeto geral da filosofia da história é a compreensão (o sentido inteligível) do desenvolver dos eventos no tempo. Ele reclama para ela o título de ciência, negada à história que busca um tipo de objetividade que não é o da verdade científica. O historiador não prescinde de alguma ideologia:

> Para o historiador, é condição prévia ter uma sadia filosofia do homem, uma cultura unificada, uma justa apreciação das diversas atividades do ser humano, uma exata avaliação dos valores morais, políticos, religiosos, técnicos e artísticos.

---

(15) JOURNET, Ch. D'une philosophie chrétienne de l'histoire et de la culture. In: Jacques Maritain, son oeuvre philosophique. *Revue Thomiste* 1949, Paris, Desclée de Brouwer.
(16) *E. Mounier et sa génération*. Paris: Ed.du Seuil,1956. p. 57.

Henri Marrou professa a mesma convicção[17]. Baseado sobre um certo conhecimento histórico, a filosofia da história tem por objetivo

> objetos de pensamento universais, que são ora traços típicos de uma época, ora traços essenciais da história em geral.

A metodologia, essencialmente intuitiva, requer uma confrontação dos dados com as verdades filosóficas (do autor). Talvez haja nesse processo mais ideologia do que supunha Maritain, sem que se lhe tire toda objetividade. Veremos que ao se exercer nessa disciplina, Maritain oscilou entre a explicitação de banalidades (por exemplo: a ambiguidade da natureza e da própria história) e considerações de teologia da história (convicções dependentes da fé religiosa do autor). Em resumo, a filosofia da história de Maritain constitui-se com *indução histórica e dedução filosófica*, elaborando-se em normas de teor racional.

Um outro aspecto importante do conceito maritaniano de filosofia da história focaliza esta disciplina como parte da *filosofia moral*: não ética puramente racional, mas conjunto normativo dependendo de uma visão ideológica ou teológica do homem. A filosofia da história não pode apresentar o mesmo grau de certeza de que dispõe a metafísica, aos olhos de Maritain, porque ela exprime a volta do saber filosófico ao individual e ao contingente. O racionalismo idealista de Hegel deu à sua filosofia da história uma rigidez e um *a priori* que comprometeram por muito tempo a credibilidade da disciplina que — apesar de tudo — Hegel lançou no saber humano. Reagindo contra o determinismo idealista de Hegel (chamado de *gnosticismo da história*), Maritain distingue na história uma orientação fundamental (determinada pela teologia da história e nem sempre preceptível) e a massa das ações quotidianas, indeterminadas enquanto objeto e matéria das liberdades individuais. A maioria dos homens, na maioria das ações de sua vida, usa pouco de sua liberdade, razão que contribui a explicar por que a liberdade humana não imprime à história o caráter de um progresso humano mais evidente. A filosofia da história de Maritain corresponde a uma visão de sabedoria que tem por previamente outorgados o governo divino da providência e o princípio da liberdade humana; que valoriza também a aceitação humana do tempo. Maritain desenvolveu a respeito um conceito original, no quadro de sua filosofia moral:

> a filosofia da história pertence à *filosofia moral adequadamente considerada*, isto é, à filosofia moral completada pelos dados que o filósofo recebe da teologia e que dizem respeito à condição existencial desse ser humano....

Embora inspirada, como se vê, pela fé cristã, a reflexão maritainiana da história reclama a qualificação de filosófica pela focalização que opera das obras temporais, de construção (ou destruição) das civilizações e do mundo histórico.

---

(17) MARROU, H. *De la connaissance historique*. Paris: Ed. du Seuil, 1954. p. 237.

Para julgar o conceito maritainiano de filosofia da história, nada melhor do que passar a seu exercício, aos frutos que recolheu nesta prática. Maritain distingue aqui entre as leis da história: "as fórmulas axiomáticas ou leis funcionais" e "as fórmulas tipológicas ou leis vectoriais". Entre as primeiras: 1). — a *"lei do duplo progresso* contrastante" do bem e do mal é bastante trivial, mas Maritain observa com fineza que o mal parasita frequentemente e quase inevitavelmente, por longo prazo, toda espécie de avanço do saber ou do bem (as motivações humanas são raramente puras; a história pouco avança com as belas almas). A verdade pura, se é que existe, só aparece gradativamente a nossos olhos:

> Os erros de Kant, por assim falar, permitiram que seja admitida a noção moderna de ciência como conhecimento dos fenômenos.

2) A *ambivalência da história* apresenta um aspecto não muito diferente da história (cuja leitura é sempre ideológica, isto é, feita em relação com determinada escala de valores). 3) "A lei da *significação mundial dos eventos de alcance histórico*" parece tautologia. 4) Mais interessante e destinada a grande sucesso nas ideologias do desenvolvimento dos povos, *"a lei da tomada de consciência"*, meio e reflexo do progresso real. O progresso do homem implica a colaboração de sua consciência e livre vontade. 5) A *"lei da hierarquia dos meios"* (superioridade dos meios temporais pobres para atingir fins espirituais) depende de uma visão teológico--ética de grande interesse pastoral. Não carece de ironia o fato de Maritain ter escrito esta página nos Estados Unidos:

> O erro é pensar que os melhores meios para a sabedoria (e a Igreja) são os meios mais poderosos na ordem da matéria, os recursos maiores, os mais ricamente equipados para as comunicações de massa e para a propaganda....

Será que Maritain desconheceu o poder de convicção que possui a riqueza, até para o franciscanismo? Não seria melhor distinguir várias ordens de eficácia, tendo cada uma seus meios apropriados: o meio deve sempre ser adaptado ao fim? Agrada, de qualquer maneira, saber que o antigo embaixador foi coerente consigo mesmo até o fim: vendeu tudo o que tinha, deu aos pobres e retirou-se no deserto como irmãozinho da família da Pe. Charles de Foucauld.

Desde a época da redação desta obra (1955), Maritain tinha feito a opção pela *não violência* que reflete seguramente algo muito profundo na concepção da história. J. M. fala na

> lei de superioridade dos meios espirituais de atividade temporal de combate sobre os meios carnais de atividade temporal de combate.

Era muito realista para pregar uma não violência absoluta e radical; contudo sua opção pela não violência não parece absolutamente exigida pelo catolicismo, nem pelo tomismo do autor. Quem lhe negaria, no entanto, a profunda coerência evangélica? Essa é a oportunidade para salientar a abertura de Maritain, não só a Ghandi, que ele leu e muito estimou, mas a toda espiritualidade oriental de que seus amigos Louis Massignon e Louis Gardet eram eminentes especialistas.

Com as "fórmulas tipológicas ou leis vetoriais", Maritain aborda um terreno que pertence hoje à etnologia ou à sociologia da cultura. Ele distinguiu assim um estado cultural dominado pela imaginação, do estado cultural dominado pelo intelecto; distinguiu não só fases culturais, mas estados teológicos (Antigo Testamento e Lei Nova de Cristo), situações teológicas (o destino do Povo Judeu ontem, hoje, amanhã; sua relação com o Reino de Deus de um lado, com a história profana de outro). Casado com uma judia russa, Maritain sempre se interessou com espírito humano e coração cristão pela sorte do povo judeu: em *L'impossible antisémitisme*, publicado em *Questions de conscience* (1938); em *Le mystère d'Israel*, publicado em *Raison et raisons* (1947) e em muitos outros lugares e ocasiões.

> Minha posição, resume Maritain, é que Israel é, analogicamente, uma espécie de corpo místico; não é simplesmente um povo, mas um povo encarregado de uma missão que diz respeito à redenção da humanidade. E essa missão de Israel não terminou....

Nunca cultivou essa erva indestrutível que cresce no lixo secular do cristianismo, o antissemitismo.

> De Israel nunca se falara com bastante *thoughtfulness* e ternura; se eu tivesse que reeditar o ensaio sobre o *Impossível Antissemitismo* (em *Questions de conscience*, 1938), gostaria de aprimorar ainda algumas de minhas expressões. Quando um povo inteiro esteve crucificado, tendo seis milhões dos seus abominavelmente massacrados, não se poderia usar de exagerada reverência...[18].

Entre as outras "leis vetoriais", encontramos "a lei do progresso da consciência moral": o autor se refere à progressiva "conscientização" da lei natural e não significa necessariamente que haja progresso moral real na história da humanidade. Maritain não cai na ingenuidade daqueles que hoje deduzem da fé cristã no crescimento do Reino algum processo que seria fenomenologicamente observável. No mesmo horizonte evolutivo, encontramos

> a lei de acesso do povo à maioridade em matéria política e social:
>
> não significa que não haja retrocessos em certas épocas, em certas regiões, e atrasos consideráveis de países em relação a outros. J. M. observou também o famoso processo de *secularização*, invocando
>
> a lei da passagem das civilizações sacrais para as civilizações profanas.

---

[18] J. Maritain, 21.4.1961, no prefácio ao livro de H. Bars. *La politique selon Jacques Maritain*. Paris: Ouvrières, 1961.

O Capítulo "Deus e o mistério do mundo" abre-se pela afirmação de que o problema mais fundamental para a filosofia da história é o problema das relações entre liberdade divina e liberdade humana na história. O caráter altamente teológico, isto é, em rigorosa dependência de uma fé religiosa, explicita-se desde a primeira tomada de posição de nosso autor: "Deus é absolutamente *inocente*". Para um puro historiador ou cientista, a afirmação não carece de ingenuidade. Com efeito, o que aconteceria se Deus não fosse perfeitamente inocente? Como o saberíamos? Como nós, pobres seres humanos, poderíamos declará-lo culpado, irresponsável ou caduco? O que vale nosso testemunho de justificação de Deus se um testemunho acusador teria sido improcedente? Se Deus é perfeitamente inocente, não será suficientemente poderoso para se defender ele mesmo? Por outro lado, a ideia de Maritain que, de 1955 até sua morte em 1973, várias vezes voltou sobre o problema do mal e a irresponsabilidade divina em face ao mal (em particular em *Dieu et la permission du mal*, 1963), é a própria ideia que norteou os redatores anônimos do Gênese bíblico ao contar a história que chamamos hoje de pecado original. No entanto, original, Maritain não o é quando aborda temas teológicos (matéria deste capítulo IV do ensaio aqui apresentado), porque depende estreitamente aqui das elaborações de seu amigo o Cardeal (pela indicação de Maritain ao próprio Paulo VI, ao recusar para si mesmo esta suprema honra) Journet, que não vem a propósito comentar aqui.

Em que medida a filosofia da história de Maritain evitou os quatros pecados capitais do gênero: a escola (a) simplista e gratuita dos dados; a ingênua pretensão de explicar *a priori* (b), exaustivamente (c) e cientificamente (d), a história? Na medida em que esta filosofia da história oscila entre afirmações teológicas (a história não é um problema a resolver, mas um mistério a contemplar) e observações de bom-senso, ela evita os problemas (b) e (c). Uma vez que não pretende explicar tudo, é-lhe permitido escolher uma matéria evitando o defeito (a):

> A história não pode ser racionalmente explicada nem reconstruída segundo leis necessitantes.

Enfim, é bom notar que Maritain depende ainda no seu vocabulário, frequentemente da Idade Média (isso é legítimo conquanto uma filosofia seja essencialmente uma língua coerente, permitindo ou refletindo uma determinada leitura conceitual da realidade); esse é o caso para o uso da categoria de *ciência*, que não possui mais hoje o sentido que assume no vocabulário aristotélico-tomista. No entanto, mesmo assim, Maritain reconhece que a filosofia da história não explica mais a história do que a teologia explica a divina Trindade: não será essa uma maneira discreta de renunciar à equívoca pretensão científica?

Nesta segunda metade do século XX, dedicada à hermenêutica, no nível da reflexão antropológica, podemos reconhecer na "filosofia da história" de Maritain o valor de uma interpretação prudente, segura, profundamente profunda e cristã, que os estudiosos à procura de assuntos de tese compararão amanhã com as interpretações de Henri-Irénée Marrou, de Christopher Dawson, de Hallam Tennyson, de Max Weber, de Arnold Toybee, de Herbert Butterfield, de Isaiah Berlin, de P. A. Sorokin, etc. Porém esse não é o terreno no qual Maritain exprime mais originalidade e profundidade. O nome de Maritain sobreviverá como o de um eminente avaliador do ser, antes do que de um ilustre avaliador da história. Apesar do dinamismo que o próprio tomismo contém e da prolongação que Maritain realizou do pensamento do Aquinense no século XX, podemos constatar o descrédito atual deste tipo de pensamento, quaisquer que sejam seus méritos e suas chances de ressurgir no futuro da história, com novas formas de expressão. A filosofia do ser deixou terreno às filosofias do devir. A própria filosofia da história de Maritain não consegue alcançar a alma secreta da evolução cósmico-humana que o gênio de Teilhard de Chardin desvelou com, afinal, o sucesso que sabemos. Maritain, que não apreciava Hegel, não manifestou simpatia pelas correntes que o pensamento hegeliano fecundou e que são muitas, nem pelo pensamento do ilustre jesuíta. Até que ponto Maritain e Teilhard são reconciliáveis? Na sua introdução ao volume XI das obras de Teilhard[19], o Pe. N. M. Wildiers, sem citar Maritain, não deixa muita chance de reconciliação entre a antiga visão cristã e a nova:

> A Idade Média e o Renascimento conheceram um humanismo de equilíbrio, situando a perfeição moral do homem na sua conformidade com a ordem natural do mundo. Nossa época viu aparecer uma forma de humanismo, o humanismo de conquista, medindo o valor de uma existência humana não pelo grau de equilíbrio a que chegou, mas antes pela sua contribuição ao progresso....

De Maritain a Teilhard, a relação é como da Ordem ao Progresso, no mesmo contexto religioso cristão, porém. Teria tido o pensamento de Maritain uma influência, por intermédio de Paulo VI, sobre o controle da natalidade, *Humanae Vitae*? Não é impossível; de qualquer maneira, observa-se que a veneração de Paulo VI em relação a Maritain não impediu a abertura do mesmo papa à grande alma e ao grande espírito de Teilhard.

5. História da Filosofia Moral. Arte e Mística

O pensamento sociopolítico de Jacques Maritain (III), tributário mas não escravo de seu tomismo metafísico (II), conhece prolongamentos naturais, de um

---

(19) *Les directions de l'avenir*, t. XI das obras de Teilhard de Chardin. Paris: du Seuil, 1973, prefácio do Pe. N. M. Wildiers.

lado, na sua obra *Pour une philosophie de l'histoire* (1959) (IV), e por outro lado na sua obra de moralista que abordamos agora (V). A esta fileira pertencem as obras seguintes: *Science et Sagesse* (1935), *Les droits de l'homme et la loi naturelle* (1945), *Neuf leçons sur les notions premières de la philosophie morale* (1950), *La philosophie morale*, t. I e único (1960), sobre os grandes sistemas éticos, e *Pour une Philosophie de l'éducation* (1960). Já indicamos *Le philosophe dans la Cité* (1960), que retoma o tema da *Lettre sur la indépendance* de 1935. Como a maioria dos filósofos franceses, Maritain é naturalmente e profundamente um moralista, não no sentido juridicista mas no de pesquisador dos fundamentos humanísticos das normas éticas. Podemos dizer mais: no horizonte do conhecimento histórico, a obra de Maritain brilha particularmente ao se revelar no campo das doutrinas éticas. *La philosophie morale. Examen historique et critique des grands systèmes moraux* [20] é uma obra-prima, mesmo não sendo seguida do volume no qual o autor teria sintetizado seu próprio pensamento em matéria moral. Este histórico da filosofia moral não é pura justaposição de sistemas diversos, mais ou menos caricaturizados, como frequentemente acontece: corre através da obra uma verdadeira compreensão histórica, vinculando cada filósofo a seu tempo e seu tempo a ele; é uma história dialética dos êxitos e impasses do Ocidente ao buscar a objetivação de suas normas de moralidade. O próprio autor no prefácio datado de Princeton, setembro de 1959, expõe que pretendia tornar sensível a intensidade do drama intelectual implicado nas peripécias da história"; e conseguiu.

O mesmo prefácio contém outras informações de interesse, tanto sobre a obra como sobre seu autor:

> Não pretendo abordar o assunto sem me utilizar de um instrumental filosófico previamente adquirido, nem de qualquer sistema de referência filosófica. Possuimos sempre um sistema de referência filosófica. O que importa é termos consciência desse próprio fato e nos colocarmos em condições de apreciarmos livremente nossa própria filosofia. Meu sistema de referência é aquele que bem se pode esperar de um filósofo cuja vida inteira foi inspirada pelo pensamento de Tomás de Aquino. Não quer isso dizer, muito pelo contrário, que para mim tudo tenha sido dito por São Tomás, e que particularmente encontremos, sob a forma de um corpo de doutrina explicitamente formulado, a filosofia moral de que hoje sentimos necessidade... Com Hegel, e a partir dele (capítulos II a XIV), o tema de nossas análises exigia um tratamento muito mais minucioso. Ser-me-á lícito observar que, após ter começado meus trabalhos filosóficos pela confrontação dos princípios que considero verdadeiros com o anti-intelectualismo bergsoniano e pela crítica de um mestre (Bergson) por quem não fizeram senão crescer minha gratidão e minha afeição, — não me desgostou o fato de ser forçado a proceder,

---

(20) *A filosofia moral. Exame histórico e crítico dos grandes sistemas morais*. Rio de Janeiro: Agir, 1966 (esgotado).

agora que chego ao termo de minhas investigações, a uma confrontação e a uma crítica semelhantes, em relação a um pensador que levou ao auge o esforço e a ambição do racionalismo moderno e que se encontrou ao mesmo tempo, na origem de um irracionalismo — hoje em plena florada — incomparavelmente mais pernicioso para o espírito que aquele de que sofriam as conceitualizações bergsonianas.

E para nos consolar de não ter o segundo volume:

> Toda a matéria e todas as verdades que desejáramos discutir, em forma doutrinária e sistemática em nosso segundo volume, estão presentes neste primeiro...

A moral é reflexão sobre o caminho do homem; nos seus últimos anos Maritain concentrou o interesse sobre os bens permanentes da meta final.

Ao caminho histórico do homem pertence também a contemplação das flores: a estética. Apesar de não dizer respeito ao fim do homem, senão simbolicamente, a arte entretém com a ética relações íntimas e conhecidas. Raïssa era poetisa, e nunca Maritain mostrou qualquer insensibilidade em relação à arte. Fora escrita e publicada em primeiro lugar em inglês a obra *Creative Intuition in Art and Poetry* (Nova York, 1953), como *On the Philosophy of History* (N. Y.,1957) e *Reflections on America* (N. Y., 1958). Muito antes da publicação das análises que versam em torno do "conhecimento poético" (*Creative Intuition*), um dos primeiros ensaios do mestre foi elaborado face à estética moderna, à luz dos princípios de São Tomás: *Art et scolastique* (1920; nova ed., aumentada, em 1927). Um jovem luterano dinamarquês,Vagn Lundgard Simonsen, entusiasmou-se com a leitura deste livro já antigo e escreveu uma obra sobre *L'esthétique de Jacques Maritain* (1953), articulada a partir da dialética entre os princípios tomistas e as descobertas mais recentes da arte moderna que Maritain teria vivenciado. Vale a pena, contudo, mencionar esta restrição de Maritain ao ler a primeira versão de Simonsen:

> Desenvolvendo a filosofia tomista em vias novas, requeridas por problemas que não se colocavam no tempo de São Tomás, tenho consciência de me manter estritamente fiel ao tomismo autêntico. Estou incomodado cada vez que o sr. caracteriza como divergência do tomismo autêntico, uma percepção que difere de certas fórmulas *literais* só porque abordo um problema estranho ao pensamento medieval.

Nesta linha da reflexão sobre a criação poética e artística, Maritain publicou ainda: *Frontières de la poésie et autres essais* (1935) e, em colaboração com sua mulher Raïssa, *Situation de la poésie* (1938). A *Réponse à Jean Cocteau* precedeu em 1926.

Maritain não abordou a arte como crítico de arte, mas como místico, como profundo contemplativo que sempre foi. Sem nos alongarmos nesta parte da obra, seja-nos permitido citar uma página admirável que descobrirá mais J. M. ao leitor que nosso próprio comentário o poderia fazer. Trata-se de um trecho de *L'intuition créatrice dans l'art et la poésie* (publicado em francês em 1966).

> A experiência poética e a experiência mística são distintas por natureza: a experiência poética se relaciona com o mundo criado e com as enigmáticas e inumeráveis relações dos seres entre si; a experiência mística vincula-se ao princípio das coisas na sua incompreensível e supramundana unidade. O obscuro conhecimento por conaturalidade, próprio da experiência poética ocorre por meio de uma emoção que comove as profundezas humanas da subjetividade; porém o mais obscuro, mais definitivo e mais estável conhecimento por conaturalidade que é próprio da experiência mística ocorre ora na experiência mística natural, por meio de uma concentração puramente intelectual realizando um vazio graças ao qual o *SI* é inefavelmente tocado, ora na experiência mística sobrenatural, por meio da caridade que conaturaliza a alma com Deus, e que transcende ao mesmo tempo a emoção e os limites humanos da subjetividade. A experiência poética é, desde o começo, orientada para a expressão e tem seu termo na palavra proferida ou na obra produzida; ao passo que a experiência mística tende para o silêncio, estando o seu termo na fruição imanente do Absoluto.

No entanto, o texto prossegue pelo reconhecimento das interferências das duas experiências, a poética e a mística, que nascem quase juntas, perto do centro da alma ou do espírito.

> A poesia é alimento espiritual. Porém não sacia, só aumenta a fome no ser humano: essa é a sua grandeza.

Essas várias obras de Maritain, indicadas nesta seção, parecem comportar para o Brasil apreciáveis lições. Ao lado da corrente atual de racionalismo secular e positivista ligada ao desenvolvimento tecnológico que se apodera de certas regiões do país, o Brasil cultiva, desde há muito tempo e em área mais extensa, um visceral anti-intelectualismo tradicional. O Maritain que combateu o anti-intelectualismo encontrado num mestre tão querido como Bergson mostrou que combater o irracionalismo selvagem não é desprezar a dimensão estética da vida, e muito menos se fechar ao Mistério do Ser. Isto vai se tornar ainda mais óbvio ao evocarmos os últimos anos da vida do filósofo-místico.

6. Os Últimos Anos e a Herança

a) Amigos e inimigos

Teologicamente, vimos que Maritain estava mais aberto de que seus conselheiros e amigos teólogos mais chegados. O Pe. Clérissac nem sempre foi de bom conselho, quando a conversa escorregava para a faixa do temporal — político. Maritain demonstrou uma abertura que nem sempre manifestou o eclesiástico que ele chamou de amigo mais íntimo (fora a mulher), o eclesiólogo Pe. Journet. Por discrição, Maritain nunca se apresentou como teólogo, mas ele realizou constantes incursões em plena teologia e parece ter sofrido na sua teologia da confiança que tinha depositado na personalidade do ilustre cardeal suíço. De qualquer maneira, desde a *Lettre sur l'indépendance* (1933), Maritain situou na Igreja verdadeira "não só os batizados, mas invisivelmente todos os homens de boa vontade": essa é precisamente a eclesiologia retificada de Vaticano II.

Todavia, a fé que valorizava sua filosofia, aos olhos do crente, desvalorizava esta mesma filosofia, aos olhos dos acadêmicos do positivismo filosófico. O ostracismo de que Jacques Maritain foi vítima da parte da Universidade francesa traduzira a rejeição do próprio tomismo pelo pensamento racionalista e secular dos meios oficiais. Continuando a obra dos grandes comentadores do Aquinatense, um João de São Tomás e um Caietano em particular, mas com inédita atenção ao novo contexto histórico, ele fez desembocar o tomismo vivo em pleno século XX, com a ajuda de Etienne Gilson, que trabalhou numa perspectiva mais especificamente histórica: para muitos era a obra indiscreta de um poeta anacrônico. Todos os poetas parecem anacrônicos do ponto de vista do "espírito do mundo", isto é, da moda da época. No entanto, o pluralismo universitário estadunidense não teve objeção em convidá-lo como um mestre no mosaico do saber contemporâneo, composto com critérios pragmáticos e não ontológicos. Maritain enfrentou (ou ignorou) outros tipos de oponentes, notadamente nos meios católicos, que melhor deveriam se ter rejubilado com o revigoramento da expressão tomista. Mas estes escolásticos da decadência não aceitaram a abertura sociopolítica que os tempos modernos exigem e que Maritain mostrou ser compatível com a tradição tomista considerada com toda a seriedade. Até uma data recente, mais na América Latina e na Península Ibérica do que na Europa dos Nove, até depois da morte de Maritain — não sem pudor e falta de gosto, embora a crítica deva ser livre —, críticas foram dirigidas ao Mestre numa linha de reação que nem precisa comentários.

Já em 1944, sob o patrocínio de uma equipe de jesuítas de Recife, publicou-se uma coletânea de artigos (H. Bernardo, F. Cavallera, etc.) denunciando os "erros" de Maritain[21]. O aspecto mais atacado foi evidentemente a filosofia sociopolítica (hoje em dia, a metafísica tomista é mais objeto de ignorância do que de agressividade: já era). A obra termina assim:

> Qualquer leitor católico ou não católico, esclarecido sobre o ensino autêntico dos imortais pontífices que definiram a questão tão delicada das relações da Igreja com o Estado, qualquer leitor assim informado que a leia, sem espírito prevenido e sem preconceito apaixonado,

---

(21) *Estudos sobre Jacques Maritain*. Recife: Ed. Tradição, 1944.

facilmente se convencerá de que Maritain prega uma doutrina que não é a da Igreja e estabelece uma nova tese que coincide nem mais nem menos que esta proposição condenada por Pio IX: "Em nossa época não convém mais que a religião católica seja considerada como única religião do Estado, excluindo todos os demais cultos". (Pe. Arlindo Vieira).

Como concluir, senão pela constatação de que Maritain se antecipou sobre o Concílio Vaticano II? Para o confronto desse grupo de censores, observamos que o *Carnet de Notes*, publicado por Jacques Maritain em 1965[22] começa citando velhas lembranças, em particular esta declaração de Jacques quando tinha 16 anos (numa carta ao marido da cozinheira): "Viverei socialista e viverei para a revolução". Mas quem, hoje, não milita por alguma revolução? O problema é saber *por que revolução* Maritain militou efetivamente: sem negar passos em falso em que todo homem incide, por pouco que ele escreva ou queira agir efetivamente, agora que Maritain desapareceu do cenário, podemos e devemos responder e essa questão não é duvidosa. O problema de sempre não é tanto ficar quieto, mas escolher bem a revolução que merece nossos esforços. Quem tem consciência de ter feito mais para a humanidade e sua consciência, para a Igreja e sua evolução na sabedoria, pode tentar julgar a obra de Maritain.

O que mais apreciamos em Maritain é precisamente o amor pela democracia, por amor à liberdade humana, e a repulsão à demagogia, por amor à verdade. Maritain não é só da raça dos intelectuais genuinos, não tão numerosa numa época em que floresce e se expande o jornalismo das imagens e dos escândalos, mas ainda da raça dos profetas que se fazem matar pelo testemunho que têm que prestar à verdade. O segredo desta força está na sua vida de fé, na raiz de sua vida intelectual: Maritain não é um raciocinador cartesiano, entendemos um mero raciocinador, mas um contemplativo; ele reza escrevendo, após ter rezado meditando. Sempre foi contemplativo[23]; contudo teria faltado algo — se se pode dizer — em sua biografia se não houvesse, após 1960, a volta à França natal, não para se ufanar nos meios literários parisienses, nem para intervir numa política que agora pertence a gerações mais novas, mas em busca do silêncio desafiador, da concentração do essencial desprezado pela secularização, numa vida religiosa simples, meditativa, fraternal e sacerdotal. Era a volta a Nazaré, em companhia dos Irmãozinhos do Pe. de Foucauld.

b) "Le paysan de la Garonne"

É no contexto que acaba de ser evocado — porém, antes de se tornar religioso e sacerdote — e com este título que Maritain publicou ainda em 1966 um livro de grande repercussão. Estava ele homogêneo ao resto da obra ou traria ele sinais

---

(22) MARITAIN, J. *Carnet de notes*. Paris: Desclée de Brouwer, 1965.
(23) MARITAIN, Raïssa; MARITAIN, Jacques. *De la vie d'oraison*, 1922; J.M.,*La pensée de S. Paul*, 1941.

patentes de decrepitude? Estamos pouco depois do Concílio Vaticano II, no começo do rebuliço "secular" que sacode a Igreja.

> De tudo aquilo que o Concílio Vaticano II decretou e realizou, estou dando graças a Deus... Exulto ao pensar que a justa ideia de liberdade (...) é doravante reconhecida e honrada entre as grandes ideias diretoras da sabedoria humana, de sua dignidade e de seus direitos. Exulta-se ao pensar que foi agora proclamada a liberdade religiosa...[24].

Mas o tempo não é só de exultação.

> Como no tempo de *Primauté du Spirituel*, como no tempo da *Lettre sur l'indépendance*, Jacques Maritain julgou que havia necessidade para ele falar,

observa um especialista do pensamento de Maritain, num lúcido comentário do livro em pauta[25]. Devia falar sobre os abusos que se cometem em nome do cristianismo no mundo de hoje. Falou para dizer algo, para testemunhar uma vez mais de valores que ele julgava perenes ou importantes, e não para contentar todo o mundo. De fato a obra suscitou um rumor de descontentamento comparável às sequelas de *Humanisme intégral*, de 1936, que alguns militantes do conservadorismo clerical tentaram durante vinte anos, em vão, fazer condenar em Roma. Quando Maritain morreu, o papa Paulo VI se reconheceu publicamente seu discípulo admirativo. Antes, a Constituição conciliar *Gaudium et Spes*, sobre as relações da Igreja e do mundo, pode — apesar de seus limites — ser considerada como uma vitória de pioneiros católicos entre os quais devemos contar o autor de *Humanisme intégral*.

Contudo, ao ler *Le paysan de la Garonne*, alguns leitores perguntaram se Maritain não teria renunciado a algumas teses essenciais de H. I. O próprio autor respondeu:

> Essa é uma tolice e uma calúnia; estou mais do que nunca apegado a todas as posições de *Humanisme intégral*; o assunto do *Paysan de la Garonne* é outro: a crise atual da inteligência e da fé[26].

Humanisme intégral surgiu da mesma preocupação donde provém toda a filosofia da história: segundo o próprio mestre, as reflexões comentadas na nossa secção IV foram

> numa grande medida provocadas pelo problema *prático* da condição dos cristãos — de suas dificuldades e de suas responsabilidades temporais — na sociedade contemporânea, e por um esforço para descobrir e elaborar um equipamento *intelectual* que permitiria responder a esse problema[27].

---

(24) MARITAIN, J. *Le paysan de la Garonne*. Un vieux laic s'interroge à propos du temps présent. Paris: Desclée de Brouwer, 1966. p. 9-10.
(25) BARS, H. *A propos du Paysan de la Garonne*. Revue Thomiste, jan. de 1968, 89-100.
(26) *Masses ouvrières*, março de 1967, p. 4.
(27) *Pour une philosophie de l'histoire*, 1959. p. 179.

Mesmo na sua parte mais teórica, a epistemologia, o pensamento de Maritain teve sempre uma referência à história. Contudo, a exemplo de São Paulo, Maritain não se sentiu limitado à sua identidade de cidadão terrestre, na dimensão do tempo. A pessoa e a obra de Maritain não se entendem sem essa referência profundamente cristã: o cristão pertence a dois mundos, ao universo visível, ao mundo do fenômeno que se desenrola na história, e ao Reino invisível que o atira para a eternidade do Pai, pelo Cristo, no Espírito Santo. Maritain constitui um soberbo exemplo da conciliação — ou reconciliação cristã — da história e da mística, do fenômeno (começou com estudos de biologia em Paris e em Heildeberg) e da escatologia, da ação e da contemplação, vivificando e não esmagando uma pela outra. De uma ponta a outra da obra, a partir do momento em que, aprofundando-se no tomismo, ele deixou Bergson e a *Action Française*, Maritain defendeu os grandes temas de *Humanisme intégral*, que os jovens acham hoje evidentes sem saber o quanto eles devem a Maritain a respeito: estrutura pluralista da cidade temporal, autonomia do secular, liberdade, fraternidade e igualdade radical (não funcional) das pessoas, subordinação dos indivíduos na nação para melhor colocar o Estado a serviço das pessoas, isto é, distinção entre os *indivíduos* (as unidades massificáveis) e as *pessoas*, que transcendem toda instituição natural ou cultural, apesar de viverem nos condicionamentos da sociedade e da história. Nunca Maritain confundiu o espírito do mundo e o espírito do Evangelho. Nunca ele desprezou os problemas da história em nome de valores evangélicos. Salientou constantemente a ambivalência da natureza e da história[28], percepção que se perde num sincretismo pagão ao se querer tudo reconciliar no duvidoso "progresso da civilização", proposto pela mística da secularização. Não pertence à civilização temporal realizar ela própria, como que diretamente o Reino de Deus. Este está na história, pelo menos para se iniciar; não é a história. É curioso que esta tese maritainiana fundamental, profundamente sadia, desconhecida ontem pela Cristandade sacral, esteja reassumida hoje pelos grandes inimigos da antiga cristandade, os secularizadores radicais que se pretendem ainda cristãos. Maritain se precavia contra a ambiguidade do mundo porque sua filosofia admitia a *analogia* como instrumento fundamental de compreensão teológica e porque ele acreditava no *pecado original*: sua filosofia tem gosto de escatologia e não de enquadramento da realidade em categorias *a priori* e fechadas. Porém, categoria aberta não é categoria mole.

c) últimos anos e herança

Após a estadia nos Estados Unidos, onde ele fez a opção a favor de De Gaulle durante a fase intermediária da II Guerra Mundial, vimos Maritain aceitar o cargo da representação francesa junto ao Vaticano. Permaneceu três anos em Roma e voltou aos Estados Unidos. No entanto, a 31 de dezembro de 1959, morreu Vera

---

(28) "Ambivalence du monde", em *Humanisme intégral*, p. 144.

Oumannoff que vivia na casa de sua irmã Raïssa e de seu cunhado Jacques. A 4 de novembro de 1960, morreu Raïssa, deixando Jacques viúvo. A partir dessa época, o filósofo-místico planeja seu retiro, cada vez mais profundo.

> Retirei-me do mundo graças ao acolhimento que me fizeram estes irmãozinhos de Jesus que Raissa e eu temos amado de amor preferencial desde a sua fundação (há 30 anos). Tenho sede de silêncio. Não voltei para a França para agir, mas para me preparar a morrer.

Quando J. M. escreveu estas linhas, tinha ainda 13 anos de meditações pela frente. Em 1961 ele decide dividir seu tempo em três períodos, em três lugares: Estados Unidos, Languedoc, Alsácia. Contudo, aos poucos ele se fixa cada vez mais definitivamente na França, na comunidade dos irmãozinhos de Jesus, pedindo compartilhar integralmente sua vida religiosa, seus votos, e chegando a receber a ordenação sacerdotal.

Jacques Maritain voltou para o seio da Trindade na última manhã da semana de Páscoa, sábado 28 de abril de 1973, em Tolosa, França. Tinha 90 anos e morreu como quis, em um contexto de oração, de silêncio, de contemplação. O último artigo publicado, se estamos bem informados, trata da condição dos bem-aventurados após a ressurreição dos corpos e da relação que existe entre o espaço e os espíritos[29]. Muitas gerações terão ainda muito a receber de Maritain, e a nossa poderia com fruto meditar estas palavras da *Lettre à Jean Cocteau* (1926):

> É preciso ter o espírito duro e o coração brando. Muitas pessoas que julgam ter o coração brando, têm somente um espírito mole.

No seu último livro publicado, tinha escrito:

> A grande renovação pedida pelo Concílio é primeiro e antes de mais nada, de um modo absolutamente necessário, uma renovação interior, na fé viva. Faltando esta, nada se tem a esperar. Eis o sinal terrível que o Concílio escreveu na parede[30].

Renovação social e progresso tecnológico, sim: mas também renovação espiritual e progresso intelectual: todo Maritain está aí. Sua obra lhe sobrevive não

---

(29) MARITAIN, J. "En suivant de petits sentiers", *Revue Thomiste*, abril-junho de 1972; lê-se à página 240:"O animal racional não terá sua plena perfeição senão quando as funções da animalidade tiverem cessado nela. Toda a verdade da natureza humana estará então nela. Que paradoxo!".
(30) MARITAIN, J. *A igreja de Cristo*. A pessoa da igreja e seu pessoal, trad. bras. Rio de Janeiro: Agir, 1972. A mesma editora carioca publicou as traduções de: Raïssa Maritain, *Diário de Raïssa* e *As grandes amizades* (7. ed.). De Jacques Maritain: *Cristianismo e democracia* (5. ed.), *Da graça e da humanidade de Jesus*, *introdução geral à filosofia* (9. ed.), *A ordem dos conceitos: lógica menor* (7. ed.), *A filosofia moral* (2. ed.), *O homem e o Estado* (4. ed.), *Rumos da educação* (5. ed.). Outras editoras traduziram e publicaram outras obras de Maritain.

tanto nas bibliotecas[31], onde não se deve esperar muita movimentação em volta de sua estante neste fim de século, mas na história e na humanidade que ele ajudou a tornar um pouco melhores.

Bibliografia

A — Obras de Maritain

A filosofia moral

A Igreja de Cristo. A pessoa da Igreja e seu pessoal. Rio de Janeiro: Agir, 1972.

A ordem dos conceitos: lógica menor

A travers le désastre. Collection "Voix de France". New York: de la Maison Française, 1941.

Approches de Dieu. Paris: Alsatia, s.d.

Approches sans entraves. Paris: Fayard, 1973.

Art et scolastique. 4. ed. Paris: Art. Catholique, 1947.

Carnet de notes. Paris: Desclé de Brouwer, 1965.

Christianisme et démocratie. Paul Hartmann, 1945.

Court traité de l'existence et de l'existant. Paris: Flammarion, 1947.

Creative intuition in art an poetry. USA: Pantheon Books, s.d.

Cristianismo y democracia. Buenos Aires: Dádalo, 1962.

Da graça e da humanidade de Jesus.

De Bergson a Thomas d'Aquin. Paris: Hartmann, 1947.

De la philosophie chrétienne. Rio de Janeiro: Atlântica, 1945.

Dieu et la permission du mal. 3. ed. Paris: Desclée de Brouwer, 1963.

Distinguer pour unir ou les degrés du savoir. Paris: Desclée de Brouwer, 1946. 919p.

Du régime temporel et de la liberté. Paris: Desclée de Brouwer, s.d.

El campesino de Gerona. Buenos Aires: Desclée, 1967.

El hombre y el Estado. Buenos Aires: Kraft, 1956.

Le crépuscule de la civilisation, 1939.

Le docteur angélique. Rio de Janeiro: Atlântica, 1945.

Le droits de l'homme et la loi naturelle. Paris: Hartmann, 1947.

---

(31) Não tencionamos citar todas as obras de Maritain, mas tão somente uma amostragem característica, incluindo todas as principais publicações. Para uma bibliografia das obras do autor, ou sobre ele, até o ano 1963, recomendamos o Apêndice da valiosa contribuição que uma filósofa brasileira prestou ao estudo do pensamento maritaniano: *L'intuition dans la Philosophie de Jacques Maritain* por Laura Fraga de Almeida Sampaio. Paris: Vrin, 1963.

O homem e o Estado. Trad. Alceu Amoroso Lima. 2. ed. Rio de Janeiro: Agir,195.

Humanisme intégral. Nouvelle édition révue et augmentée. Aubier: Montaigne, 1947.

Humanismo integral. Rio de Janeiro: Agir, 1936.

Introdução à filosofia. Rio de Janeiro: Agir, 1950.

Le songe de Descartes. Paris: Correa, 1932.

Les juifs parmi les nations, 1938.

Lettres sur l'indépendance, 1933.

La persona y el bien comun. Buenos Aires: Desclée, 1948.

La personne et le bien commun. Paris: Desclée de Brouwer, 1947.

La philosophie Bergsonienne. 5. ed. Paris: Tégui, 1948.

La philosophie de la nature (essai critique sur les frontières et son objet) 3. ed. Paris: Tégui, s.d. (1. ed., 1935).

Le péche de l'ange. *Revue Thomiste*, 1956, p. 197-239.

Oeuvres complètes de Jacques et Raïssa Maritain. Fribourg: Éditions Universitaires. Paris: Éditions Saint-Paul. 13 v.

On the philosophy of history. Nova York: Charles Scribner's Sons, 1957.

Pluralismo e collaborazione nella societá democrática. Roma: Cinque Lune, 1979.

Pour une philosophie de l'histoire. Paris: du Seuil, 1959.

Principes d'une politique humaniste. Paris: Maison Française, 1944.

Princípios de uma política humanista. Rio de Janeiro: Agir, 1944.

Quatro ensayos sobre el espiritu en su condición carnal. Buenos Aires: Club de Lectores, p. 105-116.

Question de conscience, 1938.

Raison et raisons. Paris: Eglott, 1947.

Réflexions sur l'intelligence et sur sa vie propre. 4. ed. Paris: Desclée de Brouwer, 1938.

Rumos da educação

Sept leçons sur l'être. 3. ed. Paris: Tégui.

Sept leçons sur l'être et les premiers principes de la raison speculative. 6. ed. Paris: Tégui, s.d. (1. ed., 1934)

Science et sagesse. Paris: Labergerie, 1935.

Sobre a filosofia da história. São Paulo: Herder, 1962.

B — Obras sobre Maritain

BARS, H. *La politique selon Jacques Maritain*. Paris: Ouvrières, 1961.

_____. A propos du Pasysan de la Garonne. *Revue Thomiste*, jan. 1968, 89-100.

BERNARDO, Hector e outros. *Estudos sobre Jacques Maritain*. Recife: Tradição, 1944.

COUTINHO, Afrânio e outros. Jacques Maritain. *Separata da Revista A Ordem*. Rio de Janeiro: Agir, 1946.

Estudos sobre Jacques Maritain. Recife: Tradição, 1944.

FERNANDES, Pe Antonio P. C. *Jacques Maritain*. As sombras de sua obra. Conferência realizada no Centro D'Vital de Recife. Separata de "Fronteiras", 1937 (1941).

HOURTON, Jorge P. *Jacques Maritain en el tomismo contemporáneo*. Política y Espiritu 277: 10-13, jan. 1963.

Jacques Maritain. *N. especial da Revista A Ordem*. Rio de Janeiro: Agir, 1946.

Jacques Maritain: son oeuvre philosophique. Saint Masimin. *Bibliothèque de la Revue Thomiste*. Paris: Desclée de Brouwer, 1948.

LIMA, Alceu Amoroso. Maritain et l'Amérique latine. *Revue Thomiste*. Paris, 48 (1-2): 12-17, 1948.

SILVA, Julio S. *Jacques Maritain*. Política y Espiritu. 277: 13-18, jan. 1963.

C — Obras em coautoria

MARITAIN, Jacques; MARITAIN, Raïssa. *De la vie d'oraison*, 1922.

_____. *Situation de la poésie*. Paris: Desclée de Brouwer, 1938.

INSTITUTO JACQUES MARITAIN DO BRASIL

http://www.maritain.org.br/
maritain@maritain.org.br

Presidente de Honra	Dom Mathias Tolentino Braga, OSB, Abade do Mosteiro de São Bento
Presidente Emérito	Dr. Alceu Amoroso Lima Filho
Presidência do Conselho	Embaixador Rubens Ricupero

COMISSÃO EXECUTIVA

Presidente	Maria Luiza Marcílio
Secretário-Geral	Lafayette Pozzoli
Secretário de Comunicação	Jorge Cunha Lima
Secretário de Finanças	Paulo Guilherme Franco Montoro

SECRETÁRIOS ADJUNTOS

Assuntos Jurídicos	Guilherme Ramalho Netto
Assuntos Institucionais	Ir. João Baptista Barbosa Neto - OSB
Relações Internacionais	Carlos Aurélio Motta de Souza
Assuntos Culturais	Maria Lúcia Montoro Jens
Projetos	Eduardo Roberto Domingues da Silva
Relações Sociais	Verbena Neves

Vice-Presidentes

1. Dom Carlos Eduardo Uchôa Fagundes Jr. .... São Paulo
2. Cândido Mendes de Almeida .... Rio de Janeiro
3. Dom Tomás Balduino .... Goiás
4. Euclides Scalco .... Paraná
5. Wambert Gomes Di Lorenzo .... Rio Grande do Sul
6. José Carlos Brandi Aleixo (Pe.) .... Distrito Federal

7. Nelson de Figueiredo Ribeiro .... Região Norte

8. Nelson Nogueira Saldanha .... Pernambuco

9. Patrus Ananias de Souza .... Minas Gerais

Conselho Fiscal do IJMB

1. Eduardo Roberto Domingues da Silva

2. Guilherme Ramalho Netto

3. Fernando Josepetti da Fonseca